松山大学研究叢書第87巻

アメリカ大手銀行グループの業務展開
OTDモデルの形成過程を中心に

掛下達郎
Kakeshita Tatsuro

日本経済評論社

はしがき

　経済システム，その中でも金融システムが時代とともに急速に発展していることは素人目にも明らかであろう。銀行・金融システムが変化するとき，個々の銀行は利潤動機によって行動している。個々の銀行行動が時として金融システムを大きく変えていくことがある。この銀行行動をアメリカ合衆国における大手商業銀行グループの業務展開を軸にみていこうというのが本書の基本視角である。

　アメリカ商業銀行の業務展開の一つである銀行貸出の長期化は，源流をたどれば1930年代のニューディール期であろう。商業銀行貸出がさらに長期化した1950年代に，短期金融市場が全米市場へ成長を始めている。銀行流動性の調整手法が本格的に展開を始めたのである。

　筆者は，この流動性調整手法の展開を追跡する際に，ニューディール期の銀行貸出の長期化と第2次世界大戦後の多様な流動性調整手法を関連付けて構造的に把握する必要に気が付いた。大学院修士課程のことである。しかし，この研究は難渋をきわめた。貸出の長期化と多様な流動性調整手法をどのように信用理論の中に位置付けるかわからなかったのである。おぼろげに光が射してきたのは『川合一郎著作集』（有斐閣）を読み返していた助手時代であった。故川合先生は貸付とその回収（還流）を相互に関連付けて理論的に明らかにされており，その記述が頭から離れなくなったのである。以後，紆余曲折はあったものの，この川合理論をベースに，すなわち貸付の回収（還流）の延長線で，流動性調整手法の展開を追跡することができた。もちろん，その成否は読者諸氏によって社会的に判断される。

　本書は，2015年3月に九州大学から授与された経済博甲188号「現代アメリカ大手銀行グループの特質：OTDモデルの形成過程を中心に」を出版し

公表するものである。主査の川波洋一先生，副査の稲富信博先生，岩田健治先生には繰り返しご指導を頂戴した。深く感謝するしだいである。本研究は，2012-2014年度JSPS科研費24530513研究課題「金融機関の収益構造は変化したのか？　米系大手金融機関の競争力の源泉を探る」の助成を受けた。このJSPS科研費の調査でニューヨーク，ワシントン，シカゴ，上海，香港，深圳，シンガポールの金融機関にヒアリングに行く機会が与えられた。本書の骨格は『管理通貨制度の機構分析：アメリカ編』（松山大学総合研究所所報第39号，2002年3月）として公表されたが，その際に諸先生からご教示いただいた点にできる限り応えようとしている。お手紙・Eメールを賜った先生方に心より感謝申し上げる。そもそも本書はこれまでに論文・学会報告として公表した研究をもとに新たに書き下ろしたものである。とくに論文は全面的に書き改められており，原型をとどめていないところが多い。初出論文と各部各章との対応関係は錯綜しているためお示しできないことをご容赦願いたい。

初出論文
1．「フェデラル・ファンズ市場と貨幣節約」，九州大学大学院『経済論究』第84号，1992年10月
2．「転嫁流動性と短期金融市場」，『九州経済学会年報』第31集，1993年11月
3．「米国企業金融における銀行信用の役割：1960-80年代を中心に」，『松山大学論集』第7巻第6号，1996年2月
4．「ターム・ローンの貸出─回収（貨幣還流）：戦後の転嫁流動性の展開」，『松山大学論集』第8巻第5号，1996年12月
5．「アメリカ商業銀行の割賦信用（1），（2），（3・完）：管理通貨制度における商業銀行業務の変容」，『松山大学論集』第10巻第4号，第5号，第6号，1998年10月，12月，1999年2月
6．「アメリカ商業銀行の割賦信用」，『証券経済学会年報』第35号，2000年

5 月

7．「アセット・バック証券の歴史的展開：アメリカ商業銀行を中心に」,『証券経済学会年報』第 37 号, 2002 年 5 月

8．「アメリカ商業銀行と国債流通市場：換金可能性と銀行流動性」,『証券経済学会年報』第 39 号, 2004 年 5 月

9．「アメリカ商業銀行の割賦返済方式と銀行流動性：貸付の流通市場, 証券化, 金利ディリバティブへの展望」, 松山大学『創立八十周年記念論文集』, 2004 年 9 月

10．「アメリカのマネー・センター・バンクによる金利スワップ取引：大投資銀行との比較」,『証券経済学会年報』第 41 号, 2006 年 7 月

11．「アメリカ式ノン・リコース・ファイナンスの源流：銀行のローン・セール業務を中心に」, 高橋基泰・松井隆幸・山口由等編著『グローバル社会における信用と信頼のネットワーク：組織と地域』国際比較研究叢書 第 2 巻, 明石書店, 2008 年 3 月

12．「アメリカのマネー・センター・バンクの業務展開：ローン・セールとディリバティブ」,『証券経済学会年報』第 43 号, 2008 年 7 月

13．「サブプライム危機前後におけるアメリカ大手金融機関の収益構造」, 公益財団法人 日本証券経済研究所『証券経済研究』第 70 号, 2010 年 6 月

14．「アメリカ大手金融機関の引受業務とトレーディング業務」, 証券経営研究会編『金融規制の動向と証券業』公益財団法人 日本証券経済研究所, 2011 年 1 月

15．「サブプライム危機前後における大手金融機関：その業務展開と収益構造」, 渋谷博史編『アメリカ・モデルの企業と金融』シリーズ アメリカ・モデル経済社会 第 10 巻, 昭和堂, 2011 年 3 月

16．「金融機関の収益構造は変化したのか？ 日米の大手金融機関について」, 公益財団法人 日本証券経済研究所『証券レビュー』第 52 巻第 2 号, 2012 年 2 月

17．「マネーセンターバンクとは何か？ 1 つの試論」,『名城論叢』（大庭清

司教授定年退職記念号）第13巻第4号，2013年3月

18.「サブプライム危機下の米系大手金融機関：彼らの収益構造は変化したのか？」，信用理論研究学会『信用理論研究』第32号，2013年6月

19.「アメリカ大手商業銀行グループの引受業務への進出：その歴史的過程」公益財団法人 日本証券経済研究所『証券レビュー』第54巻第10号，2014年10月

20.「米国大手商業銀行グループの引受業務への進出」証券経営研究会編『資本市場の変貌と証券ビジネス』公益財団法人 日本証券経済研究所，2015年

振り返ってみると，筆者が川合理論に邂逅したのは九州大学経済学部3回生の深町郁彌先生のゼミナールであった。以来，大学院の末席に加えていただき，深町先生には公私ともにお世話になった。当時ハーヴァード大学への最初の留学から戻られたばかりの川波洋一先生には修士課程からご面倒をおかけした。川波先生の九州大学マネタリーコンファレンスでは，先生をはじめゼミ生に本書の元原稿を検討していただいた。両先生からは同じ問題をやや異なった角度から考察する絶好の環境を授かった。両先生から受けた学恩に対して真に拙い研究ではあるが，その出発点にはゼミナールでの想い出が詰まっている。

松山大学に奉職してから念願のアメリカ留学の機会に恵まれ，M.H.ウォルフソン先生（ノートルダム大学）とJ.R.クロッティ先生（マサチューセッツ大学アマースト校）にはとくにご指導を賜った。両先生からは実証研究であっても常に理論的な意味を問い続ける重要性をあらためて教わった。佐賀卓雄先生（日本証券経済研究所）には証券経営研究会に呼んでいただき，第一線の金融実務家にお話を伺う機会を与えていただいている。佐賀先生にはワシントンとニューヨークの規制当局のヒアリング調査にも同行させていただき，調査の基礎も教えていただいた。所属する証券経済学会，日本金融学会，信用理論研究学会，勤務先である松山大学経済学部の諸先生には，折に触れ

ご教示をいただいている。今思えば，学会で諸先生に叱咤激励を頂戴したことが懐かしく想い出される。ヒアリング調査にご協力いただいた諸機関と担当者の方々には大変お世話になった。この場を借りて，厚く御礼申し上げる。

私事ではあるが，傘寿を過ぎた父と亡き母，妻，息子，娘の日々の支えがなければ，研究に呻吟し本書を完成することはできなかったであろう。最後になったが，本書は2015年度公益財団法人 日本証券奨学財団の助成金と2015年度松山大学研究叢書として松山大学から出版助成を受けた。日本経済評論社，とくに清達二氏は研究計画が遅れに遅れたにもかかわらず出版を快く引き受けてくださった。同社鴇田祐一氏には書名について助言をいただいた。心より感謝申し上げるしだいである。

2015年11月　伊予，十五万石の松山城を望む松山大学研究室にて

掛下達郎

目　次

はしがき　i

序章　課題と構成………………………………………………………1
 1　課題と視角　2
 2　先行研究　5
 3　本書の構成　11

第 1 部　業務展開の基礎構造 …………………………………………15
 序論　対象と視角　15

第 1 章　短期金融市場の展開：銀行流動性から証券決済へ………19
 1　全米 FF 市場の成立　21
  1.1　ブローカーとコルレス銀行の役割　21
  1.2　地方銀行の参加　23
  1.3　ニューヨークへの資金集中　26
 2　国債流通市場と FF　28
  2.1　政府証券ディーラーの FF 取引　29
  2.2　FF による証券決済　34
 3　FF による決済の波及：CD 市場　36
 4　新しい国債振替制度：ブック・エントリー・システム　39
 むすびにかえて　45

第 2 章　ノン・リコース・ファイナンスの展開：証券化の現代的基礎手法 ………………………………………………………47
 1　歴　史　51

1.1　法的なリコース・ファイナンスの展開　53
    1.2　ノン・リコース・ファイナンスの源流　55
  2　ローン・セールにおけるノン・リコース・ファイナンスの普及　59
  3　証券化とノン・リコース・ファイナンスの展開　63
    3.1　RMBSs におけるノン・リコース・ファイナンス　63
    3.2　CMBSs におけるノン・リコース・ファイナンスの普及　68
    3.3　CARs におけるノン・リコース・ファイナンスの展開　72
    3.4　HELSs におけるノン・リコース・ファイナンスの一般化　76
    3.5　CARDs におけるノン・リコース・ファイナンスの新展開　78
  むすびにかえて　83
  小　括　85

第2部　業務展開の特質：OTD モデルの形成　89
  序論　対象と視角　89

第3章　証券化前史：ローン・セール　93
  1　導　入　95
  2　動　機　97
  3　新たな特徴：ビッドとストリップ　99
  4　大手商業銀行への集中　100
  5　証券化の失敗　103
  むすびにかえて　104

第4章　リスクの切り出し：ディリバティブ　107
  1　リスク切り出しへの途　108
    1.1　先　物　109
    1.2　ストリップ債　113
  2　金利リスクの切り出し：金利スワップ　117
    2.1　ALM 目的　118
    2.2　トレーディング目的　125
  3　信用リスクの切り出し：クレジット・ディリバティブ　133

3.1　現　状　134
　　3.2　動　機　137
　むすびにかえて　140

第5章　大手商業銀行グループの証券化業務への進出 …………………143
　1　投資銀行業務の定義　144
　2　大手商業銀行グループと投資銀行の合併　146
　　2.1　JPMorgan Chase & Co. の形成　147
　　2.2　Bank of America Corp. による投資銀行の買収　150
　　2.3　Citigroup と投資銀行の合併　152
　　2.4　Wells Fargo & Co. による金融機関の買収　154
　3　大手商業銀行グループによる引受業務の拡大　157
　　3.1　20条証券子会社の設立　158
　　3.2　銀行の証券業務元年　168
　　3.3　大手金融機関の引受業務の推移　172
　むすびにかえて　185
　小　括　186

第3部　収益構造とその源泉 ……………………………………………191
　序論　対象と視角　191

第6章　OTDモデルの収益構造：業務展開の帰結 ……………………195
　1　サブプライム危機への関与　198
　　1.1　貸付競争　198
　　1.2　金利収入　203
　　1.3　証券化業務への関与　205
　2　大手投資銀行の業務別収益　215
　　2.1　投資銀行業務のコア　217
　　2.2　その他の投資銀行業務　221
　3　大手商業銀行グループの非金利収入　223
　　3.1　引受業務，トレーディング業務，M&Aアドバイザリー業務　226

3.2　プリンシパル・インベストメント業務　236
　　3.3　証券化収入とサービシング手数料　238
　4　大手商業銀行グループの世界順位　243
　むすびにかえて　246

第7章　OTDモデルの収益の源泉：大手商業銀行グループの優位性　249

　1　大手商業銀行のクレジットカード業務への進出　250
　　1.1　決済機構の構築：インターチェンジ・システム　251
　　1.2　金利収入と証券化収入　255
　2　大手商業銀行グループのトレーディング業務への進出　260
　　2.1　引受業務とトレーディング業務の歴史　261
　　2.2　ディリバティブのトレーディング業務　264
　3　銀行中心の金融システム　267
　　3.1　大手商業銀行グループの優位性　269
　　3.2　大手商業銀行と大手投資銀行のグループ化　273
　むすびにかえて　277
　小　括　278

終章　大手銀行グループの業務展開の特質　281

　関連略年表　289
　参考文献　295
　図表一覧　321
　索　引　325

アメリカ大手銀行グループの業務展開

OTD モデルの形成過程を中心に

序　章
課題と構成

　アメリカの商業銀行は，銀行持株会社法によって定義される。同法によると，銀行は，連邦預金保険法第3条(h)項で定めるFDIC加入銀行[1]であり，要求払預金を受け入れ，かつ事業貸付を供与する機関である（第2条(c)(1)(A)(B)項）。日本では銀行法で，銀行の固有業務が定められている。銀行の固有業務は預金，貸付，為替取引である（第10条第1項）。預金業務と為替業務を営む銀行は，預金による決済をおこなう。アメリカでは，19世紀前半までに都市部において，19世紀後半から遠隔地取引において，為替取引から小切手に決済システムが転換してきた。上記のように，アメリカの銀行持株会社法による銀行の定義には，為替取引が含まれていない。しかし，世界一の小切手取引をおこなうアメリカの銀行は，預金による決済をおこなう。元ニューヨーク連邦準備銀行（以下連銀）総裁のCorriganは，銀行の不可欠な特徴を3つ提示し，その第1に決済勘定を挙げている。この文献は，1982年の有名なエッセイの再検討であり，20年近くの歳月に耐えたものである。アメリカでも，法律には明記されていないが，決済が重要な銀行業務と考えられている[2]。

---

[1] FDIC加入銀行とは，FDIC（Federal Deposit Insurance Corporation；連邦預金保険公社）によって預金が保険されている銀行のことである。保険非加入銀行は，高木（2006）によると，「行数と資産額が不明だけれど，きわめて少数で無視して構わない」という（63頁, 図表2-1, 注3）。Munn, Garcia and Woelfel, *eds.* (1991), pp. 535-536 も参照されたい。
[2] 日本銀行金融研究所（1995），301-307頁; Corrigan (2000); 川合（2002），第1章; 高木（2006），39-42頁; 中島・宿輪（2013），第1章，第5章。

1　課題と視角

　古典派経済学から論じられてきた銀行業には様々な学説があるが，現代的にはOTH（originate to hold；組成保有型）モデルの中に含まれる。OTHモデルとは，オリジネートした貸付を満期まで保有する伝統的な銀行のビジネスモデルである。貸付をバランスシートに維持し金利収入を得るのである。一方，本書で扱うアメリカのOTD（originate to distribute；組成分配型）モデルは，オリジネートした貸付を満期前に売却する新しい銀行のビジネスモデルである。貸付をバランスシートから外し，金利の代わりに手数料収入を得るのである（図I）。

　伝統的なOTHモデルについては，オリジネートした貸付の長期化が，アメリカ商業銀行の業務展開として，まず注目された。NBER（National Bureau of Economic Research；全米経済研究所）が，1930-1950年代に金融調査をおこない，消費者ファイナンス，事業ファイナンス，不動産ファイナンスについて次々に研究成果を出版したのである。1920-1930年代に，アメリカ合衆国の消費者ファイナンス，事業ファイナンス，不動産ファイナンスに大きな変化が生じ，調査研究が必要になったのである[3]。この金融調査は，商業銀行の業務展開も調査し研究した。その代表的な変化である銀行貸付の長期化は，源流をたどれば1930年代のニューディール期であろう[4]。

　銀行貸付の長期化を背景に，1930年代から多様な流動性調整手法が導入された。銀行貸付がさらに長期化した1950年代に，短期金融市場が全米市場へ成長をはじめている。本書では，ニューディール期以降の銀行貸付の長期化を背景に，1950年代から各種のファイナンス手法が本格的に導入されたことを，構造的に把握しようとしている。

3）　この事情については，Saulnier (1947), p. vii; Behrens (1952), pp. 128-129 を参照されたい。
4）　銀行の消費者ローンについては Chapman and Associates (1940) が研究している。同じく銀行の満期1年以上の事業貸付であるターム・ローンについては Jacoby and Saulnier (1942) が，不動産担保のモーゲイジ・ローンについては Behrens (1952) と Morton (1956) がおこなっている。

図I　OTD モデルと決済システム・トレーディング業務の関係

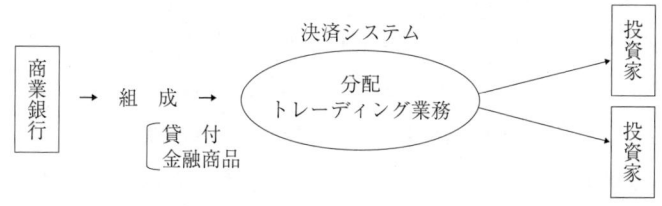

注）本書で扱った範囲をまとめたものである。

　それでは，銀行貸付の長期化に対して，どのようなファイナンス手法が発達したのだろうか？　Jacoby and Saulnier（1942）は，以下のように指摘している。満期1年以上の事業貸付であるターム・ローン[5]は，当時のアメリカ銀行業に起こった根本的な転換の一部であった。その転換の中心は，借り手が受け取る所得を期待した割賦返済方式による貸付の発達としている[6]。Saulnier（1956）は，都市モーゲイジ・ローン[7]における1920年代以降の最も重要な変化は，完全割賦返済の普及であろうと述べている[8]。割賦返済は，商業銀行のモーゲイジ・ローンや消費者ローン[9]でも，管理通貨制移行期に普及したのである。

　割賦返済方式は定期的な返済であり，オリジネートした貸付の部分的な返済である。貸付の一部分は満期までバランスシートに保有され，その意味では伝統的なOTHモデルである。この貸付の部分的な返済は，貸し手銀行によって，1980年代後半に至るとオリジネートした貸付を満期前に売却する現代的なOTDモデルへと進化する。

---

[5]　ターム・ローンとは企業に対する満期1年以上の貸付で，機械・設備，工場に対するものを含む点が特徴である。
[6]　Jacoby and Saulnier（1942），pp. 25-26.
[7]　モーゲイジ・ローンとは土地・建物を担保にした貸付で，住宅に対するものが代表的である。
[8]　Saulnier（1956），p. 7.
[9]　消費者ローンとは家計に対する貸付で，かつては自動車等の耐久消費財の購入に関するものが，現在は第2章第3節第5項で扱うように使途の自由なクレジットカード・ローンが代表的である。

筆者は，大手商業銀行グループによって現代的な OTD モデルが形成されていく一連の業務展開を，①ローン・セール，②ディリバティブ，③証券化という過程で捉えている。ローン・セールは大手銀行グループによる OTD モデルの始まりであり，そこではリスクを移転する新たな手法は見出されていなかった。しかし，ディリバティブ取引では，貸出債権から金利リスクと信用リスクだけを切り出すことに初めて成功したのである。貸付債権の証券化は現在まで続く OTD モデルであり，そこではモーゲイジ等の資産担保という形でリスク移転の問題が色濃く表れていた。大手銀行グループが OTD モデルを形成していく一連の業務展開とは，貸付債権のリスクを第3者に移転する途であり，このリスク移転が各業務で段階的に開けたのである。

　現在の銀行業務を考察する際には，その業務展開を追跡することが必要である。しかし，1980年代以降の業務展開は，おもにオフバランスシート取引である。バランスシートに記載されないオフバランスシート取引は，BS (balance sheet；貸借対照表) 分析だけでは明らかにならない。銀行の業務展開の全体像を把握するためには，BS 分析だけではなく，収益構造の分析，すなわち PL (profit and loss statement；損益計算書) 分析が必要となる。

　1980年代後半以降，現代的な OTD モデルによるオフバランスシートの業務展開は，おもに大手商業銀行グループによって牽引されてきた。大手銀行グループは，中小銀行とは全く異なった業務を展開してきた。その現代的な姿をあらかじめ示せば，それは証券化業務とトレーディング業務という商業銀行の強みを生かし，投資銀行業務の中心である引受業務を中核にもつ OTD モデルである。現在，大手行は3大銀行グループ[10]に集約されている。そこで，本書では，考察対象を基本的に3大銀行グループに限定する。

---

10) 　現在，3大商業銀行を中核とする金融持株会社は，JPMorgan Chase & Co., Bank of America Corp., Citigroup の3社である。JPMorgan Chase & Co. の証券子会社は JP Morgan である。同じく Bank of America Corp. の証券子会社は Merrill Lynch である。Citigroup の投資銀行業務はおもに Citigroup Global Markets Inc. でおこなっている。

2　先行研究

　ここでは，まず書名にあるOTDモデルの先行研究について検討する。OTDモデルという用語は，サブプライム金融危機以降，文献に用いられるようになった。信用度の低い借り手向けの，サブプライムを含んだ住宅モーゲイジ・ローン[11]とその証券化をOTDモデルとして扱った先行研究に，Rosen (2008, 2010)，Keys, Mukherjee, Seru and Vig (2009)，Purnanandam (2010) がある。これらの先行研究は，1990年代後半以降のサブプライム危機に至るOTDモデルの考察と捉えることができる。

　一方，住宅モーゲイジ・ローン以外をOTDモデルとして扱ったものには以下の研究がある。Berndt and Gupta (2009) は，シンジケート・ローンをOTDモデルとして分析している。Bord and Santos (2012) は，シンジケート・ローンにおけるクレジット・ラインとターム・ローンを，OTDモデルとして考察している[12]。これらの先行研究は，本書の範囲では1980年代のローン・セールによるOTDモデルの分析と考えられる。上記の先行研究では，1990年代前半のOTDモデルは，どのようなものかという課題が残っている。

　先のRosen (2010) は，OTDモデルの先行研究を2つに分類している。第1に，商業銀行が証券化によってリスク管理をおこなうとするBenveniste and Berger (1987)，Pennacchi (1988)，Gorton and Souleles (2006) 等がある。第2に，銀行はOTDモデルによって収益を上げるとするGreenbaum and Thakor (1987) やGorton and Pennacchi (1995) 等である[13]。

　まず，第1のリスク管理について，オプションの評価理論であるBlack-Shoeles式の作者の1人Black (1970) は，社債が元本，金利リスク，信用リ

---
11)　サブプライム・ローンの借り手の正確な定義は，第6章第1節を参照されたい。
12)　Bord and Santos (2012) は，クレジットカード，自動車，学生ローンもOTDモデルとしている (p. 21)。
13)　Rosen (2010), pp. 4-6.

スクの3つに分離できることを指摘した。本書では，この Black (1970) のアイデアを大手商業銀行グループの業務展開に即して第2部で考察する[14]。大手銀行グループは，業務展開をおこなう際に，各種のリスクを管理し，収益を上げようと試みる。リスクと収益（リターン）は表裏一体の関係ともいえ，本書では，第2部で大手銀行グループによる業務展開の際のリスク移転，第3部で大手銀行グループの収益構造とその源泉を考察する。

つぎに，第2の OTD モデルの収益について，商業銀行の業務展開とその収益構造に関する先行研究をサーベイする。1980年代以降の OTD モデルによる大手行の業務展開は，おもにオフバランスシート取引である。そのため，BS 分析だけでは大手行の業務展開の全体像を捉えることはできず，収益構造の分析，すなわち PL 分析が不可欠となる。銀行の収益構造に焦点を当てた研究は多くないが，示唆を与えてくれるものを中心に紹介する。

第1に，ブルッキングス研究所の Litan (1987) がある。彼は，ナローバンク論の提唱者であり，商業銀行と銀行持株会社の業務多角化とその社会的利益を多面的に分析している。そこで，Litan (1987) を参考に，商業銀行による業務多様化の利益を整理しよう。

Litan (1987) は，業務多様化の利益には，まず競争の促進が挙げられるという。商業銀行と銀行持株会社の業務多様化以前である 1975−1984 年には，「すべての金融サービス産業の中で，投資銀行業務だけが著しい不完全競争状態」にあった。「すなわち，正常以上 (supranormal) の収益性および市場集中」がみられたのである。収益性については，1975−1984 年の ROE (return on equity；株主資本収益率，以下括弧内は標準偏差) は，商業銀行で 12.3%（1.3%），証券引受業者（正確には 1976−1983 年のデータ）で 16.4%（5.7%）となっていた。市場集中については，「1985 年において投資銀行上位5社は，その年に引き受けられたアメリカ企業の株式・社債の 70%—1982 年の 54% より上昇している—‥‥‥の主幹事を務めた」という。投資銀行業務，

---

[14] 詳細は，「第2部 序論 対象と視角」を参照されたい。Black (1970), p. 5; Mehring (2011), p. 79; 佐賀 (2013), 147頁。

証券引受業務が不完全競争状態で，正常以上の収益性と市場集中が存在したならば，これらの業務に参入することは社会的にも個々の大手商業銀行，3大銀行グループにも利益がある。

　彼は，業務多様化の利益には，つぎに範囲の経済があるという。「すなわち専門化された供給主体によってではなく，同一の組織体から多様な財やサービスを結合的に提供することから生じるコスト節約である。」それは第1に，「法人預金と法人資金需要の営業基盤が大きければ，多くの銀行は多くの投資銀行よりも効率的かつ迅速に，法人資産（あるいは法人全体）の買い手と売り手の出会いをつけることができる」ことにある。

　業務多様化の利益には，最後に収益変動の緩和があるという。「全体として，……考察された各期において典型的な銀行および銀行持株会社の収益が，もしいくつかのノンバンク業務をおこなうことが許可されていたとしたら，より安定的であり得たということを明確に語っている。銀行（および銀行持株会社）の変動係数は，ある期間において……いくつかの業務……のそれよりも実際に高い。さらに，商業銀行の収益は……最近の期間では統計的に有意ではないが，いくつかのノンバンク業務と負の相関をもっていた」という。これは，銀行業務とノンバンク業務との特性の違いに由来する。たとえば，「ポートフォリオ分析（によると―引用者）……銀行業務が最もリスクが低く」収益も低いという。「広範な金融業務に参加する自由が与えられれば，銀行および銀行持株会社は，少なくとも収益形態の変動，そしてそれゆえに倒産のリスクを著しく減少させる機会を得るであろう」[15]。業務多様化がリスクを減少させるならば，投資銀行業務に参入することは社会的にも個々の大手商業銀行，3大銀行グループにも利益がある。

　Litan (1987) によると，業務多様化の利益とは，①競争の促進，②範囲の経済，③収益変動の緩和であった。本書では，3大商業銀行グループが業務を多様化する際の収益構造を分析するとともに，彼らの収益の源泉を探るこ

---

15) 以上 Litan (1987), pp. 65, 67, 74-76, 87, 91, 98, table 3-1.（訳, 91, 94, 103, 106, 120, 125, 132 頁, 表3-1）ただし，訳を一部変更している。

とにする。

商業銀行の収益構造に焦点を当てた研究として第2に，Saunders and Walter (1993) がある。彼らは5つの問題提起をおこなっている。その中で，本書に直接関係のある問題提起をまとめると以下のようになる。競争が収益をもたらすならば，業務分野規制を越えて，なぜ銀行はすべての種類の証券引受・ディーリングを国内で制限されるべきなのか？　そして，Saunders and Walter (1993) は，国際的なパースペクティブからアメリカのユニバーサルバンクへの規制を緩めるよう提言している。彼らは，米銀の業務範囲を拡げることが，①銀行の効率性，②グローバルな競争力，③安全性を改善すると考えている[16]。

Saunders and Walter (1993) には，Charles W. Calomiris による *Journal of Economic Literature* 誌上での書評がある[17]。この Calomiris (1995) を現代的な視点で再構成すると，1980年代に米銀が国内外で市場シェアを失ったのは，まずバーゼル委員会の自己資本規制，それによるバランスシートに表れないオフバランスシート業務の拡大，(緩和されつつあるが)ユニット・バンキング・システムによるものであった。筆者はそれに加えて日本等の銀行の伸張にあったと考えている。Calomiris (1995) は，ユニバーサルバンクが企業や個人へのファイナンス・コストを引き下げることを Saunders and Walter (1993) が論じていないことを最大の(理論的―引用者)欠点であるとしている[18]。

---

16)　Saunders and Walter (1993), pp. iv-v. 彼らは1996年に800頁近い編著も出版し，論点の補強をおこなっている。しかし，この Saunders and Walter, *ed.*, (1996) は論文集であり，必ずしも論旨が明確でないため，先行研究から割愛した。
17)　Calomiris (1995), pp. 1357-1359.
18)　Calomiris (2000) は，歴史的パースペクティブの視点から，銀行恐慌の起源まで遡り，銀行規制の緩和を考察している。そこでは，Saunders and Walter (1993) への書評でも指摘していた，ユニバーサルバンクが企業や個人へのファイナンス・コストを引き下げる点を分析している。
　　Montanaro (1997) は，ユニバーサルバンクと証券化を，それぞれリスク・マネジメントに有効かどうか検討している。彼女は，銀行の収益構造ではなく，リスク・マネジメントに限定しているが，ユニバーサルバンクと証券化は，リスク・マネジメントでは同じような経済効果をもたらすことを私たちに示唆している。

上記のような，①商業銀行の業務多角化，②ユニバーサルバンク化，③銀行規制の緩和が論じられたのは，1980年代から銀行が衰退産業になったという懸念が背景にある。アメリカにおける銀行産業衰退論とは，ファイナンス・カンパニー，ミューチュアル・ファンド（投資信託），民間年金基金などが大きく成長し，資産ベースでみれば銀行の地位低下は明らかというものであった。これに対して，銀行の収益構造に焦点を当てた研究として第3に，銀行産業衰退論を否定する論文が複数発表されている。

まず，セントルイス連銀の Wheelock (1993) は，バランスシートに表れないオフバランスシート業務による金利以外の手数料収入が増加しているという。また，銀行は決済システムにとって不可欠であり，引き続き重要な貸し手の地位にとどまっているとする。つぎに，Kaufman and Mote (1994) は，銀行の信託資産，投資銀行業務，ミューチュアル・ファンドなどオフバランスシート業務を加えて，銀行の雇用量，収益，利益，付加価値で測定すると，銀行は必ずしも衰退していないという。Boyd and Gertler (1994) は，対GDP比の銀行資産または貸付は，必ずしも減少していないとする。オフバランスシートを貸付相当額として修正すると，対GDP比の銀行貸付は増加に転じるという。対GDP比の銀行における付加価値，雇用量，資本量でみると，銀行は成長産業となると分析している。最後に，Edwards and Mishkin (1995) も，オフバランスシート業務を考慮して銀行の収益をみると，銀行は必ずしも衰退していないとする[19]。

商業銀行の収益構造に焦点を当てた研究として最後に，連邦準備制度理事会（Board of Governors of the Federal Reserve System）の *Federal Reserve Bulletin* に1993年から2010年まで "Profits and Balance Sheet Developments at U.S. Commercial Banks" と題するレポートが公表されている。このレポートは，資産規模別のPLとBSを分析している。ただし，BS分析は詳細だが，本報告で焦点を当てるPL分析における収益の項目が少ないこと

---

19) 高木 (1995) は，上記の Wheelock (1993)，Kaufman and Mote (1994)，Boyd and Gertler (1994) による銀行産業衰退論の否定論をサーベイしている。

が難点である。

　商業銀行の収益構造に関する先行研究ではないが，重要な示唆をうけた一連の研究がある。それはまず，戦略コンサルティング会社であるベイン・アンド・カンパニーの Zook (2007a, 2007b) である。彼は，企業のコア事業の再定義や経営資源としての隠れた資産の活用を提案している。沼上（2009）によると，経営戦略論において，こうした考え方はリソース・ベースト・ビューと呼ばれる。たとえば，C.K.Prahalad と Gary Hamel のコア・コンピタンス，伊丹敬之の見えざる資産，野中郁次郎等である。Zook (2007a) は，「目に見えるものではなく，その背後に存在する本質に注目し，その本質部分のダイナミクスを活用して企業戦略を考えるべき」，「自社の強みと弱み（経営資源）を中心として経営戦略を考える」べきだとする[20]。

　つぎに，プロフィット・プール分析を用いた，同じくベイン・アンド・カンパニーの Gadiesh and Gilbert (1998a, 1998b)，Gottfredson, Schaubert and Saenz (2008) がある。プロフィット・プール分析とは，企業活動における各事業活動を定義し，それぞれの利益額と収益性を分析するものである。Gadiesh and Gilbert (1998b) は，架空のリージョンバンクの事例で，キャッシュを生んでいるのはどの事業部門なのか，また金融商品・サービスごとの利益の推計をおこなっている。ただし，この利益の推計は，分析対象の財務担当者でないと不可能な部分がある。

　本書では，これらの先行研究を参考にして，オフバランスシート業務を含めた業務展開と収益構造全体を考察して，現代アメリカ大手商業銀行グループにおける特質の全体像を析出し，その理論的意味を考察する。

---

[20]　リソース・ベースト・ビューに対して，Michael Porter, Robert Buzzell, Bradley Gale 等のポジショニング・ビューと呼ばれる考え方がある。彼らは，「市場において特定のポジションを得ることで高い利潤を獲得できるという法則性に注目」し，「環境の機会と脅威を中心に経営戦略を考え」ている。以上，沼上（2009），54-55, 77-79, 90 頁。

3　本書の構成

　本書は，現代アメリカ大手商業銀行の特質を，その業務展開と収益構造全体を追跡することによって，析出しようとしている。1980年代以降の業務展開は，オフバランスシート業務が中心である。そのため，BS分析だけでなく，データの利用可能な2001年からPL分析をおこない，大手行の業務展開と収益構造の全体像を明らかにしようとしている。本書の構成は以下の通りである。

　第1部では，大手商業銀行の業務展開の基礎構造を把握する。大手行の業務展開は，第2部から考察するが，現代的なOTDモデルの形成過程と捉えることができる。OTDモデルにおける金融商品はディストリビュート，投資銀行業務の用語ではトレーディングされる。このトレーディングを円滑にする機能が，証券決済とノン・リコース（償還請求権なし）ファイナンスにある。この2つを，業務展開の基礎構造として考察する。

　第1章で，まず短期金融市場の発展を考察して，大手商業銀行の証券決済の基礎構造を明らかにする。FF（federal funds；加盟銀行の連邦準備銀行預け金）による金融商品の決済機構は，1960年代から様々な制度上の発達をへて，現代まで続くOTDモデルにおけるディストリビュート，すなわちトレーディングの基礎構造となっていく。

　引き続く第2章では，証券化を支えるファイナンス手法を考察する。証券化は，OTDモデルにおけるディストリビュートの際におこなわれる。証券化を支える手法には，公的保険・保証がある。公的保険・保証は，証券化導入時には重要であったが，1980年代には相対的に減少してきた。一方，大手商業銀行グループの証券化を含む各種業務において，1980年代から民間の金融保証とノン・リコース・ファイナンスが普及してきた。公的保険・保証や民間の金融保証だけでなく，ノン・リコース形式も，証券化を支える1つのファイナンス手法と考えられる。

　第2部では，大手商業銀行グループの業務展開の特質を考察する。この一

連の業務展開を，1980年代後半に大手銀行グループが現代的なOTDモデルを形成する一過程として捉える。OTDモデルを形成する過程で，大手銀行グループは各種のリスクを移転する新たな金融商品を開発していく。

　第3章で取り上げるローン・セール，第4章のディリバティブ，第5章の証券化という業務展開とは，貸付債権のリスクを第3者に移転する途である。金融論やファイナンス論において，リスク・シェアリングが，金融機関と金融システムの基本的な機能の1つと考えられるようになってきている[21]。リスク・シェアリングの1つであるリスク移転が，上記の各業務で段階的に開けたことを考察するのである。言い換えると，証券化に至る一連の業務展開を，ディストリビュートされる①ローン・セール，②ディリバティブ，③証券化商品ごとに把握するのである。銀行経営において，リスクと収益（リターン）は表裏一体の関係ともいえ，第2部で大手商業銀行グループによるリスク移転を，引き続く第3部では大手銀行グループの収益構造とその源泉を考察する。

　そこで，第3部では，大手商業銀行グループの収益構造の分析，すなわちPL分析をおこなう。この分析によって，大手銀行グループの業務展開とその帰結である収益構造の全体像を明らかにし，さらに収益力の源を特定する。

　まず第6章で，各大手商業銀行グループのPL分析によって，OTDモデルにおける各種業務の収益が，彼らの収益力全体にどのように寄与したのかを考察する。その中で，とくにOTDモデルにおけるディストリビュート，すなわちトレーディング業務に注目する。

　つぎに第7章で，同じくOTDモデルにおける収益の源泉を探る。金融商品・サービスごとの利益の背後に存在する収益の源泉を特定する。その際に，まず証券化収入のマージンが最も大きいクレジットカード業務を参考にし，さらにディリバティブのトレーディング業務に注目する。最後に，アメリカにおいて，銀行中心の金融システムが1990年代末から3大商業銀行グルー

---

[21] 詳細は，堀内（1990），大村・浅子・池尾・須田（2004），大村（2010）を参照されたい。

プの一部の業務で形成された要因を考察する。銀行中心の金融システムの形成も，広い意味ではOTDモデルにおける収益の源泉と考えられる。

　終章では，資本市場中心の金融システムにおける大手商業銀行グループの業務展開を，まず，アメリカ型変質の特徴であるOTDモデルにおける証券化として押さえる。つぎに，銀行のコア業務を活用した業務展開を整理する。その上で，大手銀行グループの業務展開について，若干の理論的な展望を述べる。

第1部　業務展開の基礎構造

序論　対象と視角

　アメリカ合衆国の商業銀行は，当初から商業貸出が比較的少なく，商業貸出以外の貸付をおこなっていた。商業貸出は商業手形の割引や商品担保貸付の形をとり，その商品が最終消費者である家計に販売されるまでの期間に限って貸し出される。この貸出の返済は実体経済に直接依存しており，それゆえ商業貸出は自己流動的な（self-liquidating）性格をもつ。これに対して，商業貸出以外の貸付は自己流動的でなく，銀行はその保有する証券（株式・社債）を売却することによって流動性を維持するとされた。転嫁流動性（shiftability）である。

　これは，経済学の古典から受け継がれてきた銀行流動性論の領域である。理論史をひもとけば，少なくとも Adam Smith にまで遡ることのできる自己流動性論が最初のものである。その後，米銀の業務展開にともなって，Anderson（1917）と Moulton（1918）らの転嫁流動性論や，First National Bank of Chicago 副頭取 Prochnow（1949）の期待所得説が生まれている。

　まず，古典的な自己流動性を，川合（1965）の説明でみてみよう。商業銀行によって売り手企業に商業貸出があたえられたときには，売り手企業の商品が流通の出口にあり買い手もみつかっているが，売り手は販売代金を貨幣で受け取っていない。これは，銀行からみて商業貸出の回収（還流）が，最も容易な状態である。一方，商業貸出以外の貸付は自己流動性をもたず，第

3者に資産を売却することによって流動性を確保する。転嫁流動性である。最後に，期待所得説とは，借り手の将来の所得を銀行貸付の返済に充てるものである。これは，貸付そのものの流動性や資産売却で流動性を確保するのではない。現在ではなく，将来のキャッシュフローを期待している。借り手には定期的なキャッシュフローがあり，それに応じた返済間隔となる[1]。

　管理通貨制移行後の1930-1940年代初めには，連邦準備制度加盟銀行（以下加盟銀行）に自由準備が厚く堆積して，この自由準備による貸付圧力が加盟銀行を新たな貸付に向かわせる原動力となった。1940年代後半～1950年代に自由準備が減少するにつれて，加盟銀行は国債を売却して貸付を増加させた。加盟銀行は財務省証券を売却することによって商工業貸付を伸ばした。財務省証券と商工業貸付はともに銀行のバランスシートでは資産側に記載され，これは銀行資産の組換えとなる。銀行の資産管理である。この資産管理は，株式・社債ではなく，国債売却による転嫁流動性である。これは，管理通貨制において国債が金融システムに定着する一方で，1933年GS（Glass-Steagall；グラス＝スティーガル）法において加盟銀行の株式・社債の引受とディーリングが禁止されたことによる。

　国債の大量発行によってインフレーションの進行した1960年代から，短期金融市場が急速に拡大した。この現象は，商業銀行の負債管理の発達として説明されている。大手商業銀行は，バランスシートの負債側において短期資金の取り入れ，負債管理を導入した。すなわち，大手行はFF（federal funds；加盟銀行の連邦準備銀行預け金）やレポ取引（買戻し条件付き証券売買），CD（negotiable time certificates of deposit；譲渡可能定期預金証書），銀行関連CP（commercial paper），ユーロダラー等の短期資金を取り入れた。短期資金を取り入れれば，大手行は流動性を回復できる。大手行の業務は，管理通貨制において明らかに変化したのである。

---

1) 以上 Anderson (1917), pp. 514, 517; Moulton (1918), p. 723, note 1; Prochnow (1949), p. 308; Smith (1950), Vol. 1, p. 287 (訳, (二), 285-286頁); 川口 (1961), 第二編, 第四章～第五章, 第七章; 川合 (1965) (著作集第五巻 (1981), 166-170頁)

第 1 章では，大手商業銀行が，流動性を回復する一環として，新しい証券決済機構を産み出したことを考察する。これは，現代まで続く中央銀行預け金，FF による証券決済である。銀行のコア業務[2]の 1 つは決済である。現代的な OTD（originate to distribute；組成分配型）モデルの形成期である 1980 年代後半から，証券決済は大手行の業務展開においてその役割を増していく。1960 年代に始まった FF による証券決済は，様々な制度上の発達をへて，現代まで続く OTD モデルのディストリビュート，投資銀行業務の用語ではトレーディングの基礎構造となっていく。ここに銀行流動性を回復する現代的手法の基礎がある。

銀行流動性を回復する現代的手法の 1 つは，貸付債権の証券化である。貸付債権の証券化を支えるメカニズムとして，貸付債権への公的保険・保証，政府機関の流通市場育成等が先行研究で説明されてきた[3]。事業貸付の流通市場は，1980 年代に誕生している。その際に，リコース（償還請求権）からノン・リコース（償還請求権なし）へというファイナンス手法の展開もみられる。MBSs（mortgage-backed securities；モーゲイジ担保証券）と各種 ABSs（asset-backed securities；アセットバック証券）でも，ノン・リコース形式が増加し普及している。その一方で，これまで証券化を支えてきた公的保険・保証は相対的に減少し政府の役割は背景に退き，1980 年代から民間の金融保証とともにノン・リコース・ファイナンスが普及してきた。第 2 章では，証券化の基礎手法の 1 つと考えられる，ノン・リコース・ファイナンスに焦点を当てる。

第 1 章で扱う証券決済の先行研究には，以下のものがある。まず，ボストン連銀副総裁の Willis（1957, 1964, 1968, 1970）が，初期の FF 市場の発展と証券決済の関係を扱っている。つぎに，Stigum（1990）が，証券決済について市場関係者に詳細なヒアリングをおこなっている。本書で考察する課題は，大手商業銀行がコア業務を活用して業務展開をおこなったことである。

2）「序章 課題と構成」でみたように，銀行のコア業務は預金，貸付，決済である。
3）たとえば，松井（1986a），第 1 章を参照されたい。

その始まりは，証券決済の基礎構造を創り出した FF 市場にみられる。1960 年代以降の中央銀行預け金である FF による証券決済は，現代まで続く OTD モデルにおける金融商品のディストリビュート，投資銀行業務の用語ではトレーディングで用いられる。

第 2 章のノン・リコース・ファイナンスに関する研究には，以下のものがある。第 1 節で扱うリコース・ファイナンスの先行研究では，First National City Bank of New York 頭取の Moore (1959) が，詳細な事例研究をおこなっている。第 2 節のローン・セールの代表的な先行研究には，以下のものがある。まず，Gorton and Pennacchi (1990) が，誘因整合的ローン・セール・モデルにより暗黙の契約を計測してローン・セール市場の始まりを説明している。つぎに，同じく Gorton and Haubrich (1987, 1990) が法律，契約，会計，規制問題を扱っている。第 3 節のノン・リコース・ファイナンスの研究では，シカゴ連銀の Pavel (1986, 1989) が，証券化の際のリコース問題を取り上げている。これらの先行研究においては，本章の対象であるノン・リコース・ファイナンスの源流は何か，ノン・リコース形式はいつのように普及し主たるファイナンス手法として定着したかは必ずしも明らかではない。

第 1 部では，大手商業銀行の業務展開の基礎構造を考察する。第 1 部の構成は以下の通りである。まず第 1 章で，短期金融市場の発展を追跡して，大手行の証券決済の基礎構造を明らかにする。引き続く第 2 章では，ノン・リコース・ファイナンスが大手銀行グループの各種業務で普及したことを考察する。ノン・リコースを，第 2 部と第 3 部で取り上げる OTD モデルにおける分配側の 1 つである証券化の基礎手法と捉えるのである。最後に第 1 部のまとめについて述べる。

第1章
短期金融市場の展開：
銀行流動性から証券決済へ

　大手商業銀行が流動性を求めてまず利用するのは，短期金融市場であった。古典的な短期金融市場とは，手形割引市場とコール市場である。手形割引市場は，商業手形を銀行間で再割引することによって，銀行間で準備金を融通し合う市場である。コール市場は，コール・ローンの形で手形再割引市場や株式市場に短期資金を融通することも多いが，基本的には銀行間で準備金を融通し合う市場である。このように，古典的な手形割引市場とコール市場は，個別銀行にとって，準備金の一時的な過不足を調整する市場であった[1]。しかし，現代の短期金融市場は，古典的なものに留まらずに，その機能を進化させ続けている。

　短期金融市場の機能として，大手商業銀行がOTDモデルへと業務展開する際に重要と思われるものは，証券決済である。金融システムのタイプを考える際に，決済を重視して，決済システムと短期資金調整の組合せを重視したのは，靎見(1991)であった。アメリカ合衆国の決済システムでは，中央銀行預け金であるFFによる決済が，1920年代から銀行間の金融取引とくに国債取引に導入され，1960年代から普及している。第2次大戦後には，金融取引の増大にともない，FFによる支払いが発達してきた。FFによる支払いは，まず銀行と政府証券ディーラーとの取引で活発となった。Willis(1964, 1968)は，当時の見積もりでは70％を超える国債売買がFFによって決済されたという。Willis(1970)によると，ニューヨークの政府証券ディーラーと市外の顧客との満期1年以上の国債取引が，1969年初めまで小切手で支払わ

---

1) 田中 (1980).

れていた。その後，ニューヨークと地方とのすべての国債取引が，FFで決済されるようになったという。

これは，中央銀行預け金を振り替えることによって決済をおこなう，ドイツ・フランス型の公的振替制度とよく似ている。ドイツの振替取引は，中央銀行預け金の帳簿間での振替である。ライヒスバンクに振替預金を保持する銀行顧客が，支払いの際に自らの預金から受取人の預金口座に支払金額の振替を指図する。FF市場が1960年代に全米市場に発達すると，FFによる振替が国債取引に利用されている。それ以前には銀行小切手を使って手形交換所で決済していたが，中央銀行預け金であるFFによる振替決済になった。FFによる振替決済は，その後CDやその他金融取引に用いられた。その意味で，FFは金融商品を決済する新たな制度的基盤となっている。

日本では，1906年に国債登録制度が導入され，国債の現物は発行されず，日本銀行が登録機関となり，登録記名者の変更によって，権利移転をおこなった。しかし，その後2度の世界大戦をへて高度経済成長期から低成長期に入り国債の大量発行と流通により事務処理が困難になると，1980年2月に旧振替決済制度へと移行した。旧制度は国債の存在を前提とし，日本銀行が振替決済機関となり，国債を帳簿振替（ブック・エントリー）でおこなうものであった。2003年1月には，新振替決済制度が導入され，完全なペーパーレス化がおこなわれ，日本銀行が振替機関となり，日本のブック・エントリー・システムが完成した[2]。日本の国債決済制度に先駆けて，アメリカでは1950年代からFF市場が発達し，1960年代から国債決済手段と振替決済制度が進化してきた。進化した証券決済手段と振替決済制度は，本書で取り上げるOTDモデルの分配側においても1980年代後半から用いられていく。本章で証券決済の基礎構造を取り上げる所以である。

第1章では，戦後における短期金融市場の発展を考察して，大手商業銀行による証券決済の基礎構造を明らかにする。本章の構成は以下の通りであ

---

2) 以上 Willis (1964), p. 18; Willis (1968), p. 20; Willis (1970), pp. 3, 21; 靎見 (1991), 8, 356-357頁; 居城 (1992), 94-95頁; 居城 (2001), 285-288頁; 中島・宿輪 (2008), 305-307, 321頁。

る。まず第1節で，1950年代における全米FF市場の成立を確認する。第2節では，1960年代の国債流通市場と中央銀行預け金であるFFとの関係を考察する。つぎに第3節では，1960年代以降の新型預金であるCDの決済の仕組みを考察する。第4節では，同じく1960年代に新しい国債振替方式であるブック・エントリー・システムが導入されたことを取り上げる。最後に本章のまとめについて述べる。

1　全米FF市場の成立

　最初のFF取引は，1921年初夏にニューヨーク市の主導的な商業銀行数行によって始められた。このとき，景気後退によって市場金利が公定歩合以下に低下していた。連邦準備から借入をしていた銀行は，他の銀行から過剰準備を購入するようになったのである。

　1920年代に，ニューヨーク市内のFF取引は発達し，地区間の取引は限られた範囲でしか発達していなかった。1925年までに，ボストン，フィラデルフィア，シカゴ，サンフランシスコにおいて，地方市場が現れた。FFは，古典的な短期金融市場と同様に，商業銀行の一時的な準備金の過不足を調整することに限定されていた。

　ここでは，まず第1項で，FF市場においてブローカーとコルレス銀行がどのような役割を担ったかを確認する。つぎに第2項で，地方銀行が1960年代にFF市場に参加したことを実証する。最後に第3項で，FF市場の発達にともない，1960年代以降，ニューヨークへ資金が集中するようになったことを考察する。

1.1　ブローカーとコルレス銀行の役割

　FF市場は1951年の財務省と連邦準備のアコード（合意）以降再導入された。1951年アコードによって，金融政策は柔軟になり，金融逼迫時に加盟銀行はFFを借り入れるようになった。一方，市場金利の上昇は，FFを売却す

表 1-1 FF の取引 1925－1970 年（推計）

	銀 行 数		1 日平均総取引額（100 万ドル）	
	総取引	ブローカー取引[1]	総取引	ブローカー取引[1]
1925－1932	30- 40	n. a.	100- 250	n. a.
1951－1953	75-100	35- 75	350- 450	210- 340
1955－1957	125-200	85-145	800-1,200	310- 400
1960－1963	175-275	169-225	1,500-2,000	375- 600
1963－1966	180-350	185-250	2,000-3,500	415-1,330
1966－1970[2]	225-400	225-275	3,500-9,000	1,050-2,800

注1）1951－1962 年のブローカー取引は Garvin Bartel Corp. のデータ，1963－1969 年のものは 3 社のブローカーがニューヨーク連銀に報告したものである。
　2）ブローカー取引のデータは，1966－1969 年である。
(Willis (1970), pp. 53, 56, table II and III; Willis (1972), pp. 77-78, table 1 and 2.)

る加盟銀行に収益をもたらした。1925 年の日々の FF 取引は 1 億～1 億7,500 万ドルであったが，1956 年には 6 億（Willis (1957) では 8 億）～12 億ドルに達した。1920 年代にはすべての加盟銀行による 1 日平均の FF 取引は必要準備の約 4～10％であったが，1960 年代初めには同じく約 12％，1960 年代末には 27％にまで増加した。

　この 1950 年代初期に，1920 年代に主流であった商業銀行間の直接取引から，投資銀行の子会社であるブローカーをとおした取引に変化した[3]。表 1-1 のように，1951－1953 年には，ブローカー取引額が総取引額の約 70％を占めるようになった。しかし，1963－1966 年までに，総取引額に占めるブローカーをとおした FF 取引は 40％以下まで減少した。ただし，ブローカー取引は銀行数・総額ともに 1960 年代末まで増加傾向にあった。

　ブローカー取引の相対的な減少に代わって増加したのは，コルレス銀行との取引であった。表 1-2 をみると，1965 年には，ニューヨーク連邦準備地区における地方加盟銀行の FF 市場への参加方法の 95％が，コルレス銀行との取引であった。ブローカー取引は預金量 1 億ドル以上という大手行の利用が際立っているのに対し，コルレス銀行取引は銀行規模にかかわらず広く利用

3）　以上 Willis (1957), pp. 1-2, 9, table I; Board of Governors of the Federal Reserve System (1959), pp. 3, 22, 31; Willis (1970), pp. 3, 5, 54, 61.

表 1-2　ニューヨーク地区における地方加盟銀行の FF 市場への参加方法　1965 年

預金量 (100 万ドル)	銀行数	取引先 (%)		
		コルレス銀行	ブローカー	その他
5 未満	14	86	−	14
5− 10	19	95	5	−
10− 25	46	100	2	2
25−100	59	97	8	2
100 以上	51	92	35	10
全参加銀行	189	95	13	5

(Colby (1966), p. 116, table IV.)

された。

　ほぼ同じ時期のフィラデルフィア，リッチモンド連邦準備地区における加盟銀行の FF 借入と貸付も，コルレス銀行が中心であった。リッチモンド地区では，1960 年以前にはほぼすべての取引がブローカーを通していた。1960 年代半ばには，とくに大手行がブローカー取引に頼っていたが，大多数の銀行がコルレス銀行と FF を取引するようになった。これは，表 1-2 のニューヨーク地区と同じ状況である。アトランタ，ミネアポリス地区においても，コルレス銀行の役割は無視できない[4]。

1.2　地方銀行の参加

　前項で指摘したコルレス銀行との FF 取引の増加にともなって，1960 年代には FF を取引する地方銀行の比率が増加した。表 1-3 をみると，地方銀行の FF 市場への参加は 1961 年には地方銀行数の 7.5% に過ぎなかったが，1966 年には同じく 38.8% に上昇した。同じく 1966 年の地方銀行の FF 市場への参加率は，ボストン，ニューヨーク，フィラデルフィア，サンフランシスコ連邦準備地区で高く，ミネアポリス地区の 17.4% からボストン地区の 82.6% までの範囲にあった。Willis (1970) によると，当時ニューヨーク，フィラデルフィア，クリーブランド，リッチモンド，ボストン，サンフランシス

---

[4] Rothwell (1965), p. 8, table 3; Duprey (1966), p. 5, table 2; Nichols (1966), p. 10; Brandy and Crowe (1968), pp. 208-209, table 4.

表 1-3 FF市場への地方銀行の参加　1961－1966年

地方銀行 連邦準備地区	1961年 総数	1961年 取引銀行数[1]（総数比%）	1966年 総数[2]	1966年 取引銀行数[1]（総数比%）
ボストン	256	61 (23.8)	247	204 (82.6)
ニューヨーク	456	81 (17.8)	394	200 (50.8)
フィラデルフィア	468	40 (8.5)	402	200 (49.8)
クリーブランド	530	60 (11.3)	488	225 (46.1)
リッチモンド	412	29 (7.0)	392	168 (42.9)
アトランタ	395	15 (3.8)	494	205 (41.5)
シカゴ	976	70 (7.2)	980	450 (45.9)
セントルイス	460	14 (3.0)	468	151 (32.3)
ミネアポリス	465	10 (2.2)	487	85 (17.4)
カンザスシティ	722	12 (1.7)	813	175 (21.5)
ダラス	609	10 (1.6)	658	175 (26.6)
サンフランシスコ	136	40 (29.4)	204	100 (49.0)
計	5,885	442 (7.5)	6,027	2,338 (38.8)

注1） ボストン，ニューヨーク，フィラデルフィア，リッチモンド，シカゴ，ミネアポリス，カンザスシティ地区のデータは調査による。他のものは一部推計している。
　2） 1966年初めのデータである。
(Board of Governors of the Federal Reserve System, *Federal Reserve Bulletin*, May 1962, pp. 646-647, June 1966, pp. 894-895; Willis (1972), p. 81, table 3.)

コ，シカゴ地区における地方銀行の参加率は約60～95%であった。ミネアポリス，カンザスシティ地区における地方銀行の参加率は1967年には20%に過ぎなかったが，1969年末には少なくとも45～50%に増加したという。

Willis (1970) によると，FF取引の典型的な単位は100万ドルであった。しかし，コルレス銀行取引が増加して貸し手銀行が競争した結果，5万ドルという小さな取引も一般的になった[5]。取引単位の小額化は，中小銀行のFF市場への参加を促進した。1960年代前半までは，預金量1億ドル未満の地方銀行が，FF市場で取引することは稀であった。しかし，表1-4からわかるように，ニューヨーク連邦準備地区では，地方の加盟銀行，とくに預金量1,000～2,500万ドルの銀行が，1960年代前半にFF市場へ急速に参加する

5） 1920年代の典型的な取引単位は100万ドルで，50万ドルもしばしばみられたが，10万ドルという単位は一般的ではなかった。

表 1-4　ニューヨーク地区における地方加盟銀行の FF 市場への参加行数　1959－1965 年

預金量（100万ドル）	～1959	1960	1961	1962	1963	1964	1965
5 未満	—	—	—	—	—	—	14
5－10	—	—	—	—	1	7	19
10－25	2	3	7	10	19	35	46
25－100	18	22	30	38	43	50	59
100 以上	39	43	44	48	50	50	51
計	59	68	81	96	113	142	189

(Colby (1966), p. 115, table II.)

表 1-5　FF 市場への預金量 1,000 万ドル以下の加盟銀行の参加　1966 年

連邦準備地区	中小銀行総数[1]	地方銀行総数[2]（地銀数比%）	預金量1,000万ドル以下の加盟銀行 取引行数[3]（総数比%）
ボストン	247	139 (56.3)	100 (71.9)
ニューヨーク	394	185 (47.0)	44 (23.8)
フィラデルフィア	402	237 (59.0)	50 (21.1)
クリーブランド	488	285 (58.4)	63 (22.1)
リッチモンド	392	251 (64.0)	57 (22.7)
アトランタ	494	280 (56.7)	56 (20.0)
シカゴ	980	600 (61.2)	150 (25.0)
セントルイス	468	346 (73.9)	69 (19.9)
ミネアポリス	487	360 (73.9)	54 (15.0)
カンザスシティ	813	650 (80.0)	90 (13.8)
ダラス	658	491 (74.6)	98 (20.0)
サンフランシスコ	204	117 (57.4)	39 (33.3)
計	6,027	3,941 (65.4)	870 (22.1)

注 1) 1966 年初めのデータである。
　2) annual member bank operating ratios または monthly reviews of the Federal Reserve Banks にもとづいている。
　3) ボストン，ニューヨーク，フィラデルフィア，リッチモンド，シカゴ，ミネアポリス，カンザスシティ地区のデータは調査による。他のものは，一部推計している。
(Board of Governors of the Federal Reserve System, *Federal Reserve Bulletin*, May 1962, pp. 646-647, June 1966, pp. 894-895; Willis (1972), pp. 81-82, table 3 and 4.)

ようになった。

　表 1-5 をみると，1966 年には，預金量 1,000 万ドル以下の中小加盟銀行も，FF 市場に参加するようになった。地方銀行に占める中小加盟銀行の割合は，ニューヨーク地区の 47.0% からカンザスシティ地区の 80.0% までの範囲

にあった。中小加盟銀行がFF市場に参加する割合は，ボストン地区では71.9％と飛び抜けて高く，他の地区は13.8〜33.3％の間にある。

それでは，FF市場に参加することによって，地方銀行にどのような変化が生じたのだろうか？　フィラデルフィア連邦準備地区において，FF市場への参加銀行の過剰準備とコルレス・バランスが削減された。とくに，過剰準備が大きく減少したのである[6]。地方銀行は，FF市場に参加することによって，コルレス・バランス，さらに過剰準備を圧縮できたようである[7]。

このように，コルレス銀行を利用して地方銀行，中小銀行がFF取引に参加するようになり，各連邦準備地区のFF市場が発達している。

1.3　ニューヨークへの資金集中

各連邦準備地区のFF市場の発達は，どのように全米FF市場の形成につながったのだろうか？　この全米FF市場の形成過程を，Stigum (1990) の説明でみてみよう。Kennedy大統領の減税により利子率が低下しはじめた1963年に，中小銀行は公定歩合より割引率の高いTB (treasury bills；財務省短期証券) を買いはじめた。その資金源泉はまず余剰資金，それからコルレス先の大手行からのFF借入であった。当時FFレートは公定歩合以下であったが，中小銀行からのFF需要に直面したMorgan Guaranty Trustは翌1964年にFFレートを公定歩合の上にまで引き上げた。こうして，FFが市場利子率で取引されるようになった。FFが市場利子率で取引されると，地方銀行は地方市場でより小さな銀行からFFを集め，ニューヨークの大手行にFFを貸し付けるようになった。

カンザスシティ連邦準備地区における加盟銀行の場合，大手行ほどFF市場に参加し，預金量2,500万ドル以上の銀行は100％FF取引をおこなって

---

[6] コルレス・バランスは小切手の決済に使われていたので，FFが決済手段として使われはじめるとコルレス・バランスを圧縮できると思われる。また，都市のコルレス銀行の役割については，Wilson (1986b), pp. 95-104を参照されたい。以上 Willes (1968), pp. 3-4, table 1 and 2; Willis (1970), pp. 5, 58, 111; Willis (1972), p. 80.

[7] ただし，フィラデルフィア地区しか確認できないので十分な検討とはいえない。

いた。預金量別にFF取引のタイプをみると，預金量500万ドル未満の最小規模の銀行を除けば，中小銀行ほどFFのネットの貸し手である。さらに，中小銀行ほどFFを借り入れずに一方的な貸し手である。一方，預金量500万ドル未満の最小規模の銀行を除けば，大手行ほどFFのネットの貸し手である。ただし，大手行ほど借入ゼロの貸し手になることは少なく，借り手と貸し手の両面を担っていた[8]。

Willis（1970）によると，長い間，ニューヨークとシカゴ連邦準備地区はネットの借り手であり，サンフランシスコ連邦準備地区はネットの貸し手であった。当時，ニューヨーク市銀行は，1日平均16億ドル（Willis（1964, 1968）では8億ドル）のネットの借入をしていた。ニューヨーク以外の連邦準備地区では，総取引の20〜30%（Willis（1964, 1968）では10〜20%）がその地区内でおこなわれた。サンフランシスコとシカゴではこの地区内取引の比率が高く，アトランタ，カンザスシティ，ミネアポリスではこの比率は低くなっていた。連邦準備地区内のFF取引は，西海岸でとくに活発で1960年代には総取引の33〜40%に達した。

各連邦準備地区において地方のFF市場が形成され，それが地区間の取引，とくにニューヨーク地区へのFFのキャッシュフローにつながった。1974-1978年（6月末）には，中小の加盟銀行や非加盟銀行からニューヨーク市の大加盟銀行に，FFが集中するようになった。

最後に，ニューヨーク市のFF取引の規模をみてみよう。1956年11月には，ニューヨーク地区で全体の62%が購入され，同じく35%が売却された。ニューヨーク市内では全取引の20%以上がおこなわれた。ニューヨーク市銀行の地区外からの購入は，全取引の40〜60%であり，平均すると50%をかなり上回っていた。売却も同様の傾向であった。同じく1956年11月の15日間において，ニューヨーク地区へのFFの流入（ネット）は，全体の地区間取引（ネット）の50%を超え，通常70〜80%に達した[9]。1964年と1967年

---

8) ただし，カンザスシティ地区しか確認できないので十分な検討とはいえない。以上 Cacy (1969), p. 16, table 3; Stigum (1990), pp. 544-545. 原資料は Federal Reserve Bank of Kansas City.

には，ニューヨーク市で始まるか，またはニューヨーク市を通して完了したFF取引は，総取引の約50％に達した[10]。

Willis (1970) によると，過去2年の間にFFの地方取引が拡大し[11]，ニューヨークの取引は全体の35～40％に減少した。1960年代には，ニューヨーク市銀行間のFF取引は，総取引の20％以下であった。また，ニューヨーク市外の銀行によるFF取引の40％（Willis (1964, 1968) では 40～50％）が，ニューヨーク市銀行との取引であった。逆に，ニューヨーク市銀行によるFF取引の約75～80％が，ニューヨーク市外の銀行との取引であった。このように，ニューヨーク市銀行は，FFのディーラーとして行動した。その結果，ニューヨーク市外の銀行は，ニューヨーク市銀行にFFの借入と貸付の両面において依存していた[12]。

2　国債流通市場とFF

前節で指摘したように，1960年代からFFはニューヨークの大手商業銀行に集中されるようになった。ニューヨーク大手銀行は，地方・中小のコルレス銀行からFFやレポ取引によって短期資金を借り入れていた。このニューヨークに集中されたFFは，一体何に使われたのだろうか？

大手商業銀行はコルレス先を開拓するために，必要とする以上のFFを借り入れ，企業や家計に対する貸付や証券投資に回せなかった残りをブローカー・ディーラー市場で貸し付けた。このようなニューヨーク大手銀行によ

---

9) サンフランシスコ地区では同じく全体の12％，シカゴ地区では9％が購入された。一方，サンフランシスコ地区では全体の18％，クリーブランド地区では11％，ボストン地区では7％が売却された。
10) サンフランシスコとシカゴのFF取引は，同じく1964年にはそれぞれ総取引の15％と10％，1967年にはそれぞれ15～18％であった。
11) サンフランシスコとシカゴのグロス借入は，それぞれ17～20％に達した。
12) 以上 Board of Governors of the Federal Reserve System (1959), pp. 7, 64-65; Willis (1964), pp. 14-15, 36-37; Toby (1966), pp. 162, 164; Willis (1968), pp. 15-16, 47-49; Willis (1970), pp. 16-17, 58-61; Board of Governors of the Federal Reserve System, *Federal Reserve Bulletin* 各号。

るブローカー・ディーラーへの FF とリバース・レポ取引による貸付が，1974-1978年（6月末）に急増した。大手行は，FF の借入が貸付・投資に足りなければ，ブローカー・ディーラー市場で FF を借り入れた。ニューヨーク大手銀行によるブローカー・ディーラーからの FF とレポ取引による借入が，同じく1974-1978年に急増した。中小銀行も，ブローカー・ディーラー市場で FF を貸借した。銀行は，通常2～3のブローカーと取引しており，さらにコルレス銀行を利用して活発に FF を貸借した。

Toby (1966) によると，FF は商業銀行の一時的な準備金の過不足を調整するためには比較的利用されていないという[13]。1960年代以降の FF 市場は一時的な銀行準備の過不足を調整する市場にとどまっておらず，これは1920年代との決定的な違いである[14]。つぎの問題は，FF が一時的な銀行準備の過不足を調整する以外の一体何に使われているかである。

そのために，ここでは，まず第1項で，政府証券ディーラーがどのように FF を取引していたかを明らかにする。つぎに第2項で，FF が証券決済に用いられていることを考察する。

2.1 政府証券ディーラーの FF 取引

国債流通市場は，1960年代から拡大した。表1-6のように，同じく1960年代から，政府証券ディーラー[15]による国債の取引額が増加し，市場性国債残高に対する政府証券ディーラーの国債取引額も増加していった。とくに，ディーラーとブローカーとの取引の増加が著しい。Willis (1970) によると，銀行以外の金融機関，おもに政府証券ディーラー，貯蓄銀行，企業の FF 取引は，平均すると総取引の約10％であったが，時には25％に達することもあったという[16]。

---

13) 以上 Toby (1966), p. 162; Stigum (1990), pp. 554, 556-557; Board of Governors of the Federal Reserve System, *Federal Reserve Bulletin* 各号。
14) 1920年代の FF 市場の特徴については第1節を参照されたい。
15) 後で扱うように，政府証券ディーラーの中心は投資銀行とその子会社だが，商業銀行も含まれている。

表 1-6　政府証券ディーラー[1]の国債取引とその取引先　1961-1989 年

（1日平均　単位：100万ドル）

	総　額 （市場性国債残高 に占める割合%）	取　　　引　　　相　　　手			
		政府証券 ディーラー	政府証券 ブローカー	商業銀行	その他[2]
1961	1,552　(0.79)	482		650	391
1965	1,826　(0.85)	544		756	488
1970	2,513　(1.01)	977		929	510
1975	6,027　(1.66)	885	1,750	1,451	1,941
1980	18,331　(2.94)	1,484	7,610	9,237	
1985	75,331　(5.24)	3,336	36,222	35,773	
1989	112,715　(5.79)	3,287	66,417	43,011	

注1）ニューヨーク連銀に報告する銀行ディーラーとノンバンク・ディーラー。
　2）保険会社，貯蓄機関，連邦政府系機関，州・地方政府等。McCurdy (1981), p. 37.
（Board of Governors of the Federal Reserve System, *Federal Reserve Bulletin* 各号。）

　政府証券ディーラーは,表1-7のように1960年代前半にはレポ取引によって企業から短期資金総額の40％以上を調達したが，1970年代前半には同じく10％を超える程度にまで低下した。代わって政府証券ディーラーに短期資金を貸し付けたのは，保険会社，貯蓄機関，連邦政府系機関，州・地方政府等であった。商業銀行は，1970年代後半まで増減はあるものの，政府証券ディーラーに大量に貸し付けた。とくに，ニューヨーク市銀行の貸付額は，1961-1976年には政府証券ディーラーの資金源泉の21.4～34.5％に達した[17]。
　それでは，大手商業銀行は政府証券ディーラーにどういう形で貸し付けたのだろうか？　Willis (1970) によると，第2次大戦前には，ニューヨーク市銀行はほぼ例外なく手形交換基金（clearing house funds）でノンバンク・ディーラーに貸し付けていた。手形交換基金とは，ウォール街の加盟銀行間を流通する小切手に相当する基金である。この基金は，送金され決済される過程にあり，翌日に手形交換所残高が連邦準備の帳簿上で決済されなければ

16)　Willis (1970), pp. 51-52.
17)　表 1-7 に記載していないデータは，Board of Governors of the Federal Reserve System, *Federal Reserve Bulletin* 各号を参照されたい。

表 1-7 政府証券ディーラー[1]の資金源泉 1961－1979 年

(1日平均 単位：100万ドル)

	資金総額	資金源泉（資金総額に占める比率%）			
		ニューヨーク市の商業銀行	その他の商業銀行	企業	その他[2]
1961	2,725	675 (24.8)	614 (22.5)	1,177 (43.2)	259 (9.5)
1965	3,545	956 (27.0)	782 (22.1)	1,336 (37.3)	471 (13.3)
1970	3,965	1,098 (27.7)	1,072 (27.0)	538 (13.6)	1,258 (31.7)
1975	6,667	1,621 (24.3)	1,466 (22.0)	842 (12.6)	2,738 (41.1)
1979	16,003	1,396 (8.8)	2,868 (17.9)	3,373 (21.1)	4,104 (25.6)

注1) 表1-6の注1)を参照されたい。
 2) 表1-6の注2)を参照されたい。
(Board of Governors of the Federal Reserve System, *Federal Reserve Bulletin* 各号。)

利用可能にならない。手形交換基金によるノンバンク・ディーラーへの貸付は，金融の比較的緩和されていた1952年まで一般的であった。しかし，1950年代の金融引締期（1953，1955－1957，1959年）に，政府証券ディーラーは困難に陥った。当時，企業，州財務部または全米に点在する銀行はすでに国債に投資していたので，政府証券ディーラーは彼らからレポ取引によって借り入れようとした。

　Board of Governors of the Federal Reserve System (1959) は，以下のように指摘している。ニューヨーク市銀行は，いくつかの例外を除けば，手形交換基金でディーラー貸付をおこなっていた。しかし，とくに金融逼迫期には，ニューヨーク市銀行の貸付利子率はしばしば他の都市のもの，さらに政府証券ディーラーのポートフォリオの収益をも上回っていた。それゆえ，ディーラーは，ニューヨーク市外からFFを低金利で借り入れる必要があった。

　1959年9月～1964年7月末には，主要準備市銀行46行，とくにニューヨーク市の8行は1960年代初めに急速にFFで政府証券ディーラーに貸し付けるようになった。ただし，1962年8月から公表された手形交換基金も，FFと遜色ない大きさであった。1960年代初めまで，ニューヨーク市銀行はディーラー貸付をおもに手形交換基金でおこない，要求されればFFに転換した。FFは即時に利用可能であるが，加盟銀行宛て小切手は翌日に手形交

換所残高が連邦準備の帳簿上で決済されなければ利用可能にならないからである[18]。

先のレポ取引の金利は，ニューヨーク市銀行によるディーラー貸付のものよりも低く設定された。そのため，政府証券ディーラーは，1960年代初めにニューヨーク市外からレポ取引によって借り入れた。これに対抗して，ニューヨーク市銀行は，1960年からより革新的になり，ニューヨーク市外の銀行やノンバンクとの競争によって，政府証券ディーラーにかなりの部分をFFで貸し付けた。1965年初めには，FFによるディーラー貸付が，一般的に利用可能になったのである[19]。

FFによるディーラー貸付がある程度利用されれば，ニューヨーク市準備市銀行から政府証券ディーラーへのFFのキャッシュフローが生じたことになる。すでに，地方・中小銀行からニューヨーク大手銀行へ1960年代からFFが集中したことは指摘した。両方を合わせると，地方・中小銀行→ニューヨーク大手銀行→政府証券ディーラーというFFのキャッシュフローが生じたのである。

政府証券ディーラーは，国債取引のためだけでなく，他者への貸付のためにも借入をおこなった。1959年9月～1964年7月末には，政府証券ディーラーは，借入にくらべると小額だが，主要準備市銀行へ貸付もおこなった。1974年と1977年のデータしかないが，政府証券ディーラーは，リバース・レポ取引とFFによって主要準備市銀行に貸し付けた[20]。リバース・レポ取引による貸付もFFでおこなわれた。FFによる貸付が1970年代までに普及し

---

18) ただし，ニューヨーク手形交換所協会によって所有・運営されているCHIPS（New York Clearing House Interbank Payments System；ニューヨーク手形交換所銀行間交換決済システム）は，1981年10月に同日決済に移行した。
19) 以上 Nadler, Heller and Shipman (1955), pp. 99-100（訳, 107-108頁）; Board of Governors of the Federal Reserve System (1959), p. 47; Nichols (1964), pp. 954-961; Willis (1970), pp. 3, 6-7, 21-22, 24; McCurdy (1981), p. 37; Humphrey (1984), p. 68; Members of the Bankers Clearing House (1984)（訳, 18頁）; www.investorwords.com.
20) 1974年は4月18～24日における大手行45行の平均取引額，1977年は11月1～7日における大手行46行の平均取引額である。Nichols (1964), pp. 954-961; Smith (1978), pp. 355-356, 359, table 1, 2, 5 and 6.

たのである。

　ニューヨーク連銀と国債を直接取引できる政府公認ディーラーを，プライマリー・ディーラーという。このプライマリー・ディーラーは，投資銀行とその子会社が中心だが，3分の1近くが商業銀行である。プライマリー・ディーラーは1959年には17社あり，そのうち5社が商業銀行であった[21]。同じく1986年3月には36社あり，11社が商業銀行であった[22]。それ以外の商業銀行の債券部，ブローカー，企業も国債を扱ったが，彼らは専門のディーラーではなく，専門のディーラーを通して取引をおこなった。そのため，プライマリー・ディーラーは国債の流通市場でも重要な役割を果たしたのである。

　ディーラーは，自分達が売買を望む証券の買いや売りをみつけるために，まず最初に他のディーラーを探した[23]。このようなディーラー間またはディーラーとブローカー間の取引は，先の表1-6のように1960-1980年代に急増した。ディーラー間またはディーラーとブローカー間の取引は，1961年の政府証券ディーラーによる国債取引総額の32.9％から同じく1970年の42.7％，1980年の49.6％，1989年の61.8％へと拡大した。とくに，ディーラーとブローカー間の取引が圧倒的に大きくなったのである。

　政府証券ディーラー・ブローカーに媒介されて，ニューヨークの大手商業銀行間の国債流通市場が形成された。同じく表1-6から，政府証券ディーラーと商業銀行との国債取引も，1961年の6億5,000万ドルから1965年の7億5,600万ドル，1970年の9億2,900万ドル，1975年の14億5,100万ドルへ

---

21)　商業銀行5行とは，Bankers Trust Co., Chemical Bank New York Trust Co., Continental Illinois National Bank and Trust Co. of Chicago, First National Bank of Chicago, Morgan Guaranty Trust Co.である。Meltzer and Von der Linde (1960), p. 2; 松井 (1975), 281頁。
22)　商業銀行11行とは，Bank of America, Bankers Trust Co., Chemical Bank, Citibank, Continental Illinois National Bank and Trust Co. of Chicago, Crocker National Bank, First Interstate Bank of California, First National Bank of Chicago, Harris Trust and Savings Bank, Manufacturers Hanover Trust Co., Northern Trust Co. である。Moody's Investors Service (1987); Mossavar-Rahmani, Fabozzi, Jones and Wolkowitz (1987), p. 30.
23)　以上 Einzig (1970), p. 46; Stigum (1990), p. 167; 吉原・貝塚・蝋山・神田編 (2000), 1489頁。

と増加した。ただし，政府証券ディーラーの国債取引総額の伸びには及ばなかった。

2.2 FFによる証券決済

ここでは，1960年代以降，大手商業銀行がどのように中央銀行預け金であるFFを国債決済手段として用いたかを考察する。

まず，歴史をさかのぼって，決済手段としてのFFをみてみよう。アメリカの決済システムにおいて，最初に挙げられるのは，1853年設立のニューヨーク手形交換所であろう。手形交換所の交換尻は，1917年から連銀預け金すなわちFFで決済され，1919年から完全に（100％）FFで決済された。アメリカの決済システムは，手形交換所を中心として，その交換尻を中央銀行預け金で決済する，イギリス型に近づいたのである。ただし，他所宛て小切手の取立においては，連邦準備が中心的な役割を果たし，コルレス銀行がそれを補完したので，イギリス型よりも決済システムにおいて中央銀行の果たす役割が大きかった[24]。

Willis (1970) によると，1920年代から，手形引受業者は手形引受と国債の支払いにFFを使用していた。第2次大戦後に金融取引が増大して，1960年代に入ると，Willis (1964, 1968) によると，当時の見積もりで70％を超える国債売買がFFによって取引されたという。同じくWillis (1970) によると，ニューヨークの政府証券ディーラーと市外の顧客との満期1年以上の国債取引に，1969年初めまで手形交換基金が使われていた。しかし，その後ニューヨークと地方とのすべての国債取引が，FFでおこなわれるようになったという[25]。

---

24) U. S. Office of the Comptroller of the Currency (1930), pp. 758-759; 靎見 (1991), 8, 356-357頁; 川合 (2002), 43頁。
25) なお，手形交換基金とFFのどちらで決済するかという交渉が，金融取引における1つの要素になった。社債や地方債と同様に，短期金融商品，すなわち銀行引受手形，CP, CDは，通常FFで支払われるようになった。
　CDの場合，大手ディーラーの1つは自ら清算したが，おもに商業銀行であるManufacturers Hanover Trust Co. によって清算されていた。投資銀行や商業銀行であるCDのディーラーが購

ノンバンク・ディーラーとの証券決済は，1963年にはおもにニューヨーク市銀行3行，Manufacturers Hanover Trust, Irving Trust, Marine Midland Trust が取り扱っていた。ノンバンク・ディーラーの証券取引は，Willis (1970) によると，一般に加盟銀行を通して清算された。ノンバンク・ディーラーの証券取引に使われる FF は，1960年代には1日に約1～2億ドルであった。加盟銀行はノンバンク・ディーラーによる日々の FF の取引を記録して，この決済は定期的に，すなわち週または月ごとにネット・ベースでおこなわれた。この決済方法を，DTNS (designated time net settlement；時点ネット決済) という。

加盟銀行間の FF による決済は，各取引が別々に決済される RTGS (real-time gross settlement；即時グロス決済) である[26]。国債の RTGS は，小切手ではなく中央銀行預け金で振替をする。振替決済によって商取引をおこなうには，連邦準備が全米に多数の支店をもって地方銀行や企業と取引関係をもつことが必要である[27]。しかし，国債取引とその決済はニューヨークに集中している。そのため，国債取引に FF による振替決済を利用することは，連邦準備からみると比較的容易である。そのため，手形交換所を決済システムの基礎にもつアメリカにおいても，振替決済が国債取引に使われるのである。

FF による国債の振替決済は，FF 市場が全米市場に成長するとともに発達した。インターバンクの短期金融市場である FF 市場が，連邦準備銀行預け金である FF による国債の振替決済と結び付いたのである。

入した CD の支払いは FF でおこなわれ，銀行が満期のきた CD を償還する場合も手形交換基金よりも FF で支払われるのが普通であった。また，すべての農業関連の連邦機関債は，FF を対価にニューヨーク連銀で受渡しがおこなわれていた。

26) 連邦準備の送金網であるフェッドワイヤー (Fedwire) は RTGS システムであると指摘されているので，FF による決済は RTGS と考えられる。

27) 以上 Willis (1964), pp. 18-19; Woodworth (1965), pp. 81, 142, 156; Willis (1968), p. 20; Willis (1970), pp. 3, 6-7, 21, 51-52; 鷹見 (1991), 356頁; Juncker, Summers and Young (1991), p. 850; Gilbert, Hunt and Winch (1997), p. 2; McAndrews and Rajan (2000), p. 18. 原資料は Payment System Studies Staff of Federal Reserve Bank of New York (1995), *Fedwire: The Federal Reserve Wire Transfer Service*, March.

3 FFによる決済の波及：CD市場

ここでは，1960年代に大手商業銀行が導入したCD（negotiable time certificates of deposit；譲渡可能定期預金証書）を考察する。この新型預金がどのように決済されるかがここでの課題である。

1961年2月に，First National City Bank of New YorkがCDを導入した。CDの発行単位は通常100万ドルである。発行額が大口で投資家がおもに大企業や中堅企業に限定されたので，CDはホールセール向けといわれている。ホールセールとは，大口で大企業，中堅企業，政府，機関投資家向けという意味である。CDの満期は通常3か月と短期である。

まず，CDの発行市場における決済をみてみよう。CDの発行銀行は投資家の取引銀行に証書を渡し，この取引銀行は投資家の借り方に記入し発行銀行の貸し方に記入する。CDの発行代金は，投資家の取引銀行から発行銀行へ即時に利用可能なFFで支払われる。満期時には，投資家の取引銀行は発行銀行に証書を提示して，FFで償還代金を受け取る。Woodworth (1965) によると，大手商業銀行は慣例として手形交換基金よりもFFで満期のきたCDを償還したという。Melton (1978) は，決済を容易にするために，しばしばニューヨークのコルレス銀行を通して，その他の銀行CDも発行・償還されたと指摘している。Summers (1981) によると，ニューヨーク市の大手数行が国内CDの約25%を，地方の大手約200行が残りの約75%を発行するという[28]。

つぎに，流通市場における決済をみておこう。政府証券ディーラーを中心にして，1960年代からCDの流通市場は発達してきた。国内，ヤンキー，スリフトCD[29]の取引は，政府証券ディーラーの決済銀行を通して，中央銀行預

---

28) 流通市場はニューヨーク市に集中しているので，これも市外の大手行がニューヨーク市のコルレス銀行を通してCDを発行・償還する理由である。

29) ヤンキーCDとはアメリカ市場で非居住者がドル建てで発行するもので，スリフトCDとは貯蓄金融機関が発行するものである。貯蓄金融機関とは，S&L (savings and loan association；貯蓄貸付組合) と相互貯蓄銀行である。

け金である FF で決済される。ユーロダラー CD の取引は，一般に手形交換所を通して，2営業日後に決済される。Woodworth (1965) によると，流通市場における CD の取引は，ある大手政府証券ディーラーが自行内で決済したが，おもに政府証券ディーラーでもある Manufacturers Hanover Trust によって決済された。政府証券ディーラーが購入した CD も，FF で決済されたのである[30]。

1986年6月4日の調査にもとづいたニューヨーク連銀の見積りによると，連邦準備の送金網であるフェッドワイヤー (Fedwire) をとおした，大手商業銀行を中心とした9大決済銀行[31]による国内 CD 取引は，1日平均44億2,500万ドル (312件) であった[32]。同年の政府証券ディーラーの1日平均 CD 取引額は，43億5,500万ドルであった (表1-8)。その中心となるプライマリー・ディーラーは同年3月には36社あり，投資銀行とその子会社が中心だが，11社が商業銀行であった[33]。母集団が異なるものの，フェッドワイヤーをとおした CD 取引は，かなり普及していたと考えられる。

1978-1983年のデータ (表1-8) しかないが，政府証券ディーラーの取引を流通市場とみなせば，この時期に CD の流通市場が発達したのである。週報告銀行の発行残高に対する政府証券ディーラーの1日平均取引額は，1978年末の1.3%から1983年末には4.7%に増加した。その後，CD 市場の崩壊によって，政府証券ディーラーの CD 取引が減少した。佐久間 (1979) と佐久間・打込 (1982) によると，上位10行の発行した CD が流通市場の 80〜90%

---

30) 流通市場における午前中の取引は通常同日決済され，午後の取引は翌営業日に決済された。政府証券ディーラー間の CD 取引は，取引時間にかかわらず，通常翌営業日に決済された。以上 Woodworth (1965), p. 156; Melton (1978), p. 23; 佐久間 (1979), 12-13頁; Summers (1981), p. 80; 佐久間・打込 (1982), 93頁; Cleveland and Huertas (1985), pp. 254-255; Willemse (1986), pp. 49-51; Stigum (1990), p. 968; Morris and Walter (1993), pp. 45-46.
31) 9大決済銀行とは，Bank of New York, Bankers Trust Co., Chase Manhattan Bank, N.A., Chemical Bank, Citibank, N.A., Irving Trust Co., Manufacturers Hanover Trust Co., Marine Midland Bank, N.A., Morgan Guarantee Trust Co. である。
32) Federal Reserve Bank of New York (1987), pp. 1-2; Federal Reserve Bank of New York (1988), pp. 6, 10, table 5, note 3.
33) 商業銀行11行については，本章の注22を参照されたい。

表 1-8　CD の流通市場　1978-1989 年

	A. 政府証券ディーラーの CD 取引額（1 日平均）	B. 週報告銀行の CD 発行残高（年末）	A ／ B
1978	12.92 億ドル	969.48 億ドル	1.3%
1979	17.64 億ドル	925.81 億ドル	1.9%
1980	24.72 億ドル	1,163.74 億ドル	2.1%
1981	44.77 億ドル	1,374.90 億ドル	3.6%
1982	50.01 億ドル	1,323.40 億ドル	3.8%
1983	43.34 億ドル	917.12 億ドル	4.7%
1984	49.47 億ドル	n. a.	n. a.
1985	40.16 億ドル	n. a.	n. a.
1986	43.55 億ドル	n. a.	n. a.
1987	41.12 億ドル	n. a.	n. a.
1988	33.69 億ドル	n. a.	n. a.
1989	27.98 億ドル	n. a.	n. a.

(Board of Governors of the Federal Reserve System, *Federal Reserve Bulletin* 各号。)

の取引を占めたという[34]。

　しかし，固定金利の CD 市場は，歴史的な高金利の急落した 1982-1983 年に壊滅的な打撃をうけた[35]。その直後から，大手商業銀行はホールセールの国内 CD に代わる金融商品・ファイナンス手法をつぎつぎと産み出し利用していった。

　まず，大手商業銀行は CD の金融商品としての性格を広げた。変動金利で 18 か月物[36]の CD と額面 5,000 ドルというリテール CD の導入である。固定金利から変動金利受取り，満期の長期化，ホールセールからリテールへとい

---

34)　佐久間 (1979), 13 頁; 佐久間・打込 (1982), 93 頁。
35)　1982 年 2 月のメキシコ債務危機に端を発した途上国の債務問題，1983 年 9 月に満期 18 か月以上の預金準備率が 0%になったこと，1984 年 7 月に Continental Illinois の救助と，CD 市場に不利なことがつぎつぎと起こった。1982-1983 年に CD は壊滅的な打撃をうけたが，週報告銀行における FF とレポ取引を中心とする借入貨幣は減少せずに増加した。Board of Governors of the Federal Reserve System, *Federal Reserve Bulletin* 各号。
36)　この直前の 1980 年代初めには，ホールセール CD では，1～3 か月物が多く，6 か月物，1 年物となるにつれて少なくなっていた。満期を 18 か月としたのは，1983 年 9 月から満期 18 か月以上の預金準備率が 0%になったからであろう。

う流れである。リテールとは，小口で家計や中小企業向けという意味である。

つぎに，金利スワップを利用して，固定金利の債務を変動金利のものに交換した。たとえば，最高の格付けをもつ Morgan Guaranty Trust のような銀行は，固定金利の2～5年の預金証書（deposit notes）を発行して，変動金利の債務にスワップした[37]。ここでも，固定金利から変動金利受取り，満期の長期化がみられる。

最後に，大手商業銀行は変動金利で満期のないリテール預金を開発した。1982年12月に導入された MMDA（money market deposit accounts）と1983年1月のスーパー NOW（super negotiable order of withdrawal accounts）である[38]。

このように，CDも発行・流通市場においておもに FF で決済がおこなわれた。これは，前節でみた国債発行・流通市場のものと，同じ形である。

4　新しい国債振替制度：ブック・エントリー・システム

ここまでみたように，1960年代に中央銀行預け金である FF による証券決済が普及したのである。同じく 1960 年代に導入された CD も，FF によって決済された。引き続き 1960 年代に，国債取引・決済において，現在まで続く新しい国債振替の制度的展開がみられた。国債取引・決済は金融取引の重要な部分であり，新しい国債振替制度が他の証券決済や金融取引をおこなう制度的基盤になっていく。新しい国債振替制度とは，序論で指摘した金融商品の新たな決済手法，ブック・エントリー・システム（book-entry system）である。ブック・エントリー・システムへの動きは，1965年後半の試験期間をへて翌 1966 年 1 月に GSCA（Government Securities Clearing Arrangement；政府証券清算協定）が正式に施行されたことが契機となった。

時代をさかのぼると 1921 年から，連銀または支店による CPD（Commis-

37）　後の第4章第2節の金利スワップを参照されたい。
38）　以上 Livingston (1990), p. 196; Stigum (1990), pp. 134-135, 181, 957, 981-982, 1121-1122.

図 1-1　CPD 振替の仕組み

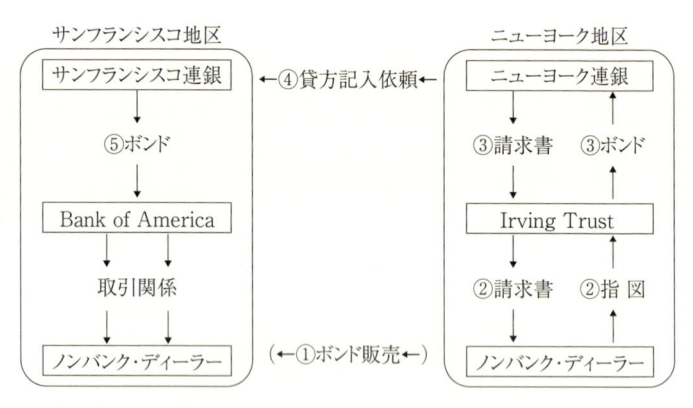

```
       サンフランシスコ地区                        ニューヨーク地区
  ┌─────────────────────┐                    ┌─────────────────────┐
  │  サンフランシスコ連銀  │ ←④貸方記入依頼← │    ニューヨーク連銀    │
  │         ↓⑤ボンド      │                    │   ↓③請求書  ↑③ボンド │
  │    Bank of America    │                    │      Irving Trust     │
  │         ↕ 取引関係     │                    │   ↑②請求書  ↓②指　図 │
  │    ノンバンク・ディーラー │ ←①ボンド販売← │  ノンバンク・ディーラー │
  └─────────────────────┘                    └─────────────────────┘
```

（Garbade (2004), p. 37 を参考にして作成）

sioner of the Public Debt；国債局長）振替と呼ばれるものがあった。Irving Trust[39]が，ノンバンク・ディーラー間のボンド販売（図 1-1 の①，以下同様）を仲介するために，サンフランシスコの Bank of America に現物のボンドを振り替えるとする。②ディーラーからの指図によって，③ Irving はディーラーの勘定からボンドを引き出し，ニューヨーク連銀に渡す。④ニューヨーク連銀は，サンフランシスコ連銀に依頼して同連銀にある Bank of America の勘定にボンドを貸方記入してもらう。⑤ Bank of America はサンフランシスコ連銀から現物のボンドを受け取れるが，ニューヨーク連銀からサンフランシスコ連銀への現物のボンドの振替はおこなわれない。1965 年には，連銀は CPD 振替 1 回につき一律 5 ドルの手数料を課していた。この手数料は，記名国債（registered securities）の登記変更手数料（1,000 ドルにつき約 20 セント）に当てはめると，国債 25,000 ドル分の振替に相当する。一度に 25,000 ドル以上の振替をすれば，CPD 振替は登記変更よりも低コストである。

---

39)　Irving Trust は，1960 年代にノンバンク・ディーラーのニューヨーク決済銀行であった。

1964-1965年にかけての冬に，ニューヨーク連銀はCPD振替の新しい相殺計画を提案した。1営業日内のCPD振替であれば，加盟銀行が同時に現物の国債を受け取らずにCPD振替をおこなう。午後3時ごろ，ニューヨーク連銀は銀行のネット振替額を計算して，現物の国債を取引する。これが上記のGSCAである。GSCAはCPD振替で決済された現物の国債取引を80%減少させるとみられた。

GSCAには当初Morgan Guaranty TrustとIrving Trustだけが参加していたが，1966年後半から大手商業銀行6行[40]が加わった。それに先立つ同年8月に，ニューヨーク連銀がGSCA参加銀行に他行への国債の販売を認めた。参加行は，GSCAにおける国債を使って，関係のない他行向け債務を決済できる。そのため，GSCA参加行が増加したのである。ニューヨーク連銀によると，GSCAで現物の取引なしに，加盟銀行間で国債が初めて取引された。ただし，GSCAは，毎日午後に債権債務の相殺尻を現物の国債で決済したので，完全なブック・エントリー方式ではなかった[41]。

1968年1月1日に，財務省は初めて加盟銀行にブック・エントリー方式で財務省証券を保有するオプションを勧めた[42]。ブック・エントリー・システムとは，加盟銀行が連邦準備勘定に証券を保有し，その証券売買をコンピュータに記録するものである。証券売買の際に，証券の現物が移動しないのが特徴である。これが，ネット振替だけをおこなった先のGSCAと異なってい

---

40) 大手商業銀行6行とは，Bankers Trust Co., Manufacturers Hanover Trust, First National City Bank, Chemical Bank, Chase Manhattan Bank, Bank of New Yorkである。
41) 以上Hoey and Vollkommer (1971), p. 24; Garbade (2004), pp. 34, 36-39, 45, note 5 and 10. 原資料はVollkommer, Richard (1970), "Clearance and Custody of United States Government Securities: Solutions to Some Problems," unpublished paper, Rutgers University, Stonier Graduate School of Banking; Davis, Felix. and Hoey, Matthew (1973), "Automating Operations in the Government Securities Market," in *Joint Treasury-Federal Reserve Study of the U. S. Government Securities Market, staff studies-part 3*.
42) 1963年初めに，サンフランシスコ連銀は1962年半ばに750万ドルの財務省証券が紛失したことを報告した。この問題に関する議会調査で，連邦準備は連銀総裁会議にブック・エントリー方式への転換を検討するように求めた。連銀総裁会議の小委員会はこの問題を調査し，1963年8月にブック・エントリー・システムは「現実的で望ましい」と結論づけた。Garbade (2004), pp. 39, 45-46, note 17～21。

た。

　ブック・エントリー方式の登録政府証券（book-entry securities）は，この導入時には加盟銀行だけに提供されていた。その目的も，①連銀内での保管，②連銀貸付の担保，③連邦政府預金の担保に限られていた。そのため，1968年初めにはニューヨーク連銀における市場性国債のわずか1.19%しかブック・エントリー方式に転換されず，同年末には12連銀では同じく10%超がブック・エントリー方式に転換されただけであった。

　しかし，1969年8月1日に，加盟銀行がいかなる目的で連銀内に預けた財務省証券をも，ブック・エントリー・システムに加えることにした。1970年末には，連銀の保管する証券がほぼすべてブック・エントリー方式になり，連邦準備ブック・エントリー・システムは市場性国債の48.8%を占めるようになった。

　同じく1970年末に，いくつかの主要な保険会社がディーラーの保有する国債の保険を拒否して，本格的にブック・エントリー・システムへの動きが始まった。Continental Insuranceは，商業銀行の盗難保険を1971年に制限または終了すると発表した[43]。当時，ディーラーと主要な投資家は国債の現物を保有しており，大量の国債がウォール街を移動した[44]。そのため，1969年と1970年には，前例のない額の財務省証券が紛失または窃盗された。1969年10月には，Morgan Guaranty Trustの1,320万ドルが紛失した。ニューヨーク市警察の推計によれば，1966-1970年に1億ドル相当の証券（財務省証券だけではない）が盗難または紛失したという。

　1970年の保険危機に直面して，ニューヨーク連銀は，翌1971年第1四半期にGSCA参加銀行もブック・エントリー・システムに参加できることにした。一方，ノンバンク・ディーラーは，主要銀行に証券を預けるようになった。ニューヨーク連銀は，GSCAの中核を占めていたCPD振替も，ブック・

---

43) しかし，Continentalは年の瀬に保険をつづけることに同意した。
44) Woodworth (1965) は，現物の引渡しを迅速におこなうために，国債はウォール・ストリートの銀行に保管されていたと指摘している（p. 81）。

エントリー・システムに統合した。営業終了時に連銀または支店でネットの現物取引をするのではなく，ブック・エントリー勘定に記帳するようになった。これは，1971年初めにSigma-5コンピュータをニューヨーク連銀に導入したことによって可能になった。

1973年3月には，すべての加盟銀行がすべての顧客のために保管する財務省証券も，ブック・エントリー・システムに加えることにした。その結果，預金金融機関の顧客であるノンバンク・ディーラー，非加盟銀行，限られた範囲で個人投資家も，ブック・エントリー方式の登録政府証券を保有できるようになった。連邦準備ブック・エントリー・システムのインフラが完成したのである。

市場性国債に占めるブック・エントリー方式は，1973年末の65％から，1975年末の78％，1980年末のほぼ94％まで増加した。ブック・エントリー・システムが導入された1968年以降，政府証券ディーラーの国債取引も急増した（表1-7参照）[45]。一方，1977年後半に無記名TB，1982年9月に無記名財務省ボンド，同年12月に無記名財務省ノート，1986年8月に記名（registered）ノートとボンドの発行が中止された。同じく1986年に，財務省はトレジャリー・ダイレクトという新しいブック・エントリー・システムを導入し，小口投資家にもブック・エントリー・システムを利用できるようにした[46]。

Stigum（1990）は，割引債を除く連邦機関債もほぼブック・エントリー方式をとり，連邦準備の送金網であるフェッドワイヤーで取引できると指摘し

---

45) 表1-7に記載していないデータは，Board of Governors of the Federal Reserve System, *Federal Reserve Bulletin* 各号を参照されたい。
46) 以上 Hoey and Vollkommer (1971), p. 28; Mossavar-Rahmani, Fabozzi, Jones and Wolkommer (1987), p. 6; Mossavar-Rahmani, Fabozzi, Jones and Wolkowitz (1990), p. 17; Stigum (1990), pp. 636-637; Blume, Siegel and Rottenberg (1996), p. 121; 遠藤 (1999a), 109-110頁; Hillery and Thompson (2000), pp. 255, 257; Garbade (2004), pp. 34, 40-44, 47, chart 3, note 44. 原資料はVollkommer, Richard, "Clearance and Custody of United States Government Securities: Solutions to Some Problems," unpublished paper, Rutgers University, Stonier Graduate School of Banking, 1970; Ringsmuth, D. and Rice, G., "Federal Reserve Bank Involvement with Government Securities," unpublished paper, Federal Reserve Bank of New York, March 8, 1984.

ている。連邦機関債には，本書で考察する OTD モデルで重要な役割を果たす，MBSs の一部も含まれている。これがフェッドワイヤーで取引され，FF で決済できる。Becketti（1988）によると，1986 年の SMBSs（stripped mortgage backed securities；分離型モーゲイジ担保証券）導入時には不可能であったが，その後 SMBSs の IO（interest-only）証券はニューヨーク連銀のブック・エントリー勘定に入れられ，フェッドワイヤーで取引されるようになったという。

　少なくとも 1999 年末には，本書で取り上げる各種金融商品も，DTC（Depository Trust Company；預託信託会社）を通して決済できるようになった。各種金融商品とは，CD，ABSs，GNMA（Government National Mortgage Association；政府抵当金庫）債であった。このうち，ABSs と GNMA 債は，OTD モデルでディストリビュートされる。DTC とは，1973 年に設立された世界最大の有価証券預託機関であった。ニューヨーク証券取引所における証券取引を，DTC の口座振替でおこなった。DTC は，連銀預け金をもち，フェッドワイヤーを通して決済した[47]。FF が決済に用いられたのである。この意味で，DTC は FF で決済をおこなうブック・エントリー方式をその制度的基盤としている。

　1998 年に，連邦準備は 12 か所あったブック・エントリー申込所を単一の NBES（National Book-Entry System）に再編した。NBES は，FHLMC（Federal Home Loan Mortgage Corporation；連邦住宅金融公庫）と FNMA（Federal National Mortgage Association；連邦抵当金庫）の発行する MBSs や世界銀行のような国際機関の証券も取り扱った。OTD モデルでディストリビュートされる MBSs の一部が，ブック・エントリー・システムで決済されたのである。1999 年末には，約 8,700 の預金金融機関が NBES に参加して

---

[47]　以上 Becketti (1988), p. 30; Stigum (1990), pp. 637-638, 1117, 1143; Hahn (1993), p. 108; Mengle (1993), p. 179; Deposit Trust & Clearing Corporation (1999, 2000), p. 2; 吉原・貝塚・蝋山・神田編 (2000), 1168 頁; 中島・宿輪 (2002), 101-102 頁, 表 5-2; 中島・宿輪 (2008), 109-111 頁; www.dtcc.com; www.ficc.com. 原資料は Deposit Trust Corporation, *Final Plan for a Commercial Paper Program*, Memorandum, April 1990; Deposit Trust Corporation, *Annual Report*, 1991.

いた。約90%のブック・エントリー取引が，ボストン，ニューヨーク，リッチモンド地区の大手商業銀行と地方銀行に集中していた[48]。

　証券決済において小切手が重要な地位を占めていたアメリカにおいても，歴史的にみると，中央銀行預け金であるFFが次第に小切手の地位を侵食していった。それは国債決済に始まり，CD，連邦機関債，その他証券までをもFFで決済するようになった。本書で考察するOTDモデルでディストリビュートされる，ABSsとMBSsもFFで決済された。民間の手形交換所と短期金融市場が深く結びついた決済システムが，1960年代から中央銀行の公的な振替決済制度へと徐々にその姿を変えていったのである。

むすびにかえて

　本書でこれから考察していくが，アメリカ大手商業銀行は，コア業務を利用して業務展開をおこなっていく。業務展開の特徴は，本書で考察するOTDモデルにある。ディストリビュートされる際の金融商品の決済は，目には見えないが，業務展開をおこなう上で制度的基盤となる。

　金融商品の決済には，伝統的に手形交換基金が用いられてきたが，1960年代に中央銀行預け金であるFFが広く使われるようになった。まず，1950年代にFF市場が再導入され，その全米市場が成立し，大手商業銀行は容易にFFを利用できるようになった。つぎに，手形交換基金にくらべて，FFは即時に利用可能という利点があった。金融商品の主たる決済手段という地位を得たFFには，さらに追い風となる出来事が起こった。ブック・エントリー・システムに至る，国債振替の制度的発展である。ブック・エントリー・システムは，対象となる金融商品を拡大させながら，引き続きFFを決済手段としたのである。CDの決済も，発行・流通市場において，おもにFFでおこなわれた。これは，国債の発行・流通市場と，同じ形である。OTDモデルで

---

48) Hillery and Thompson (2000), pp. 255-256.

ディストリビュートされる ABSs と MBSs も，FF で決済された。ここに，OTD モデルを考察する本書が FF による証券決済を取り上げる所以がある。

　商業銀行のコア業務の1つは決済である。金融商品の決済機構は，現代的な OTD モデルが形成される 1980 年代後半以降に，大手商業銀行の業務展開においてその役割を増していく。その始まりは，証券決済の基礎構造を創り出した 1960 年代の FF 市場にみられる。中央銀行預け金である FF による金融商品の決済機構は，様々な制度上の発達をへて，現代まで続く OTD モデルのディストリビュート，すなわち投資銀行業務におけるトレーディングの基礎構造となっていくのである。

第2章
ノン・リコース・ファイナンスの展開：証券化の現代的基礎手法

　第1章で考察したように，銀行流動性を回復する方法は，短期金融市場を始めとして数多く存在する。流動性に対する現代的手法の1つは，貸付債権の証券化である。貸付債権の証券化を支えるものに，貸付債権への公的保険・保証，政府系機関の流通市場育成等がある。しかし，導入時に証券化を支えてきた公的保険・保証は相対的に減少し政府の役割は背景に退き，1980年代から民間の金融保証[1]とともにノン・リコース・ファイナンスが普及してきた。証券化商品である RMBSs（residential mortgage-backed securities；住宅モーゲイジ担保証券）と各種 ABSs では，リコース（償還請求権付き）からノン・リコース（償還請求権なし）へというファイナンス手法の展開がみられたのである。CMBSs（commercial mortgage-backed securities；商業モーゲイジ担保証券）でも，ノン・リコース形式が一般的である。ノン・リコース・ファイナンスは，政府の役割が相対的に小さくなる現代において，新たな証券化の基礎手法と考えられる。

　アメリカ合衆国の FASB（Financial Accounting Standards Board；財務会計基準審議会）は，GAAP（Generally Accepted Accounting Principles；一般に認められた会計原則）を設定する機関である。その基準書140号によると，リコース（償還請求権）とは，図2-1における①借り手の債務不履行，②期限前償還による影響，または③譲渡された債権の瑕疵による修正について，④債権の買い手が売り手から支払いをうける権利である[2]。①債務不履行，

1）　金融保証とは，債務者による債務不履行が発生した場合に，約定通りの元利払いを保証する業務をいう。尾崎（2004），2-4頁。
2）　Financial Accounting Standards Board (2000), p.136. なお，Pavel (1989), pp.167-168（訳，137

図 2-1　リコースまたはノン・リコース・ファイナンスの概念図

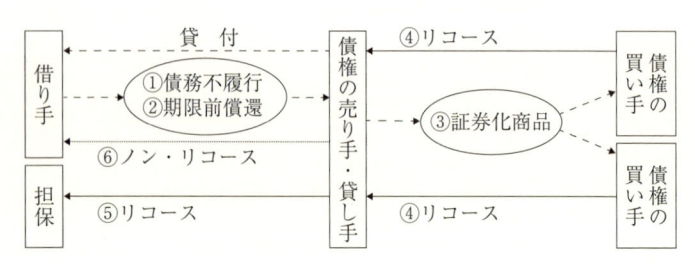

（以下の文献を参考にして作成。秋葉（2000），206 頁; Financial Accounting Standards Board (2000), p. 136.）

②期限前償還，④リコースについては，リコースまたはノン・リコース・ファイナンスの概念を示した図 2-1 に番号通り示している。③譲渡された債権については，本書で取り上げる証券化商品として図示している。法的には，リコースとは，第 1 次的に履行すべき者が履行しなかった場合に，第 2 次的に履行すべき者に対して履行を請求することである。

　図 2-1 を用いた説明を続けよう。一方，ノン・リコースとは，一般的に，⑤貸し手は当該資産にだけリコース（償還請求）でき，⑥借り手にはリコースできないと理解されている。たとえば，担保付き貸付の際に，債権額が担保の時価を上回っても，貸し手がそれ以上のリコースの権利をもたないことを指す。この場合には，貸付は特定の資産等と紐付きになっており，返済は担保価値に限定され，元本と利子全体に及ぶことはない。その意味で，リコースがまったくおこなわれないわけではない。上記のように法的には，リコースとは，第 1 次的に履行すべき者が履行しなかった場合に，第 2 次的に履行すべき者に対して履行を請求することである。この観点からは，ノン・リコースは文字どおりリコースがないことになる。

　アメリカでは証券化が普及しているが，日本では証券化はそれほど普及していない。一方，アメリカでは伝統的な個人保証人制度は一般的ではないが，

頁）を参考にした。

表 2-1 銀行貸付に関する保険・保証, 担保制度, ノン・リコース・ファイナンスの展開

保険・保証制度の展開	担保制度の展開	ノン・リコース・ファイナンスの展開
個人保証人 ↓ 公的保険・保証 （1930年代～） ↓ 民間の金融保証 （1980年代～）	物 的 担 保 ↓ 収益力への担保概念の拡張 （1930年代～） ↓ キャッシュフローへの担保 概念の拡張 （1950年代～）	プロダクション・ペイメント （1930年代～） プロジェクト・ファイナンス ↓ （1970年代～） ローン・セール ABSs/MBSs （1980年代～）

注）本書で扱った範囲をまとめたものである。

担保制度が担保概念を拡張する方向で発達しノン・リコース・ファイナンスが普及している。日本ではノン・リコース形式は一般的ではないが，伝統的な個人保証制度と担保制度が存在している。2000年代半ばには，日本の中小企業向け融資の2～3割が個人保証である連帯保証人をつけているという。筆者は，アメリカの銀行貸付に関する保険・保証制度の展開と，証券化を含む貸付の流通市場の発達には，因果関係があると考えている。少し視野を広げると，銀行貸付に関する保険・保証制度，担保制度，ノン・リコース・ファイナンスの展開は，互いに密接な関係をもって発展してきたと思われる。

あらかじめその概要を示せば，表2-1のように，アメリカの銀行貸付に関する保険・保証制度は，伝統的な個人保証人から1930年代以降の公的保険・保証をへて，1980年代以降の民間の金融保証に発展してきた。保険・保証制度においては，第1次的に履行すべき者が履行しなかった場合に，第2次的に履行すべき保証人，保険・保証機関，保険会社に対して履行を請求する。これは，法的なリコース・ファイナンスの展開である。

一方，アメリカの銀行貸付に関する担保制度は，伝統的な物的担保から1930年代以降には担保が収益力へとその概念を拡張し，1950年代以降にはキャッシュフローへとさらにその概念を拡張してきた[3]。担保制度の展開で

は，貸し手は当該資産，収益，キャッシュフローにだけリコースでき，借り手にはリコースできない。これは，本章の主題であるノン・リコース・ファイナンスの展開を支えるものである。

先の保険・保証制度の展開において，1980年代に銀行貸付に関する民間の金融保証という新しいファイナンス手法が産み出された。担保制度の展開は，1930年代から長期にわたり，ノン・リコースという同じく新しいファイナンス手法の形成過程を支えてきた。民間の金融保証とノン・リコースという新しい手法は，証券化を含む貸付の流通市場の発達を支えたのである。

第2章では，アメリカの銀行貸付に関する民間の金融保証とノン・リコースという新しいファイナンス手法が，互いに密接な関係をもって発展してきたことを考察する。さらに，ノン・リコース・ファイナンスの源流を探り，それがいつ大手商業銀行の各種業務で用いられたかを明らかにしたい。それによって，ノン・リコース形式が現代的な証券化の基礎手法であるという意味を考えていく。ノン・リコース形式は，中小企業貸付や農業モーゲイジ・ローンとその証券化を除く，現代アメリカのほとんどの分野の貸付と証券化において一般的なファイナンス手法である（後の表2-2参照）[4]。

アメリカの金融市場では，伝統的に資本市場が高度に発達しており，1980年代まで貸付は格下の金融商品とみなされてきた。しかし，市場関係者の中には，1995年頃から貸付が中心的になったという見解がある。貸付が中心的とは，貸付市場が量的に資本市場を凌駕したということではない。貸付が，あたかも資本市場の一部となったという意味である。これは，term loan is-

---

3) 担保，収益力，キャッシュフローへの概念の拡張については，川波 (1995)，第II篇を参照されたい。
4) 日本では，1998年3月にJ.P. Morganがノン・リコース・ローンを導入した。翌1999年4月に，日本開発銀行と安田生命保険等が，国内金融機関として初めて，東京渋谷のオフィスビル建築にノン・リコース・ローンを実施した。これと前後して，アメリカに近いカナダ，メキシコ，ラテン・アメリカ諸国から，EU諸国，ロシア，中国，韓国，南アフリカといった世界中の国々にまでノン・リコース・ファイナンスが導入された。
　　以上，鴻・北沢編 (1998)，789頁; Vinter (1998), p. 112; 谷川 (1998)，18頁;『日本経済新聞』1999年4月22日，朝刊，1頁; 週刊東洋経済 (1999)，99頁; 庄司 (2000)，39頁; 秋葉 (2000)，206頁; 内藤 (2001)，88頁;『日本経済新聞』2006年3月20日，朝刊，1頁; Feldstein (2008), p. A21.

suance という用語にも表れている。貸付が貸借関係ではなく，投資家からみれば，1つのアセットクラスとして認識されたのである[5]。貸付が1つのアセットクラスとして認識されると，流通市場で証券のように売買される。その際に，証券化市場を含む流通市場において，ノン・リコース形式が普及し，主たるファイナンス手法として定着したのである。

　本章では，ノン・リコース形式についての先行研究[6]を整理しながら，ノン・リコース・ファイナンスの源流，普及，定着を歴史的に考察していく。筆者は，ノン・リコース・ファイナンスを証券化の基礎手法と捉えており，その源流，普及，定着を明らかにすることはアメリカ型の証券化を正確に理解するために必要だと考えている[7]。本章の構成は以下の通りである。まず第1節で，リコース・ファイナンスの歴史を追跡して，ノン・リコース形式の源流を探る。引き続く第2節では，新しいローン・セール業務において，ノン・リコース形式が普及したことを考察する。つぎに第3節では，ノン・リコース形式がローンを証券化した MBSs と各種 ABSs のファイナンスで基本的に定着したことを検証する。最後に本章のまとめについて述べる。

1　歴　史

　ここでは，ノン・リコース・ファイナンスの源流を探るために，これに関連するリコース・ファイナンスの歴史を考察する。リコースもしくはノン・リコース形式がおもに問題になるのは，銀行貸付が売買され債権者が変わる流通市場，証券化市場である。そこで，まず事業貸付の流通市場であるローン・セール業務におけるリコース・ファイナンスの歴史を考察する。

---

5) Coffey (2000), p. 109; コフィー (2005), 62-63 頁; 2006 年 1 月 19 日の河合祐子氏（日本銀行金融市場局）へのインタヴュー。
6) ノン・リコースの先行研究は，「序論　対象と視角」を参照されたい。
7) ユーロ市場における証券化に対する，アメリカ型の証券化の特徴の1つは，貸付債権の証券化として説明されてきた。一方，ユーロ市場における証券化は，シンジケート・ローンから，貸付＝融資と証券のハイブリット商品の進展を1つの特徴とする。松井 (1986a), i-ii, 1-3 頁。

Gorton and Haubrich（1990）によると，ローン・セールそれ自身は，商業銀行にとって目新しい業務ではなく，1世紀以上も続く古い業務である。しかし，1983年以前には伝統的なコルレス・ネットワーク内での取引，とくにオーバーライン[8]（貸付の総量規制）のためのローン・セールにほぼ限定されていた。

　商業銀行は，ローン・セールをおこなうときに，長い間パーティシペーション（協調融資）を利用してきた。古い形のパーティシペーションは，幹事行（lead bank）が他の銀行のために交渉するシンジケート団組成であった。1955年10月5日には，加盟銀行による満期1年以上のターム・ローン額の31.5％がパーティシペーション形式であった。これは1946年とほぼ同じ割合だという。1977年のABA（American Bankers Association；アメリカ銀行協会）の調査によると，回答した銀行の51％が，オーバーラインの貸付は上流のコルレス銀行向けポートフォリオの81～100％に達していたという。同じく75％が，オーバーラインは流動性にもとづいたローン・セールよりも一般的だと報告している。1977年に売却された貸付額の65.5％が，上流のコルレス銀行に対するパーティシペーションであったと，ABAは見積っている。パーティシペーションとは，おもに中小銀行がオーバーラインのために大手行に売却するものであった。

　各一般参加銀行は企業に個別の貸付をあたえるが，通常，このパーティシペーション契約は，幹事行が締結した協定にもとづいて貸借関係の譲渡の形をとっていた（後の表2-2参照）。コルレス関係の下で，一般参加行が幹事行に直接貸し出すこともあった[9]。貸借関係を譲渡する場合，一般参加銀行は，幹事行ではなく，最終的借り手である企業にリコースできる。このように古い形のパーティシペーションでは，リコース・ファイナンスが一般的であった。

---

[8] オーバーライン（貸付の総量規制）とは，単一の借り手に対する銀行の法的な貸付限度を超えた貸付を指す。
[9] 以上 Arlt (1959), p. 364, table 10; Gorton and Haubrich (1990), pp. 88-89, 120-121.

すでにみたように、パーティシペーションは貸付の流通市場とみなされてきた。連邦準備等の公的機関は、1930年代のニューディール期から民間金融機関の協調融資に加わった。この時期、アメリカ経済は1929年の株式恐慌を皮切りに3度の銀行恐慌を経験して大不況に喘いでおり、民間金融機関は公的機関のサポートにより新たな貸付先を必要としていた。公的機関の協調融資への参加は、幹事行以外の民間金融機関が協調融資へ参加することを促した。

ここでは、まず第1項で、法的なリコース・ファイナンスが、公的機関のサポートによって、どのように展開されたかを考察する。つぎに第2項で、ノン・リコース・ファイナンスが1930年代にその源流をもつことを明らかにする。

1.1 法的なリコース・ファイナンスの展開

公的機関は、パーティシペーション（協調融資）の形ではなく、民間金融機関の貸付に対して直接、債務保険または保証することもある。この場合、公的機関は融資関係者ではないが、民間金融機関は、第1次的に履行すべき借り手企業が債務不履行に陥った場合、公的機関に保険金または保証金を請求する。民間金融機関は、実質的にリコースと同等の権利をもつ。すでに指摘した法的なリコース・ファイナンスの展開である。

その一例として、1934年6月27日の連邦住宅法によって設立されたFHA（Federal Housing Administration；連邦住宅局）は、まず民間金融機関の住宅モーゲイジ・ローンに対して保険を提供した。このFHA保険の対象は、大きく2つに分けられた。第1は、住宅の建設・購入である。第2は、連邦住宅法第Ⅰ章の住宅の修繕・近代化である。

第1の住宅の建設・購入に対するFHA保険は、1935-1953年には商業銀行がオリジネートした貸付に最も多く利用された。銀行がオリジネートした貸付はFHAに保険された貸付額の36.9％に達し、モーゲイジ・カンパニー（27.8％）と保険会社（16.5％）がそれに続いていた。この住宅モーゲイジ・

ローンに対するFHA保険に，連邦住宅法第II章の相互モーゲイジ保険があった。第1順位モーゲイジ，額面 16,000 ドル以下等の条件の貸付に対して，FHA が融資額の80％まで保険するものが代表的である（第201条(a)，第203条(b)(2)）。この第II章の適格条件に，FHAにとって満足できる完全割賦返済条項が含まれていた（第203条(b)(4)）[10]。

第2の住宅の修繕・近代化に対するFHA保険も，おもに商業銀行に利用された。1934年8月～1937年4月には，第I章で保険された金融機関の90.3％が銀行であった。同じく保険された貸付額の70.5％，件数の67.1％を銀行が保有し，ファイナンス・カンパニー（貸付額の22.1％，件数の25.3％）がそれに続いていた[11]。1934-1953年には，第I章で保険された貸付額の76％を銀行がオリジネートしていた。第I章による保険は，額面 2,000 ドル以下の1家族用貸付[12]に対して，FHA が融資額の20％[13]まで保険した（第2条）。第II章にくらべて，保険対象の額面と保険される割合が低くなっていた[14]。

このように，FHA は住宅の建設・購入，さらに住宅の修繕・近代化に対する商業銀行の貸付を保険した。銀行は，借り手企業が債務不履行に陥った場合，FHA に保険金を請求する。銀行は，FHA に実質的にリコースと同等の権利をもつ。法的なリコース・ファイナンスの展開である。

---

10) 連邦が認可した S&L（savings and loan association；貯蓄貸付組合）も同様の規制をうけ（連邦住宅法第IV章），多くの州規制下にあるモーゲイジ貸付機関も同様の規制をうけた。
11) ただし，銀行のデータは信託会社を含む。
12) 1935年5月28日の連邦住宅法の改正によって，1家族用以外に対する 2,000～5,000 ドルの貸付も，FHA に保険された。1家族用以外の貸付とは，アパートまたは多世帯住宅，ホテル，オフィス，事業または商業ビル，病院，孤児院，大学，学校，製造業または工業の工場である。
    さらに，1936年4月3日の改正によって，2,000 ドル以下の貸付は住宅の修繕に限定された。
13) 1936年4月1日～1937年3月31日に貸し出されたものは，保険率が10％に引き下げられた。
14) 以上 Coppock (1940), pp. 23-26, 30, table 2 and 3; Saulnier, Halcrow and Jacoby (1958), pp. 303, 305, table 50; Melton (1980), p. 22. 原資料は Federal Housing Administration, *Annual Report* 各年号; Housing and Home Finance Agency, *Annual Report* 各年号。

1.2　ノン・リコース・ファイナンスの源流

　前項でみたように，民間金融機関の貸付に対する公的機関の支払保険・保証も，実質的に法的なリコース・ファイナンスであった。それでは，一方のノン・リコース・ファイナンスは，いつからどのように用いられたのだろうか？

　少なくとも1930年代のニューディール期から，プロダクション・ペイメント（産出物による支払い）で，ノン・リコース形式が用いられた。この時期，アメリカ経済は大不況に喘いでおり，民間金融機関は新たなファイナンス手法を模索していた。一方，石油産業は，テキサス州における油田開発もあり，原油価格の暴落にみまわれた。とくに，中小の倒産が相次いでおり，彼らは新たな資金調達先を探し求めていた。このとき，Dallas bankが，ノン・リコース形式のプロダクション・ペイメントを，石油・ガスを産出するためにおこなった。プロダクション・ペイメントは，1930年代の石油・ガス・鉱物資源等を開発するためにまず発達したのである（後の表2-2参照）。

　プロダクション・ペイメントは，当初，すでに産出された石油・ガスを担保とした商品担保の比較的短期の在庫金融であった。これは伝統的な商品担保貸付であった。それが次第に，産出された石油・ガスだけでなく，地下に埋蔵されたものを担保とした長期貸付へと発展した。まず，Moore (1959)がオイル・プロダクション・ローンと呼んでいるものをみてみよう。石油・ガス会社は，石油・ガス鉱区担保で借り入れ，毎月の収入の一部を返済に充てた。この貸付には，その鉱区の収支計画とともに，石油・ガス埋蔵量の技術的に適正な市場価値評価が必要とされた。担保となる石油・ガス埋蔵額は常に貸付残高を明らかに上回り，貸付の返済後も融資期間と同じ収益を上げることが要求された。言い換えると，貸付額の2倍の埋蔵額が必要とされた。

　地下に埋蔵された石油・ガスは，実際に産出され販売されて，初めて企業収益となる。地下に埋蔵された状態では，石油・ガスは，借り手企業にとってバランスシート上の資産ではなく，貸し手銀行にとって物的な担保でもない。そのため，将来の収益を予測して，その収益の源泉である，地下に埋蔵

された石油・ガスを担保としたのである。こうして，1930年代に物的な担保から収益力へと担保概念の拡張が始まった。担保制度の展開である。

これが，戦後の1950年代に石油・ガス産業で定着した。プロダクション・ペイメントは直訳すれば産出物による支払いであり，石油・ガス産業のプロダクション・ペイメントはオイル（ガス）ペイメントである。オイル（ガス）ペイメントとは，石油・ガスまたはそれに相当する代金の受領権である。産出物またはそのキャッシュフローだけが担保となることが，後述するプロジェクト・ファイナンスに引き継がれた。物的な担保から収益力だけではなく，キャッシュフローへとさらに担保概念の拡張が起こったのである。吉原・貝塚・蝋山・神田（2000）によると，企業のキャッシュフローは，税引前利益に減価償却費など内部留保額の増加分を加えた現金の増分である。収益力を背景にした利益だけでなく内部留保も含むため，キャッシュフローが担保になると，担保概念が収益力より希薄化される。さらなる担保制度の展開である。プロダクション・ペイメントでは，貸し手金融機関は，石油・ガスまたはそれに相当する代金の受領権にだけリコースでき，借り手企業にはリコースできない。ノン・リコース・ファイナンスの展開である。担保制度の展開が，ノン・リコース・ファイナンスの展開する方向を決定づけたのである（以上，表2-1も参照されたい）。

この石油・ガス産業のプロダクション・ペイメント，すなわちオイル（ガス）ペイメントをMoore（1959）の説明でみてみよう。オイル（ガス）ペイメントは，地下に埋蔵された石油・ガスまたはそれに相当する代金の受領権である。1950年代後半には，オイル（ガス）ペイメントは石油・ガス産業界で広く販売された。保険会社と同様に，多数の銀行もオイル（ガス）ペイメントの購入に対して融資をおこなった。石油・ガス産業界で一般に知られた，切売り形式のプロダクション・ペイメントをとると，生産者は銀行から借り入れなくても法人税を節税できる。切売り形式のプロダクション・ペイメントの販売は通常1年または2年で，その後，売り手はその鉱区の生産から生じる担保された収益によって買い戻す。物的な担保から収益力への担保概念

の拡張であり，担保制度の展開である。買い手はしばしば銀行から融資をうけ，売り手と銀行の金利差から利鞘を得ていた。銀行はモーゲイジを担保に取りプロダクション・ペイメントを譲渡された。

また，石油・ガス鉱区を売却するとき，売り手はしばしば留保部分のオイル（ガス）ペイメントをまず保有し，それから残りの鉱区の権利を売却する。その後，留保部分のオイル（ガス）ペイメントは，上記の切売り形式のプロダクション・ペイメントとよく似た銀行融資をうけた第3者に売却された。これによって，その鉱区を分割せずに売却するより，通常，売り手は鉱区の買い手を多数集め，高い代金を入手できる。借り手の他の資産は彼らの借入額によってしばしば制限されるので，銀行は通常，石油・ガス生産だけを返済の当てにしなければならない。物的な担保から収益力への担保概念の拡張であり，担保制度の展開である。鉱区の収益が関連する石油埋蔵量の消耗によって相殺されると，課税所得は生じず，純収入によって貸出を返済することができる。

このプロダクション・ペイメントにおいて，初期のストラクチャード・ファイナンス（仕組み金融）方式が導入され，SPVs (special purpose vehicles；特別目的事業体)[15]が設立された。図2-2を用いて，その仕組みを説明する。石油会社は，まず①自ら設立するSPVsに石油担保販売権を譲渡する。②SPVsは受託者に石油またはそれに相当する代金の受領権を譲渡し，③受託者は銀行にその受領権を譲渡する。この受領権がプロダクション・ペイメントである。プロダクション・ペイメントを譲渡されて，④銀行はSPVsに貸付をおこなう。⑤石油会社は，この貸付をSPVsの運営その他に充当する。⑥石油会社は，SPVsの代理人として石油を販売する。⑦購買者は受託者に代金を支払う。⑧受託者はSPVsにその代金を支払い，⑨SPVsは銀行に元利金を返済する。このようなSPVsを用いたストラクチャード・ファイナンスは，プロダクション・ペイメントでは初期の単純なものであるが，後でみ

---

15) 現代的なSPVsについては，Gorton and Souleles (2006) を参照されたい。

図 2-2　プロダクション・ペイメントの概念図

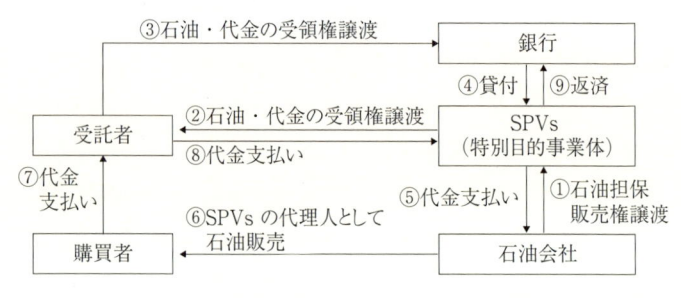

```
                ③石油・代金の受領権譲渡         ┌──────┐
        ┌─────────────────────────→│  銀行  │
        │                                  └──────┘
        │                                   ④貸付 ↓↑ ⑨返済
    ┌──────┐  ②石油・代金の受領権譲渡    ┌──────────┐
    │ 受託者 │←─────────────────│   SPVs    │
    └──────┘       ⑧代金支払い         │(特別目的事業体)│
       ↑                               └──────────┘
    ⑦代金                                ⑤代金支払い ↓↑ ①石油担保
     支払い      ⑥SPVsの代理人として                    販売権譲渡
       │         石油販売                  ┌──────┐
    ┌──────┐←─────────────────│ 石油会社 │
    │ 購買者 │                           └──────┘
    └──────┘
```

(西川・大内(1997), 14頁, 図1を参考に作成)

る証券化手法でも用いられた。

　その後1969年の税法改正により，プロダクション・ペイメントは税務上のメリットを失い下火になった。しかし，プロダクション・ペイメントの特徴のいくつかは，1970年代からのプロジェクト・ファイナンスに引き継がれた。たとえば，ノン・リコース・ファイナンスは，1987–1994年のドーバー海峡を結ぶユーロ・トンネルのプロジェクト・ファイナンスで用いられた。ノン・リコース方式では，当該プロジェクトの資産に限定してリコースできるが，借り手企業にはリコースできない。この手法は，先の1950年代に石油・ガス産業で普及したプロダクション・ペイメントから引き継がれたのである。

　ただし，プロジェクト・ファイナンスでは，リミテッド・リコース（限定償還請求権付き）方式が主流であった。リミテッド・リコースとは，借り手がプロジェクト契約に従わなかった場合に，貸し手が限定された範囲で借り手にリコースできることをいう。この場合も，当該プロジェクトのキャッシュフローに限定して償還請求できることが，プロダクション・ペイメントから引き継がれた。プロジェクトのキャッシュフローは，収益力を背景にした利益だけでなく，減価償却費などの内部留保も含む。そのため，プロジェクトのキャッシュフローにリコースでき，実質的にそのキャッシュフローが担保になると，担保概念が収益力より希薄化される。物的な担保から収益力だけではなく，さらにキャッシュフローへと担保概念が拡張したのである（表

2-1 参照)。

　リミテッド・リコース方式は，巨額な資金が必要であった北海油田開発において 1972 年に開発された（後の表 2-2 参照）。北海のフォーティーズ油田を開発する British Petroleum 社は，アラスカ油田などの大規模開発もおこなっていた。そのため，ＢＰ社の財務体力を上回る融資をうけるために，ノン・リコースよりも償還請求の範囲の広い，リミテッド・リコースが導入されたのである。

　このときにも，SPVs を用いたストラクチャード・ファイナンスが利用され，これはプロジェクト・ファイナンスでは一般的な手法となった。このようなファイナンス手法は，後でみる証券化手法でも用いられた。ただし，プロダクション・ペイメントでもそうであったが，SPVs を用いたストラクチャード・ファイナンスを主導したのは石油会社であり，それは SPVs の設立主体にも表れていた。大手商業銀行グループが自ら積極的に業務展開をおこなっていくのは，後でみる貸付債権の証券化まで待つ必要があった。

　ここでは，リコース・ファイナンスの歴史を考察し，プロダクション・ペイメントでノン・リコース形式が用いられ，それがプロジェクト・ファイナンスの一部に引き継がれたことをみた。文献調査によると，ノン・リコース・ファイナンスの源流が 1930 年代のプロダクション・ペイメントであることは妥当である。しかし，ノン・リコース形式は主たるファイナンス手法とは一般的に認めらなかった[16]。

2　ローン・セールにおけるノン・リコース・ファイナンスの普及

　前節で，ノン・リコース・ファイナンスの源流が，プロダクション・ペイ

---

16)　以上 Moore (1959), pp. 236, 238-240; 日本生産性本部 (1962b), 234-237 頁; 小原 (1997), 5, 52-53, 230-233 頁; 西川・大内 (1997), 14-16 頁, 図 1; Vinter (1998), p. 112; 吉原・貝塚・蝋山・神田 (2000), 345-346 頁; Finnerty (2007), p. 241. 原資料は Forrester, J. Paul (1995), "Terms & Structure of Debt Instruments Issued to Finance Infrastructure Projects," *Innovative Financing for Infrastructure Roundtable*, Washington, D.C.: Inter-American Development Bank, October 23.

メント（産出物による支払い）にあったことをみた。1970年代から，プロダクション・ペイメントは下火となり，プロジェクト・ファイナンスにその地位を譲った。しかし，プロジェクト・ファイナンスにおいて，ノン・リコース形式は主たるファイナンス手法とはならなかった。ノン・リコースが主たる手法になるのは，1980年代からの公的保険・保証が付かない新しいローン・セールからであった（表2-2）。

1984年に，商業銀行は約1,480億ドルの貸付をノン・リコース形式で売却した。この値は，翌1985年までに75％近く増加して2,580億ドルとなった。Gorton and Haubrich (1990) は，ローン・セール市場が発達する間，ローン・セール契約には，リコースがほとんど含まれていないと指摘している。1985年の *Lending Practices Survey*（以下 *LPS*）によると，ローン・セールにおけるフル・リコース（完全償還請求権付き）は1,100万ドルだけで，一方ノン・リコースは260億ドルに達した。

ノン・リコース形式は，1970年代からのプロジェクト・ファイナンスでも用いられた手法である。ノン・リコース形式では，当該プロジェクトの資産に限定して償還請求できるが，借り手企業にはリコースできない。この手法は，1930年代からのプロダクション・ペイメントから引き継がれた。ノン・リコースでおこなわれた代表的なプロジェクト・ファイナンスは，1987－1994年のドーバー海峡を結ぶユーロ・トンネルである。

ただし，プロジェクト・ファイナンスでは，リミテッド・リコースが主流であった。リミテッド・リコースとは，借り手がプロジェクト契約に従わなかった場合に，貸し手が限定された範囲で借り手にリコースできることをいう。この場合も，当該プロジェクトのキャッシュフローに限定して償還請求できることが，先述のプロダクション・ペイメントから引き継がれた。リミテッド・リコースは，巨額な資金が必要であった北海油田開発において，借り手の財務体力を上回る融資をうけるために，1972年に開発された[17]。リミ

---

17) プロジェクト・ファイナンスの原型となった，前節のプロダクション・ペイメントの記述も参照されたい。以上 Pavel and Phillis (1987a), p. 3; Pavel and Phillis (1987b), p. 11; 小原 (1997), 5,

表 2-2 銀行貸付の流通市場，証券化のリコースまたはノン・リコース・ファイナンス

	時　期	リコースの種類等
事業貸付　　　　流通市場	19世紀～	貸借関係の譲渡
プロダクション・ペイメント	1930年代～	ノン・リコース
	1934年～	連邦準備とRFC[1]の協調融資
	1944年～	VA[2]が元本の50％まで保証
	1971年～	SBA[3]が元本の90％まで保証
プロジェクト・ファイナンス	1972年～	リミテッド・リコース[4]
流通市場	1980年代～	ノン・リコース
住宅モーゲイジ・ローン	1934年～	FHA[5]が元本を保険
	1944年～	VAが元本の60％まで保証
	現　在	ノン・リコース
証券化	1970年～	GNMA[6]が元本と利子を保証
	現　在	ノン・リコース
商業モーゲイジ・ローンの証券化	1980年代～	ノン・リコース
自動車ローンの証券化	1985年～	リコースからノン・リコースへ
ホーム・エクイティ・ローンの証券化	1990年代後半～	民間の金融保証
	2000年代～	ノン・リコース
クレジットカード・ローンの証券化	1984年[7]～	リコース
	1987年～	ノン・リコース

注1）RFCとは（Reconstruction Finance Corporation；復興金融公社）の略である。
　2）VAとは（Veterans Administration；退役軍人庁）の略である。
　3）SBAとは（Small Business Administration；中小企業庁）の略である。
　4）リミテッド・リコースはプロジェクト・ファイナンスで用いられた手法で，1970年代には基本的にその流通市場は存在しない。しかし，リミテッド・リコースはリコースからノン・リコースへの中間的な性格をもつので，参考までに表に含めている。
　5）FHAとは（Federal Housing Administration；連邦住宅局）の略である。
　6）GNMAとは（Government National Mortgage Association；政府抵当金庫）の略である。
　7）1984年には，証券化ではなく，クレジットカード勘定が売却されている。本章第3節を参照されたい。
　8）本書で扱った範囲をまとめたものである。なお，この表には各分類の主要なものしか載せていない。

テッド・リコースは，リコースからノン・リコースへの中間的な性格をもつと考えられる（表2-2も参照されたい）。

　ローン・セールにおけるリコース形式は，プット・オプションの形をとることもあった。プット・オプションとは，買い手が貸付を売り戻す選択権で

52-53, 232-233頁; Vinter (1998), p. 112; Gorton and Haubrich (1990), pp. 112, 118.

ある。買い手である機関投資家は、借り手企業が債務不履行に陥った場合、その貸付を売り手銀行に売り戻すことができる。すなわち、実質的にリコースをする権利である。しかし、1985年のLPSによると、プット・オプション付きのものはローン・セールの13％に過ぎない。翌1986年2月のLPSによると、同じく13％の銀行がプット・オプション付きでローン・セールをおこなった。

また、ローン・セールを貸借関係の譲渡の形にすれば、買い手は売り手銀行ではなく借り手企業にリコースできる。しかし、1987年7月24日のLPSによると、貸借関係の譲渡の形をとった大手商業銀行7行のローン・セールは、残高の10％弱に過ぎない。同じく1987年7月のLPSによると、回答した銀行の10％以下が、ローン・セールの際に貸借関係を譲渡しただけであった。翌1988年9月のLPSによると、ローン・セールの20％が貸借関係の譲渡で、残りが貸付から生じるキャッシュフローだけを売却したパーティシペーション（協調融資）であった。前節で紹介した古い形ではなく、つぎの第3章で紹介する新しい形のパーティシペーションである。新しい形のパーティシペーションでは無担保融資が主流で、買い手銀行は最終的借り手である企業に対して何の権利ももたない。ノン・リコース形式である。

ノン・リコース形式でローン・セールをおこなうと、売り手である大手行にとって有利なことが生じる。銀行が資産をリコース付きで売却すれば、一般に資産がバランスシートに残って自己資本が必要とされ、さらに売却額は預金とみなされ準備金を積み増す必要がある（レギュレーションD）。ノン・リコース形式で売却すると、これらの自己資本規制と預金準備規制を回避できる。さらに、売却した貸付のデフォルト・リスクを買い手に転嫁できる。新しい形のパーティシペーションの場合、無担保融資が主流であり、一般参加行は、幹事行に対しても最終的な借り手に対しても、一般的にも法的にもリコースできないのである[18]。

---

18) 以上 Pavel and Phillis (1987a), p. 12, note 5; James (1987), pp. 22, 35, note 3; Becketti and Morris (1987), p. 25; Haubrich (1989), p. 44; Gorton and Haubrich (1990), pp. 90, 113, 120-122, 133, note 7

3 証券化とノン・リコース・ファイナンスの展開

ここでは，1970年代からの証券化業務において，リコースまたはノン・リコース・ファイナンスがどのように導入され展開したかを確認する。とくに，1980年代の新しいローン・セールで普及したノン・リコース形式が，ローンを証券化したMBSsと各種ABSsにおいて，どのように用いられたかを考察する。

一般的に，貸付は担保融資であればその担保価値までリコースできるが，無担保融資であれば何らかの資産にリコースされない。アメリカでは，担保付きでも無担保貸付でも，一般的に貸し手は借り手にはリコースできないので，ノン・リコース・ファイナンスと理解される。証券化された貸付は，ほとんどいつもノン・リコース形式だという[19]。貸付を証券化したMBSs/ABSsのファイナンスにおいても，1980年代から普及したノン・リコース形式が用いられた。こうした証券化のファイナンスを検討することで，ノン・リコース形式が貸付を証券化したMBSs/ABSsへ波及したことを歴史的に実証する。

3.1 RMBSsにおけるノン・リコース・ファイナンス

住宅モーゲイジ・ローンの貸し手は，1950年代末から生命保険会社がその第2位のシェアを急速に失う中で，商業銀行は安定したシェアを保ち1965年に生命保険会社を抜き去りその地位を獲得した。1970年代末からトップの貯蓄金融機関[20]がシェアを急落させたが，銀行は安定したシェアを保ち1994年に貯蓄金融機関を抜き去り，金融機関の中でトップになった[21]。

---

and 15; Demsetz (1994), p. 75, note 2. 原資料はBoard of Governors of the Federal Reserve System, *Senior Loan Officer Opinion Survey on Bank Lending Practices*, 1985; February 1986; July 1987 and September 1988.
19) Wilder (2000), p. 26.
20) 貯蓄金融機関とは，S&Lと相互貯蓄銀行である。
21) ホーム・エクイティ・ローンを除いたデータである。Board of Governors of the Federal Reserve System (2010b), p. 87, L.218.

貸付債権の証券化では，住宅モーゲイジ・ローンを証券化した RMBSs (residential mortgage-backed securities；住宅モーゲイジ担保証券) が最初のものである。RMBSs は，高水準の超過担保によって安全性を高められたが，それは民間金融機関の収益性を低下させた。RMBSs は，1968 年 9 月に設立された GNMA (Government National Mortgage Association；政府抵当金庫) に支えられていた。それは，RMBSs の 1 つである 1970 年の GNMA 保証付きパス・スルー証券の仕組みに表れていた。図 2-3 のように，モーゲイジ・ローンのオリジネーターである民間金融機関は，① FHA 保険・VA (Veterans Administration；退役軍人庁) 保証付き貸付を集めて，② パス・スルー証券を発行した。オリジネートされた FHA 保険・VA 保証付き貸付は，100％保険・保証されたわけではない。③ GNMA は，オリジネーターかつ発行者である民間金融機関が投資家に対して毎月 15 日に元本と利子を小切手で支払う，すなわちパス・スルーすることを保証した。GNMA は，民間金融機関から保証料を受け取って，パス・スルー証券のデフォルト・リスクの一部を引き受けたのである。民間金融機関は，借り手企業が債務不履行に陥った場合，FHA と VA に保険金・保証金を請求する。民間金融機関は，FHA と VA に対して実質的にリコースと同等の権利をもつ。法的なリコース・ファイナンスの展開である。さらに，パス・スルー証券の投資家は，第 1 次的に履行すべき民間金融機関が元本と利子をパス・スルーしなかった場合に，第 2 次的に履行すべき GNMA に元本と利子部分の保証金を請求する。これは，投資家が GNMA に対して法的なリコースと同等の権利を得たことを意味する。法的なリコース・ファイナンスのさらなる展開である（以上，表 2-1 参照）。

　こうして，RMBSs が，1970 年代後半から急速に発展した。これは，第 1 に，第 2 次世界大戦後のベビーブーマーが住宅を購入する世代に達し，巨大な住宅需要が発生したためであった。第 2 に，ベトナム戦争から帰還した兵士の住宅需要に加え，彼らへの住宅提供という国策によるものであった。

　住宅モーゲイジ・ローンの売却に占める公的な保険・保証の付かない在来

図 2-3　住宅モーゲイジ・ローンの証券化の仕組み

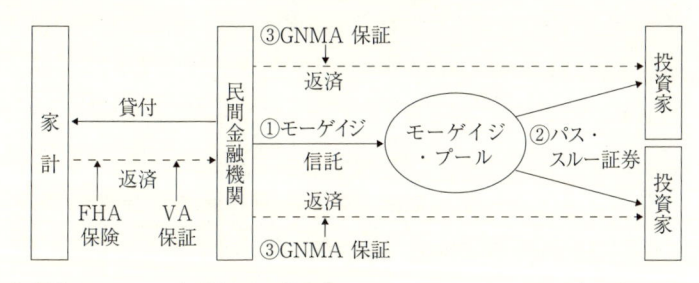

注1）返済 - - - ▶ が民間金融機関から投資家にパス・スルーされていることが分かる。
　2）本書で扱った範囲をまとめたものである。

表 2-3　住宅モーゲイジ・ローンの証券化　　　　　　　　　　　（単位：10億ドル）

	1980年			1994年第3四半期		
	総債務残高	証券化残高	証券化率	総債務残高	証券化残高	証券化率
在来型	769	30	4%	2,773	1,154	42%
FHA・VA	196	95	48%	503	444	88%
計	965	125	13%	3,276	1,598	49%

(Brendsel (1996), p. 28, table 2.2. 原資料は Board of Governors of the Federal Reserve System, Department of Veterans Affairs, FHLMC, FNMA, U.S. Department of Housing and Urban Development.)

型モーゲイジは，1970年代半ばから過半を占めた。1977年9月には，Bank of America がオリジネートし発行した最初の在来型モーゲイジ・パス・スルー証券を，大手投資銀行 Salomon Brothers が引き受けた[22]。しかし，表2-3のように，総債務残高に占める証券化率は，FHA または VA に保険・保証されたものが圧倒的に大きい。在来型モーゲイジは1980年にはわずか4%しか証券化されていないが，FHA・VA モーゲイジは48%も証券化された。1994年第3四半期には，在来型モーゲイジの証券化率は42%に急増したも

---

22) Ranieri (1996) によると，このとき，証券化 (securitization) という専門用語が，*Wall Street Journal* 誌のコラム "Heard on the Street" で最初に使われた。これ以前にも，在来型モーゲイジ担保債券があったが，額面の2～3倍という超過担保の問題があった。そのため，ベビーブーム世代に十分な住宅資金を提供できなかったのである。

のの，FHA・VA モーゲイジの 88％の半分にも満たない。ただし，総債務残高では在来型が FHA・VA モーゲイジの 3.9〜5.5 倍に達したので，1994 年第 3 四半期には証券化残高でも在来型が FHA・VA モーゲイジの 2.6 倍と逆転した。証券化を支えてきた住宅モーゲイジ・ローンへの公的保険・保証は相対的に減少し，政府の役割は背景に退いてきたのである。

在来型モーゲイジを金融保証する民間金融機関に，Dryden Guarantee Trust がある。Dryden は 1986 年に Prudential の子会社として設立され，大手商業銀行グループが在来型モーゲイジをプールし証券化するのを促進した[23]。民間の金融保証制度の展開である（表 2-1 参照）。

RMBSs を育成するために，連邦準備も規制当局として協力した。Feldstein (2008) によると，ノン・リコース形式の住宅モーゲイジは，アメリカ独自のもので一般的だという。それにもかかわらず，連邦準備は，金融商品として安全性において優位にある，リコース付き住宅モーゲイジを優遇した。

FFIEC (1985) によると，連邦準備は，リコース付きで売却された RMBSs の 1 つであるパス・スルー証券の売却額をも預金とみなさずに，預金準備規制（レギュレーション D）を免除したという（注 26 参照）。ただし，公的な保険・保証の付かない在来型住宅モーゲイジをプールして，売却銀行の保証義務がこのプール総額の 10％を超えないことが条件であった。これは，導入時から証券化を支えてきた住宅モーゲイジへの公的保険・保証を相対的に減少させ，政府の役割を背景に退けることになった。銀行は，在来型住宅モーゲイジを担保にパス・スルー証券を発行し，売却時におけるモーゲイジ・プールの時価総額の 10％まで買い手である投資家の損失を保証した。これも，民間の保証制度の展開の 1 つである。

パス・スルー証券の投資家は，借り手である家計が債務不履行に陥った場

---

23) 以上 Guttentag and Golembe Associates, Inc. (1979), p. 41, table XXII; 松井 (1986a), 32-33 頁; Pavel (1986), p. 24; Hirtle (1987), p. 22; Ranieri (1996), pp. 31-33. 原資料は U.S. Department of Housing and Urban Development Series.

合，その10％部分に相当する保証金を売却銀行に請求した。投資家が，売却銀行に対してリコースしたのである。法的なリコース・ファイナンスの展開である。保険・保証制度の展開が，リコース・ファイナンスの展開する方向を決定づけたのである（以上，表2-1も参照されたい）。この場合には，このパス・スルー証券の売却額は，預金とみなされずに預金準備規制を免除された。この10％ルールは，モーゲイジ・パス・スルー証券にだけ適用された。

連邦準備は，一般にリコース付きで売却された資産に対して，自己資本を充当するよう銀行に要求した。しかし，この自己資本規制をも，リコース付きで売却された住宅モーゲイジのパス・スルー・プールは免除された[24]。U.S. Congress, House (1992) によると，リコース付きで売却された住宅モーゲイジ・ローンも，自己資本規制を免除された。規制対象金融機関に直接売却，証券化または購入された住宅モーゲイジのリスク・ウェイト[25]は50％に半減された。連邦政府系機関に売却または保証されたモーゲイジを担保にしたRMBSsのリスク・ウェイトは20％にまで軽減された。予想される損失よりもリコース義務の上限が小さい場合には，銀行はこのリコースの上限まで自己資本以外の準備金を保持した。1990年前後の傾向では，資本コストよりもリコース義務の方が小さくなっていたのである。

連邦準備は，住宅モーゲイジがリコース形式を取った場合に，預金準備規制や自己資本規制を軽減することによって，モーゲイジ流通市場の成長を促進したのである[26]。しかしながら，ノン・リコース形式の住宅モーゲイジが一般的だという状況を変えるには至っていない。RMBSsにおいて，最初に，民間の金融保証かつノン・リコース形式という，ファイナンス手法が採用さ

---

[24] 同様に自己資本規制を免除されたのは，FFと買戻し条件付き証券の売却である。
[25] バーゼル委員会による自己資本規制において，各資産の信用リスクに応じて要求される自己資本は変動する。最も高い自己資本が8％だとすると，この0〜10掛の自己資本を要求された。リスク・ウェイトとは，この掛目（0％，10％，20％，50％，100％の5種）を指す。
[26] 以上 Pavel (1986), pp. 26-28, note 2; Pavel (1989), pp. 175-176 (訳，143頁); U.S. Congress, House (1992), pp. 84, 89-90, 126, note 1. 原資料は Federal Financial Institutions Examination Council (1985), October 28, memo to The Chief Executive Officer of the bank addressed from Robert J. Lawrence.

れたのである。これは，アメリカの銀行貸付に関する典型的な保証制度とノン・リコース・ファイナンスの展開である（以上，表2-1も参照されたい）。

3.2　CMBSsにおけるノン・リコース・ファイナンスの普及

　商業モーゲイジ・ローンは商業不動産担保融資であり，アメリカではノン・リコース形式が一般的である。商業モーゲイジ・ローンの貸し手において，1972年に商業銀行が生命保険会社を追い抜いてから一貫してトップにあった[27]。

　商業モーゲイジ・ローンを証券化したCMBSs（commercial mortgage-backed securities；商業モーゲイジ担保証券）は，1985年にカナダのオフィス開発大手Olympia and Yorkの手掛けたAmerican Express本社ビルのものが始まりである。格付機関Standard & Poor'sが，同年からCMBSsの格付けをおこなった。初期のCMBSs市場を考察する場合，1980年代に破綻した貯蓄金融機関と，彼らの資産を整理するために1989年8月に設立されたRTC（Resolution Trust Corporation；整理信託公社）を無視することはできない。貯蓄金融機関の不動産担保貸付を担保にRTCの発行したパス・スルー証券が，CMBSs市場を牽引していたからである。図2-4をみると，RTCを中核とする政府系金融機関のモーゲイジ・プールにおけるCMBSsが，1991年まで過半を占めていたことを確認できる。

　1992年2月のRTCシリーズC-1証券は，初めて公開して発行されたかなりの額のCMBSsであった。このシリーズC-1証券は，貯蓄金融機関6行の保有する平均残高44万ドル，1,202件の貸付から構成されていた。担保は29の州とプエルトリコにあり，不動産の種類は小売り（33％），オフィス（28％），工場・倉庫（20％），ホテル（9％），養護施設（3％），その他（7％）と多岐にわたった。1993年のRTCシリーズC-2証券は，237行のオリジネーターが保有する総額72,800万ドル，2,514件の貸付から構成された。RTCシリー

27）　Board of Governors of the Federal Reserve System (2010b), p. 88, L 220.

図 2-4　商業モーゲイジ・ローンの証券化残高　1989－2000 年　　（単位：10 億ドル）

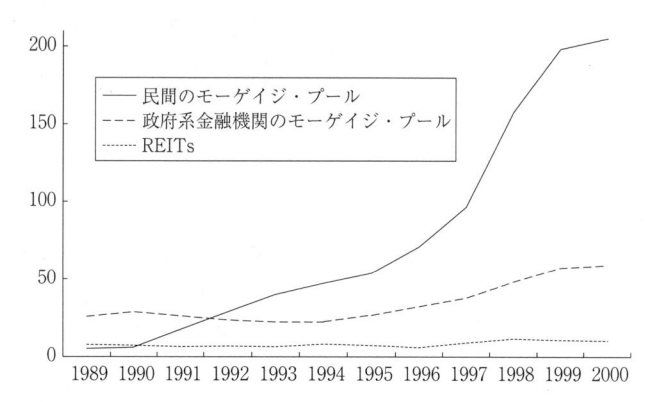

凡例：
— 民間のモーゲイジ・プール
--- 政府系金融機関のモーゲイジ・プール
⋯ REITs

注）2000 年は，第 1 四半期を年率にしている。
(Board of Governors of the Federal Reserve System and U. S. Securities and Exchange Commission (1998), p. 26, exhibit 1; Board of Governors of the Federal Reserve System and U. S. Securities and Exchange Commission (2000), p. 23, exhibit 6. 原資料は Board of Governors of the Federal Reserve System, *Flow of Funds Accounts*; National Association of Real Estate Investment Trusts.)

ズ C-2 証券のオリジネーター，金額，件数は C-1 証券をすべて上回った。担保は同じく 29 の州にあり，不動産の種類は多世帯住宅（34％），小売り（18％），オフィス（17％），残りはあらゆる不動産から構成されていた。

シリーズ C-1 証券はノン・リコース形式であり，これを引き受ける大手投資銀行 Lehman Brothers は取引額の 30％を準備金として保持した。ただし，ノン・リコースとはいっても担保価値までリコースでき，たとえば 30％の劣後債と 15％の準備金という形で合計 45％のリコースをあたえた。これを，元本と利子全体を借り手にリコースしないという意味で，ノン・リコースと呼んでいる。アメリカの商業モーゲイジ・ローンとその証券化において，このようなノン・リコース形式が一般的である（表 2-2 参照）。

CMBSs を保証したのは，サブプライム危機の際に注目を浴びたモノライン保険会社の FSA（Financial Security Assurance, Inc.）である。モノライン保険会社は，債務者による債務不履行が発生した場合に，約定通りの元利払いを保証する。この業務を金融保証という。FSA 保証の 75％は，CMBSs 等

の資産担保取引であった。FSA は，1985 年に Ford Motor Credit や保険会社 Equitable, John Hancock, Transamerica, New England Mutual によって，資本金1億8,800万ドルで設立された。民間の金融保証制度における展開の1つである（表2-1参照）。

先の住宅モーゲイジ・ローンとその証券化の場合には，当初は公的な保険・保証が付いていたが，次第に公的な保険・保証の付かない在来型が主流となった。公的な保険・保証が付かない在来型住宅モーゲイジもそうであったが，商業モーゲイジ・ローンとその証券化においても，ノン・リコース・ファイナンスを利用することが一般的である。ただし，ノン・リコースといっても，担保価値までリコースされた。ここで，CMBSs パス・スルー証券に FSA 保証を付け，商業モーゲイジ・ローンの借り手企業が債務不履行に陥った場合を考えよう。パス・スルー証券の投資家は，第1次的に履行すべき民間金融機関が元本と利子を投資家にパス・スルーしなかった場合に，第2次的に履行すべき FSA に保証金を請求した。投資家は，FSA に法的なリコースと同様の権利をもつことになる。民間の金融保証かつノン・リコース形式という，典型的な保証制度とノン・リコース・ファイナンスの展開である（以上，表2-1も参照されたい）。

1990年代に入ると，RTC だけでなく，銀行や保険会社もバランスシートを再構成するために CMBSs を発行した。資産の整理または再構成のために証券化されたので，1991年には CMBSs の98%が経過期間の長い貸付であった。U.S. Congress, House (1992) によると，当時，最も一般的な CMBSs のタイプは，パス・スルー証券であった。1993年には，RTC のものを含む CMBSs 不動産の種類は，多世帯住宅 (29%)，小売り (17%)，オフィス (8%) 等であった[28]。

---

[28] 以上 Hirtle (1987), p. 22; U.S. Congress, House (1992), pp. 5-8, 13, 19, 38, 51, 53-56, 66, 101, 122-123, 125, 134, note 10; Jungman (1996), pp. 71-72, 77-78, figure 6.4; 谷川 (1998), 18 頁; 片山 (1998), 165 頁; 週刊東洋経済 (1999), 99 頁; 庄司 (2000), 39 頁; 尾崎 (2004), 2-4 頁。原資料は Hoey, Peter E. and Burger, Theodore V. (1985), "Financial Guarantee Insurance," Insurance Information Institute, *Trusts and Estates*, New York; *Commercial Mortgage Alert*.

表2-4 CMBSsの発行 1994−2000年

	1994	1995	1996	1997	1998	1999	2000[1)]
発行総額（10億ドル）	20.2	18.9	26.4	36.8	74.3	56.6	40.2
発行方法（％）							
公　開	54[2)]	53[2)]	50	66	72	70	55
私　募	36[2)]	36[2)]	50	34	28	30	45
証券化目的の貸付（％）	63	55	69	90	98	95	100
売り手／買い手（％）							
証券化プログラム	16	31	44	72	94	75	80
銀行／貯蓄金融機関	16	0	4	4	1	3	0

注1）6月までを年率にしている。
　2）その他の10％（1994年）と11％（1995年）は，FNMAとFHLMCが発行した。
(Board of Governors of the Federal Reserve System and U. S. Securities and Exchange Commission (1998), p. 29, exhibit 4; Board of Governors of the Federal Reserve System and U. S. Securities and Exchange Commission (2000), p. 25, exhibit 8. 原資料は *Commercial Mortgage Alert*.)

　民間のモーゲイジ・プールは，1991年から急増し，翌1992年から政府系のものを凌駕しその差を広げた（図2-4）。1990年代初めに，伝統的な貸し手がCMBSs市場から撤退し，当初から証券化を目的とした貸付が増加したからである。表2-4のように，当初から証券化を目的としたものの割合は，1994-1995年の55〜63％から1997年の90％，2000年の100％まで急増した。

　CMBSs市場の初期の段階では，商業不動産の所有者と開発業者が，発行者の多数を占めていた。この段階では，商業不動産の開発資金を調達するために，CMBSsを発行したと考えられる。しかし，CMBSs市場が発達すると，CMBSsを多数の借り手が利用するようになった。その結果，CMBSsの担保構成が変化し，複合不動産と単一の借り手ではなく，小額貸付と多数の借り手から貸付プールが構成されるようになった。商業不動産の開発ではなく，こうした単に発行体を利用したCMBS発行は，1995年までは全体の20％に過ぎなかったが，1996年に同じく32％，1997年第1四半期には80.4％まで急増した[29)]。同時に，CMBSsは私募ではなく，ますます公開して発行される

---

29)　以上 Bond Market Association (1997a); Board of Governors of the Federal Reserve System and U.S. Securities and Exchange Commission (1998), pp. 8-9, 12; Board of Governors of the Federal

ようになった。公開発行の割合は，1994-1996年の50～54％から1998-1999年の70～72％に増加してきた。ただし，2000年上半期には，公開が55％（私募が45％）と減少した（表2-4）。

　最後に，CMBSsの自己資本規制をみてみよう。すでにみたRMBSsのリスク・ウェイトは0％，20％または50％だが，CMBSsのものは100％であった。RMBSsでは自己資本規制が緩和されたが，CMBSsではまったく緩和されていない。リコース付きで売却されたCMBSsとその担保となる商業モーゲイジ・ローンは，一般に自己資本規制を二重に課された。ノン・リコース形式で売却されたCMBSsは，一般に自己資本を要求されなかった。CMBSsの場合には，連邦準備は主流となったノン・リコース形式を促進するような自己資本規制を採用したといえる。

3.3 CARsにおけるノン・リコース・ファイナンスの展開

　自動車ローンは，自動車を担保にした融資である。商業銀行が自動車ローンをおこなう際に，借り手に直接融資，または自動車ディーラーを通じて間接的に融資する。Pavel (1989) によると，間接融資のときに，銀行はディーラーにリコースすることもあるが，ノン・リコース形式が傾向として増加してきたという[30]。ノン・リコース・ファイナンスの展開である（表2-1参照）。

　自動車ローンを証券化したCARs（certificates of automobile receivables；自動車ローン担保証券）市場では，ファイナンス・カンパニーが主役であった。1999年の最初の3四半期には，CARsの61％が5大ファイナンス・カンパニー[31]によって発行された。ABSs（MBSsを除く）の年間発行額をみると，1985年から商業銀行以外の発行者をも含んだ年間発行額では，CARsが1987年から急増したCARDs（certificates of amortizing revolving debts；ク

　　Reserve System and U.S. Securities and Exchange Commission (2000), pp. 2-3.
30)　Pavel (1989), p. 86.（訳，72頁）
31)　5大ファイナンス・カンパニーとは，GMAC, Chrysler Credit Corp., Ford Motor Credit, American Honda Finance Corp., AmeriCreditである。このうち，4社が大手自動車メーカーの子会社であり，残るAmeriCredit Corp.は中古車向けローンを買い取る消費者金融会社である。

レジットカード・ローン担保証券）とトップ争いをした。しかし，1996年にはCARsはつぎに扱うHELSs（home equity loan securities；ホーム・エクイティ担保証券）に抜かれて3番手になった。2009年からは，再びCARsが最大となった。ABSs（MBSsを除く）の残高では，1985-1988年にはCARsがトップであったが，その後CARDsがシェアを縮小させたものの1998年までトップを維持した。1999年からは，HELSsがCARDsを抜いて最大になった[32]。

　自動車ローンを担保にした証券は，パーティシィペイション形式のCARsとして，1985年1月にSalomon Brothersが初めて私募発行した。CARsの発行額は1,000万ドルで，自動車ディーラーへの金融サービスに特化したLloyd Andersen Co.の子会社Marketing Assistance Corp.の貸付を証券化した。このCARsは，個々の自動車ローンの金融保証に加えて，自動車ローンのプールにも民間の金融保証を用いた。RMBSsとよく似た方法であるが，CARsの場合には，公的保険・保証ではなく，民間の金融保証が二重に用いられたのである。民間の金融保証制度の展開である（表2-1参照）。CARsの安全性は高まり，その利回りは同じ満期の財務省証券のものよりも25～30ベーシス・ポイント高いだけであった。1985年翌2月半ばにも，Salomon Brothersが，HSBC（Hongkong and Shanghai Banking Corporation；香港上海銀行）傘下にあるニューヨーク所在のMarine Midland Bankのために，2,300万ドルのCARsを機関投資家に私募発行した。

　Salomon Brothersの私募発行は，CARsを他の銀行が購入することを意図していた。連邦準備筋によると，CARsを購入した銀行がそれをノンバンクの投資家に転売する場合，オリジネーターであるMarine Midland Bankに預金準備を課すことができるという（レギュレーションD）。この預金準備規制を回避するために，私募発行によって，転売をしない銀行にCARsを販売

---

32) Johnson (2002), pp. 288-289; Securities Industry and Financial Markets Association. (www.sifma.org/research/statistics.aspx) 原資料はBloomberg, Dealogic, Fitch Ratings, Moody's, prospectus filings, SIFMA, Standard and Poor's, Thomson Reuters.

したのである。

　さらに 1985 年翌 3 月に，同じく Salomon Brothers が，Marine Midland Bank のオリジネートした自動車ローンを担保にして，6,000 万ドルのパス・スルー証券[33]を初めて公開して提供しようした。同時に，Citibank も 4 億ドルの自動車ローンをパッケージにして，そのうち 1 億ドルを公開市場で売り出そうとした。しかし，連邦準備は，証券化後も自動車ローンはバランスシートに残り，自己資本が必要になると示唆した。そのため，Citibank は CARs の規模を縮小した。Pavel (1986) によると，すべての自動車ローン残高の 0.5％未満しか証券化されていないという[34]。

　この自己資本規制を回避するために，いくつかの方策がとられた。1985 年 5 月 15 日に Salomon Brothers は 6,000 万ドルの CARs を発行したが，その際に Marine Midland Bank のオリジネートした自動車ローンをその子会社 MM Car Finance Inc. に買い取らせ，これを担保に CARs を発行した。子会社 MM Car Finance Inc. は商業銀行ではないので，連邦準備による銀行規制をうけないのである。

　同じく 1985 年 5 月 15 日に，First Boston も，自動車ローンを担保に 1 億ドルのパス・スルー証券を販売した。このとき，アリゾナ州にある銀行持株会社[35] Valley National Corp. のオリジネートした自動車ローンを担保に証券化をおこなった。銀行持株会社 Valley National Corp. の証券化であれば，銀行規制をされないのである。

　Marine Midland Bank の証券は，保険会社 National Union Fire Insurance Co. によって額面の 10％が保証され，トリプル A 格付けであった。Valley National Corp. のものは，額面の 7％しか発行者 Valley National 自身によって保証されておらず，ダブル A-1 格付けであった。両者とも額面に対する

---

33) 当初の CARs はパーティシィペイション形式であったが，今回はパス・スルー証券になったことに注意されたい。
34) 以上 Selby (1985), p. 31; Shapio (1985), p. 198; Zigas (1985), p. 3; Pavel (1986), pp. 19-21.
35) 銀行持株会社は，FASB の GAAP をうけて，彼らが所有する銀行に貸付が残った場合でさえ，リコース付きの貸付をオフバランスにしたこともある。

保証の割合が低く，おもに買い手にリスクを転嫁したことになる。CARs,CMBS,CARDsを金融保証するモノライン保険会社に，先述したFSAがある。民間の金融保証制度における展開の1つである（表2-1参照）。

連邦準備によると，RAP（Regulatory Accounting Principles；規制会計原則）に基づき，売却金融機関が資産ではなく損失の一定割合を保証するときにのみ，自己資本を圧縮できる。たとえば，銀行が100万ドルの自動車ローンを売却して資産の10%まで損失を保証する場合を考えよう。この銀行は引き続き100万ドルの資産を報告し，最低自己資本比率が5.5%だと，この貸付に対して約55,000ドルの自己資本が必要である。しかし，銀行が，借り手である家計の債務不履行による損失の10%まで保証すれば，この銀行は10万ドルの資産を報告し，この貸付に対して5,500ドルの自己資本をもてばよい[36]。自動車ローンとその証券化には公的な保険・保証が付かないが，証券の格付けを引き上げて自己資本を圧縮するために，売却金融機関が直接または保険会社に依頼して損失の一定割合を保証したのである。

まず，売却金融機関が直接保証するときに，借り手である家計が債務不履行に陥った場合を考えよう。CARsの買い手は損失の10%まで売却金融機関にリコースできるが，売却金融機関，さらに家計には元本と利子をリコースできない。ノン・リコース・ファイナンスと同様である（表2-2参照）。つぎに，保険会社が保証するときに，借り手である家計が債務不履行に陥った場合を考えよう。第1次的に履行すべき売却金融機関が履行しなかった場合に，CARsの買い手は第2次的に履行すべき保険会社に対して損失の10%まで保証金を請求できる。法的なリコースである。ここでも，民間の保証かつノン・リコース形式という，典型的な保証制度とノン・リコース・ファイナンスの展開がみられた（以上，表2-1も参照されたい）。しかし，売却金融機

---

36) 以上 Monroe (1985), p. 40; 松井 (1986a), 68-73頁, 第2-2図, 第2-3図; Hirtle (1987), p. 22; Gorton and Haubrich (1987), pp. 135-136; Pavel (1986), p. 28; Pavel (1989), pp. 171-174, note 11 (訳, 140-142, 148頁, 注11); Gorton and Haubrich (1990), p. 122. 原資料は Hoey, Peter E. and Burger, Theodore V. (1985), "Financial Guarantee Insurance," Insurance Information Institute, *Trusts and Estates*, New York.

関，そして家計には元本と利子をリコースできない。売却金融機関が直接保証するときと同様である。

このように預金準備規制や自己資本規制を回避しながら，CARs 市場は発達していった。商業銀行は借り手に直接融資，または自動車ディーラーを通じて間接的に自動車ローンを融資した。CARs 市場の導入期には，銀行子会社や銀行持株会社が，証券化の際の銀行規制を回避する抜け道として重要な役割を果たしたのである。

3.4 HELSs におけるノン・リコース・ファイナンスの一般化

ホーム・エクイティ・ローン，いわゆる第2順位モーゲイジは，1970年代にカリフォルニアで初めて導入され，1980年代から急速に発達した[37]。ホーム・エクイティ・ローンは，HELC（home equity lines of credit）と呼ばれることもある。ホーム・エクイティ・ローンの貸し手は，データの公表された1990年から商業銀行が一貫してトップにあった[38]。

ホーム・エクイティ・ローンは，リボルビング・クレジット・ラインを利用したファイナンス手法である。つまり，借り手である家計の裁量で信用枠，すなわちクレジット・ラインの上限まで借入できるリボルビング勘定であり，返済計画が伝統的な貸付より柔軟になっている。このホーム・エクイティ・ローンはオープン・エンド・クレジットと呼ばれている。つまり，借り手があらかじめ決められた額までクレジットを増やす，またはいつでも返済できるオプションがある。これは，つぎに取り上げるクレジットカード・ローンとよく似ている。

ホーム・エクイティ・ローンを証券化した HELSs（home equity loan securities；ホーム・エクイティ担保証券）の年間発行額は，1995年まで CARs

---

37) Fitch (1984) は，ホーム・エクイティ・ローンがとくに小口の顧客のための古いタイプの無担保貸付にとって変わらなければならないと述べている。これは，Chase Manhattan Bank の Lynch 氏の「500～1,000 ドルの貸付は困難」というコメントをうけたものである (p. 25)。
38) Board of Governors of the Federal Reserve System (2010b), p. 87, L 218.

やCARDsより小さかった。しかし，1996年からHELSsはCARsを抜いて2番手に，1997年にはトップになった。サブプライム金融危機の最中の2008年には，HELSsは2桁急減し低迷した。残高でみても，当初CARsやCARDsには遠く及ばなかったが，1997年からHELSsはCARsを抜いて2番手に，1999年には最大になった[39]。HELSsは，住宅モーゲイジと同様に，ノン・リコース・ファイナンスが一般的であった（表2-2参照）。

　ホーム・エクイティ・ローンが証券化されるとき，サブプライム危機の際に注目を浴びた，モノライン保険会社が金融保証業務をおこなった。1997-1999年には，HELSsが保証される割合は，ピークの54％に上昇した。民間の金融保証制度の展開である（表2-1参照）。しかし，その後2002年第3四半期には，保証率が27％にまで低下した。HELSの保証業務は，1998-2002年第2四半期にはAmbac，MBIA，FSA，FGICのモノライン保険会社4社が市場シェアの75％以上を占めた。

　Ambac（American Municipal Bond Assurance Corp.）は，住宅ローン保険会社MGIC（Mortgage Guaranty Insurance Corp.）によって1971年に設立され，1985年に大手商業銀行Citibankの傘下に入った。主要株主は，大手銀行グループJPMorgan ChaseとCitigroup，投資会社Fidelity Investments等である。MBIA（Municipal Bond Insurance Association）は，保険会社や生命保険会社の共同出資によって1973年に設立された。主要株主は，年金基金やミューチュアル・ファンドを管理するWellington Management Co.等である。FSAは，保険会社と機関投資家によって1985年に設立され，1989年に大手通信会社MediaOne Groupの傘下に入った。2000年から，欧州銀行グループDexiaが100％株主となった。FGIC（Financial Guaranty Insurance Company）は1983年に設立され，1989年にGE Capitalが買収した。2003年

---

39) 以上 Wiedemer (1987), p. 87; U.S. Congress, House (1993a), p. 79; Securities Industry and Financial Markets Association. (www.sifma.org/research/ statistics.aspx) 原資料は Bloomberg, Dealogic, Fitch Ratings, Moody's, prospectus filings, SIFMA, Standard and Poor's, Thomson Reuters.

12月に，GE Capital は，住宅ローン保険会社 PMI（Private Mortgage Insurers）Group を中心とした投資家に買収された[40]。

モノライン保険会社の中でとくに注目されるのは，大手商業銀行グループが主要株主となっている Ambac である。つぎの第2部から考察するが，大手銀行はまず貸付をオリジネートし，その貸付をグループ傘下の SPVs が証券化し，グループ傘下の証券子会社が証券化商品を引き受けディストリビュートする。大手銀行グループの OTD モデルである。この証券化の際に，大手銀行グループ傘下のモノライン保険会社が，金融保証業務をおこなうのである。

ホーム・エクイティ・ローンは第2順位モーゲイジ・ローンであり，担保資産が入手できるか確実でないために，1990年代末に至っても民間の金融保証をつけることが主流であったと考えられる。HELSs の買い手は，第1次的に履行すべき発行者が履行しなかった場合に，第2次的に履行すべき保険会社に対して保証金を請求する。買い手は保険会社に法的なリコースと同等の権利を得たことになる。ただし，保証率は低下している（表2-2参照）。ここでは，ノン・リコース方式は一般的であるが，民間の金融保証は小さくなったのである（表2-1も参照されたい）。

3.5　CARDs におけるノン・リコース・ファイナンスの新展開

クレジットカード・ローンは，リボルビング・クレジット・ラインを利用した無担保融資である。このクレジットカード・ローンは，1980年代に証券化されていく。1984年4月に，Continental Bank が，Chemical Bank に8億2,400万ドルのクレジットカード勘定を売却した。その後1986年4月に，Salomon Brothers は，オハイオ州にある Bank One のクレジットカード受取勘定をプールして担保にした5,000万ドルのパス・スルー証券を私募発行した。この CARDs（certificates of amortizing revolving debts；クレジットカー

---

[40]　以上 Kapoor (2003), pp. 1-4, figure 1〜4; 尾崎 (2004), 2-4, 15-16 頁。

ド・ローン担保証券）は，格付けなしの5年満期であった。最初の18か月間は，利子支払いだけが投資家にパス・スルーされる。この期間の元本支払いはさらなる受取勘定の購入に充てられ，18か月経過してから投資家は元本の支払いをうける。翌1987年1月には，Republic Bank Delaware が，2億ドルの CARDs を初めて公開してリコース付きでまとめた（表2-2参照）。

翌1988年に，その銀行持株会社 First RepublicBank Corp. が破産し FDIC に引き継がれたときに，クレジットカード銀行子会社 Republic Bank Delaware は Citicorp に売却された。Republic Bank Delaware の CARDs は，このとき全額繰上げ返済された。担保価値に留まらず全額返済されたので，実質的に借り手にリコースされたのである。CARDs 導入時には，CARs やその他の ABSs のように，民間の金融保証またはリコース形式が必要と考えられていた。CARDs や CARs を金融保証した有力なモノライン保険会社に，先の FSA があった。民間の金融保証制度の展開である（表2-1参照）。

1987年2～3月に，銀行持株会社 Bank of America Corp. が CARDs を公開して発行額4億ドル，満期約2年で提供した。これは，ノン・リコース形式の証券である。CARDs には，事業貸付や HELSs と同様に，リコースからノン・リコースへの展開がみられた（表2-2参照）。ここでも，民間の金融保証かつノン・リコース形式という，典型的な保証制度とノン・リコース・ファイナンスの展開がみられた（表2-1も参照されたい）。

ただし，CARDs は第3者から金融保証されていないこともある。たとえば，Bank One は歴史的なデフォルト率の2倍の準備金を用意し，クレジットカード・プールの利子として30％，すなわち平均金利の約2倍を保持した。こうした準備金の考え方は，民間の金融保証またはリコース形式が必要とされた MBSs や他の ABSs にも適用できる。民間の金融保証やリコース形式の代わりに，十分な準備金を保持すれば，ノン・リコース・ファイナンスが可能になるのである。1987年第1四半期には，Bank of America Corp. の債券は BBB 格付け，Republic Bank Delaware のものは A 格付けにもかかわらず，両行の CARDs は AAA 格付けであった。両行の CARDs 利回りは，同

じ満期の財務省ノートよりも 60〜80 ベーシス・ポイント高いだけであった[41]。

　ノン・リコース・ファイナンスは，証券化をおこなう大手商業銀行グループにとって，リスクを買い手である投資家に移転する手法である。これは，証券化を推進した大手銀行グループにとって有益な手法であった。しかし，証券化商品を購入する投資家にとっては，リスクが発現することは好ましいことではない。投資家に証券化された CARDs をより購入してもらえるように，大手銀行グループは新たなリコース手法を考案した。1991 年 5 月 13 日に，Citicorp が，期限前償還による投資家の不利益を避けるために，CARDs の証券化プールに暗黙のリコースを初めてあたえたのである。同年 9 月 11 日と 10 月 14 日に大手百貨店 Sears がこれに続き，その後 1995 年 11 月〜1997 年 3 月に 10 行以上の融資銀行が暗黙のリコースを約束した。これは，リコースからノン・リコースへの展開に止まらない新たな動きである。

　CARDs の期限前償還は，投資家への元本と利子の支払いを，証券化プールが実行できないとみなされたときの投資家への救済策である。クレジットカード・ローンの貸倒償却が増加し，返済率が減少し，ポートフォリオの利回りが低下するとき，期限前償還がおこなわれる。期限前償還の目的は，元本の損失が起こる前に，投資家への返済を完了することである。しかし，期限前償還は，順調な返済と比較すると，投資家に不利益をもたらす。期限前償還による投資家の不利益を避けるため，暗黙のリコースもしくはモラル・リコースが利用される。国法銀行[42]の監督官庁 OCC (Office of the

---

41) 以上 Pavel (1986), p. 21; Hirtle (1987), p. 22; Becketti (1987); Hull, Annand and Cooke (1987), pp. 3-4; Hull (1989a), p. 22; Hull (1989b), p. 24; Ausubel (1991), p. 66, table 9; U.S. Congress, House (1993a), p. 79; Roussakis (1997), p. 311; Johnson (2002), p. 288. 原資料は Hoey, Peter E. and Burger, Theodore V. (1985), "Financial Guarantee Insurance," Insurance Information Institute, *Trusts and Estates*, New York; *Wall Street Journal*, April 2, 1984.

42) 国法銀行は連邦法で定められており，2006 年末で 1,715 行（全 FDIC 加入商業銀行数の 23.2%），資産 6 兆 8,293 億ドル（全 FDIC 加入商業銀行保有額の 67.7%）である。現在の 3 大商業銀行は，すべて国法銀行である。FDIC, *Statistics on Banking*, December 31, 2006. (www2.fdic.gov/sdi/sob/)

Comptroller of the Currency；通貨監督官庁）によると，暗黙のリコースとは，①証券化トラストまたはSPVsに資産を額面からディスカウントして販売する，②証券化トラストまたはSPVsから適正価格を超えて資産を購入する，③証券化トラストまたはSPVsの不良資産を優良資産に交換する，④契約上の要件を超えて信用補完をすることである。

現実に1987-2001年に，17件の暗黙のリコースが，サンプルされたクレジットカード銀行10行[43]によって実行された。このとき，①証券化トラストまたはSPVsに新規優良勘定を追加する，②新たなクレジットカード受取勘定を額面からディスカウントして販売する，③信用補完をする，④投資家に期限前償還を見送ってもらう，⑤銀行が手数料を引き下げるという典型的な暗黙のリコースがおこなわれた。

一方，同じく1987-2001年に，期限前償還に直面したにもかかわらず，暗黙のリコースをおこなわなかった事例は2件に過ぎない。そして，この融資銀行である上記のRepublic Bank DelawareとSoutheast Bankは，両行とも破綻した。ただし，元本は投資家に全額払い戻されたので，実質的に売り手もしくは貸し手にリコースされた。

暗黙のリコースをあたえるクレジットカード銀行10行は，大手行または中堅銀行である。この10行の1996年の証券化では，Tandy National Bankの3億5,000万ドルが最小で，Citicorpの259億ドルが最大であった。証券化の平均金額は61億ドルで，クレジットカード・ローンの42％が証券化されたのである[44]。

CARDsの年間発行額は1987年には23億ドルであったが，翌1988年には69億ドルに増加した。当時，ABSs（MBSsを除く）では，CARDsの年間発行額が最も大きかった。その後，CARDsはCARsとトップ争いをおこなっ

---

43) クレジットカード銀行10行の親会社もしくは銀行・金融持株会社は，Sears Roebuck and Co., Citicorp, Household Finance, Mercantile Bank, FCC National Bank, AT&T, Banc One Corp., First Union, Prudential Bank and Trust, Tandy Corp.である。
44) 以上 U.S. Office of the Comptroller of the Currency (2002), pp. 1, 3; Higgins and Mason (2003), pp. 4, 6-8, 27, table 1; Calomiris and Mason (2003), p. 6.

た。しかし，1997年からHELSsに抜かれ，サブプライム危機後にHELSsが急減し，2009年からCARsに次いで2番手が定着した。残高でも，1989-1999年にCARDsはCARsをはるかに上回り，最大のABSsであった[45]。しかし，1999年に，CARDsはHELSsに抜かれ2番手が定着した。また，リテール[46]業務に積極的に進出したCitibankは，1988-1992年に33回の取引で292億5,000ドルを超えるCARDsを発行した。

クレジットカード・ローンと証券化されたCARDsは，大手行または中堅銀行に集中した。1991年末にはクレジットカード銀行大手31行はCARDsを含むカード残高の61％を，1996年末には同じく42行が77％を，1997年末には36行が77％を，1998年末には31行が70％を，2000年末には28行が72％を，2001年末には29行が74％を占めた[47]。クレジットカード銀行は1980年代初めに設立され，大半が1980年代半ばから運営された。

CARDs業務の中心を占めているのも，商業銀行グループであった。CARDsは，比較的少数のFDIC加入金融機関に集中した。FDICによると，1996年3月末に，商業銀行39行が1,360億ドルを超えるCARDsを報告した。格付機関Moody's Investors Serviceによると，同じく1996年3月末に，CARDs残高約1,250億ドルの約80％，1,010億ドルを，銀行グループが証券化した。

やや視点を変えると，3社の銀行持株会社と2社のノンバンクがCARDs市場の主役になる。3社の銀行持株会社とは，Bank One Corp., MBNA Corp., Citicorpである。2社のノンバンクとは，American ExpressとMorgan Stanley Dean Witter & Co.である。1999年の最初の3四半期には，CARDsの70％近くが，この5社によって発行された。商業銀行の保有する

---

45) 1992年には，クレジットカード受取勘定の約18％（約900億ドル）が事業目的であり，カードは中小企業のファイナンシング・ツールの1つとなった。
46) リテールとは，小口で家計や中小企業向けという意味である。
47) ここでのクレジットカード銀行とは，総資産の過半を消費者ローンが占め，かつ消費者ローンの90％以上をカード関連のものが占める商業銀行である。大手行とは，2億ドル以上の資産をもつ銀行である。

CARDs 残高も，この 5 社に集中した。この 5 社の銀行子会社が，1999 年 6 月末に商業銀行の保有する CARDs 残高の約 57％を占めたのである[48]。

むすびにかえて

　第 2 章では，アメリカの銀行貸付に関する民間の金融保証とノン・リコース形式という新しいファイナンス手法が，互いに密接な関係をもって発展してきたことを考察した。その際に，①銀行貸付に関するノン・リコース・ファイナンスの源流は何か，②ノン・リコース形式はいつ貸付の流通市場（証券化を含む）で普及し，③どのように主たるファイナンス手法として定着したかを検証した。

　まず，ノン・リコース・ファイナンスの源流は，少なくとも 1930 年代のプロダクション・ペイメント（産出物による支払い）まで遡ることができた。このとき，物的な担保から収益力へと担保概念の拡張が始まった。1950 年代に定着したプロダクション・ペイメントでは，物的な担保から収益力だけではなく，さらに減価償却費などの内部留保をも含むキャッシュフローへと担保概念が拡張した。担保制度の展開が，ノン・リコース・ファイナンスの展開する方向を決定づけたのである（表 2-1 参照）。アメリカ経済が窮地に追い込まれた大不況期に新たなファイナンス手法が誕生したことは，銀行業務の歴史的な展開からみても興味深い。

　その後 1970 年代に入ると，プロダクション・ペイメントは下火となり，プロジェクト・ファイナンスにその地位を譲った。ニューディール期にまで遡れるノン・リコース形式は，プロジェクト・ファイナンスでも用いられた。

---

48) 以上 Canner and Luckett (1992), p. 661, note 17; U.S. Congress, House (1993a), pp. 20, 81, 136; U.S. Congress, Senate (1996), pp. 46, 78; Board of Governors of the Federal Reserve System (1997, 1998, 1999); Board of Governors of the Federal Reserve System (2001, 2002), p. 1; Johnson (2002), pp. 289, 304, note 2 and 3; FDIC, *Statistics on Banking,* June 1999; Securities Industry and Financial Markets Association (www.sifma.org/research/statistics.aspx). 原資料は Bank One Capital Markets, September 10, 1999; Bloomberg, Dealogic, Federal Reserve, Fitch Ratings, Moody's, prospectus filings, SIFMA, SMR Research, Standard and Poor's, Thomson Reuters.

しかし，このときには主たる手法とはならなかった。プロダクション・ペイメントとプロジェクト・ファイナンスでは，SPVs を用いたストラクチャード・ファイナンスが，初期の単純なものであるが導入された。このファイナンス手法は，第5章でみる証券化手法で再び用いられ進化を遂げる。

ノン・リコース形式が普及し主たるファイナンス手法として定着したのは，1980年代以降の新しいローン・セール業務であった。ノン・リコース・ファイナンスの源流とその普及の間には半世紀もの時が流れたが，その間もプロジェクト・ファイナンスでノン・リコース形式が受け継がれてきた。公的保険・保証が付かない事業貸付の新しいローン・セール業務において，ノン・リコース形式が普及し主たる手法として定着したのである。しかし，ローン・セール業務は，1980年代の M&A（mergers and acquisitions；合併・買収）ブームが終わるとともに，下火となった。

最後に，基本的に公的保険・保証が付かない貸付を証券化した MBSs と各種 ABSs において，民間の金融保証とノン・リコース・ファイナンスが普及し定着した。ノン・リコース形式での証券化は，RMBSs，CMBSs，CARs，HELSs，CARDs でみられた。ローン・セール業務で普及したノン・リコース形式は，公的保険・保証が付かない証券化ファイナンスでも用いられた。公的保険・保証は，証券化された各 ABSs/MBSs において，導入時には重要な役割を果たすこともあった。しかし，証券化において次第に公的保険・保証が背景に退き，十分な準備金を保持すれば，民間の金融保証とともにノン・リコース・ファイナンスが可能となり普及し定着した。

アメリカ型の証券化の特徴の1つは，貸付債権の証券化である。貸付債権の1つである，ホールセール向けの事業貸付では，証券化は普及しなかった。しかし，事業貸付の流通市場は1980年代に新たなローン・セール市場となり，そこではノン・リコース形式が採用された。商業モーゲイジ・ローンを証券化した CMBSs でも，民間の金融保証を利用し，ノン・リコース形式が主流となり1990年代に急成長した。OTD モデルの分配側において，ホールセール・ローンが流動化され，大手商業銀行グループの業務展開を支えたのであ

る。

　一方，リテール・ローンの流通市場も，1970年代から変化が始まった。まず，ベビーブーマーとベトナム戦争からの帰還兵への住宅需要に応えるために，住宅モーゲイジ・ローンを証券化したRMBSsが1970年代から発達し，現在では民間の金融保証を利用しノン・リコース形式が主流となった。証券化されたCARs, HELSs, CARDsも，1980年代半ばから導入され，民間の金融保証とノン・リコース形式が採用された。リテール・ローンの場合も，OTDモデルの分配側において，貸付が流動化され，大手商業銀行グループの業務展開を支えたのである。

　ノン・リコース形式は，ローン・セールや証券化をおこなう大手商業銀行にとって，リスクを買い手や投資家に移転するファイナンス手法である。これは証券化を推進した大手行にとって有益な手法であった。それゆえ，公的保険・保証が付かない貸付の証券化業務において，民間の金融保証とノン・リコース形式は現代的な基礎となる手法となった。ノン・リコース・ファイナンスでは，証券化商品を購入する投資家がリスクを引き受ける。そのリスクを民間金融機関が金融保証したのである。その際に，民間の金融保証かつノン・リコース形式という，典型的な保険・保証制度とノン・リコース・ファイナンスの展開がみられた（表2-1参照）。伝統的な個人保証人とリコース・ファイナンスは，どちらも貸し手銀行にとって債権を譲渡する際に手間のかかる手法である。一方，民間の金融保証とノン・リコース形式は，どちらも貸し手銀行にとって証券化業務に適している。それゆえ，民間の金融保証とノン・リコース形式は，証券化の発達に欠かせないファイナンス手法となったのである。

小　括

　第1部では，第1章で①証券決済，第2章で②ノン・リコース・ファイナンスの歴史を追跡し，大手商業銀行グループの業務展開の基礎構造を考察し

た。つぎの第2部から詳述するが，大手銀行グループは，1980年代から積極的に業務展開をおこなっていく。その特徴は，伝統的なOTH（originate to hold；組成保有型）モデルではなく，新しいOTDモデルにある。OTHモデルは，オリジネートした貸付を満期まで保有する，伝統的な銀行のビジネスモデルである。OTDモデルは，オリジネートした貸付を満期前に売却する，新しい銀行のビジネスモデルである。とくに，ディストリビュートされる際におこなわれる金融商品の決済は，業務展開をおこなう上で基盤となる。

商業銀行のコア業務の1つは決済である。金融商品の決済機構は，現代的なOTDモデルが形成された1980年代後半から，大手商業銀行の業務展開においてその役割を増していく。その始まりは，第1章で取り上げた1960年代のFF市場にみられる。伝統的なFF市場は，準備金の一時的な過不足を調整する市場であった。と同時に，短期金融市場であるFF市場は，証券決済の基礎構造と深く関わり合っていた。金融商品の決済には，伝統的に小切手が用いられたが，1960年代に中央銀行預け金であるFFが広く使われるようになった。国債や新型預金であるCDの決済も，発行・流通市場においておもにFFでおこなわれた。

中央銀行預け金であるFFによる金融商品の決済機構は，ブック・エントリー・システムに至る様々な制度上の発達を経験した。この決済機構は，現代まで続くOTDモデルのディストリビュート，投資銀行業務の用語ではトレーディングの基礎構造となっていく。ここに，現代までつながる業務展開の1つの基礎がある。

銀行流動性を回復する現代的手法の1つは，貸付債権の証券化である。証券化市場では，第2章で取り上げたノン・リコース・ファイナンスが，1980年代後半以降に普及した。証券化の際にノン・リコース形式を用いたとき，大手商業銀行のOTDモデルにおいて貸付のオリジネートをうけた，借り手が債務不履行に陥った場合を考えよう。OTDモデルにおいてディストリビュートされた，証券化商品の投資家は，当該資産に限定してリコースできる。しかし，同じく投資家は，借り手だけでなく，売り手（貸し手）である

大手行にもリコースできない。このノン・リコース・ファイナンスは，貸し手である大手行からみると，オリジネートした貸付を容易にディストリビュートできる点で，証券化の現代的な基礎となる手法である。ノン・リコース形式は，証券化の発達に不可欠なファイナンス手法であった。

　このような新たな貸付の流動性を求める大手商業銀行グループの行動によって，①中央銀行預け金であるFFによる証券決済機構と②ノン・リコース・ファイナンスを特徴とする新たな貸付の流通市場・証券化市場が発達したのである。①FFによる証券決済と②ノン・リコース形式は，ともにOTDモデルでディストリビュートされる，証券化商品のトレーディングを円滑にする機能がある。この両者が，本書で考察するOTDモデルという大手銀行グループの業務展開の基礎構造を形作っているのである。

第2部　業務展開の特質：OTDモデルの形成

序論　対象と視角

　貸付は，銀行の伝統的なコア業務として位置づけられてきた。その貸付債権のリスクを第3者に移転する新規金融商品が，アメリカ合衆国において，1970-1980年代に開発された。第2部では，その新規商品である①ローン・セール，②ディリバティブ，③証券化という業務展開の位置づけを整理する。
　まず，これらの金融商品のアウトラインを図IIで示してみよう。①ローン・セールは，銀行の企業に対する貸付債権そのものを第3者に転売する。②ディリバティブの中の先物，ストリップ債は，貸付債権から派生していないが，金利リスク，再投資・期限前償還リスクを低減する。③金利スワップは貸付債権の金利リスクだけを，④クレジット・ディリバティブ（以下クレデリ）は貸付債権の信用リスクだけを第3者に移転する。この意味で，金利スワップとクレデリは，ローン・セールの機能の一部を代替している。⑤証券化とは，貸付債権を証券化して第3者に転売するものである。後述するように，これらの業務展開は，新たなOTD（originate to distribute；組成分配型）モデルを形成する一過程と捉えられる。
　筆者は①ローン・セール，②ディリバティブ，③証券化という業務展開を一連のものと捉えており，先行研究を整理しながら，それぞれの業務展開を歴史的に考察していく。オプションの評価理論であるBlack-Shoeles式の作者の1人Black（1970）は，社債が元本，金利リスク，信用リスクの3つに分

図 II　ローン・セール，ディリバティブ，証券化の概念図

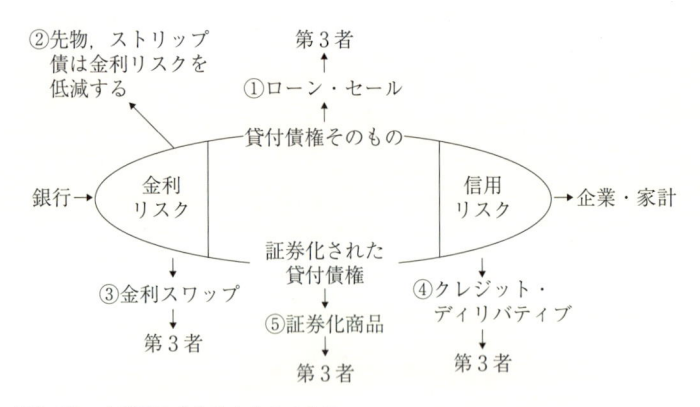

```
                 ②先物，ストリップ        第3者
                   債は金利リスクを         ↑
                   低減する             ①ローン・セール
                          ↖       貸付債権そのもの
                           ╱─────────────╲
                          ╱               ╲
                金利    ╱                   ╲   信用
           銀行→ リスク                        リスク →企業・家計
                     ╲                       ╱
                      ╲     証券化された      ╱
                       ╲────貸付債権────╱
                        ↓         ↓          ↓
                    ③金利スワップ  ⑤証券化商品  ④クレジット・
                                              ディリバティブ
                       第3者      第3者         第3者
```

注）本書で扱った範囲をまとめたものである。

離できることを指摘した[1]。金利リスクへの対処として，1970-1980年代にかけて先物，ストリップ債，そして最後に金利スワップが開発された。信用リスクに対しては，1990年代にクレデリが生み出された。Black (1970) は理論的には正しいが，現実には図 II のように，導入の段階では，社債ではなくおもに貸付から金利スワップとクレデリが派生した。

　ここで，第2部の各章に関する先行研究をみてみよう。第3章で扱うローン・セールの先行研究には，第1部序論で取り上げた Gorton and Pennacchi (1990) や Gorton and Haubrich (1987, 1990) 等がある。

　第4章第1節第1項の先物の先行研究では，Brewer III, Minton and Moser (1996, 2000) が，商工業貸付の増加と先物取引の利用には正の関係があったとしている。同じく第2項ストリップ債の研究では，Marcus and Kling (1987) とカンザスシティ連銀の Beccketti (1988) が，銀行の再投資・期限前償還リスクに言及している。第2節の金利スワップ研究では，先の Brewer III, Minton and Moser (1994a, 1994b, 1996, 2000) が，金利ディリバティブの利用によって銀行貸付が増加したことを計測している。第3節のクレデリの

---

1) Black (1970), p. 5; Mehring (2011), p. 79; 佐賀 (2013), 147 頁。

代表的な先行研究には，以下のものがある。まず，ニューヨーク連銀のSchuermann（2004）が，銀行のリスク軽減を扱っている。つぎに，Allen and Gale（2006）が，銀行から保険会社へのリスク移転を指摘している。

第5章の大手商業銀行グループによる証券化業務への進出には，序章で取り上げたLitan（1987）等の先行研究がある。

これらの先行研究においては，それぞれの業務は個々に扱われてきており，その全体像は必ずしも明らかではない。そこで，第2部では，Black（1970）に従い，これらの業務を全体として捉えた場合に，どのような特徴点が浮かび上がってくるのかを明らかにしたい。

第2部で考察する課題は以下の通りである。①ローン・セール，②デリバティブ，③証券化という業務展開とは，貸付債権のリスクを第3者に移転する途であり，このリスク移転が各業務で段階的に開けたことである。これを説明する順序は，歴史的経緯に基づいている。歴史的経緯を踏まえて，これらの各業務が，相互にどのように関連したかを考察する。とくに，この業務展開が，どのようにOTDモデルの形成と関連したかを考察する。

第2部では，大手商業銀行グループの業務展開の特質を考察する。第2部の構成は，まず第3章ではローン・セール，第4章ではデリバティブ，第5章では証券化の各業務において第2部の課題を考察する。そして，ここでの課題と各業務展開の相互関係がわかるような歴史的分析をおこなう。最後に第2部のまとめについて述べる。

第3章
証券化前史：ローン・セール

　アメリカ合衆国のローン・セール市場は，1991年から2005年まで拡大を続けた。近年，大手商業銀行のローン・セール額が公表されておらず，ローン・セール目的で一時保有しているローン・リース額（ネット）を参照する。対総貸付・リース額に占めるこのローン・セール目的で一時保有している貸付・リース保有額の比率は，2001年のITバブル崩壊や2007年のサブプライム危機に影響をうけて，大きく上下した。これは，OTDモデルだけではなく，損切りのローン・セールもあったことを示唆している。このローン・セール目的で一時保有している比率は，2001-2014年の各四半期にJPMorgan Chaseで0.15〜17.3％，Bank of Americaで0.98〜7.66％，Citibankで0.41〜8.68％であった[1]。

　資産規模別にみると，データの公表された2002年以降，貸付・リース売却収入（ネット）を増加させたのは，総資産10〜100億ドルの中規模国法銀行であった。現在，国法銀行である3大商業銀行の業務において，ローン・セールが重要な位置を占めているとはいえない[2]。そこで公表された1985年の推計値（表3-2参照）によって，商工業貸付と比較したローン・セール販売額の比率をみると，銀行持株会社Citicorpを除いた平均は22％であり，Citicorpを含めると29％であった。次節で扱うローン・セールの初期の歴史

---

[1] Bord and Santos (2012), p. 21; Federal Financial Institution Examination Council, *Reports of Condition and Income* 各号, Schedule, RC and RC-C. (https://cdr.ffiec.gov/public/ Manage Facsimiles. aspx)

[2] ただし，スーパーリージョナルWells Fargoのローン・セール目的で一時保有している比率は，2001-2014年の各四半期に1.30〜26.6％と必ずしも小さくない。以上，第6章の表6-11, 表6-12も参照されたい。

では大手行は大きな役割を果たしており，それがこの数字に表れているのであろう。

　歴史的にみると，FDIC 加入商業銀行のローン・セールは，1984 年第 4 四半期から急増し，それ以前の 300 億ドル前後から 1988 年第 1 四半期には 2,363 億ドルに達した。FDIC 加入商業銀行のローン・セールは，翌 1989 年第 3 四半期に 2,909 億ドルのピークに達し，1993 年第 1 四半期には 890 億ドルまで減少した[3]。Bord and Santos (2012) によると，ローン・セールの取引高は 1991 年の 80 億ドルから 2005 年の 1,760 億ドルまで増加したという[4]。1989 年のピーク時は四半期データ，2005 年のものは年次データであるので，両者を比較するためには 2005 年のデータを 4 分の 1 にする必要がある。そうすると 2005 年の各四半期は 440 億ドル前後となり，1989 年のピーク時どころか急増を始めた 1984 年第 4 四半期にも及ばない。

　このようにローン・セールは，1980 年代には積極的に活用されたが，1990 年代以降に大手商業銀行が 1980 年代のように利用した形跡はない。そこで，第 3 章では，1980 年代まで歴史をさかのぼり，第 2 部の課題「貸付債権のリスク移転がこれらの業務で段階的に開けたこと」を検証したい。

　本章では，大手商業銀行のローン・セールを考察する。ローン・セールは証券化ではないが，その後の証券化につながる重要な業務展開と考えられる。本章の構成は以下の通りである。まず第 1 節で，大手行のローン・セールによる導入，引き続く第 2 節で同じくローン・セールの動機を整理する。つぎに第 3 節でビッドとストリップという新たな特徴を，第 4 節でローン・セールが大手行へ集中したことを検証する。第 5 節では，ローン・セールの証券化に失敗したことを考察する。最後に本章のまとめについて述べる。

---

[3] Demsetz (1999) によると，FDIC *Call Reports* のローン・セールのデータは 1993 年で終わっている (p. 11, note 4)。

[4] Bord and Santos (2012) は，1988-2010 年のデータを用いているが，それはマル秘資料であり，彼らの論文のために連邦準備内でのみ利用できたという (pp. 21, 23-24, note 11)。

1　導　入

　Gorton and Haubrich (1990) によると，ローン・セールそれ自身は，商業銀行にとって目新しい業務ではなく，1世紀以上も続く古い業務である。しかし，1983年以前には，伝統的なコルレス・ネットワーク内での取引，とくにオーバーライン（貸付の総量規制）のためのローン・セールにほぼ限定されていた。

　商業銀行は，貸付を売却するときに長い間パーティシペーション（協調融資）を利用してきた。古い形のパーティシペーションは，幹事行が他の銀行のために交渉するシンジケート団組成であった。1955年10月5日には，連邦準備制度加盟銀行による満期1年以上のターム・ローン額の31.5％がパーティシペーション形式であった。これは1946年とほぼ同じ割合だという。1977年のABA（American Bankers Association；アメリカ銀行協会）の調査によると，回答した銀行の51％が，オーバーラインの貸付は上流のコルレス銀行向けポートフォリオの81～100％に達したという。同じく75％が，オーバーラインは流動性にもとづいたローン・セールよりも一般的だと報告している。1977年に売却された貸付額の65.5％が，上流のコルレス銀行に対するパーティシペーションであると，ABAは見積っている。パーティシペーションとは，おもに中小銀行がオーバーラインのために大手行に売却するものであった。

　各一般参加銀行は企業に個別の貸付をあたえるが，通常このパーティシペーション契約は幹事行が締結した協定にもとづいて貸借関係の譲渡の形をとった（第2章の表2-2参照）。貸借関係を譲渡するので，一般参加銀行は，幹事行ではなく，最終的借り手である企業にリコース（償還請求）できる。また，コルレス関係の下で，一般参加行が幹事行に直接貸し出すこともあった。この場合，一般参加銀行は，幹事行にリコースするのである。

　その後1982年のメキシコの債務危機に端を発した，ラテン・アメリカの累積債務問題が，大手商業銀行経営をめぐる環境を激変させた。ラテン・アメ

表 3-1 ラテン・アメリカ四大債務国の累積債務に占める銀行融資（シンジケート・ローン）

(単位：10 億ドル)

	ブラジル	メキシコ	アルゼンチン	ベネズエラ
各国銀行融資(1982年末)	71.1(74.5%)	72.0(79.1%)	26.1(67.5%)	28.2(87.6%)
米銀融資(1986年10月)	23.7(38.6%)	24.2(42.0%)	7.7(34.5%)	4.7(26.5%)

注）括弧内は上段が対外総債務に占める各国銀行融資の比率，下段が主要債権国の銀行融資に占めるアメリカ銀行融資の比率である。主要債権国とは，アメリカ，日本，イギリス，フランス，西ドイツ，カナダである。
(OECD, *Financing and External Debt of Developing Countries: 1985 Survey*, 1986, pp. 101, 111, 177, 222;『日本経済新聞』, 1987年5月21日, 朝刊, 1頁。)

リカにおける四大債務国は，ブラジル，メキシコ，アルゼンチン，ベネズエラであった。まず，表 3-1 で 1982 年末の四大債務国の対外総債務に占める各国の銀行融資（シンジケート・ローン）の比率をみると 67.5〜87.6% の範囲にあった。米銀が四大債務国にどのくらい融資したかを，各国に対する主要債権国の銀行融資に占める米銀融資でみてみよう。国際金融筋の推計によると，1986 年 10 月の各四大債務国に対する米銀融資は，主要債権国の銀行融資の 26.5〜42.0% に相当する。米銀は，ラテン・アメリカの累積債務国に対する最大の貸し手であった。米銀の内訳は，四大債務国に対する 1986 年末残高でみると，Citicorp, Bank of America, Manufacturers Hanover, Chase Manhattan 等の上位 7 行で 75.5% を占めていた[5]。

　大手商業銀行は，ラテン・アメリカに対する銀行貸付をそのまま放置せず，不十分ではあったが貸付債権の株式化や債権のスワップによって第 3 者に譲渡している。これは，日本の金融機関が 1990 年代になっても不良債権の公表を遅らせ，景気回復を待ち望んだことと対照的である。米銀大手が累積債務を処理する際に，途上国向けシンジケート・ローンが売却され，ローン・セール市場が導入された。これが，金融危機の時期にアメリカでローン・セー

---

5) ラテン・アメリカ諸国と大手商業銀行と歴史的な背景については，大手商業銀行の社史である Cleveland and Huertas (1985) や Wilson (1986a) を参照されたい。
　徳永 (1988), 25 頁, 図表 1-7。原資料は International Bank Credit Analysis Banking Ltd., International Bank Credit Analysis; Salomon Brothers Inc., *A Review of Bank Performance*, 1987.

ルという業務展開がみられた理由である。ローン・セール市場は，1983年頃から急速に成長したのである。

2　動　機

　ローン・セールに対する代表的な疑問は，以下のような考えであろう。Kirkland Jr. (1986) によると，Deutsche Bank 頭取 Alfred Herrhausen は「なぜ Deutsche Bank が自行の優良貸付を他者に売ることを望むのか？ Deutsche Bank は依然として優良顧客を探しており，優良顧客は世界でも多数は存在しない」と述べている。つまり，「ローン・セールによって，リレーションシップ・バンキングを放棄する売り手銀行は愚かである。売却銀行は，最良の資産を売却することによって，自行を弱体化させた」と考えたのである。ローン・セールをおこなう際には，一般に債務者である顧客への通知とその承諾が必要である。さらに，シンジケートの幹事行や参加行の同意が必要なこともある。優良顧客は債権者の変更を嫌い，最悪の場合その銀行との取引をやめる可能性がある。ローン・セールによって現実に大量の優良顧客が流出したわけではないが，この可能性を回避する新たな業務展開（ディリバティブと証券化）を第4章と第5章で紹介する。

　ローン・セールには優良顧客が流出する可能性があるが，これに対して大手商業銀行はローン・セール業務の範囲内でも対策をおこなった。通常，ローン・セールされるものは，銀行の既存の貸付ポートフォリオではなく，1980年代後半になると，新しくオリジネートされたものが多くなった。前節でみたように，ローン・セール市場は，初期の段階では途上国向けのシンジケート・ローンが中心であった。これは，当初から売却を前提として組成されたものではなかった。

　Salem (1987) によると，その後は国内向けで BBB 格以上の投資適格の商工業貸付が主となった。この中に，M&A 関連の貸付がある。この時期の M&A は大規模化し，おもに大手行が主幹事となってシンジケート団を組成

して融資をおこなった。このとき買収企業において負債を活用したレバレッジ効果が働き，これを LBO（leveraged buyouts）ローンと呼ぶ。

1987年3月の *Lending Practices Survey*（以下 *LPS*）によると，1986年には，LBO ローンが，大手行のローン・セールの33％超，その他銀行のものの10％以下であった。同じく大手商業銀行のものの50％以上（3月末にはほぼ40％）が，LBO ローンであった。翌1987年3月にも，大手商業銀行の LBO ローンは，ローン・セール全体の40％に達した。1987年8月～1992年8月の *LPS* によると，1989年に LBO ローンはローン・セール全体の44.5％というピークに達した。LBO ローンには，新しくオリジネートされ，当初から売却を前提として組成されたものが多数含まれていた。

しかし，M&A の公表金額，LBO 取引金額ともに，1988年が前年の2倍近いピークで，その後は急速に減少した。*LPS* によると，1991年に LBO ローンはローン・セール全体の22.0％というボトムにまで減少した。1980年代後半のローン・セール市場の隆盛は，LBO ローンによって支えられていたのである。すぐ下で紹介する1988年の RJR Nabisco 以来2006年まで，主たる M&A 手法である大型 LBO がおこなわれることはなかった。これは，ローン・セールが1990年代以降それ以前のピークに達しなかったことと符合する。

一般に，LBO ローンの一般債務の金利は LIBOR（London Interbank Offered Rate；ロンドン銀行間貸し手金利）の2～2.5％高で，キャリー・フィーは貸付額の約2％であった。LBO ローンの金利とフィーは，伝統的な企業貸付より通常かなり高かった。RJR Nabisco は，1980年代の M&A としてよく引用される。この場合には，Manufacturers Hanover を主幹事とした200余りの銀行が，145億ドルの一般債務を提供して，3億2,500万ドルの代理店とファシリティ・フィー，7,300万ドルの年間コミットメント・フィーを受け取った。さらに，取引が実現されなくても，1億5,000万ドルの解約フィーが課されていた[6]。M&A 関連の手数料は，投資銀行業務フィー，委託手数料（コミッション）の一部である。2001-2014年における3大商業銀行の投資銀行

業務フィーと委託手数料が十分な大きさに達することは第6章で後述する。この高い収益力こそが彼らの強さである。ローン・セールは，伝統的な商業貸出から投資銀行の考え方へと売却銀行の文化を転換させる特効薬となった。

　当時のローン・セールの動機は1980年代後半のM&Aブーム，とくに大型LBOの隆盛という特殊な要因であった。大手商業銀行経営をめぐる環境が変化し，そのもとでの大手行自身の経営判断がローン・セール市場を拡大させた。しかし，ローン・セールが彼らの主要な銀行業務として定着することはなかった。

3　新たな特徴：ビッドとストリップ

　1980年代からの新しいパーティシペーション（協調融資）には，それ以前にはみられない特徴があった。商業銀行がオリジネートした貸付から生じるキャッシュフローを保険・保証なしで売却する形が一般的になったのである。ノン・リコース（償還請求権なし）ファイナンスである。通常，1980年代からの新しいローン・セールは，ビッド（入札）またはストリップ（分割）の形をとっていた。

　ビッドは，しばしば未実行ビッド・ラインと呼ばれる満期3～90日の短期コミットメント・ラインである。Gorton and Haubrich（1990）によると，いくつかのビッド・オプションが，リボルビング・クレジット契約の形をとった。1987年7月のLPSによると，ほとんどの大手商業銀行が，競争ビッド・オプションによってローン・セールをおこなった。競争ビッド・オプションでは，借り手は，参加銀行を招いて，貸付の全額または一部を入札した。参

---

6)　以上 Arlt（1959），p. 364, table 10; Kirkland Jr.（1986），p. 56; Salem（1987），pp. 13, 15, 23; Kizzia（1987），p. 32; Guenther（1988），p. A3; Haubrich（1989），p. 42; *Wall Street Journal*, July 27, p. C1, October 18, p. C1, 1990; Gorton and Haubrich（1990），pp. 88-89, 111, 121, 132, note 3; Haubrich and Thompson（1993），table 1; 遠藤（1999b），27頁; 島・河合（2002），174頁; Gadanecz（2004），p. 75.

加銀行とは大手行で，中小銀行，外国銀行，年金基金，保険会社等からなる分売ネットワークをもっていた。借り手は最も安いビッドを受け入れ，入札を競り落とした大手行は貸付をオリジネートし，それを分売ネットワークに売却した[7]。

一方，ストリップは，長期貸付を販売する方法である。ストリップでは，オリジネートされた貸付よりも短い満期のローン・セール契約をおこなった。1986年2月の LPS によると，回答した銀行の約30％が，ターム・ローンを分割した90日の部分，またはストリップを売却した。同じく約15％が，割賦式ターム・ローンの個々の割賦返済部分を提供した。1行だけが，ターム・ローンの利子と元本支払部分を分割して，個々のパーティシペーションを販売した[8]。

このように，1980年代からの新しいパーティシペーションは，ビッドまたはストリップという以前にはみられない新しい形をとっていた。

4 大手商業銀行への集中

1980年代からの新しいローン・セールのパイオニアは，個別名を挙げると Bankers Trust Co. と Citibank で[9]，J.P. Morgan と Chase Manhattan Bank がこれに続いて参入した[10]。Stigum (1990) によると，当時 Security Pacific

---

[7]　日本では，東京三菱銀行のヒアリング調査によると，2005年度上期に貸付売買実績がある金融機関は約8割で，そのうちの約7割が貸付の買いのみをおこなった。ローン・セール，すなわち貸付の売りはまだ約3割にとどまっていた。立花 (2005), 40頁。

[8]　以上 Gorton and Haubrich (1987), pp. 133-134; Gorton and Haubrich (1990), pp. 88-89, 112-113, 120-121, 132-133, note 3, 4 and 13; Markham (2002), Vol.2, p. 303. 原資料は Board of Governors of the Federal Reserve System, *Senior Loan Officer Opinion Survey on Bank Lending Practices*, February 1986 and July 1987.

[9]　Salem (1986) によると，Bankers Trust がこの業務の父で，Citibank の銀行持株会社 Citicorp が伯父であるという (p.3)。しかし，Bankers Trust は1999年に Duetsche Bank に買収された。

[10]　Salem (1986) によると，Chemical と Manufacturers Hanover も活発に取引をしたが，このつぎのレヴェルであった（以上，表3-2）。この Chemical と Manufacturers Hanover は1991年に合併して，Chemical Bank となった。1996年には，Chemical は Chase Manhattan を合併し，名称を Chase Manhattan に変更した。この新生 Chase Manhattan Corp. と J.P. Morgan & Co. Inc. は，2000年に合併して，J.P. Morgan Chase & Co. となった。これらのニューヨークの銀行の後に，

表3-2　ニューヨーク市大手商業銀行6行のローン・セール　1985年

	単位:10億ドル[1]	商工業貸付に占める割合(%)[2]	
Citicorp	8.0	67	
Chase Manhattan	3.0[3]	27	
Manufacturers Hanover	1.0	8	Citicorpを
J.P. Morgan	2.0	30	除いた平均は
Chemical	1.2	12	22%である。
Bankers Trust Co.	2.5	32	
	計17.7	平均29	

注1) 各銀行による見積り。9月。
2) 国内のみ。6月30日。
3) Salemによる推計。
4) なお，その他大手行のローン・セールは4億ドルである。
(Salem (1986), pp. 7-8, table 2 and 3.)

National Bankがこの業務のリーダーで，Bankers Trust Co.が2番手，J.P. MorganとChase Manhattan Bankがこれにつづくとみられていた。平均取引単位は2,500万ドルと大きかった[11]。

公表された1985年の推計値（表3-2）によって，商工業貸付に占めるローン・セール販売額の比率をみると，銀行持株会社Citicorpを除いた平均は22%であり，Citicorpを含めると29%になった。ローン・セールの初期の歴史では大手商業銀行は大きな役割を果たしており，それがこの数字に表れたのであろう。

ローン・セール市場の急拡大した1984年には，すべての大手商業銀行が，この市場にすでに参加したか参入を計画していた。ローン・セールの増加は，大手銀行を中心とする上位行の商工業貸付残高に占めるローン・セールの比

Bank of AmericaとFirst Chicagoが続いた。Bank of Americaは，1994年にContinental Bankを買収し，1998年にNationsBankと合併した。また，これに続くSecurity Pacific, Bank of Boston, Irvingも，この業務に大変興味をもった。
　Salem (1987) によると，Bankers TrustとCiticorpがトップに並んでおり，おそらく総売却額の30%を取り扱った。つぎのグループが，Chase Manhattan, Chemical, Manufacturers Hanover, J.P. Morgan, Security Pacificの5行であった。最後のグループが，Bank of America, First Chicago, First Interstateであった。
11) 以上 Salem (1986), pp. 3, 6; Salem (1987), p. 17; Stigum (1990), pp. 1089, 1091-1092.

率にも表れた。上位行ほどローン・セールをおこなう比率が大きくなった。FDIC 加入商業銀行のトップ 25 行の商工業貸付残高に占めるローン・セールの比率は，1984 年第 3 四半期から急増し，それ以前の 5% 前後から 1988 年第 1 四半期には 85.7% に達した。トップ 50 行では，この値は 70.5% になった[12]。ローン・セールへのパーティシペーション（協調融資）は，同じくトップ 25 行にますます集中した。Salem (1987) によると，ローン・セールの 90% を超えた部分を，大手行 10 行が売却した。Cantor and Demsetz (1993) によると，同じく 90% 超を上位 1% の巨大銀行が提供したという。ローン・セールが増加するとともに，大手行を中心とする上位行にローン・セールのシェアが集中した。第 1 節でみた古いローン・セールでは，おもに中小銀行が，オーバーラインのために大手行に売却した。1980 年代からの新しいローン・セールでは，おもに大手行が売却した。それ以前にはみられない新しい特徴であった。

　大手行だけでなく，その他の中小銀行もローン・セールをするようになり，ローン・セールはより一般的になった。1984 年 9 月～1986 年 2 月の LPS によると，ローン・セールを報告した大手行（資産 50 億ドル超）は全体の 54% から 100% に，同じくその他銀行は 36% から 100% に急増した。とくに，その他銀行の伸びが注目される。Pavel and Phillis (1987a) の調査によると，1985 年のすべての四半期にローン・セールを報告した商業銀行は，サンプルされた 13,763 行のうち 23.4%（3,214 行）であった。同じく 1 度でもローン・セールをした銀行は，59.5%（8,190 行）に達した[13]。この銀行数から中小銀行もローン・セール市場に参入してきたことがわかる。

---

12) 1985 年 8 月 21 日には，ニューヨーク市銀行による商工業貸付残高の 31%，同じく週報告銀行の商工業貸付残高の 9% が売却された。
13) 以上 Salem (1986), p. 8, table 3; Salem (1987), p. 17; Pavel and Phillis (1987a), p. 7; Gorton and Haubrich (1987), p. 133; Gorton and Haubrich (1990), pp. 88, 91, 95, table 2 and 3; Haubrich (1989), p. 42; Gorton and Haubrich (1990), p. 111; Haubrich and Thompson (1993), table 1; Cantor and Demsetz (1993), p. 35; Demsetz (1994), p. 75; Gorton and Pennacchi (1995), p. 391; Haubrich and Thompson (1996), p. 145, figure 3. 原資料は Board of Governors of the Federal Reserve System, *Senior Loan Officer Opinion Survey on Bank Lending Practice*s 各号; FDIC *Call Reports*.

5 証券化の失敗

　事業貸付の流通市場，すなわちローン・セール市場は1983年から大きく成長した。しかし，1980年代半ばにアンケートに答えた，売り手銀行の80%が，買い手による第3者へのローン・セールの転売をほとんど認めていないと報告していた。1933年GS（Glass-Steagall；グラス＝スティーガル）法に抵触しないように，銀行は，しばしばパーティシペーション（協調融資）は転売目的で購入されるのではないとの条項を挿入した。それでは，ローン・セールの流通市場を円滑にする，事業貸付の証券化はどのようになっていたのだろうか？

　たとえば1988年2月に，Citicorpは，ハンバーガー・チェーンのMcDonaldのオーナーに対する2,900万ドルの貸付を私募発行した。Thompson（1998）によると，商工業貸付は1997年に340億ドル証券化され，1998年もかなり成長する市場と期待されたという。SBA（Small Business Administration；中小企業庁）に保証されていない中小企業貸付は，Board of Governors of the Federal Reserve System and U.S. Securities and Exchange Commission（1998）によると，25〜30億ドル証券化され，そのうち過去2年間に市場に出たものは10億ドル以下と見積られた。Board of Governors of the Federal Reserve System and U.S. Securities and Exchange Commission（2000）によると，銀行数行がSBAローン以外の証券化に乗り出した。とくに，Zions First, Sierra West, First Source Corp., First International Bank, Bank of Yorba Lindaの5行が，1998年に中小企業貸付の証券化シェアの50.8%，1999年に同じく27.2%を占めたという。Bord and Santos（2012）によると，2003年までは，事業貸付の証券化を含む，CLOs（collateralized loan obligations；ローン担保証券）の新規発行額は，200億ドルをようやく越える程度であった。CLOsはその後急増し，2007年にはピークの1,800億ドルに達した[14]。

　しかしながら，事業貸付の証券化は，第2章でみた住宅モーゲイジほど進

展していない。Wall (1991) によると，中小企業貸付の信用情報をオリジネーターである貸付の売り手銀行は知っているが，貸付の買い手は知ることができない。一方，標準的なリテール[15]・ローンである RMBSs (residential mortgage-backed securities；住宅モーゲイジ担保証券) や CARDs (certificates of amortizing revolving debts；クレジットカード・ローン担保証券) のデフォルト特性はよく知られている。そのため，いくつかのリテール・ローンの証券化は進められたが，事業貸付の証券化は 1990 年代までうまくいっていない。事業貸付の満期は 8 年ぐらいまでで[16]，その返済は月々の完全割賦方式だけではない[17]。そのため，返済ストリームが固定されていない。金利は頻繁に改訂され，債務不履行率，返済延滞率，超過担保などの信用特性が多様である。こうした特性によって，事業貸付の評価は複雑である。そのため，貸付をパッケージするのが難しいのである[18]。事業貸付の証券化は，2000 年代にはその規模を縮小して，サブプライム危機直前に CLOs に引き継がれたのである。

むすびにかえて

ラテン・アメリカ諸国の累積債務危機を契機に，大手商業銀行のローン・

---

14) SIFMA (Securities Industry and Financial Markets Association；証券業金融市場協会) によると，事業貸付 CLOs の 97％が，貸付をオリジネートしていない金融機関によって構成されたという。これは，第 5 章でみる ABSs (asset-backed securities；アセットバック証券) ／ MBSs (mortgage-backed securities；モーゲイジ担保証券) との違いである。
15) リテールとは，小口で家計や中小企業向けという意味である。
16) 証券化のためにプールされた中小企業貸付の満期は，5〜12 年が典型的である。
17) ただし，SBA ローンでは，月々の割賦返済が一般的で，1985 年から証券化された。
18) 以上，日本生産性本部 (1961), 275 頁; Pavel (1986), p. 25; Pavel (1989), pp. 19-20 (訳, 15-16 頁); Gorton and Haubrich (1987), pp. 134-135; Gorton and Haubrich (1990), pp. 113, 121; Kopff and Lent (1989), p. 3; Wall (1991), p. 3; U.S. Congress, House (1993a), p. 129; Thompson (1998), p. 153; Board of Governors of the Federal Reserve System and U.S. Securities and Exchange Commission (1998), p. 5; Board of Governors of the Federal Reserve System and U.S. Securities and Exchange Commission (2000), pp. 10, 12, 28, exhibit 11; Bord and Santos (2012), pp. 21-22, note 2. 原資料は Board of Governors of the Federal Reserve System, *Senior Loan Officer Opinion Survey on Bank Lending Practices*, February 1986, p. 4.

セールという新たな業務展開が生じた。ローン・セールは，リスクを含む貸付債権そのものを第3者に移転する。オリジネートした貸付をディストリビュートするのである。この意味で，ローン・セールは，OTDモデルにおける金融商品であり，その初期のものである。しかしながら，ローン・セールは，1990年代以降それ以前のピークに達することはなかった。

　1980年代からの新しいローン・セール業務には，2つの新しい形式（ビッドとストリップ）と大手商業銀行への集中という特徴があった。事業貸付は証券化されたが，現在では大きな市場とはいえない状況である。

　ローン・セールの問題点として，優良顧客が債権者の変更を嫌って流出する可能性があった。既存の優良顧客を失わないように，当初から売却を前提として組成されたLBOローンが，ローン・セール市場の隆盛を支えていた。しかし，大型LBOがなくなると，ローン・セールも下火になった。これに対して，銀行貸付を既存のローン・ポートフォリオに残したままで，貸付の金利リスクや信用リスクに対処する方法が導入されていく。これが次章の課題である。

第4章
リスクの切り出し：ディリバティブ

　序章で指摘したように，Black-Shoeles 式の作者の1人 Black（1970）は，社債が元本，金利リスク，信用リスクの3つに分離できることを見抜いていた。ここでは，その中の金利リスクと信用リスクに対処する金融商品を考察する。具体的には，金利リスクに対処する先物，ストリップス債，金利スワップと，信用リスクに対処するクレジット・ディリバティブ（以下クレデリ）である。

　それでは，Black（1970）の思い描いた世界は，どのように実現したのだろうか？　まず，アメリカ合衆国において，1970年代に導入された株式や債券の先物取引と1980年代に導入されたストリップス債では，リスクのみではなく元本を含んだ取引がおこなわれた。1980年代に導入された金利スワップは，金利リスクを取引相手に移転する金融派生商品（ディリバティブ）である。1990年代に導入されたクレデリは，信用リスクを取引相手に移転するディリバティブである。金利スワップとクレデリ取引で重要なことは，まず，貸付債権のリスクのみが移転されることである。つぎに，金利スワップとクレデリは，少なくとも導入時には，株式や債券ではなく，おもに貸付債権から派生したことである（以上，序章の図Ⅱ）。この2つの意味で，金利スワップとクレデリは，ローン・セールからの一連の業務展開と捉えることができる。本章でも，第2部の課題「貸付債権のリスク移転がこれらの業務で段階的に開けたこと」を検証する。

　前章でみた1980年代以降の新しいローン・セールでは，貸付債権そのものが転売され，その際に優良顧客が債権者の変更を嫌って，流出する可能性があった。そこで，優良顧客を失わないように，新しくオリジネートされた

LBOローンが売却されていた。

このようなリスクと優良顧客が流出する可能性に対して，大手商業銀行グループは先物，ストリップス債，金利スワップとクレデリで対処した。先物については取引所が導入し，ストリップス債については大手投資銀行や政府または政府機関が創り出した。金利スワップとクレデリについては，大手商業銀行グループが中心となって開発した。さらに，1980年代末のバブル崩壊以降，新しく裁定取引をして収益を得ようとするもの（トレーディング目的）の金利スワップが増加している。

第4章では，大手商業銀行グループのディリバティブを考察する。筆者は，ディリバティブの発展を貸出債権からリスクの切り出し，すなわちリスクのみの移転への途と捉えている。本章の構成は以下の通りである。まず第1節で先物，ストリップ債の歴史を考察して，ディリバティブ取引の源流を探る。引き続く第2節では，金利スワップ取引において，大手銀行グループの取引目的がALMからトレーディングに変化したことを考察する。つぎに第3節では，クレデリにおける取引の現状とその動機を検証する。最後に本章のまとめについて述べる。

1 リスク切り出しへの途

周知のように，1973年の先進国の変動相場制移行にともなう金利の乱高下によって，金利リスクが増大した。金利リスク増大に対して，商業銀行はバランスシートの資産と負債の満期を一致させる方向で対処した。本書の文脈でいうと，銀行はターム・ローン，モーゲイジ・ローン，消費者ローンに進出して資産側の貸付を長期化させた。これにともなって，銀行は負債側の有期預金のシェアを増加させた。1974年末まで大額有期預金が増加したが，その後，増減はあるものの，小額有期・貯蓄預金の方が順調に増加した。しかし，長期で貸して短期で借りることが銀行利潤の源泉なので，資産と負債の満期を一致させることは，銀行にとってコストになる[1]。金利リスクに対し

て，資産と負債の満期を一致させる以外の手段が必要になる。

　資産と負債の満期を一致させる以外の手段の1つとして，商業銀行は変動金利貸付を導入した。変動金利貸付が導入されたのは，銀行貸付が長期化した1940年代後半であった。1950年代初めに再割引率が頻繁に変更されるようになって，プライム・レートがそれに続いて引き上げられると，銀行は変動金利からより市場を反映したプライム・レート・ベースに変更した。その後1960年代中頃に銀行は負債管理を導入したが，このとき短期利子率が以前に増して上昇し変動した。負債管理では，銀行は，バランスシートの負債側で市場金利のFF, レポ取引，CD, 銀行関連CP, ユーロダラー等を使って短期資金を取り入れる。バランスシートの負債側に市場金利の金融商品が入ると，1960年代後半から資産側でも市場金利または変動金利のものが普及した。Gorton and Rosen (1995) によると，1977-1993年には変動金利の商工業貸付は金額の約40％で，この期間を通じて銀行規模による明確なトレンドはないという[2]。

　ここでは，まず第1項で，大手商業銀行が，金利リスクの問題に対して，先物取引をどのように利用したかを考察する。つぎに第2項で，大手行が，同じく金利リスクに対して，どのようにストリップ債を用いたかを検討する。

1.1　先　物

　1970年代以降，本章で取り上げる金利リスクに対処する先物，ストリップス債，金利スワップと，信用リスクに対処するクレデリが導入されていく。GNMA (Government National Mortgage Association；政府抵当金庫) パス・スルー証券を使った債券の先物取引が，国債の先物取引に先駆けて1975年10月にCBT (Chicago Board of Trade；シカゴ商品取引所) によって始められた。連邦機関債を購入した商業銀行は，その証券を売却したりスワップし

---

1)　Stigum (1990), pp. 126-127; Board of Governors of the Federal Reserve System (2010b), p. 81, L.110.
2)　Gorton and Rosen (1995), p. 9, note 7

たりせずに，満期まで証券を保有するといわれている。Stigum (1990) によると，一度は成功した GNMA 先物取引は枯渇し，GNMA オプション取引は導入されなかったという。

CBT の GNMA パス・スルー証券の先物取引に対抗して，翌 1976 年 1 月に CME (Chicago Mercantile Exchange；シカゴ商業取引所) の一部である IMM (International Monetary Market；国際金融市場) が，3 か月物の TB の先物取引を始めた。さらに，IMM は 1978 年に 1 年物の TB，翌 1979 年に 4 年物の財務省ノートの先物取引を開始した。

変動金利または市場金利の金融商品が銀行バランスシートの資産と負債の両側に入ると，先物取引でヘッジされるようになる。Wilson (1986b) は，たとえば，変動金利の負債が変動金利の資産を上回ると，銀行は金利上昇に対して保有する負債の満期に近い証券の先物売り予約によってヘッジをおこなうだろうという[3]。変動相場制移行後の金利が乱高下する時期に，銀行は先物取引を利用しはじめたのである。

商業銀行の金利リスクに対するヘッジは，その市場の大きさから，通常 3 か月物の TB の先物取引によっておこなわれた。しかし，1980 年代には IMM の TB の先物契約は減少している。それに代わって，1977 年 8 月には CBT が 15 年物の財務省ボンドの先物取引を始め，1980 年代には財務省ボンドが最大の先物市場になった。1980 年代に，財務省ボンドの先物契約が TB を大きく上回って増加しているのである。

商業銀行全体の金利デリバティブ取引を，想定元本[4]で表すと，1991－1997 年第 2 四半期まで先物取引が最も多く，1997 年第 3 四半期からスワップに次いで 2 番手に，2001 年第 2 四半期からすぐ後で扱うオプションにも抜かれて 3 番手になった。1999 年第 3 四半期からは，先物取引と先物取引の変

---

[3] Wilson (1986b), pp. 353-354.
[4] たとえば，金利スワップ取引では，金利だけが交換され，元本は交換されず金利を計算するためのものに過ぎない。しかし，金利スワップ取引のデータとしては，この想定元本が使われることに注意されたい。

形であるオプション取引を合わせても，スワップ取引に及ばない。総資産1億ドル以上の大手商業銀行でみると，1985-1993年には第2節で述べる金利スワップに次いで，先物取引が2番手につけていた。総資産3億ドル超のFDIC加入商業銀行の先物取引でみると，1985-1993年のデータしかないが，全銀行の利用率は1989年まで上昇し，大手行ほど先物取引を利用していた。とくに総資産100億ドル超の銀行の利用率が群を抜いて高かった。全銀行が保有する先物の総資産比率は1991年まで上昇し，同じく大手行ほど先物を保有しており，総資産100億ドル超の銀行に先物の保有が集中した。

1993年6月末の金利ディリバティブの市場シェアをみると，先物，オプションともに商業銀行トップ10が90％前後を占めていた。銀行トップ10の市場シェアは，2005年6月末にはさらに高まり，先物，オプションともに96〜99％台になった。トップ25の市場シェアも同時に上昇した。ディリバティブ保有額の商業銀行トップ10は，1995年から合併もあったが，2008年第3四半期までトップ3行（JPMorgan Chase, Bank of America, Citibank）は順位が変わらず安定していた。2008年第4四半期にはサブプライム危機下で銀行持株会社に移行したGoldman Sachs Bankが4位に，2009年第1〜第3四半期には2位に急浮上した。しかし，Goldman Sachs Bankは2009年第4四半期に3位に，2010年第1四半期〜2013年第1四半期まで4位に後退し，その後2013年第2四半期から3位に上昇した。一方，4位以下の銀行は大幅に順位を変動させた[5]。

商業銀行の貸付業務は，金融市場のリスクにさらされる。たとえば，固定金利のモーゲイジ・ローンは，金利リスクを増大させる。そのため，銀行は後述の金利スワップや金利先物を購入する。商工業貸付の事例研究をしたBrewer III, Minton and Moser（1996, 2000）によると，1985年第3四半期〜1992年第4四半期に，総資産3億ドルを超えるFDIC加入商業銀行の商工業

5） 同じくサブプライム危機下で銀行持株会社に移行したMorgan Stanley Bankは，2008年第4四半期にトップ25位に入り，2010年第4四半期にトップ10位に入り，2011年第2四半期から7位となった。

貸付の増加と先物取引の利用には，正の関係があったという。

最後に，先物取引の変形であるオプション取引に触れておこう。オプション取引は，1973年4月にCBOE（Chicago Board Option Exchange；シカゴ・ボード・オプション取引所）が普通株を使ったのが始まりである。1983年10月には，AMEX（American Stock Exchange；ニューヨークのアメリカン証券取引所）が財務省ノートとボンドの，CBOEが財務省ボンドのオプションを開始した。1980年代に，国債のオプション取引が始まったのである。1984年9月における商業銀行のオプション取引の利用頻度をみると，コール・オプション，プット・オプションともに総資産10億ドル超の銀行が圧倒的に利用していた。

先物取引でも触れたが，商業銀行の貸付業務は金融市場のリスクにさらされる。たとえば，モーゲイジ・ローンは借り手が期限前に随時返済できるので，期限前償還リスクがある。そのため，Koppenhaver（1986）によると，金利低下局面で銀行はコール・オプションを購入し，金利上昇局面で銀行はコール・オプションを売却するという。

以上のように，変動相場制移行後の金利が乱高下した時期に，国債の先物取引が発達した。1940年代後半以降，商業銀行は国債売却によって流動性を維持した。転嫁流動性，または資産管理である。しかし，金利が乱高下した1970年代以降，国債売却には金利変動の増加によるリスクがともなってきた。金利リスクが増大すると，金利によって影響をうける証券の流動性リスクも増大する。国債の先物取引は，この金利・流動性リスクを低下させようとした。先物取引では，ほぼ期日までに反対売買がおこなわれ，その差額だけが決済された[6]。

---

6) 以上 Merris (1979), pp. 18, 21; Mitchell (1985), pp. 10, 12, 17-18; Koppenhaver (1986), pp. 26, 28, table 2; 足立 (1987), 106頁; Stigum (1990), pp. 708, 726-727, 772-773, 822, 824-825, figure 15-1 and 16-1, note 2; 高橋 (1992), 34, 58頁; Becketti (1993), p. 32; U.S. Congress, House (1993b), Part 1, pp. 425-427; Brewer III, Minton and Moser (1994a), pp. 34-36, table 2; Simons (1995), p. 21, table 1; Brewer III, Minton and Moser (1996), pp. 2, 16-17, 25, 32-35, table 2 and 3; Brewer III, Minton and Moser (2000), pp. 353-354, 360-361, 368-369, 377, table 2 and 4; U.S. OCC, *Quarterly Report on Bank Derivatives Activities* 各号。原資料は Board of Governors of the Federal Reserve

1.2 ストリップ債

 国債によるヘッジは先物取引にとどまらず，1980年代にストリップ債が導入された。ストリップ債が導入された背景には，1978年末からの歴史的な高金利と1981年末からの金利低下がある。20年物財務省ボンドの利回りは，1981年10月末のピーク時には15％を突破した[7]。商業銀行は国債売却によって流動性を維持してきたが，金利低下局面で銀行が財務省ボンドを売却して新たに投資すると，その財務省ボンドより低い金利でしか投資できなくなる。再投資リスクの発生である。再投資リスクを軽減するために，不況期の翌1982年に民間のストリップ債が導入された。

 民間のストリップ債とは，投資銀行が財務省証券を保管銀行に信託し，元本と金利に対して別々に発行される証書である。元になった財務省ボンドは，半年ごとに固定金利の利子の支払いと満期時に元本の返済がある。一方，新しく作られたストリップ債は，元本と利子のそれぞれの支払期間に一致したゼロ・クーポン債[8]である。10年物財務省ボンドを元にした場合，年2回の利払いなので利子部分20部と元本部分1部のストリップ債が新しく作られる。元本を10,000ドル，利子率を8％とすると，利子部分のストリップ債は半年後に400ドル，元本部分のものは10年後に10,000ドルの支払いをうける。

 元本部分のストリップ債は定期的な利払いをうけず，元になった財務省ボンドより金利に敏感に反応する。金利低下局面で元本部分のストリップ債を売却すれば，先の財務省ボンドの再投資リスクを軽減できる。一方，利子部分のストリップ債は短期であるが，財務省ボンドより金利に敏感ではない。金利上昇局面で利子部分のストリップ債を売却すれば，再投資リスクを低減

System, *Statistical Release* E.2; Board of Governors of the Federal Reserve System, *Survey of Terms of Bank Lending*, Donaldson, Lufkin & Jenrette in Chicago Board of Trade; Donaldson, Lufkin & Jenrette in Chicago Mercantile Exchange; FDIC *Call Reports*, Schedule RC-L 等。

7) Board of Governors of the Federal Reserve System, *Statistical Release H.15*.
8) ゼロ・クーポン債とは利札，すなわちクーポンのつかない割引債であり，定期的な利払いはない。

できる。こうした特性を利用して，商業銀行はストリップ債を購入し必要なときに売却する。ストリップ債は，金利が乱高下する時期にも，銀行の転嫁流動性メカニズムを円滑にする。

　ストリップ債には，1982年8月に導入された大手投資銀行 Merrill Lynch の TIGRs (Treasury Investment Growth Receipts)，直後の同じく Salomon Brothers の CATs (Certificates of Accrual of Treasury Securities)，その他の投資銀行の TRs (Treasury Receipts) 等があった。CATs, TIGRs, TRs の年末残高は，1982年の16.7億ドルから1983年の65.7億ドル，1984年の247.4億ドル，1985年の567.4億ドルまで急増した。しかし，各投資銀行は他行のストリップ債を売買せず，民間ストリップ債の流動性は低くなっていた。

　この流動性の低さを解消したのは，民間ではなく，財務省の発行したSTRIPS (separate trading of registered interest and principal of securities) であった。財務省は，STRIPS の流動性を高めるための手段を講じている。1987年5月1日から，発行済みの STRIPS を元になった財務省ボンドと交換したのである。この復元プログラムで交換された STRIPS は，導入直後に急増し1989年2月には STRIPS 残高の25%に迫った。財務省は，STRIPS によって商業銀行の再投資リスクを最小限に抑え，同時に STRIPS の流動性を高めて銀行の転嫁流動性メカニズムを円滑にした。しかし，翌月の1989年3月には復元プログラムの規模は2.1%まで急落し，2004年まではほぼ10%以下で推移した。全ストリップ債に占める STRIPS の割合は，復元プログラム導入以降1988年末には65.0%，1989年末には71.6%にまで上昇した。この復元プログラムでは，すべての STRIPS が第1章で取り上げたブック・エントリー方式で取引されるように規制された。

　時期は前後するが，最初の STRIPS は，1985年2月15日に発行された財務省ボンドのものである。STRIPS に転換可能な財務省証券は，1984年11月以降に発行された10年物のノートとすべてのボンドであった。1997年9月には，新規に発行されるすべての満期の財務省ノートも STRIPS に転換可能となった。民間ストリップ債と同様に，STRIPS は元本部分の PO (principal-only)証券と金利部分のIO (interest-only)証券に分かれたゼロ・クーポン債であり,満期時に元本の返済がある。STRIPSは,額面1,000ドル以上,1,000ドル単位で販売された。PO証券とIO証券は,ペーパー・ベースではなく,ブック・エントリー方式で投資家に供給された。

　Stigum (1990)によると,おそらく1桁のプライマリー・ディーラーまたは報告ディーラーが,STRIPSの70%を取引したという。ニューヨーク連銀と国債を直接取引できる政府公認ディーラーをプライマリー・ディーラーといい,このプライマリー・ディーラーは投資銀行とその子会社が中心だが,3分の1近くが商業銀行であった。プライマリー・ディーラーは1986年3月には36社あり,そのうち11社が商業銀行であり[9],当時の大手行が中心であった。

　STRIPSは導入直後から急激に増加し,STRIPSに転換可能な財務省証券残高に対する割合では,1986年1月末に29.2%のピークに達した。その後,1987年には15%台まで減少したが,1997年までほぼ20%台を維持した。しかし,1998年から急落し,2010年には2%台まで減少した。ただし,財務省ボンドを元にしたSTRIPSはそれほど減少せずに,同じく転換可能なボンド残高に対する割合は2007年まで30%前後を推移した。しかし,2007年から減少し,2013-2014年には13%台まで下落した。大きく減少したのは財務省ノートのSTRIPSで,2014年には同じく転換可能なノート残高に対する割合は0.1%を割り込んだ。その一方で,復元プログラムの規模が2004年までやや増加傾向に,2005年に急増し57.6%に達した。2006年から増減を繰り返したが,2012-2014年には復元プログラムの規模は10%以下にまで減少した。この復元プログラムの増加した部分は,大半がボンドであった[10]。以上

---

9) 商業銀行11行については,第1章の注22を参照されたい。
10) 以上,野村総合研究所編 (1986), 196, 250-251頁; Kluber and Stauffacher (1987), p. 272; Becketti (1988), pp. 21-24, chart 1; Shapiro and Johnson (1990), pp. 95-98, exhibit 2 and 3; Klaffky and Kopprasch (1990), p. 117, exhibit 1; Stigum (1990), pp. 691-692, 697; Gregory and Livingston (1992), p. 69, Table II; Grinblatt and Longstaff (2000), p. 1417; Sack (2000), p. 3; U.S. Department of the Treasury, Bureau of the Public Debt. (www.publicdebt.treas.gov); U.S. Department of the Treasury, Bureau of the Public Debt, *Monthly Statement of the Public Debt of the United States* 各

が国債のストリップ債である。

　つぎに，SMBSs (stripped MBSs；分離型モーゲイジ担保証券) に話を移そう。このストリップ債の元になる MBSs は，すでに指摘したように 1970 年に導入された GNMA パス・スルー証券が最初である。MBSs は，流動性が高くまた連邦機関や民間の保証に裏付けられており，モーゲイジ・ローンより投資家に好まれることがある。ただし，MBSs の利回りは，モーゲイジ・ローンの金利より低くなっている。

　FNMA (Federal National Mortgage Association；連邦抵当金庫) の SMBSs は，金利の低下によって再びモーゲイジの期限前償還が増加した 1986 年 7 月の不況時に初めて発行された。この SMBSs は，2 億ドルの FHA・VA モーゲイジを担保にし，99％の元本と 45％の利子の支払いをうける PO 証券と，1％の元本と 55％の利子の支払いをうける IO 証券の 2 つに分離された。たとえば，モーゲイジ・プールの金利が 10％とすると，額面利回り 14％のプレミアム証券 (IO 証券) と同じく 6％のディスカウント証券 (PO 証券) の 2 つを分離して組成するのである。

　Becketti (1988) によると，1988 年現在の SMBSs は，MBSs のプールを担保にして発行され，すべての元本の支払いを表す PO 証券とすべての金利の支払いを表す IO 証券の 2 つに分離された。IO 証券が PO 証券と同じ数しか発行されないのが，財務省証券のものとの違いである。

　MBSs は，元になったモーゲイジに期限前償還があるため，金利感応度が高い。SMBSs は元になった MBSs より金利感応度が高くなり，ヘッジの手段として用いられる。SMBSs の PO 証券と IO 証券の価格は，期限前償還によって，反対方向に動く。とくに，IO 証券は，金利上昇期に期限前償還率が大幅に低下すると，価格が上昇する。この場合，IO 証券の価格は，固定金利資産の価格と反対に動き，ヘッジの手段として有用である。PO 証券は，金利低下期に期限前償還率が上昇すると，価格がさらに上昇する。この場合，

号。原資料は Drexel Burnham Lambert, Fixed Income Research, Salomon Brothers Inc.

PO 証券の価格は，固定金利負債の価格と反対に動き，やはりヘッジ手段となる。

MBSs の性格を利用して，1980 年代後半に，FDIC 加入商業銀行は MBSs の保有を急増させたと考えられる。これは，1980 年代後半の SMBSs の急増と一致していた。Marcus and Kling (1987) によると，年金基金が PO 証券，貯蓄金融機関が IO 証券を購入したという。年金基金は長期の負債をもち，長期の PO 証券がヘッジの手段として有用であった。貯蓄金融機関は在来型モーゲイジをもち，IO 証券が金利リスクを相殺した[11]。商業銀行は，貯蓄金融機関とよく似た保有行動をとった。

2　金利リスクの切り出し：金利スワップ

金利スワップ取引は，貸付の金利部分の交換である。金利スワップでは，前節でも考察した転嫁流動性メカニズムでは語れない要素が大きくなっている。後の本節第 2 項で指摘するように，流動性や金利収入だけではなく，トレーディング収益（保有期間が 1 年未満のポジションから得られた利益）[12]と手数料収入の問題が大きくなってくる。

考察の前に，大手商業銀行の金利スワップ取引は，1998 年以降どのように推移したかを確認しよう。資産規模別のデータは国法銀行の金利スワップとクレデリしか得られなかったが，総資産 100 億ドル超の国法銀行にディリバティブ取引が集中していた。ディリバティブ取引の中では，金利関連のものがますます重要になり，2001 年第 4 四半期から FDIC 加入商業銀行のディリバティブの構成比の 80％台後半に，2009 年第 1 四半期には 90％に達した。2010 年第 3 四半期からは，再び 80％台で落ち着いた。金利関連のものに占

---

11) 以上 Marcus and Kling (1987), pp. 2, 8-9, 11-12; Becketti (1988), pp. 25-26, 29-30, chart 3; Pavel (1989), pp. 78-80（訳，63-64 頁）; Board of Governors of the Federal Reserve System, *Federal Reserve Bulletin* 各号。

12) www.investorwords.com

める金利スワップ取引の構成比も，2004年第4四半期から70％台にまで上昇し，2010年第1四半期から70％前後の水準で推移している。

各大手商業銀行の総資産額と比較した金利スワップ取引の比率は，2001年第1四半期～2007年第3四半期に J.P. Morgan Chase で2,300％台から4,800％台に増加したが，その後減少し，2012年第2四半期から2,000％を2014年第2四半期から1,500％を割り込んだ。同じく Bank of America で2001年第1四半期～2011年第3四半期に760％台から2,300％台へ急増し，その後は2014年第4四半期の1,200％台まで減少傾向にあった。2001年第1四半期～2006年第2四半期に Citibank で500％台から2,000％台に急増し，その後は2009年第1四半期の1,300％台まで減少した。しかし，再び2011年第1四半期の2,800％台まで急伸し，その後2,300％台から3,200％台の範囲にある。3大商業銀行では，サブプライム・ブームと危機の影響が色濃く表れた[13]。各行でトレンドが異なっているが，3大銀行は金利スワップを積極的に利用したのである[14]。

ここでは，まず第1項で，大手商業銀行が，金利スワップを用いて，どのように金利リスクに対処したかを考察する。つぎに第2項で，大手行が，同じく金利スワップを用いて，どのように彼らの収益を高めたかを検討する。

2.1 ALM目的

1982年夏の SLMA（Student Loan Marketing Association；奨学金融資金庫）による取引以降，金利スワップが普及しはじめた。SLMA の取引は，投資銀行を通して，中期の固定金利払いを，取引相手である ITT の3か月物TBレートに連動した変動金利払いに交換した[15]。

---

13) スーパーリージョナルの Wells Fargo では，2001年第1四半期～2014年第4四半期に24％～231％を推移し，合併の影響もあり明確なトレンドを把握することは困難である。Wells Fargo の金利スワップ取引の比率は，3大銀行とくらべて1～2桁小さい。
14) 以上 FDIC, *Quarterly Banking Profile Graph Book* 各号; Federal Financial Institution Examination Council, *Reports of Condition and Income* 各号, Schedule RC and RC-L; U.S. OCC, *Quarterly Journal* 各号。
15) Freeman (1992); Kuprianov (1993), p. 241.

表4-1　金利スワップ取引のエンド・ユーザーであるアメリカ企業の特徴

	固定金利払いにスワップ	変動金利払いにスワップ	未利用
企業数	140社	30社	186社
レバレッジ比率			
負債／資本比率	0.42	0.34	0.28
金利払い／キャッシュフロー比率	0.31	0.24	0.14
ヘッジされた負債の種類（％）			
銀行貸付	49%		
変動金利またはCP	22%		
固定金利	—	47%	
情報なし	29%	53%	

(Remolona (1992), p. 42, table 4. 原資料は Dayal, Anuradha (1992), "Firm Participation in the Interest Rate Swap Market," unpublished paper, Brown University, November.)

　表4-1のDayal (1992) のサンプル調査によると，アメリカ企業356社のうち170社が金利スワップ取引をおこない，その82％がスワップ取引によって固定金利を支払った[16]。スワップによって固定金利を選択した企業の負債の種類は，銀行貸付が49％に達した。銀行貸付の金利をスワップによって固定金利払いにすることが，典型的な企業の金利スワップ取引といえる。企業のサンプル調査からみれば，商業銀行のコア業務である銀行貸付から金利スワップ取引が派生したのである。

　Covitz and Sharpe (2005) の調査によると，2000年のデータでは，活発なデリバティブ・ユーザーであるアメリカの大企業ほど，固定金利負債が多い。大企業は総資産の20％を固定金利の負債でもつが，中規模企業は同じく16％，小規模企業はわずか5％に過ぎない。一方，変動金利負債は，中小企業の方が多い。大企業は総資産の14％を変動金利の負債でもつが，中規模企業は同じく20％，小規模企業は26％に達していた[17]。

---

16) 金利スワップを利用する企業，とくに固定金利払いを選択する企業は，未利用企業よりレバレッジ比率が高い。レバレッジ比率，すなわち負債依存度の高い企業ほど，金利スワップをよく利用したのである。
17) サンプルされた企業の約5分の1である497社が，デリバティブを活発に取引していた。大企業とは総資産50億ドル以上，中規模企業とは総資産10〜50億ドル，小規模企業とは総資産

Stigum（1990）によると，金利スワップ取引のエンド・ユーザーは国家，超国家，政府機関，銀行，企業，貯蓄金融機関，保険会社，不動産開発業者等であった。Gorton and Rosen（1995）によると，米銀と金利スワップ取引をしているのは，外国銀行，米国企業，政府機関であった。政府機関は SLMA やサンフランシスコの FHLB（Federal Home Loan Bank；連邦住宅貸付銀行）等である。このような政府機関は住宅ローンのような長期の固定金利の資産をもっているので，銀行の金利スワップ取引に適した相手となる。U.S. Congress, House（1993b）によると，非加盟州法銀行はディーラーになることはなく，エンド・ユーザーとしてのみ行動した。エンド・ユーザーの金利スワップ取引は，1987－1992年には総取引の50.2～69.7％に達していた[18]。

　一方の貸し手銀行は，たとえばターム・ローンの LIBOR 基準の変動金利受取り部分をユーロ債の固定金利受取り部分にスワップした。1995－1996年の銀行持株会社 Chemical Banking Corp. と Chase Manhattan Corp. のデータ（表4-2）をみると，金利スワップ取引の関連バランスシートの過半を貸付が占めていた。コア業務である銀行貸付から，金利スワップが派生したのである。金利スワップ取引総額に占める貸付は，1995年の Chemical では72.2％，1996年の Chase では53.3％に達していた。Chemical では貸付額の26.5％，Chase では同じく31.3％を金利スワップしていた。大手行のバランスシートの最大項目は貸付である。アメリカの変動金利貸付は世界で最も普及しており，大手商業銀行がその先導役を務めていた。自らが先導して普及させた貸付の変動金利受取りを，なぜわざわざ固定金利受取りにスワップしたのだろうか？　この問題を考えるために，大手銀行グループの他の金利スワップ取引をみてみよう。

　表4-2の金利スワップ取引の関連バランスシートの第2項目は預金で，金利スワップ取引総額に占める預金は1995年の銀行持株会社 Chemical では

　　10億ドル未満である。Covitz and Sharpe（2005），pp. 5, 9-12, figure 1-4.
18)　Stigum（1990），pp. 960-961; Gorton and Rosen（1995），pp. 30-31; U.S. Congress, House（1993b），Part 3, pp. 101, 662-663, chart 7 and 8.

表4-2 Chemical Banking Corp. と Chase Manhattan Corp. による金利スワップ・先物・オプション取引の関連バランスシートによる分類　1995－1996年

(年末　単位：100万ドル　括弧内は順に構成比％と各項目比％)

項　目	Chemical Banking Corp.　1995年			
	金利スワップ		先物・オプション	
証　券	1,824	(6.04%　6.05%)	560	(0.95%　1.86%)
貸　付	21,797	(72.23%　26.54%)	39,571	(67.16%　48.17%)
その他資産	305	(1.01%　3.80%)	3,143	(5.33%　39.11%)
預　金	3,343	(11.08%　3.40%)	15,644	(6.04%　6.05%)
長期債務	2,910	(9.64%　39.71%)	--	
計	30,179	(100.00%　13.35%)	58,918	(100.00%　26.06%)

項　目	Chase Manhattan Corp.　1996年			
	金利スワップ		先物・オプション	
他行預金	1,899	(2.51%　22.76%)	3,321	(7.07%　39.80%)
証　券	4,728	(5.36%　10.58%)	5,967	(12.71%　13.35%)
貸　付	47,405	(53.31%　31.28%)	25,766	(54.88%　17.00%)
その他資産	3,100	(3.51%　20.39%)	4,464	(9.51%　29.37%)
預　金	25,100	(28.44%　13.87%)	5,691	(12.12%　3.15%)
その他借入	646	(0.73%　7.00%)	--	
長期債務	5,376	(6.09%　42.29%)	1,742	(3.71%　13.70%)
計	88,254	(100.00%　20.88%)	46,951	(100.00%　11.11%)

注) 1996年3月31日に，Chase Manhattan Corp. は Chemical Banking Corp. に合併され，Chemical は名称を Chase Manhattan Corp. に変更した。この新生 Chase Manhattan Corp. と J.P. Morgan & Co. Inc. は，2000年12月31日に合併して，J.P. Morgan Chase & Co. となった。
(Chemical Banking Corp., *Annual Report Form 10-K*, 1995; Chase Manhattan Corp., *Annual Report Form 10-K*, 1996; www.jpmorganchase.com)

11.1%，1996年の同じく Chase は28.4%であった。Chemical では預金量の3.4%，Chase では同じく13.9%を金利スワップした。野村総合研究所 (1986) と U.S. Congress, House (1993b) によると，商業銀行の金利スワップ取引の代表的な相手先は，たとえば S&L (savings and loan association；貯蓄貸付組合) であった。S&L が発行する変動利付債と銀行が発行する固定金利の預金証書の金利部分をスワップするとしよう。銀行は短期の商工業貸付に適した変動金利の負債をもち，S&L は長期の固定金利モーゲイジに適した固定金利の負債をもつことになる。ALM (assets and liabilities management；資産負債総合管理) である[19]。

バランスシートの負債側の最大項目である預金の場合には，大手商業銀行グループは固定金利支払いから変動金利支払いにスワップした。先の貸付の場合と反対方向の金利スワップ取引である。資産側の最大項目である貸付では変動金利から固定金利受取りに，負債側の最大項目である預金では固定金利から変動金利払いにスワップしていた。資産側では固定金利受取りを増やし，負債側では変動金利払いを増やしたことになる。バランスシートの資産側で負債側より変動金利の金融商品が普及したために，資産側の変動金利の金融商品を減らし，負債側の変動金利を増やすようにスワップしたと考えてみよう。この場合，金利スワップ取引はALMを目的としたことになる。

表4-2にもどるが，金利スワップ取引の関連バランスシートの第3項目には，負債側の長期債務が続いている。大手商業銀行グループが長期債務の金利部分をどのように金利スワップ取引に用いたは，適切な資料を入手できなかったので，大手投資銀行2行の事例を参考にする。最大手のGoldman Sachsとサブプライム危機で破綻したLehman Brothersの事例である。1998–2014年のGoldman Sachsと1999–2007年のLehman Brothersは，長期債務の金利部分を固定金利払いから変動金利払いにスワップし，長期債務の94.9％以上が変動金利払いになった（表4-3）[20]。大手投資銀行は，その高い格付けを利用して低金利の固定利付き債を発行し，変動金利払いにスワップしたと考えられる。同じく高格付けをもつ大手商業銀行グループが，固定金利支払いから変動金利支払いにスワップすることは妥当であろう。そうすると，バランスシートの負債側の長期債務の場合，先の同じく負債側の預金のように固定金利払いから変動金利払いにスワップしたと推察される。

表4-2の金利スワップ取引の関連バランスシートの第4項目は，資産側の証券である。証券の金利部分をどのように金利スワップに用いるかを，商業銀行を中核とする金融持株会社であった旧Bank One Corp.[21]の証券の事例で

---

19) 野村総合研究所（1986），246頁; U.S. Congress, House (1993b), Part 2, pp. 104, 192.
20) Goldman SachsのデータはAnnual Report各年号を参照されたい。
21) 2004年7月1日に，金融持株会社Bank One Corp.とJ.P. Morgan Chase & Co.は合併し，新生

表 4-3 Lehman Brothers のドル建て長期債務の金利スワップ取引 1999-2007 年

(11月末　単位：100万ドル)

		エンド・ユーザーの取引前	エンド・ユーザーの取引後
1999 年	固定金利	16,977	353
	変動金利	7,653	27,902
2000 年	固定金利	18,228	726
	変動金利	9,050	30,792
2001 年	固定金利	19,674	537
	変動金利	9,287	32,702
2002 年	固定金利	18,330	170
	変動金利	9,031	31,729
2003 年	固定金利	19,052	305
	変動金利	9,934	34,600
2004 年	固定金利	21,084	712
	変動金利	14,900	41,095
2005 年	固定金利	n.a.	568
	変動金利	n.a.	43,144
2006 年	固定金利	n.a.	942
	変動金利	n.a.	57,053
2007 年	固定金利	n.a.	1,096
	変動金利	n.a.	81,762

(Lehman Brothers, *Annual Report* 各年号。)

みてみよう。証券のうち固定金利払い・変動金利受取りのものは，1998年に74.0％，1999-2001年には100％と圧倒的であった[22]。バランスシートの資産側の貸付と同様に考えてみよう。証券の金利部分を変動金利受取りから固定金利受取りにスワップすれば，適切なALMがおこなわたことになる。

　以上のように，複数の大手商業銀行グループで，金利スワップ取引のもとになる金融商品は，資産側の貸付・証券と，負債側の預金・長期債務であった。大手銀行グループは，資産側ではおもに変動金利受取りから固定金利受取りに，負債側ではおもに固定金利払いから変動金利払いにスワップし，バラエティに富むことになる。バラエティに富むとは，この資産と負債の両側，

　　JPMorgan Chase & Co. が誕生した。JPMorgan Chase & Co. (www.jpmorganchase.com)
22) 　Bank One, *Annual Report* 各年号; Bank One, *Annual Report Form 10-K* 各年号。

変動から固定金利受取りと，その逆の固定から変動金利払いの両方にまたがる金利スワップ取引の種類の多さである。これは，大手投資銀行が圧倒的に固定金利払いから変動金利払いに長期債務をスワップしたことと対照的である。この資産と負債両側，変動から固定金利受取りと，その逆の固定から変動金利払いの両方というバラエティに富んだ金利スワップ取引を提供できれば，顧客の多種多様なニーズに応えることができる。顧客は，すでにみた企業やS&L等である。顧客のニーズを満たすバラエティに富んだ金利スワップ取引をおこなえば，大手銀行グループはマーケットメーカーとしての地位を獲得しやすくなる。これは，アメリカ大手銀行グループの収益力の源泉の1つと考えられる。

　商業銀行を中核とする金融持株会社であった旧Wachovia Corp.は，1999年第3四半期から2008年第3四半期におけるディリバティブ保有額において金融持株会社第4位であった[23]。同社の金利スワップ取引を，2001-2007年のデータしかないがみておこう。2003-2005年に，資産側のキャッシュ・フロー・ヘッジのスワップでは，固定金利受取りが96％を超え圧倒的であった。同年に，負債側のキャッシュ・フロー・ヘッジの金利スワップでは固定金利払いだけが，同じく公正価値ヘッジの金利スワップでは固定金利受取りだけが記載されている[24]。銀行持株会社Bank of America Corp.の場合にも，1995-1998年のデータしかない。表4-4から同社の資産側のスワップでは，同様に固定金利受取りが85.1～100％と圧倒的であった。負債側の金利スワップでは，1995年と1996年には固定金利払いがそれぞれ80.8％と85.5％に達し，1998年には逆に固定金利受取りが97.9％となった。先の表4-1や表4-2と重ね合わせて考えると，資産側のキャッシュ・フロー・ヘッジのもととなる取引はおもにターム・ローンと証券，負債側のキャッシュ・フロー・ヘッジのもととなる取引は長期債務であったと推察される。

---

23) U.S. OCC, *Quarterly Report on Bank Derivatives Activities* 各号。原資料はFDIC *Call Reports*, Schedule RC-L.
24) Wachovia Corp., *Annual Report* 各年号。

表4-4 Bank of America Corp.の金利スワップ取引　1995－1998年（単位：100万ドル）

	1995年12月末	1996年3月末	1998年6月末
資産ヘッジ	12,150	16,317	21,741
固定金利受取り／変動金利払い	12,150	15,856	18,510
固定金利払い／変動金利受取り	0	461	3,231
負債ヘッジ	11,671	12,021	12,946
固定金利受取り／変動金利払い	1,688	2,314	12,670
固定金利払い／変動金利受取り	9,983	9,707	276
ベーシス・スワップ	486	986	6,594

(Bank of America Corp., *Form 10-K* 各号; Bank of America Corp., *Form 10-Q* 各号。)

2.2　トレーディング目的

　金利スワップの動機の1つは，前項でみたように，ALMを目的として大手商業銀行グループが自らのバランスシートを組み替えることであった。しかしそれだけでなく，大手銀行グループは顧客に有利な取引をもちかけることもある。

　Stigum (1990) は，米銀が国内企業にLIBOR＋8分の3％の変動金利のターム・ローンをあたえ，日本の富士銀行がユーロ市場で10.75％の固定利付債を販売して借り入れた事例を紹介している。この日米両者，米国企業と富士銀行の負債の金利部分をスワップしたのである。このとき，米銀の顧客である米国企業の金利支払いは，自社で固定金利借入をするより0.325％低利の固定払いにスワップされた。当時，大手商業銀行であったChase Manhattanは，金利スワップ市場のマーケットメーカーであったが，金利スワップ取引を仲介することもあった[25]。銀行の顧客企業を確保すべく，顧客に有利な条件を提示したのである。Brewer III, Minton and Moser (1996, 2000) は，1985年第3四半期～1992年第4四半期に，総資産3億ドル超のFDIC加入商業銀行による商工業貸付の増加と金利スワップの利用には，正

---

25)　また，LBOの借り手は当初変動金利で借り入れ，富士銀行の固定金利とのスワップをChase Manhattanが仲介することもあった。Stigum (1990), pp. 926-929, 947-949, table 19-1, figure 19-3.

の関係があったという[26]。この情報も，顧客企業を失わないように，大手行が自らまたは仲介して金利スワップをおこなったことと整合的である[27]。

歴史を振り返ると，1980年代末に金融バブルが崩壊し，金融機関のバランスシートが悪化して，米銀の収益が悪化または横這いとなった。M&Aブームも去り，大型LBOローンによる手数料収入という道も閉ざされた。大手銀行経営をめぐる環境が，再び激変したのである。大手行自身の経営判断も転換し，1990-1991年にはいわゆるクレジット・クランチ（貸し渋り）が発生した。1990年代初頭，米銀大手の格下げが相次ぎ，インターバンク市場における借入金利や社債の発行金利が上昇した[28]。

この収益を改善することに，金利スワップを中心とするディリバティブ取引も関係していた。金利ディリバティブ取引は，ALMを目的としてバランスシートを組み替えるものから，おもに将来の金利リスクを予測し裁定取引をして収益を得ようとするもの（トレーディング目的）に変化したのである。このトレーディング目的の金利スワップ取引で発生する収益は，おもにトレーディング収益（保有期間が1年未満のポジションから得られた利益）と委託手数料である。このように，新たな金融取引を開発して，収益力を保つ能力が，彼らの強さである。邦銀でも1990年代から貸し渋り・貸し剥しが問題となったが，この時期に金利スワップ等で重要な業務展開はみられなかった。ここでも危機に対する米銀と邦銀の対応が分かれている。

トレーディング目的の金利スワップのデータは入手できなかったが，

---

26) その一方で,同じくBrewer III, Minton and Moser (1994a, 1994b)は，1986年第3四半期～1992年第4四半期に，総資産3億ドル超のFDIC加入商業銀行による証券保有と金利スワップの利用には，負の関係があったという。因果関係を検証することはできないが，商工業貸付の増加を金利スワップ取引で支え，同時に証券保有を減少させたといえないだろうか？ Brewer III, Minton and Moser (1994a), pp. 21-22, 39, table 5; Brewer III, Minton and Moser (1994b), pp. 217-218, 228, table 3; Brewer III, Minton and Moser (1996), pp. 2, 16-17, 25, 33, table 3; Brewer III, Minton and Moser (2000), pp. 353-354, 368-369, 377, table 4.
27) 金利スワップ取引の関連バランスシートの過半を貸付が占めていれば，商工業貸付の増加が金利スワップの利用を促進，または金利スワップの利用が商工業貸付の増加を促進することは十分に考えられる。これらは，すでに示した表4-1のDayal (1992)のサンプル調査とも合致している。
28) 中山・河合 (2005), 5頁。

FDIC加入商業銀行の金利スワップ取引は増加傾向にあり，1998年第4四半期からディリバティブ構成比の40％に，2000年第1四半期から50％に，2004年第3四半期から60％に達した。金利スワップ取引の構成比は，2008年第4四半期の68.9％をピークに，2011年第1四半期から60％前後を推移している。1995年以降のFDIC加入銀行のディリバティブ取引におけるディーラーとエンド・ユーザー取引の比率をみると，ディーラー取引が91.4％以上と圧倒的で，この時期にほぼ増加傾向にあった。ディーラー取引の構成比は，2010年第4四半期の99.1％をピークに，その後97％台から98％台にある。3大商業銀行でも，1998年第1四半期以降の金利ディリバティブ取引の83.4％以上，Bank of Americaを除けば92.7％以上がトレーディング目的であった[29]。

商業銀行は，自己勘定で資産と負債両側に，多様な金融商品を揃えている。図4-1のように，一般に，①商業銀行は投資銀行より広範な顧客をもち信用分析をおこなう。商業銀行は貸付能力を備え，業務上，常に貸借をおこなう。その結果，投資銀行よりも，ディリバティブのような派生的な金融商品を作り出す。たとえば，前項でみた資産と負債の両側，変動から固定金利受取りと，その逆の固定から変動金利払いの両方というバラエティに富んだ金利スワップ取引である。バラエティに富んだ金利スワップ取引を提供できれば，多種多様な顧客のニーズに応えることができる。そのため，②商業銀行は金利スワップのディーラー，さらにはマーケットメーカーとして投資銀行より有利である。一般的に，顧客も大手投資銀行よりも大手商業銀行の信用を好み，大手投資銀行の信用を得ようとしない顧客もいるという[30]。

---

[29] スーパーリージョナルWells Fargoの同じくトレーディング目的の金利ディリバティブ取引は，2001-2007年のサブプライム危機以前には22.9～50.2％を推移し，明確なトレンドを把握することは困難である。しかし，サブプライム危機以後には，同じくWells Fargoのトレーディング目的の取引は，2013年第2四半期から90％台に達し増加傾向にあった。以上FDIC, *Quarterly Banking Profile Graph Book* 各号; Federal Financial Institution Examination Council, *Reports of Condition and Income* 各号, Schedule RC-L; U.S. OCC, *Quarterly Report on Bank Derivatives Activities* 各号。

[30] 1992年末における世界の金利スワップ取引と順位をみると，トップ10に米系大手商業銀行グ

図 4-1　大手商業銀行と大手投資銀行の金利スワップ取引

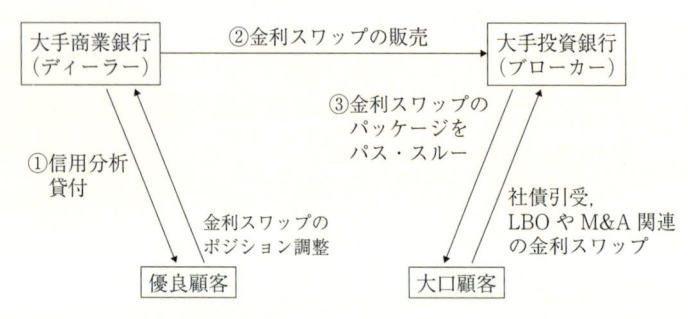

```
大手商業銀行              ②金利スワップの販売           大手投資銀行
（ディーラー）          ──────────────→         （ブローカー）
      ↑                    ③金利スワップの                  ↑
      │                      パッケージを
   ①信用分析                  パス・スルー
     貸付                                              社債引受,
      │         金利スワップの                          LBO や M&A 関連
      ↓         ポジション調整                         の金利スワップ
   ┌──────┐                                        ┌──────┐
   │優良顧客│                                        │大口顧客│
   └──────┘                                        └──────┘
```

(Stigum (1990), p. 945 を参考にして作成)

　U.S. Congress, House (1993b) によると，業界筋からの情報として，米銀 10 行[31)]だけがデリバティブのディーラーとして行動したという。これは，デリバティブ市場における彼らのパフォーマンスの高さを示す一例である。同じく国法銀行 6 行[32)]のデリバティブ取引の約 90％が，値付け業務（market-making）の一部であったという。デリバティブのマーケットメーカーとして，彼らが重要であったことを示唆している。

　大手商業銀行グループは，マーケットメーカーとして，トレーディング収益と委託手数料を得たのである[33)]。2001－2014 年における 3 大銀行グループ

ループが 5 行と半数を占めていた。ただし，2002－2003 年の米系商業銀行グループと投資銀行のクレジット・デリバティブ取引回数の世界順位をみると，投資銀行がトップ 10 に 4 社，大手商業銀行グループは 2 社となった。これは 1992 年当時のトップ 10 であった Chemical, J.P. Morgan, Chase Manhattan が合併して JPMorgan Chase & Co. となったことが大きい。
　以上 Gorton and Rosen (1995), table 1; Fitch Ratings (2004), pp. 6-7. 原資料は Swaps Monitor Publications, *The World's Major Derivatives Dealers*, 1993, New York: Swaps Monitor Publications.

31)　商業銀行 10 行とは，Bankers Trust Co., Morgan Guaranty Trust, Citibank, Chase Manhattan, Chemical Bank, Bank of America, First National Bank of Chicago, Continental Bank, NationsBank, Bank of New York である。

32)　国法銀行 6 行とは，Citibank, Chase Manhattan, Bank of America, First National Bank of Chicago, Continental Bank, Republic National Bank of New York である。当時，この 6 行は，国法銀行のデリバティブ想定元本の 88％を保有していた。

33)　以上 Stigum (1990), p. 945, Becketti (1993), p. 31, U.S. Congress, House (1993b), Part 1, pp. 422, 439-440, 446, 466, note 8, Part 3, p. 625, note 54.

のトレーディング収益と委託手数料が，一定の大きさに達したことは第6章で指摘する。この高い収益力こそが，彼らの強さである。とくにトレーディング収益は，大手行のディリバティブのディーラーとしての行動，値付け業務，マーケットメーカーとしての活動と密接に関係している。大手行が中心となってディリバティブ市場を創り出したことは，彼らの収益力の源泉につながった。

　ディリバティブ市場で，商業銀行は2つの役割をはたしている。第1に，大手商業銀行グループが，スワップや先物契約の仲介者となった。ディリバティブの仲介者は，まずブローカーとして行動した。より典型的には，仲介者は，顧客とのディリバティブ契約の取引相手として行動した。ディリバティブのディーリングは，銀行持株会社ではなく，銀行またはノンバンク子会社がおこなった。一方，エンド・ユーザーのディリバティブ取引は，銀行持株会社と銀行またはノンバンク子会社がともにおこなったという。仲介業によって，銀行グループは取引手数料，ビッド・オファー・スプレッド，トレーディング収益を得たのである。

　第2に，多数の商業銀行が，その他の投資家同様にディリバティブのエンド・ユーザーになった。U.S. Congress, House (1993b) によると，国法銀行6行のディリバティブ取引の約10%が，銀行自身のリスク管理のためであった。前項で紹介したALM目的である。ただし，エンド・ユーザーは，標準的な契約が彼らのニーズを完全に満たさないときに，仲介者となることもあった。

　商業銀行グループのディリバティブ・ディーラーとしての値付け業務は金融市場のリスクにさらされるため，銀行グループはディリバティブでヘッジしようとする。これは，他のエンド・ユーザーと同様の行動である。U.S. Congress, House (1993b) によると，国法銀行6行の取引相手の約55%が他のマーケットメーカーで，残りの約45%がエンド・ユーザーであった。エンド・ユーザーの47%が金融機関で，残りの53%がその他となる。すべてのエンド・ユーザーが，以前からの国法銀行6行の顧客であった。この6行のディ

リバティブ取引の79％が店頭物で，残りの21％が取引所に上場された。店頭ディリバティブ取引の60％がマーケットメーカー間で，残りの40％がマーケットメーカーとエンド・ユーザーの間でおこなわれたという[34]。

1993年6月末の金利スワップの市場シェアをみると，商業銀行トップ10が86.3％を占めていた[35]。このうち当時の主要7行[36]は，金利スワップのディーラーでもあった。1985-1993年には，米銀における金利スワップのうちこの7行が72～78％台を，トップ30行が90～93％台を保有した。主要7行の総資産に対する金利スワップ想定元本の比率は，1985年の22.8％から1993年の318.4％にまで急上昇した。U.S. General Accounting Office (1996)によると，店頭ディリバティブ・ディーラー主要15社のうち，7社が商業銀行であった[37]。大手商業銀行グループは，金利スワップのディーリングをしながら，スワップ取引の両側の保証業務もおこなった。

1983年から，金利スワップ取引のブローカーも現れた。Tullet & Tokyo, Eurobrokers, Garban, Presonが主要なブローカーであった。ブローカー業者の最大の顧客は，Citicorp, Bankers Trust, J.P. Morgan, Chase Manhattan, Salomon Brothers, First Bostonのようなスワップ・ディーラーであった。彼らはわずかな金利差をもとめて，固定金利と変動金利だけでなく，変動金利同士のスワップ取引もおこなった。この変動金利同士のスワップ取引を，ベーシス・スワップという。Stigum (1990) は，Chase Manhattanが，スウェーデン政府とFord Motor creditの間で固定金利と変動金利のスワップ

---

34) 以上 Becketti (1993), p. 31; U.S. Congress, House (1993b), Part 1, pp. 422, 440, 446, 466, note 8, Part 3, pp. 98, 625, note 54.
35) この数字は，2005年6月末には98.9％に上昇した。
36) 当時の主要7行とは，Chemical Bank, Bankers Trust Co., Morgan Guarantee Trust, Citibank, Chase Manhattan, Bank of America, First National Bank of Chicagoである。
37) 商業銀行7行とは，Chase Manhattan, Citibank, J.P. Morgan, Bankers Trust Co., Bank of America, NationsBank, First Chicagoである。それに，投資銀行5社に加えて，保険会社3社が主要ディーラーとなった。主要ディーラー15社に占める商業銀行7行のシェアは，1990-1995年末には66.5～73.6％の範囲にあった。店頭ディリバティブにおいては，銀行ディーラー，なかでも大手銀行ディーラーが中心となっていた。U.S. General Accounting Office (1996), p. 27, table 1.1.

取引をおこない，投機勘定との間で変動金利同士のベーシス・スワップをまとめた事例を紹介している[38]。

一方，多数の投資銀行は，金利スワップのブローキング業務をしていた。彼らは社債を引き受け，新規に市場に出し，LBO や M&A を手掛け，これらの業務は金利スワップを必要とした。投資銀行 Lehman Brothers は，たとえば先の表 4-3 をみると 1999-2004 年にはエンド・ユーザーの取引前後で圧倒的に固定金利から変動金利にドル建て長期債務の金利をスワップしていた。エンド・ユーザーの取引前には固定金利が 58.6～68.9％ であったが，取引後には変動金利が 97.7％ 以上となった。2005-2007 年には，エンド・ユーザーの取引前のデータが公表されていないが，エンド・ユーザーの取引後の長期債務の 98.4％ 以上が変動金利になった。同じく投資銀行 Goldman Sachs は，1998-2014 年にはヘッジング後の長期債務の 94.6％ 以上が変動金利になったのである[39]。

また，先の図 4-1 のように，②投資銀行は，スワップ・ディーラーから個々の金利スワップを購入し，③これをパッケージして顧客にパス・スルーするかもしれない。このスワップ・ディーラーが，上記の大手商業銀行である。

最後に，大手商業銀行グループは，固定金利受取り・固定金利払い，それともその逆の固定金利払い・変動金利払いの金利スワップ取引をおもに利用したかを考えてみよう。先の表 4-4 の 1995-1998 年における銀行持株会社 Bank of America Corp. では，資産ヘッジと負債ヘッジを合わせると，金利スワップ取引において固定金利を受け取り，変動金利を支払ったのは，全体の 58.1～89.9％ の範囲にあった。大手銀行グループは，おもに固定金利受取り・変動金利払いの金利スワップを，大手投資銀行に販売したと推察される。

---

38) 以上 Stigum (1990), pp. 929-934, 954-956, figure 19-4; Remolona (1992), p. 39; Freeman (1992); Kuprianov (1993), p. 241; U.S. Congress, House (1993b), Part 1, pp. 425-427, Part 2, p. 1220, Part 3, pp. 97, 626, note 55; Gorton and Rosen (1995), pp. 1-2, 5, 8, table 1 and 2; U.S. OCC, *Quarterly Report on Bank Derivatives Activities* 各号。原資料は Board of Governors of the Federal Reserve System; FDIC *Call Reports*, Schedule RC-L; International Swaps Dealers Association; Swaps Monitor Publications, *Swaps Monitor* 各号。

39) Goldman Sachs, *Annual Report* 各年号。

1995-1996年における銀行持株会社 Chemical Banking Corp. と Chase Manhattan Corp. では，その関連バランスシートの過半が，貸付であった（表4-2）。

一方，Goldman Sachs や Lehman Brothers のような大手投資銀行は，すでに指摘したように，ドル建て長期債務を固定金利払いから変動金利払いにスワップした（表4-3）。大手投資銀行は，様々な金融商品を，顧客のニーズに合わせて1つにパッケージすることで，手数料を得た。一般に，投資銀行は，顧客の金利スワップ・ポジションの調整に関与したがらず，金利スワップの構成者になっている[40]。

ここでのおもなファクト・ファインディングは，以下の通りである。1990年代の金利スワップ取引において，大手商業銀行グループはおもに固定金利受取り・変動金利払いのものを作り出した。大手投資銀行は，その逆に圧倒的に固定金利払い・変動金利受取りのものを産み出した。これは商業銀行業務と投資銀行業務の違いから生じており，同じ金利スワップ取引といっても，大手商業銀行グループと大手投資銀行は異なった形で市場に参加した。大手商業銀行グループや大手投資銀行は，単に自行の金利リスクを回避するためだけに金利スワップを作り出したのではない。グローバルにみても，固定金利受取り・変動金利払いの金利スワップを作り出すことができるのは，米系大手商業銀行グループが中心である。金利スワップのディーリングでみても，大手商業銀行グループの地位は揺るがない。

ここまで考察したように，1990-1991年のクレジット・クランチという危機からトレーディング目的の金利スワップという新たな業務展開が生じた。銀行経営をめぐる環境が激変し，そのもとでの大手商業銀行グループの経営判断が金利スワップ市場を拡大させた。金利スワップ取引は，貸付債権の金利リスクだけを第3者に移転する。ところが，ローン・セールでは，貸付債権そのものが売却され，金利リスクのみの移転ができなかった。金利スワッ

---

[40] 以上 Stigum (1990), p. 945.

プ取引では，貸付債権の元本は転売されないので，金利リスクのみを移転できる。しかし，貸付債権の信用リスクのみに対処する方法は，まだ見出されていなかった。これが次節の課題である。

3　信用リスクの切り出し：クレジット・ディリバティブ

　杉原・細谷・馬場・中田（2003）によると，従来型の信用リスク移転商品として，本書の第2章で考察した金融保証があるという。金融保証は，「個別の貸付債権を満期まで保有しつつ，当該債権と保証に係る信用リスクを一体的に管理しリスクの削減を主眼とする，受動的な視点から利用されてきた。」ところが，1990年代半ば以降に「生まれた新規信用リスク移転商品は，……より能動的な信用リスク管理を可能にした。」新規信用リスク移転商品とは，クレジット・ディリバティブ（以下クレデリ）である。代表的なものに，CDSs（credit default swaps）と CDOs（collateralized debt obligations；債務担保証券）[41]がある。新規信用リスク移転商品がもたらした変化は，「貸付債権の満期保有という発想が次第に薄れていく中，第3者に転売したり，さらにクレデリを用いて債権をバランスシートに残したまま，信用リスクのみを第3者に移転するという動きである」[42]。

　以上は，クレデリの動向であるが，1982年に導入された代表的な金利ディリバティブである金利スワップから，こうした動きが始まった。クレデリは，信用リスクを取引相手に移転する金融派生商品である。先述したように，Black（1970）は，社債が元本，金利リスク，信用リスクの3つに分離できることに気づいていた。大手商業銀行は，まず主たる貸付債権の信用リスクをヘッジするために，クレデリを利用する（序論の図Ⅱ）。この信用リスクの

---

[41]　CDOs の担保は，投資適格や高利回り社債だけでなく，エマージング・マーケット債，モーゲイジ，資産担保証券，貸付やクレジット・ディリバティブである CDSs 等にも及んだ。CDOs は，信用リスクを含む原資産を担保にしており，クレデリある CDSs に類似した機能をもつ。サブプライム期の CDOs については，第6章第1節第3項を参照されたい。

[42]　杉原・細谷・馬場・中田（2003），1頁。ただし，一部用語を変更している。

ヘッジャーを，プロテクション（信用リスクに対する保護）の買い手という。ニューヨークでは，信用リスクや金利リスクなど個別取引のすべてのリスクを移転する TRS (total return swap) が，銀行による貸付の信用リスク移転商品として，最初に導入された。これは，ディリバティブ取引のエンド・ユーザーとしての行動であった。

考察の前に，1998年以降の大手商業銀行によるクレデリ取引の推移をみておこう。まず，資産規模別でみると，総資産100億ドル超の国法銀行にディリバティブ取引が集中していた[43]。つぎに，各大手商業銀行の総資産額と比較したCDSsの比率は，J.P. Morgan Chase で2001年第1四半期の5％台から2007年第3四半期の621％に急増した。その後，2014年第4四半期の200％まで減少した。同じく Bank of America で，このCDSsの総資産比率は，2001年第1四半期の8％弱から2011年第3四半期の343％に上昇した。その後，2014年第4四半期の134％まで減少した。Citibank では，このCDSsの総資産比率は，2001年第3四半期の14％台から2008年第2四半期の258％に増加した。その後，2014年第4四半期の173％まで減少した[44]。

ここでは，まず第1項で，大手商業銀行が，クレデリを用いて，どのように信用リスクに対処したかを考察する。つぎに第2項で，大手行が，同じくクレデリを用いて，どのように彼らの収益を高めたかを検討する。

3.1 現　状

クレジット・ディリバティブ市場の初期の発展については不明なことが多いが，1995年に，J.P. Morgan が最初のCDSsとCDOsを創り出したという。その後，1997年以前の対アジア投資ブームと1997年アジア通貨危機，1998

---

43) U.S. OCC, *Quarterly Journal* 各号。
44) スーパーリージョナルの Wells Fargo では，このCDSsの総資産比率は，2001年第1四半期～2014年第4四半期に 0.08～15.2％の範囲にあった。合併の影響もあり明確なトレンドを把握することは困難であるが，3大商業銀行よりも1桁以上少ない水準であった。以上 Federal Financial Institution Examination Council, *Reports of Condition and Income* 各号, Schedule RI, RC, RC-C and RC-L.

年ロシア経済危機で大きな信用リスクに直面したことが，この市場を注目させることになった。日本でもこの時期に三洋証券，北海道拓殖銀行，山一證券等が破綻し，クレデリ市場が導入された。信用リスクが顕在化するような危機に直面し，この市場は注目され発展した。言い換えると，銀行経営をめぐる環境が再び変化し，そのもとでの大手商業銀行の経営判断がクレデリ市場を発展させたのである。

　クレデリの現状を把握するために，表4-5でグローバルなクレデリ市場を考察しよう。2000-2006年におけるプロテクションの買い手の59〜81％，同じく売り手の44〜63％が銀行の市場シェア（金額ベース）であった。ヘッジファンドのシェアが買い手では25％，売り手では27％上昇して，銀行のシェアが同じくそれぞれ22％，19％下落したが，銀行は依然市場シェアのトップを守っていた。とくに，前節の金利スワップと同じく，銀行によるクレデリ取引は，ALM目的よりも，トレーディング目的のものが中心となった。トレーディング目的とは，おもに将来の信用リスクを予測し，裁定取引をして収益を得るものである。銀行によるトレーディング目的のものは，2006年にプロテクションの買い手全体の39％，同じく売り手全体の35％の市場シェアに達した。近年，ヘッジファンドが急激にシェアを伸ばしたが，銀行によるトレーディング目的のものは依然最大項目であった。この銀行によるトレーディング目的のクレデリを，次項で検討する。銀行はネットの買い手（13〜18％の市場シェア）であり，保険会社はネットの売り手（11〜27％の市場シェア）であった。とくに，サブプライム危機の際に注目を浴びたモノライン保険会社が，主要なネットの売り手（6〜8％の市場シェア）であった。この結果，保険会社が銀行の信用リスクを引き受けた。その一方で，保険会社はクレデリの保証料に相当するプレミアム（またはスプレッド）を得たことになる。この保険会社の立場を，プロテクションの売り手（信用リスクの投資家）という[45]。

---

45) このモノライン保険会社のうち大手であるAmbacの主要株主は，大手商業銀行グループJPMorgan ChaseやCitigroupであった（第2章第3節第4項参照）。

表 4-5 世界のクレジット・ディリバティブの買い手と売り手 2000－2008 年

(単位：市場シェア％　金額ベース)

プロテクションの買い手（信用リスクのヘッジャー）					
	2000 年	2002 年	2004 年	2006 年	2008 年（見積り）
銀　行	81％	73％	67％	59％	54％
トレーディング目的				39％	36％
ALM 目的				20％	18％
ヘッジファンド	3％	12％	16％	28％	28％
年金基金	1％	1％	3％	2％	3％
企　業	6％	4％	3％	2％	3％
保険会社	7％	6％	7％	6％	6％
モノライン保険会社			2％	2％	2％
再保険会社			3％	2％	2％
その他保険会社		3％	2％	2％	2％
ミューチュアル・ファンド	1％	1％	1％	1％	1％
その他	1％	1％	1％	1％	1％
プロテクションの売り手（信用リスクの投資家）					
	2000 年	2002 年	2004 年	2006 年	2008 年（見積り）
銀　行	63％	55％	54％	44％	40％
トレーディング目的				35％	33％
ALM 目的				9％	7％
ヘッジファンド	5％	5％	15％	32％	31％
年金基金	3％	2％	4％	4％	5％
企　業	3％	2％	2％	1％	2％
保険会社	23％	33％	20％	17％	18％
モノライン保険会社			10％	8％	8％
再保険会社			7％	4％	4％
その他保険会社		12％	3％	5％	6％
ミューチュアル・ファンド	2％	3％	4％	3％	3％
その他	1％	0％	1％	1％	1％

(British Bankers' Association (2006), pp. 17-18.)

　Fitch Ratings (2003) によると，クレデリ全体のデータでは，保険会社はネットで 2,830 億ドルのプロテクションを売却して信用リスクを引き受けた。アメリカの保険会社は，同じく 1,050 億ドルを売却した。金融保証会社は 2,220 億ドル（CDSs 1,660 億ドル，CDOs 560 億ドル）を販売した。Fitch Ratings (2004) によると，クレデリ全体のデータでは，保険会社は 2002 年に

はネットで1,740億ドル，2003年には同じく2,830億ドルのプロテクションを売却して，信用リスクを引き受けた。金融保証会社は2002年にはネットで2,490億ドル，2003年には3,210億ドルを売却した。当然，彼らがクレデリのリスクを引き受ける代わりに，プレミアム（またはスプレッド）を得たのである。信用リスクの投資家である[46]。保険会社や金融保証会社は，従来型の金融保証業務だけでなく，新規の信用リスク移転商品に進出したのである。

3.2 動　機

第3章でみたローン・セールによっても，大手商業銀行は信用リスクや金利リスクを第3者に移転することができる。しかし，ローン・セールをおこなう際には，一般に債務者である顧客への通知とその承諾が必要である[47]。優良顧客は債権者の変更を嫌い，最悪の場合その銀行との取引をやめる可能性がある。ローン・セールは貸付債権そのものを第3者に転売するが，クレデリは銀行貸付の信用リスクだけを第3者に移転する。同様に，金利リスクをヘッジする金利スワップでも，たとえば貸付の金利リスクだけが第3者に移転される。ローン・セールはすべてのリスクを移転するが，クレデリは信用リスクだけを，金利スワップは金利リスクだけを移転する。その意味で，クレデリと金利スワップは，ローン・セールの機能の一部を代替している（序論の図II）。

商業銀行は，プロテクションの買い手，すなわちリスクをヘッジすることが多い。しかし，3大商業銀行では，プロテクションの売り手，すなわちリスクを引き受ける金額の方が大きいこともある。エネルギーの卸売り会社エ

---

[46] 以上 Bond Market Association (1997b, 2002); 吉原・貝塚・蝋山・神田 (2000), 435頁; 島・河合 (2002), 9, 24-26, 30, 85頁; Fitch Ratings (2003), pp. 2, 6-7; Fitch Ratings (2004), p. 4; Schuermann (2004), p. 4; 河合・糸田 (2005), 7, 28-29, 74頁, 注9; Allen and Gale (2006), p. 345, table 7.2; British Bankers' Association (2006), pp. 17-18; www.financial-edu.com/history-of-credit-derivatives.php.
[47] 島・河合 (2002), 174頁。

ンロンが破綻した2001年には，総資産100億ドル超の国法銀行でも，リスクを引き受ける金額の方が大きかった[48]。ヨーロッパの保険会社や地方銀行のように，プレミアム（またはスプレッド）を得たのである。この信用リスクをヘッジすると同時にリスクを引き受ける行動を，どのように理解すればよいのだろうか？　たとえば，2002年9月末に，プロテクションの売りポジションの約98％をグローバル銀行とブローカー・ディーラー30社が保有しており[49]，この取引相手の上位に米銀大手グループが入っていた。金融持株会社 JPMorgan Chase & Co. が第1位，同じく Citigroup が8位，Bank of America Corp. が12位であった[50]。これは，表4-5の銀行によるトレーディング目的のクレデリの大きさと整合的である。

　大手商業銀行グループは，クレデリのトレーディングによって，クレデリの狭義のトレーディング[51]収益と委託手数料を得ていた。この収益力が彼らの強さである。前節の金利スワップと同様に，彼らはクレデリのディーラーとして行動し，値付け業務（market-making）やマーケットメーカーとして活動している。とくに，世界一の J.P. Morgan Chase がそうである。米銀大手グループが中心となってクレデリ市場を創り出したことは，彼らの収益力の源泉となっている。ALM目的からトレーディング目的へのクレデリの転換は，米銀大手グループでは1997年頃までの2～3年でおこなわれたという。すでに金利スワップで経験のある大手銀行グループは，比較的短期間にトレーディング目的のクレデリに進出できた。ただし，日本ではこうした転換はみられておらず，世界各国で全く同じような銀行グループの業務展開がみられるわけではない。

　それでは，米銀大手グループはトレーディング目的のクレデリに進出して，

---

48) Federal Financial Institution Examination Council, *Reports of Condition and Income* 各号，Schedule RI, RC, RC-C and RC-L; U.S. OCC, *Quarterly Journal* 各号。
49) これは，グローバル銀行とブローカー・ディーラー121社を調査し，89社（74％）の回答を得た結果である。Fitch Ratings (2003), p. 4.
50) これは，グローバル銀行，保険会社，再保険会社，金融保証会社，ブローカー・ディーラー約200社を調査し，147社（約74％）の回答を得た結果である。Fitch Ratings (2003), pp. 1, 11-12.
51) 狭義のトレーディングについては，第6章の表6-7を参照されたい。

第4章　リスクの切り出し：ディリバティブ　139

どのようなトレーディングをおこなったのだろうか？　先にみたように、クレデリ取引では、地方銀行や保険会社が、プレミアム（またはスプレッド）を得ていた。大手行は、プロテクションの主たる買い手なので、リスクを他の地方銀行や保険会社に移転した。Fitch Ratings（2003）によると、米銀は、クレデリによって信用リスクを海外に輸出したという。米銀は信用リスクをはずすという利益を得る一方で、2002年にはおもにヨーロッパの銀行がリスクを引き受けた。ヨーロッパの地方銀行、とくにドイツの銀行が、プロテクションをネットで110億ユーロ販売して、リスクを引き受けた。2003年には、ヨーロッパ、アジア、その他の銀行の50％がネットの売り手であり、買い手は大手行に集中した。大手行は信用リスクのヘッジャーであった。一方、ドイツの銀行はネットで290億ドルを販売し、アンケートに応じたLandesbank 7行のうち1行だけがネットの買い手であった。ヨーロッパ、とくにドイツの銀行が、信用リスクを引き受ける一方でプレミアム（またはスプレッド）を得たことになる。信用リスクに投資したのである[52]。

　2000年以降の信用リスクの輸出によって、米銀はネットの利益を得たという。企業の債務不履行が記録的な水準になり回収可能額が急激に減価する中で、1990－1991年の景気後退時にくらべて、銀行資産の質は堅固であった。米銀による商工業貸付（商業モーゲイジ・ローンを除く）の不良債権比率は、1991年のクレジット・クランチのときには4.4％のピークにあったが、2002年上半期には2.9％に落ち着いたという。対照的に、北米企業のボンドの債務不履行額（貸付を含む）は、1990年の219億ドルという以前のピークから数年間減少したものの、2002年には1,510億ドルのピークに達した。つまり、アメリカでは、企業のボンド債務不履行額は2000年以降急増したが、銀行の商工業貸付の不良債権比率は低下した[53]。米銀大手グループがトレーディン

52）　Fitch Ratings（2003）によると、プロテクションの対象となる参照組織の件数では、自動車ビッグスリーとGeneral Electricがトップ4であった。いずれも製造業で、2000年初頭から、業績不振の兆候が見えはじめた巨大企業である。
53）　以上 Fitch Ratings（2003）, pp. 8-9; Fitch Ratings（2004）, pp. 3, 10; Schuermann（2004）, p. 4; Hamilton（2007）, p. 17, exhibit 18.

グ目的のクレデリに進出した結果，米銀の信用リスクを輸出するようになり，商工業貸付の不良債権比率を引き下げたのである。これも，大手銀行グループのトレーディング目的のクレデリによって，米銀大手グループがグローバルな収益力を保っていることと整合的である。

1997年アジア通貨危機，1998年ロシア経済危機等から，クレデリという新たな業務展開が生じた。クレデリは，貸付債権の信用リスクだけを第3者に移転する。ところが，ローン・セールでは貸付債権そのものが売却され，信用リスクのみの移転ができなかった。クレデリでは，貸付債権の元本は転売されないので，信用リスクのみを移転できる。

むすびにかえて

ここでは，ディリバティブ取引の現状を把握することで，現在のアメリカ大手商業銀行グループの業務展開の一端を考察した。

まず1980年代以降，大手商業銀行グループはローン・セールをおこない，それで不十分な点（リスクだけでなく元本を含んだ移転）を，先物，ストリップ債，金利スワップとクレデリ取引で補完しようとした。ローン・セールでは，貸付債権そのものが移転されて，貸出債権からリスクの切り出し，すなわちリスクのみの移転ができなかった。しかし，金利スワップとクレデリ取引ではリスクのみの移転が初めて可能になったのである。これらが，第2部の課題「貸付債権のリスク移転がこれらの業務で段階的に開けたこと」の歴史的実証結果である。

つぎに，金利スワップ取引は，1990年代半ばまでは，おもに貸付から派生していた。クレデリ取引も，大手商業銀行グループのリスク・ヘッジの観点からは，貸付から派生していた。銀行のコア業務の1つ，貸付から業務展開が生じたのである。上位の2つの意味で，ローン・セールとディリバティブは，一連の業務展開である。

しかし，ローン・セールの際には，顧客へ債権者の変更を通知する必要が

ある。優良顧客は債権者の変更を嫌うため，ローン・セールによって優良顧客が流出する可能性があった。これに対処する方法は，まだ見出されていなかった。これが次章の課題である。

第5章
大手商業銀行グループの証券化業務への進出

　第3章でみたローン・セールをおこなう際には，ノン・リコース（償還請求権なし）形式が一般的であった。しかし，ノン・リコース・ローンは，ローンの買い手が信用力を分析できる，信用力の高い優良大企業向けであり，量的にきわめて限られている。ローン・セール時には，一般に，銀行は債務者である顧客への通知とその承諾が必要である。しかし，優良顧客は債権者の変更を嫌い，最悪の場合その銀行との取引をやめる可能性がある。

　そのため，金利リスクや信用リスクだけを第3者に移転する金融商品，すなわち第4章でみた金利スワップとクレジット・デリバティブ（以下クレデリ）が開発された。これらのデリバティブは，債権からリスクだけを切り出すものであった。しかし，優良顧客の流出という元本を売却する際の問題には，まだ対処できていなかったのである。

　アメリカ合衆国における優良顧客の流出，すなわち元本を売却する際の問題への対処が，ここで考察する証券化である。貸付を証券化する場合には，債務者である顧客への通知は必要ない。実際，顧客が貸付を証券化されたことに気づかないことがよくあるという[1]。証券化によって，優良顧客が流出する可能性という，ローン・セールでは不都合な点を補完したのである。また，証券化は元本部分を売却し，ローン・セールの機能を代替している。ここで考察するように，大手商業銀行は，オリジネートした貸付を，グループ内で証券化してディストリビュートした。この意味で，証券化商品はOTDモデルにおける金融商品である。

1） 以上 Bryan (1988), pp. 69, 85.（訳, 59, 75頁）

第5章では，大手商業銀行グループが，どのように上記のような証券化業務に進出したかを考察する。それによって，第2部の課題「貸付債権のリスク移転がこれらの業務で段階的に開けたこと」を検証する。本章の構成は以下の通りである。まず第1節で投資銀行業務の定義を確認する。つぎに第2節では，いつどのように各大手商業銀行が投資銀行を買収し子会社にしたかを追跡する。投資銀行を子会社にすることによって，大手商業銀行が証券化業務に進出したことを明らかにするためである。引き続く第3節では，大手商業銀行グループが段階的に各種金融商品の引受業務を拡大したことを考察する。引受業務は，大手商業銀行グループが証券化業務に進出する際に要となる重要な業務である。最後に本章のまとめについて述べる。

1　投資銀行業務の定義

　大手商業銀行グループの証券化業務を考察する前に，アメリカの投資銀行業務の定義を歴史制度的に整理しよう[2]。アメリカの投資銀行業務は，日本の証券業務と実態も用語も異なっている。そのため，表5-1にその対応表を記載している。表5-1のマトリックスは，縦軸が自己売買と委託売買，横軸が発行市場と流通市場である。そのため，アメリカの投資銀行業務であるM&Aアドバイザリー業務は，この表には記載することができない。
　アメリカの投資銀行業務の最も狭い定義は，引受業務とトレーディング業務に限定するものである。歴史的に，証券引受は，投資銀行が募集をおこない，証券が売れ残った場合にこの売れ残りを引き受ける残額引受が中心であった。しかし，1982年3月3日の一括登録制度の導入によって，投資銀行が初めから発行額の全額を買い取る一括買取引受に移行した。その引き受けた証券を，流通市場でマーケットメイク等をおこなうのが，トレーディング業務である。マーケットメイクとは，市場に対し自社の買値と売値を提示す

---

[2]　以下 Kuhn (1990), pp.5-17 (訳, 4-15頁); 佐賀 (1991), 8-9頁, 注2; 牛窪 (1999), 32-34頁; 松川 (2005), 6-13頁を参考にした。

表 5-1　投資銀行業務の定義と日本の証券業務との対応表

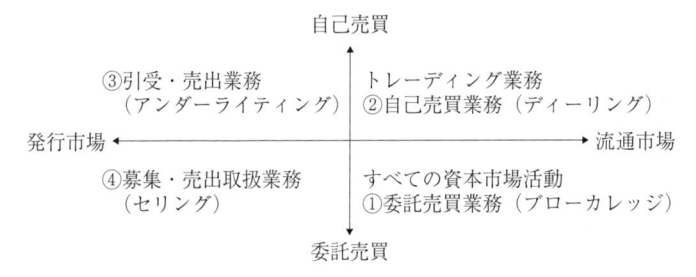

```
                        自己売買
                          ↑
     ③引受・売出業務       │ トレーディング業務
      （アンダーライティング） │ ②自己売買業務（ディーリング）
                          │
発行市場 ─────────────────┼─────────────────→ 流通市場
                          │
     ④募集・売出取扱業務    │ すべての資本市場活動
      （セリング）          │ ①委託売買業務（ブローカレッジ）
                          │
                          ↓
                        委託売買
```

注）①～④は，日本の証券業務の基本的類型である。
　　日本証券業協会は，引受・売出業務をアンダーライティングとし，③引受を新規発行証券に対して売り出す目的をもって買い取る業務，売出を既発行証券に対しておこなう同様の業務，④募集・売出取扱業務を投資家に向けて買い入れるように勧誘する業務とする。
　　遠藤（1999a）によると，厳密にいえば，ディーリングは対顧客向けに自社の買値と売値を提示する業務で，トレーディングはより相場を張るイメージに近い業務を指すという（68-69 頁）。表 6-7 も参照されたい。
（下記の資料を参考にして作成。西村（1995），遠藤（1999a），二上（2011a），日本証券業協会 www.jsda.or.jp）

ることである。マーケットメイクは，市場が十分に拡大する前の IPO（initial public offering；新規公開株式発行）直後は，とくに重要である。

　やや拡大した定義は，上記の引受業務とトレーディング業務に，M&A アドバイザリー業務を加えたものである。投資銀行が自己資本を投下して M&A 取引に直接参加すると，プリンシパル・インベストメント業務となる。プリンシパル・インベストメント業務とは，投資銀行が自己勘定による投資活動をおこない，リターンを追求するものである。これには，つなぎ融資も含まれる。プリンシパル・インベストメント業務は，つぎの定義に含まれる。

　さらに拡大した定義は，上記業務に，ファンド運用，ベンチャー・キャピタル業務，リスク管理等を加えたものである。この定義は，すべての資本市場活動を意味する。本書ではこの定義を採用し，すべての資本市場活動を考察の対象とする。これは Kuhn（1990），佐賀（1991），牛窪（1999）とほぼ同じである。

　Kuhn（1990）は，最も広い定義から狭いものへと解説する。一方，牛窪（1999）は，逆に最も狭い定義から広いものへと説明する。後者は投資銀行

業務が発展してきた歴史・制度に忠実であり，説明の順序は牛窪 (1999) のものを採用する。しかし，トレーディング業務と M&A アドバイザリー業務をどの定義に入れるかは，Kuhn (1990) と牛窪 (1999) は一致しない。Kuhn (1990) は，最も狭い定義に，トレーディング業務を入れるが，M&A アドバイザリー業務は入れない。一方，牛窪 (1999) は，最も狭い定義に，M&A アドバイザリー業務を入れるが，トレーディング業務は入れない。牛窪 (1999) の定義は，各社決算資料の区分と一致する。しかし，本章では，上記の最も狭い定義で説明しているように，引受業務とトレーディング業務を密接なものと考え，ここは Kuhn (1990) の説を採用する。これは佐賀 (1991) の解説とも一致する。

最大限に解釈した定義は，上記業務にリテール顧客に対する証券，保険商品の販売，不動産仲介等を加えたものである。これは，アメリカの投資銀行が営むすべての活動を意味する。リテールとは，小口で家計や中小企業向けという意味である。本書では，このリテールに関する業務は，アセット・マネジメント業務など最小限しか扱わない。アセット・マネジメントは，資金の運用管理受託，投資顧問業務である。ミューチュアル・ファンド（投資信託）の組成・運用受託，機関投資家や高額富裕層等の特定の資金運用の受託などがあるという[3]。

2 大手商業銀行グループと投資銀行の合併

これまで投資銀行業務の歴史制度的な定義を確認したが，その最もコアは引受業務とトレーディング業務であった。ここでは，金融持株会社 JPMorgan Chase & Co., 同じく Bank of America Corp., Citigroup の3大商業銀行グループが，M&A を中心に歴史的にどのような業務展開をおこなったかを追跡する。それによって，3大銀行グループに共通する歴史的な業務

3） 松川 (2005), 10頁。

展開を考察する糸口にしたい。

　Bryan (1988) によると，大手商業銀行は，知ってのとおり，1950-1960年代にかけての合併によって，主として大企業へよりよいサービスを提供するために生まれたという。周知のように，この時期はアメリカでは資本主義の黄金時代とされている。短期金融市場も，国債の大量発行によってインフレーションの進行した1960年代以降，急速に拡大した。この現象は，商業銀行の負債管理の発達として説明された。大手商業銀行は，バランスシートの負債側において短期資金の取入れ，負債管理を導入した。すなわち，大手行はFF，レポ取引，CD，銀行関連CP，ユーロダラー等の短期資金を取り入れて，大企業の資金需要に応えた。1960年代は，アメリカ企業にとって Litton Industries Inc. に代表されるコングロマリット合併ブーム期でもあった。J.P. Morgan の信託部やオープン・エンド型ミューチュアル・ファンド等の巨大な機関投資家が，このコングロマリットを資金的に支えていた[4]。

　ここでは，おもに1950-1960年代以降に現代の3大商業銀行グループが関係したM&A[5]を追跡することによって，3社に共通する歴史的な業務展開を大づかみに抽出する。

2.1　JPMorgan Chase & Co. の形成

　まず，ニューヨークに本店のある，金融持株会社 JPMorgan Chase & Co. である。その名前の由来の1つは，1861年に設立された J. Pierpont Morgan & Co. である。これが，1894年に J.P. Morgan & Co. と改められた。1959年に，Guaranty Trust Company of New York と合併し，Morgan Guaranty Trust Company of New York となった。1968年には，銀行持株会社 J.P. Morgan & Co. が設立され，Morgan Guaranty Trust は銀行子会社となった。

4）　Bryan (1988), p. 168（訳, 156頁）; 西川・松井 (1989), 326-328頁。
5）　1985-2003年における銀行の M&A の年月日については，Walter (2004), pp. 238-248, Appendix 1, table 1 と table 2 の実施日を用いている。それ以外の年月日は *New York Times* 等を参照している。

図 5-1　JPMorgan Chase & Co. の M&A の歴史

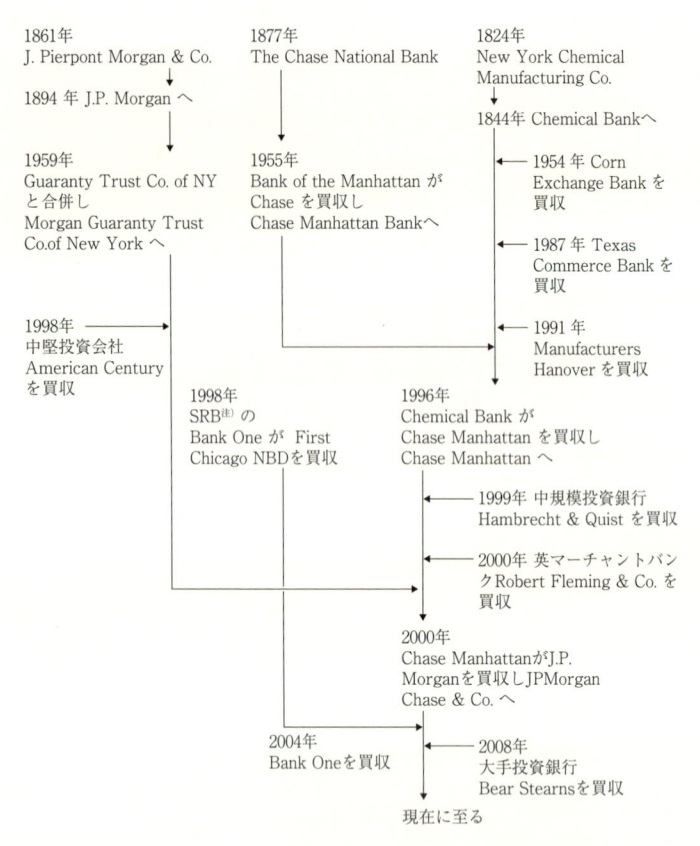

```
1861年                      1877年                        1824年
J. Pierpont Morgan & Co.    The Chase National Bank       New York Chemical
   ↓                           ↓                          Manufacturing Co.
1894 年 J.P. Morgan へ                                        ↓
                                                          1844年 Chemical Bankへ

1959年                      1955年                        ← 1954 年 Corn
Guaranty Trust Co. of NY    Bank of the Manhattan が         Exchange Bank を
と合併し                    Chase を買収し                   買収
Morgan Guaranty Trust       Chase Manhattan Bankへ
Co.of New York へ                                         ← 1987 年 Texas
                                                            Commerce Bank を
                                                            買収

1998年                                                    ← 1991 年
中堅投資会社                                                  Manufacturers
American Century                                            Hanover を買収
を買収
                            1998年                        1996年
                            SRB(注) の                     Chemical Bank が
                            Bank One が First             Chase Manhattan を買収し
                            Chicago NBDを買収              Chase Manhattan へ

                                                          ← 1999 年 中規模投資銀行
                                                            Hambrecht & Quist を買収

                                                          ← 2000年 英マーチャントバン
                                                            クRobert Fleming & Co. を
                                                            買収

                                                          2000年
                                                          Chase ManhattanがJ.P.
                                                          Morganを買収しJPMorgan
                                                          Chase & Co. へ

                            2004年                        ← 2008年
                            Bank Oneを買収                    大手投資銀行
                                                            Bear Stearnsを買収
                                    現在に至る
```

注）SRB は（super regional bank；スーパーリージョナルバンク）の略である。
（各種公表資料より作成）

　もう 1 つの名前の由来は，1877 年に設立された The Chase National Bank である。1950-1960 年代の重要な合併は，この The Chase National Bank of the City of New York が，1955 年 4 月 1 日に The Bank of the Manhattan Co.[6)] に買収され，The Chase Manhattan Bank となったことである。この

6）　Bank of the Manhattan は 1799 年に設立された由緒ある銀行であった。

Chase Manhattan を後に合併する Chemical Bank は，1824 年に New York Chemical Manufacturing Co. の一事業部門として設立され，1844 年に銀行となった。その後，Chemical は 1954 年にニューヨークの Corn Exchange Bank を吸収し，1980 年代後半には 1987 年 5 月 1 日に大手リージョナルの Texas Commerce Bank を買収した。

1990 年代になると，多数の大手商業銀行が合併し，現在の JPMorgan Chase & Co. となっていく。まず，1991 年 12 月 31 日，Chemical Bank が同じく Manufacturers Hanover を買収した。1996 年 3 月 31 日，同じく Chemical Bank が Chase Manhattan を合併し，Chase Manhattan の行名を引き継いた。

この新生 Chase Manhattan は，1999 年 12 月 10 日にサンフランシスコの中規模投資銀行 Hambrecht & Quist を，2000 年 8 月 1 日に英マーチャントバンク Robert Fleming & Co. を買収した。一方の J.P. Morgan は，1998 年 1 月 15 日に中堅投資会社 American Century を吸収した。これらは，後で考察する投資銀行業務との関連で重要である。

2000 年 12 月 31 日，新生 Chase Manhattan は，さらに J.P. Morgan をも合併して JPMorgan Chase & Co. に名称変更をおこなった。2004 年 7 月 1 日，この JPMorgan Chase & Co. が Bank One Corp. を買収した。Bank One Corp. はオハイオ州のスーパーリージョナルバンクであったが，1998 年 10 月 2 日に First Chicago NBD を合併していた。この前身であった First National Bank of Chicago が，1995 年 12 月 1 日にリージョナルの NBD（National Bank of Detroit）を吸収し，First Chicago NBD に改称していた。さらに，サブプライム危機の最中の 2008 年 5 月 30 日，JPMorgan Chase & Co. は，全米 5 位の大手投資銀行 Bear Stearns を救済買収した。投資銀行業務のトップの一角に食い込んだのである。また，2008 年 9 月 25 日，サブプライム・レンダーであり破綻した最大の貯蓄貸付組合であった Washington Mutual の銀行業務を FDIC から購入した。

2.2 Bank of America Corp. による投資銀行の買収

つぎは，西海岸のサンフランシスコに本店のある金融持株会社 Bank of America Corp. である。その前身は，1904 年 8 月 10 日に Amadeo P. Giannini が設立した Bank of Italy である。Bank of Italy は，1927 年 2 月 18 日に Liberty Bank of America を買収して，同年 3 月 1 日に Bank of Italy National Trust & Savings Assn. となった。翌 1928 年 12 月 8 日に Giannini は Bank of America of California を設立し，Merchants National Trust & Savings Bank of Los Angels を吸収した。1930 年 11 月 3 日，Bank of Italy と Bank of America of California が合併し，国法銀行 Bank of America National Trust & Savings Bank と州法銀行 Bank of America に移行した。Bank of America 自身は，1950-1960 年代にかけて重要な合併をおこなわなかった。1980 年代に入ると，1983 年 2 月 23 日にシアトルの銀行持株会社 Seafirst Corp. を買収した。

しかし，BankAmerica Corp. も，1990 年代から複数の大手商業銀行との合併を繰り返していく。まず，1992 年 4 月 22 日，西海岸のロサンゼルスに本店のある Security Pacific を買収した。さらに，1994 年 9 月 1 日，Continental Bank（Continental Illinois を改称）を合併した。

つぎに，後で考察する投資銀行業務との関連で重要な合併がおこなわれた。BankAmerica Corp. が，1997 年 6 月に中堅投資銀行 Robertson Stephens を買収したのである。さらに，同年 10 月 1 日，後に BankAmerica Corp. を買収するノースカロライナ州のスーパーリージョナル NationsBank Corp. が，中堅投資銀行 Montgomery Securities を合併した。

NationsBank の前身は，1874 年に設立された Commercial National Bank 等いくつかある。NationsBank の前身は，1950-1960 年代から合併を繰り返していく。まず，Commercial National Bank は，1957 年に地元のライバル American Trust Co. を買収して，American Commercial Bank に名称変更をおこなった。1960 年には，American Commercial Bank は，リージョナルの Security National Bank を合併して，NCNB（North Carolina National Bank）

第5章 大手商業銀行グループの証券化業務への進出　151

図5-2　Bank of America Corp. のM&Aの歴史

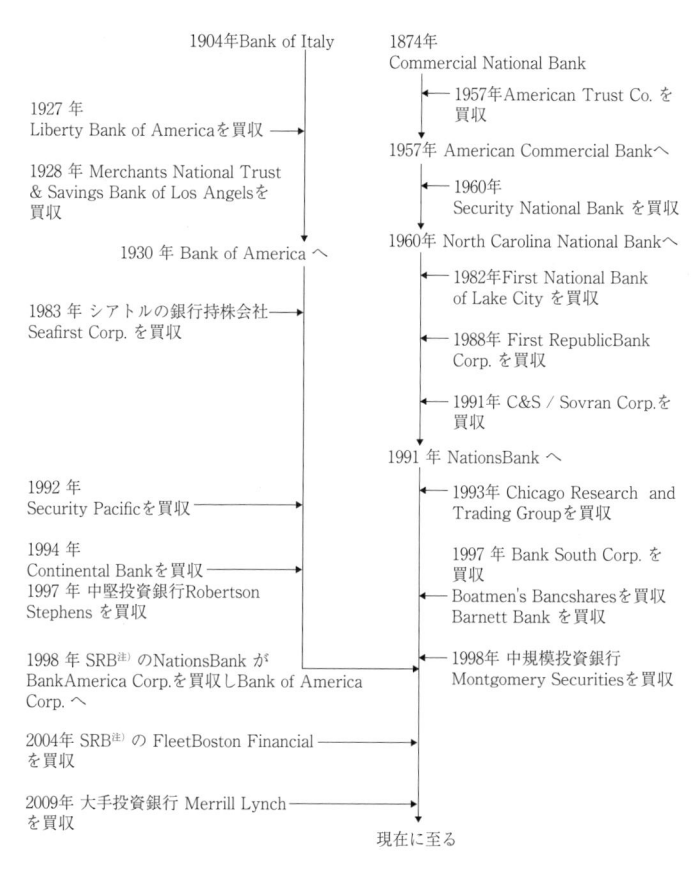

```
                    1904年 Bank of Italy          1874年
                                                  Commercial National Bank
                                                      ← 1957年 American Trust Co. を
1927年                                                    買収
Liberty Bank of America を買収 →
                                                  1957年 American Commercial Bank へ
1928年 Merchants National Trust                       ← 1960年
& Savings Bank of Los Angels を                          Security National Bank を買収
買収
                    1930年 Bank of America へ     1960年 North Carolina National Bank へ
                                                      ← 1982年 First National Bank
                                                         of Lake City を買収
1983年 シアトルの銀行持株会社 →
Seafirst Corp. を買収                                   ← 1988年 First RepublicBank
                                                         Corp. を買収

                                                      ← 1991年 C&S / Sovran Corp. を
                                                         買収
                                                  1991年 NationsBank へ
1992年                                                  ← 1993年 Chicago Research and
Security Pacific を買収 →                                  Trading Group を買収
1994年                                                  1997年 Bank South Corp. を
Continental Bank を買収 →                                買収
1997年 中堅投資銀行 Robertson                             ← Boatmen's Bancshares を買収
Stephens を買収                                            Barnett Bank を買収

1998年 SRB(注) の NationsBank が                        ← 1998年 中規模投資銀行
BankAmerica Corp. を買収し Bank of America                  Montgomery Securities を買収
Corp. へ

2004年 SRB(注) の FleetBoston Financial →
を買収

2009年 大手投資銀行 Merrill Lynch →
を買収
                                                  現在に至る
```

注）SRBは（super regional bank；スーパーリージョナルバンク）の略である。
（各種公表資料より作成）

に再度改称した。

　時代が下った1982年に，NCNBはフロリダ州のFirst National Bank of Lake Cityを買収し，初めてノースカロライナ州を越えて拡大したのである。1988年には，NCNBは，経営破綻したテキサス州ダラスのFirst RepublicBank Corp.を合併した。NCNBは，1991年12月31日，アトランタのC&S / Sovran Corp.を買収し，NationsBankに改称した。1993年3月に，

NationsBank は，Chicago Research and Trading Group を吸収して，ディリバティブ業務を拡大し，外国為替取引を劇的に増加させた。1996年1月9日，Bank South Corp. を合併してアトランタにおける地位を強化した。翌1997年1月6日，セントルイスの Boatmen's Bancshares を買収して，ノースカロライナからニューメキシコに至る南部最大の銀行となった。翌1998年1月9日，フロリダ州最大の Barnett Bank を合併した。

1998年9月30日，この NationsBank Corp. は，銀行持株会社 BankAmerica Corp. を買収し，Bank of America Corp. の名称を引き継いだ。2004年4月1日，当時全米7位のスーパーリージョナル FleetBoston Financial を合併した。さらに，サブプライム危機を契機に，2008年7月1日に最大手のサブプライム・レンダーとされる Countrywide Financial，2009年1月1日に全米3位の大手投資銀行 Merrill Lynch を子会社にしている。金融持株会社 Bank of America Corp. も，JPMorgan Chase & Co. と同じく，投資銀行業務のトップに食い込んだのである。

2.3 Citigroup と投資銀行の合併

最後に，金融持株会社 Citigroup である。その前身は，1812年6月16日に設立された州法銀行 City Bank of New York である。1865年には，国法銀行に転換し The National City Bank of New York となった。

City は1950年代に重要な M&A をおこなった。1955年3月1日，First National Bank of City of New York を合併し，The First National City Bank of New York となったのである。1962年1月1日，FNCB（First National City Bank）に名称変更をおこなった。1967年に銀行持株会社 FNCC（First National City Corp）が設立され，翌1968年1月に FNCB は FNCC 子会社の City Bank of New York に併合された。1974年に FNCC が Citicorp と，1976年に FNCB が Citibank N.A. と再度改称された。

1980年代後半に入ると，1987年1月29日に Quotron Systems Inc. を，1990年2月5日に Bank New England-Credit Card を，1998年4月2日に

図 5-3 Citigroup の M&A の歴史

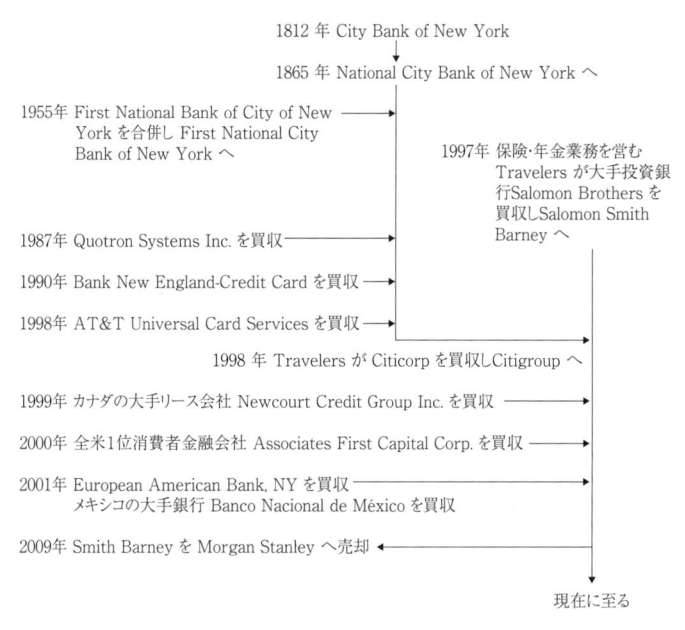

```
                              1812 年 City Bank of New York
                                      ↓
                              1865 年 National City Bank of New York へ

1955年 First National Bank of City of New
      York を合併し First National City          1997年 保険・年金業務を営む
      Bank of New York へ                          Travelers が大手投資銀
                                                    行Salomon Brothers を
                                                    買収しSalomon Smith
1987年 Quotron Systems Inc. を買収 ──────→        Barney へ
1990年 Bank New England-Credit Card を買収 ──→
1998年 AT&T Universal Card Services を買収 ──→
                              1998 年 Travelers が Citicorp を買収しCitigroup へ
1999年 カナダの大手リース会社 Newcourt Credit Group Inc. を買収
2000年 全米1位消費者金融会社 Associates First Capital Corp. を買収 ──→
2001年 European American Bank, NY を買収 ←──
      メキシコの大手銀行 Banco Nacional de México を買収
2009年 Smith Barney を Morgan Stanley へ売却 ←──
                                      ↓
                              現在に至る
```

（各種公表資料より作成）

AT&T Universal Card Services を買収した。これらは IT またはカード関連の会社であり，他の大手商業銀行 2 行とは異なるタイプの M&A と考えられる。

1990 年代末に，銀行持株会社 Citicorp は大手金融機関と合併していく。それは，おもに保険・年金業務を営む Travelers による買収であった。Travelers は，1993 年に投資銀行 Smith Barney，1997 年 11 月 28 日に大手投資銀行 Salomon Brothers を合併し，その投資銀行を Salomon Smith Barney と名称変更していた。翌 1998 年 10 月 8 日，Travelers が Citicorp を買収して Citigroup の名称を引き継いだ。結果的に，銀行持株会社 Citigroup は，他の大手商業銀行 2 行と同じく，投資銀行業務に参入したのである。

その後も，金融持株会社 Citigroup は買収を続けた。1999 年 11 月 15 日の

カナダの大手リース会社 Newcourt Credit Group Inc., 2000 年 11 月 30 日の全米 1 位の消費者金融会社 Associates First Capital Corp., 2001 年 7 月 18 日の European American Bank, NY（オランダの ABN AMRO の支店），同年 8 月 6 日のメキシコ 2 位の大手行 Banco Nacional de México である。オランダの大手行 ABN AMRO からニューヨーク支店を買い取ったのは，JPMorgan Chase & Co. との競争上のことであった。一方，カナダやメキシコの消費者金融に本格的に進出したのは，他の大手商業銀行グループ 2 社とは異なる Citigroup 独自の戦略であった。全米 1 位の消費者金融会社を買収したのは，ニューヨークにおける消費者金融を強化する目的であった。しかし，Associates First Capital Corp. はサブプライム・レンダーでもあり，結果的に金融持株会社 Citigroup はサブプライム問題に入り込んでしまった[7]。

　2009 年 6 月 1 日，金融持株会社 Citigroup は，投資銀行 Smith Barney を大手投資銀行 Morgan Stanley に売却することを発表した。新たに設立された Morgan Stanley Smith Barney（以下 MSSB）の株式は，Morgan Stanley が 51％，Citigroup が 49％を保有した。2012 年 9 月 11 日，Morgan Stanley と Citigroup は，Citigroup の保有する MSSB 株を Morgan Stanley に売却することに合意した。投資銀行部門の拡張は，金融持株会社 Citigroup では曲がり角を迎えたようである。

2.4　Wells Fargo & Co. による金融機関の買収

　ここで，3 大商業銀行グループと比較するために，スーパーリージョナル最大手の Wells Fargo & Co. の M&A の歴史をみてみよう。西海岸のサンフランシスコに本店のある Wells Fargo & Co. は，1852 年 3 月 18 日にアメリカン・エキスプレスの創設者でもある Henry Wells と William Fargo によってニューヨークで運送業者・銀行業者として設立された。1905 年に，Wells Fargo & Co. は，銀行業と運送業を分離した。一方，後に Wells Fargo & Co.

---

7)　Johnson (2000), Los Angeles Times (2001), Federal Trade Commission, Protecting America's Consumers (2002).

図 5-4 Wells Fargo & Co. の M&A の歴史

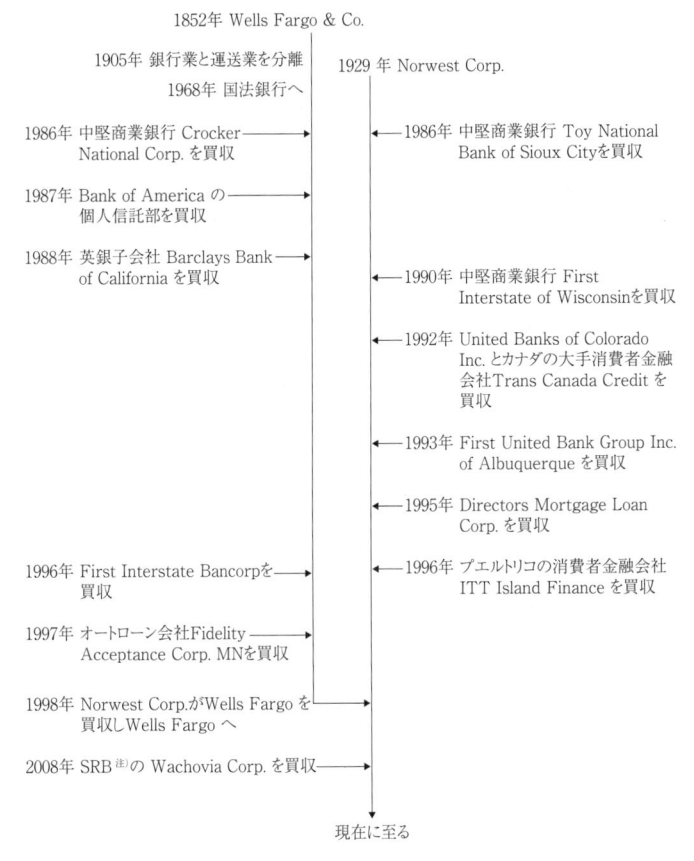

```
                    1852年 Wells Fargo & Co.
      1905年 銀行業と運送業を分離
      1968年 国法銀行へ        1929年 Norwest Corp.

1986年 中堅商業銀行 Crocker ──→  ←── 1986年 中堅商業銀行 Toy National
       National Corp. を買収              Bank of Sioux City を買収

1987年 Bank of America の ──→
       個人信託部を買収

1988年 英銀子会社 Barclays Bank ──→
       of California を買収
                                 ←── 1990年 中堅商業銀行 First
                                          Interstate of Wisconsin を買収

                                 ←── 1992年 United Banks of Colorado
                                          Inc. とカナダの大手消費者金融
                                          会社 Trans Canada Credit を
                                          買収

                                 ←── 1993年 First United Bank Group Inc.
                                          of Albuquerque を買収

                                 ←── 1995年 Directors Mortgage Loan
                                          Corp. を買収

1996年 First Interstate Bancorp を ──→  ←── 1996年 プエルトリコの消費者金融会社
       買収                                    ITT Island Finance を買収

1997年 オートローン会社 Fidelity ──→
       Acceptance Corp. MN を買収

1998年 Norwest Corp. が Wells Fargo を ──→
       買収し Wells Fargo へ

2008年 SRB(注) の Wachovia Corp. を買収 ──→

                    現在に至る
```

注）SRB は（super regional bank；スーパーリージョナルバンク）の略である。
（各種公表資料より作成）

を買収するスーパーリージョナルの Norwest Corp. が，1929 年にミネアポリスで設立された。

時代が下った 1968 年に，Wells Fargo は国法銀行へ転換した。しかし，1950 年代から 1960 年代にかけて，Wells Fargo & Co. は重要な合併をおこなわなかった。1980 年代後半に入ると，1986 年 5 月 30 日に，Wells Fargo &

Co. は，サンフランシスコに本店のある中堅商業銀行 Crocker National Corp. を，当時英銀大手であった Midland Bank から買収した。1987 年には Wells Fargo は Bank of America の個人信託部を，翌 1988 年に英銀大手 Barclays PLC からその子会社 Barclays Bank of California を吸収した。

1990 年代後半には，1996 年 4 月 1 日，Wells Fargo は，ロサンゼルスに本店のある当時米銀 8 位の First Interstate Bancorp を買収した。翌 1997 年 9 月 3 日，Wells Fargo は，BankBoston Co. の自動車ローン会社 Fidelity Acceptance Corp. MN を合併した。ところが，当時米銀 11 位のスーパーリージョナル Norwest Corp. が，1998 年 11 月 2 日，Wells Fargo & Co. を買収し，Wells Fargo の名称を引き継いだのである。直近では，2008 年 10 月 3 日，Wells Fargo & Co. は，当時米銀 4 位のスーパーリージョナル Wachovia Corp. の救済合併を発表した。Wells Fargo & Co. を買収した Norwest Corp. も，1980 年代後半から積極的に M&A をおこなっていた。まず，1986 年に Norwest Corp. はリージョナルバンク Toy National Bank of Sioux City, Iowa を，1990 年 4 月に同じく First Interstate of Wisconsin を，1992 年にデンバーの United Banks of Colorado Inc. を，翌 1993 年にニューメキシコ州とテキサス州を地盤とする First United Bank Group Inc. of Albuquerque を買収した。

消費者金融や住宅モーゲイジ関連では，1992 年 11 月に Norwest Corp. はカナダで 2 番目に大きい消費者金融会社 Trans Canada Credit を合併した。1995 年には，カリフォルニア州の Directors Mortgage Loan Corp. の買収により，Norwest Corp. の子会社 Norwest Mortgage は，住宅モーゲイジの代表的なオリジネーターとなった。M&A ではないが，翌 1996 年に，Norwest Mortgage は，Prudential Insurance Co. of America (Prudential Home Mortgage) から大量のモーゲイジを購入し，アメリカ最大の住宅モーゲイジ・サービス業者になった。同じく 1996 年 5 月に，子会社 Norwest Financial は，プエルトリコの消費者金融会社 ITT Island Finance を吸収した。

3 大商業銀行グループ JPMorgan Chase & Co., Bank of America Corp.,

CitigroupのM&Aによる業務展開には，いくつかの共通点がある。第1に，1950-1960年代のM&Aである。銀行持株会社JPMorgan Chase & Co.では大手商業銀行グループ同士の合併もあり，同じくCitigroupは重要な吸収合併をおこなった。Bank of America Corp.では，後に買収されるNationsBank Corp.の前身が大型合併をおこなった。一方のスーパーリージョナルWells Fargo & Co.は，重要な合併をしていない。

第2に，1990年代以降のM&Aである。これには2種類あり，1つは大手商業銀行グループ同士の合併である。銀行持株会社JPMorgan Chase & Co.とBank of America Corp.で，このタイプの合併がおこなわれた。2つは，大手投資銀行等の投資銀行業務をおこなう金融機関とのM&Aである。次節で取り上げる1996年の銀行の証券業務元年から，3大商業銀行グループはこのタイプの合併をおこなった。一方のWells Fargo & Co.は，銀行持株会社First Interstate Bancorpを買収したが，大手投資銀行とは合併していない。3大商業銀行グループとスーパーリージョナルバンクでは，歴史的にも重要な違いがあったのである。次節では，M&Aによって巨大化し，さらには大手投資銀行をも取り込んだ3大商業銀行グループが，その業務をどのように変化させたかを考察する。

3 大手商業銀行グループによる引受業務の拡大

前節では，金融持株会社JPMorgan Chase & Co., Bank of America Corp., Citigroupの大手商業銀行グループ3社が，歴史的にどのようにM&Aをおこなってきたかをみた。ここでは，3大銀行グループの現在の業務を理解するために，1980年代末から大手銀行グループが各種金融商品の引受業務を拡大していったことを考察する。引受業務は，大手商業銀行グループが証券化業務に進出する際に要となる重要な業務である。まず第1項では，1988年から，大手銀行グループが20条証券子会社を設立して各種金融商品の引受業務に進出したことを確認する。つぎに第2項では，1996年の銀行の証券業務

元年から，大手銀行グループが各種金融商品の引受業務を拡大したことを実証する。最後に第3項では，大手商業銀行グループがいつどのように各種金融商品の引受業務において大手投資銀行のシェアを追い越すようになったかを考察する。

3.1　20条証券子会社の設立

　第6章で考察するように，現代的には，投資銀行業務が3大商業銀行グループの収益の柱となっている。それでは，大手商業銀行グループは，投資銀行業務の中心である引受業務へ，いつどのように進出したのだろうか？

　周知のように，証券発行と引受業務については，おもに大手投資銀行が担っていた。Pavel (1989) によると，大手商業銀行グループは，公募 ABSs (asset-backed securities；アセットバック証券) と MBSs (mortgage-backed securities；モーゲイジ担保証券) の3分の1近くを発行した。しかし，同じく大手銀行グループは，公募 ABSs (MBSs を除く) をそれほど引き受けていない。1987年に，大手銀行グループ8社は，私募 ABSs/MBSs の件数の32％，金額の34％を発行した。ABSs/MBSs 私募発行取扱高の3位に Bankers Trust New York Corp. (シェア 8.5％)，4位に Citicorp (同 7.8％)，9位に Chase Manhattan Corp. (同 5.9％) が食い込んでいた[8]。

　大手商業銀行は，オリジネートした貸付を，グループ内で証券化してディストリビュートする。いわゆる OTD モデルである。Pavel (1989) によると，大手行は，ABSs/MBSs を積極的に発行したので，ABSs/MBSs の引受業務，とくに自ら発行した証券を引き受けるのは，現在の業務の自然な延長だという[9]。

　この大手商業銀行グループの引受業務に関する規制緩和を，Litan (1987)

---

[8]　以下，11位に Chemical (同 4.4％)，12位に Morgan Guaranty Trust (同 3.4％)，15位に Security Pacific (同 2.0％)，16位に Bank of America (同 1.0％)，19位に First National Bank of Chicago (同 0.7％) と続いた。
[9]　以上 Pavel (1989), pp. 26-28, 195, table 2-3. (訳，23-24, 160頁，表 2-3)

を参考に整理しよう[10]。1985年8月までに，州法免許銀行に証券引受業務を認めていた代表的な州は，アラスカ，アラバマ，オハイオ，カリフォルニア，ニューヨーク，ノースカロライナである。1987年4月に，大手銀行グループの1つCiticorpは，ニューヨーク州ロチェスター所在の銀行子会社を，国法免許から州法免許に転換した。銀行子会社Citibankは，それまで10年以上の間に，国法銀行を管轄する通貨監督官の管轄権限を離脱した，最初の多国籍持株会社傘下の子会社となったのである。

この時期に，大手商業銀行グループの引受業務への進出に関して，20条証券子会社が重要となっていく。周知のように，GS (Glass-Steagall；グラス＝スティーガル）法第20条は，加盟銀行による証券会社の系列化を禁止した。しかし，第20条にある，証券子会社が引受業務に「主業として従事していない」という解釈を緩めることによって，加盟銀行は証券子会社をもつことが可能になった。1980年代後半から，連邦準備は，引受業務に「主業として従事していない」ことを，証券子会社の引受収益が総収益の5%を超えないと解釈したのである。この銀行非適格証券の引受収益の上限は，1989年9月には10%へ，1996年12月には25%へ引き上げられた（実施は1997年3月）。こうして設立された証券子会社を，20条証券子会社と呼ぶ。

GS法第20条の解釈を緩めて，1987年4月30日以降，連邦準備は大手銀行持株会社に銀行非適格証券引受業務を認可した。4月30日に認可された銀行持株会社はJ.P. Morgan & Co. Inc., Citicorp, Bankers Trust New York Corp. であり，5月にはChase Manhattan Corp., Chemical Banking Corp., Security Pacific Corp. が認可された。認可された銀行非適格証券引受業務は，CP, MBSs, レベニュー債[11], ABSs[12]の4種類であった。これらの大手銀

---

10) 以下 Litan (1987), pp. 54, 57-58, table 2-4, note 113（訳, 75-76, 81-82頁, 表2-4, 注113）を参考にした。
11) レベニュー債とは，アメリカの地方公共団体が発行する地方債の一種である。吉原・貝塚・蠟山・神田編 (2000), 1761頁。
12) ABSs の内訳は CARs (certificates of automobile receivables；自動車ローン担保証券）とCARDs (certificates of amortizing revolving debts；クレジットカード・ローン担保証券）で，7月14日に連邦準備は許可を与えた。

行持株会社は，1987年に20条証券子会社を設立した。これに続いて，本書に関係する大手銀行持株会社では，1988年8月にFirst Chicago Corp., 10月にFleet Financial Group, 1989年5月にNationsBank Corp., 12月にNorwest Corp., 1990年7月にBanc One Corp., 遅れて1992年にBankAmerica Corp.（株式・社債の引受は1994年に認可），1996年にBankBoston Co. が20条証券子会社を設立した。

この規制緩和は，大手商業銀行がオリジネートした金融商品を，大手銀行持株会社傘下の20条証券子会社が引き受けることを可能にした。ABSs（MBSsを除く）の引受業務では，5大投資銀行が1989年1～9月に約93％のシェアであった。MBSsでは，同じく5大投資銀行は同じ時期に60％を引き受けた。これは，大手投資銀行が投資銀行業務を寡占していた一例である。

一方，通貨監督官は，1987年6月に，国法銀行Security Pacificに対して，自行のモーゲイジ・ローンを担保としたMBSsの引受業務を認可した。こちらは20条証券子会社ではなく，国法銀行本体で引き受けるのである。

以下では，まず，3大商業銀行グループが近年どのように証券化業務をおこなったかをみてみよう。金融持株会社JPMorgan Chase & Co. は，グループ傘下のSPVs (special purpose vehicles；特別目的事業体)[13]を利用して証券化をしていた。JPMorgan Chase & Co., *Annual Report*, 2013と2014によると，JPMorgan Chase & Co. は，彼らがスポンサーとなるSPVsを以下のどれか1つに当てはまると考えている。(1) JPMorgan Chase & Co. がSPVsからの利益の主たる受け手である。(2) SPVsはJPMorgan Chase & Co. によって彼ら自身の資産を証券化する[14]ために用いられる。(3) SPVsはJPMorgan Chase & Co. の名前で証券化商品を発行する。(4) SPVsはJPMorgan Chase

---

13) SPVsについては，Gorton and Souleles (2006) を参照されたい。
14) こうした証券化関連のSPVsが所有する資産の内訳は，2001-2003年には，金額の多い順に，①クレジットカード受取勘定，②住宅モーゲイジ債権，③商業モーゲイジ債権，④自動車ローン等であった。同じく2003-2004年には項目が変更されているが，金額の多い順に，①クレジットカード受取勘定，②住宅モーゲイジ，③自動車ローン，④ホールセール業務であった。同じく2005-2007年には，金額の多い順に，①商業その他，②クレジットカード受取勘定，③住宅モーゲイジ，④自動車ローンであった。

& Co. の ABCP（asset-backed commercial paper）の発行体である。同じく *Annual Report*, 2006-2007 によると，証券化される資産における，商業その他[15]の注(a)と(b)に，共同スポンサーとの証券化には，JPMorgan Chase 以外がオリジネートした資産を含むと記されている。先の *Annual Report*, 2013 によると，JPMorgan Chase & Co. の複数の SPVs は，自らオリジネートしたものも購入したものも両方とも証券化するという[16]。グループ傘下の SPVs は，JPMorgan Chase がオリジネートした多様な資産を証券化するのである。

　JPMorgan Chase & Co., *Annual Report*, 2008-2014 によると，金融持株会社 JPMorgan Chase & Co. の投資銀行部門（2012-2014 では法人・投資銀行部門）は，彼らがスポンサーとなる SPVs の発行した MBSs/CMBSs（commercial mortgage-backed securities；商業モーゲイジ担保証券）を引き受けてトレーディングするという。グループ傘下の SPVs の発行した MBSs/CMBSs を，JPMorgan Chase & Co. の投資銀行部門が引き受けたのである。こうして，JPMorgan Chase がオリジネートし，グループ傘下の SPVs の発行した MBSs/CMBSs を，同じくグループ傘下の投資銀行部門が引き受けるという形が造られたのである。その後，投資銀行部門は MBSs/CMBSs を投資家に販売し，この時点で，JPMorgan Chase & Co. にとって，貸付を担保とした MBSs/CMBSs がディストリビュートされ，現代的な OTD モデルが完成したのである。

　つぎに，金融持株会社 Bank of America Corp., *Annual Report*, 2004-2009 によると，Bank of America Corp. は，自らオリジネートした住宅モーゲイジ・ローンの大部分（2006-2009 では一部）を証券化したという。それに加えて，自らオリジネートした商業モーゲイジ・ローンと第 3 者から購入した商業・

---

15) 商業その他は，事業貸付（おもに商業モーゲイジ）と第 3 者から購入した消費者受取勘定である。
16) その内訳は，クレジットカード受取勘定，学生ローン，住宅・商業モーゲイジ，自動車ローンであった。このように，JPMorgan Chase & Co. の SPVs は，多様な ABSs と MBSs を発行していた。

住宅モーゲイジ・ローンを証券化したという。同じく *Annual Report*, 2010-2014 によると，Bank of America Corp. は，自らオリジネートした住宅モーゲイジ・ローンとクレジットカード・ローンまたは第3者から購入したものを証券化したという。Bank of America Corp. でも，自らがオリジネートし，グループで MBSs, CMBSs, CARDs（certificates of amortizing revolving debts；クレジットカード・ローン担保証券）を発行するという形が造られたのである。

　最後に，金融持株会社 Citigroup Inc., *Annual Report*, 2008 と Citigroup Inc., *Annual Report Form 10-K*, 2009-2014 によると，Citigroup はクレジットカード受取勘定をノン・リコース（償還請求権なし）形式でグループ傘下の SPVs に売却した。同じく *Annual Report Form 10-K*, 2012-2014 によると，Citigroup の CARDs の証券化は，そのほぼすべてを2つの SPVs, Citibank Credit Card Master Trust と Citibank Omni Master Trust を通しておこなわれた。これらの SPVs は，2010年1月1日まで非連結子会社であり，2010年1月1日の FASB（Financial Accounting Standards Board；財務会計基準審議会）の基準書167号によって連結子会社とされた。*Annual Report Form 10-K*, 2011-2012 によると，Citigroup によって非連結 SPVs を通して売却または証券化されたリテール・ローンのほぼすべてが，優良な住宅モーゲイジ・プライム・ローンであったという。Citigroup でも，自らがオリジネートし，グループ傘下の SPVs が CARDs と MBSs を発行するという形が造られたのである[17]。

---

17)　スーパーリージョナル最大手の Wells Fargo & Co., *Annual Report*, 2008-2014 によると，金融持株会社 Wells Fargo & Co. は，グループ傘下の SPVs が発行した証券を引き受け，それらの証券のマーケットメイクをしたという。Wells Fargo & Co. でも，グループ傘下の SPVs の発行した証券を，グループで引き受けるという形が造られたのである。

　　以上 Bank of America Corp., *Annual Report*, 2004, p. 114; 2005, p. 116; 2006, p. 119; 2007, p. 135; 2008, p. 140; 2009, pp. 155-156; 2010, pp. 178, 181; 2011, pp. 191, 194; 2012, pp. 200, 203; 2013, pp. 197, 200; 2014, pp. 188, 192; Citigroup Inc., *Annual Report*, 2008, p. 179; 2009, p. 200; Citigroup Inc., *Annual Report Form 10-K*, 2010, pp. 160, 237; 2011, pp. 144, 220; 2012, pp. 154, 228; 2013, p. 245; 2014, p. 232; JPMorgan Chase & Co., *Annual Report*, 2001, p. 69; 2002, p. 83; 2003, p. 101; 2004, p. 103; 2005, p. 109; 2006, p. 114; 2007, p. 139; 2008, p. 182; 2009, p. 209; 2010, p. 248; 2011, p. 259; 2012,

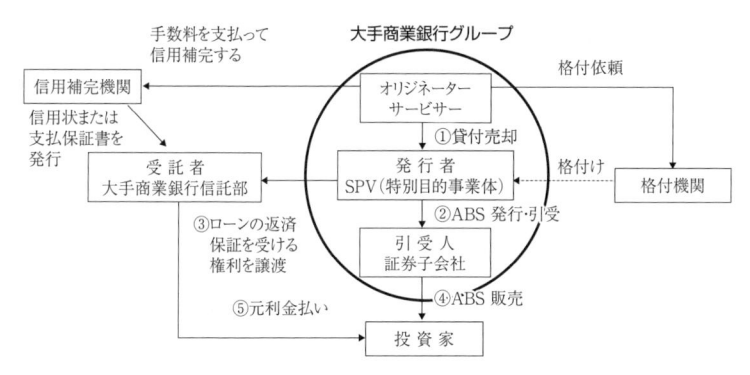

図 5-5　大手商業銀行グループによる ABSs の引受構造　1980 年代末

(Pavel (1989), pp. 21-41, figure 2-3（訳, 18-34 頁, 図 2-3）等を参考に作成)

　つぎに，時代を遡って，図 5-5 と図 5-6 を参照しながら，図中の①大手商業銀行がオリジネートした貸付を，同一銀行グループ傘下の② SPVs や 20 条証券子会社等がどのように証券化し引き受けたかを説明しよう。まず，オリジネーターは大手商業銀行であり，通常オリジネーターがサービサーを務めた。サービサーは元利金払いと返済遅延金の回収をおこない，証券発行の受託者と証券の投資家に報告する。図 5-5 の ABSs（MBSs を除く）の場合には，証券の発行者は，オリジネーターまたは引受人の子会社か関連機関として設立した SPVs であった。図 5-6 の MBSs の場合には，GNMA パス・スルー証券が中心であった 1970-1980 年代半ばには，おもにオリジネーターである民間金融機関が発行した。しかし，その後 1980 年代末から 1990 年代には，FNMA や FHLMC（Federal Home Loan Mortgage Corporation；連邦住宅金融公庫）等の政府系金融機関が発行することが多くなった。同時に，②民間の SPVs による発行も増加し，大手商業銀行本体が発行することもあった[18]。

---

　　　pp. 36, 283; 2013, pp. 195, 288, 291; 2014, pp. 262, 264; Wells Fargo & Co., *Annual Report*, 2008, p. 55; 2009, p. 124; 2010, p. 146; 2011, p. 160; 2012, p. 169; 2013, p. 183; 2014, p. 180.
18)　Rosenthal and Ocampo (1988), pp. 250-257, table B.2.

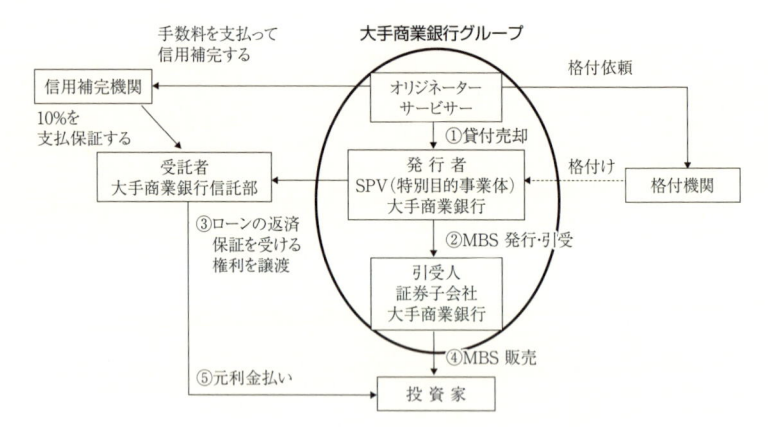

図5-6 大手商業銀行グループによるMBSsの引受構造 1980年代末

```
                手数料を支払って        大手商業銀行グループ
                信用補完する                                    格付依頼
    ┌─────────┐  ←──────            ┌──────────┐           ───────→
    │信用補完機関│                    │オリジネーター│
    └─────────┘                      │サービサー   │
          │10%を                     └──────────┘
          │支払保証する                     │①貸付売却
          ↓                                ↓                  格付け        ┌────────┐
    ┌─────────┐                      ┌──────────┐          ·········→    │格付機関│
    │受託者     │                    │発 行 者    │                        └────────┘
    │大手商業銀行信託部│              │SPV(特別目的事業体)│
    └─────────┘                      │大手商業銀行│
          │③ローンの返済              └──────────┘
          │保証を受ける                     │②MBS発行・引受
          │権利を譲渡                      ↓
          │                          ┌──────────┐
          │                          │引受人      │
          │                          │証券子会社  │
          │                          │大手商業銀行│
          │                          └──────────┘
          │⑤元利金払い                     │④MBS販売
          ↓                                ↓
                    ┌──────────┐
                    │投 資 家  │
                    └──────────┘
```

(Pavel (1989), pp. 21-41, figure 2-1 and 2-3（訳，18-34頁，図2-1，図2-3）等を参考に作成)

こうして発行された証券の引受人は，伝統的に大手投資銀行であった。しかし，1988年6月から大手銀行持株会社傘下の20条証券子会社が加わり[19]，GLB（Gramm-Leach-Bliley；グラム・リーチ・ブライリー）法下ではその順守期限2001年7月1日までに金融持株会社傘下の証券子会社となった。図5-6のMBSsの場合には，上記のように，大手商業銀行本体が引き受けることもあった。20条証券子会社を含む大手商業銀行グループがABSsとMBSsを引き受けるようになると，大手銀行グループはオリジネーターであり，かつ引受人となる。

オリジネーターと引受人の間に挟まれた発行者は，オリジネーターまたは引受人の子会社か関連機関として設立したSPVsが中心であった。先にみたように，このSPVsも，オリジネーターであり，かつ引受人である大手商業銀行グループの子会社か関連機関となった。大手商業銀行グループがオリジ

---

19) 1年以上，空白期間があるのは，証券業協会の起こした訴訟が，1988年6月に連邦最高裁に上告を棄却されたからである。ただし，訴訟がなくても，Competitive Equality Banking Act of 1987によって，銀行持株会社が銀行非適格証券の引受業務等をおこなえる時期は，1988年3月1日以降とされていた。U.S. General Accounting Office (1990), p. 59, note 4; 林 (2000), 39頁，表1。原資料はFederal Reserve, U.S. Office of the Comptroller of the Currency.

ネーターの場合，発行者と引受人はいずれも同一大手銀行グループとなったのである。

　証券発行の図中の③受託者は，発行者から資産を買い取り，⑤投資家に元利金を支払う。1939年信託証書法によると，100万ドル超の債券発行の受託者は，資本金5万ドル以上のFDIC加入預金金融機関でなければならない。しかし，格付機関 Standard & Poor's は受託者が資本金5億ドル以上であることを要求し，1987年末にはABSsの受託者はすべて資本金5億ドル以上の商業銀行，とくに銀行信託部であった。同年のABSs（MBSsを除く）公募発行の受託業務は，大手行9行[20]の寡占状態にあった[21]。

　連邦準備の規制緩和はさらに続き，1989年1月にJ.P. Morgan & Co. Inc., Chase Manhattan Corp., Bankers Trust New York Corp.の20条証券子会社にすべての証券と株式の引受とディーリングを認可した。ただし，株式には1年の猶予期間が設けられた。Citicorpの20条証券子会社は，すべての証券（株式を除く）の引受とディーリングを認められた。これにより，上記の3大商業銀行グループではすべての証券と株式の引受とディーリングが，Citicorpでは株式を除くすべての証券の引受とディーリングが可能になった。

　1987年4月以降の規制緩和により，大手商業銀行グループの20条証券子会社が，1988年6月以降に銀行非適格証券の引受をおこなった。その引受とディーリングは，すべての証券と株式に及んだのだろうか？　一般に公開されているデータは，銀行非適格証券に対する銀行持株会社の引受業務である。すなわち，20条証券子会社も含めた大手銀行グループのデータである。表5-2によって，銀行非適格証券に対する大手銀行グループの引受シェアが変

---

20) 大手商業銀行9行とは，富士銀行，State Street Bank, Bank of New York, Manufacturers Hanover, Morgan Guaranty, First National Bank of Chicago, Bankers Trust Co., Chemical Bank, First Bank である。Pavel (1989), p. 36, table 2-8.（訳，30頁，表2-8）原資料はIDD Information Services, U.S. Securities and Exchange Commission.

21) 時代は下るが，JPMorgan Chase & Co., *Annual Report*, 2009 によると，CARDsに関して，JPMorgan Chase が売り手かつサービサーで，Bank of New York Mellon が受託者となった事例があるという（p. 208）。

化した1991年前後をみてみよう。まず，1990-1992年の新規公開株式発行であるIPOと既公開会社による公募増資では，大手商業銀行グループは上位15位圏外であり，大手投資銀行の寡占状態にあった。ただし，J.P. Morgan & Co. Inc.の20条証券子会社は，1992年にGS法施行後初のIPO主幹事を獲得した[22]。

　社債は発行企業にとって負債であり，この点で中長期化した銀行貸付と代替性がある。社債市場において，投資適格債は最も早く発展した。1991-1992年の投資適格債では，同じくJ.P. Morgan & Co. Inc.の20条証券子会社が第7位～第8位，Citicorpが第15位～第17位に入り，合わせて3％台のシェアであった。社債市場において，当初ジャンク・ボンドと呼ばれていたハイ・イールド債は，投資銀行Drexel BurnhamのMichael Milkenが注目したことで1980年代に発展していた。ハイ・イールド債では，Bankers Trust New York Corp., Citicorp, J.P. Morgan & Co. Inc.の20条証券子会社3社が，1991年に市場に参入し上位10位前後となり，翌1992年には20条証券子会社によるシェアは7.8％に達したのである。

　ABSs市場では，規制緩和された1988年にChemical Banking Corp.が3位，Citicorpが6位となり，シェアは合わせて20.3％となった。翌1989年には，ChemicalとCiticorpの引受ランキングと市場シェアは下がった。しかし，Chase Manhattan Corp.とJ.P. Morgan & Co. Inc.が，1990年に上位10位前後になり，翌1991年にシェアを増加させ合わせて9.9％となった。さらに，翌1992年に，CiticorpがABS市場に参入し第6位となり，シェアも3社で

---

22) 以上，打込 (1986), 12頁, 第1表; Pavel (1989), pp. 21-41, 56-68, 199-200, 209, table 2-8 and 3-5, figure 3-9 (訳, 18-34, 46-54, 163-164, 169頁, 表2-8, 表3-5, 図3-9); U.S. General Accounting Office (1990), pp. 32, 58-59, 61, table IV. 2, note 1 and 4; U.S. General Accounting Office (1991), pp. 11-12, 17, table I. 2 and I. 10; Saunders and Walter (1993), p. 166; Kaufman and Mote (1994), p. 10 (訳, 29頁); U.S. General Accounting Office (1995), pp. 46, 48, table 3.1; 沼田 (1997), 8-9頁; 林 (2000), 39頁, 表1。原資料はConference of State Bank Supervisors; IDD, *Investment Dealers' Digest*, April 1, 1991; IDD Information Services, Federal Reserve, U.S. General Accounting Office analysis of data provided by Section 20 firms, U.S. Securities and Exchange Commission. ただし，訳を一部変更している。

表 5-2　銀行非適格証券に対する大手商業銀行グループの引受ランキングと市場シェア
1990－1992 年　（括弧内は市場シェア％）

	1990 年	1991 年	1992 年
ABSs	6.8%	9.9%	7.2%
Citicorp	—	—	6 位（4.9%）
Chase Manhattan Corp.	11 位（1.2%）	5 位（7.1%）	11 位（1.9%）
J.P. Morgan & Co. Inc.	9 位（1.6%）	8 位（2.7%）	13 位（0.4%）
Chemical Banking Corp.	7 位（3.8%）	—	—
Bankers Trust New York Corp.	15 位（0.2%）	—	—
MBSs	4.1%	3.1%	3.1%
J.P. Morgan & Co. Inc.	12 位（2.2%）	16 位（1.5%）	13 位（1.9%）
Citicorp	15 位（1.9%）	15 位（1.6%）	14 位（1.2%）
投資適格債	0.8%	3.1%	3.5%
J.P. Morgan & Co. Inc.	13 位（0.4%）	8 位（2.3%）	7 位（3.0%）
Citicorp	15 位（0.4%）	17 位（0.3%）	15 位（0.5%）
ハイ・イールド債	—%	5.8%	7.8%
Bankers Trust New York Corp.	—	8 位（3.0%）	8 位（3.8%）
Citicorp	—	10 位（1.8%）	10 位（2.6%）
J.P. Morgan & Co. Inc.	—	12 位（1.0%）	12 位（1.4%）
IPO・既公開会社株式	—%	—%	—%

（IDD, *Investment Dealers' Digest* 各号。）

7.2％であった。1990－1992 年の MBSs 市場では，J.P. Morgan & Co. Inc. と Citicorp の 2 社が，第 12 位〜第 16 位に入り，合わせて 3.1〜4.1％のシェアであった。

1988 年から，新規金融商品である ABSs の引受において，大手商業銀行グループ傘下の 20 条証券子会社が健闘した。大手行は，まず貸付をオリジネートする。先の図 5-5 の①その貸付は，グループ傘下の SPVs に売却され，②証券化される。証券化された ABSs は，同じくグループ傘下の 20 条証券子会社が引き受ける。大手銀行グループは，自らオリジネートし証券化した ABSs を，自ら引き受けたのである。そして，グループ傘下の④ 20 条証券子会社は，ABSs を投資家に販売した。この時点で，大手銀行グループにとって，貸付を担保とした ABSs がディストリビュートされ，現代的な OTD モデルが完成したのである。新規金融商品の ABSs ほどではなかったが，大手

銀行グループはMBSsも引き受けた。図5-5と図5-6の違いは、MBSsの発行者と引受人に大手行本体が含まれていることである。大手銀行グループは、さらに銀行貸付と代替性のある社債、とくに歴史の浅いハイ・イールド債の引受にも進出したのである。

3.2 銀行の証券業務元年

周知のように、1988年7月に発表されたバーゼルⅠ(導入は1992年末)は、国際的に活動している銀行に対し、自己資本比率を8%に高めることを求めた。大手商業銀行は、分子となる自己資本を積み増し、分母となるリスク資産を圧縮しはじめた。その一環として、前項で考察した貸付債権を証券化したABSsとMBSsに積極的に取り組んだ。証券化によって、貸付はバランスシートから外れ、自己資本規制の対象外になるのである。さらに、1991年12月19日に成立したFDICIA（FDIC Improvement Act；連邦預金保険公社業務改善法）は、バーゼルⅠよりも厳しい国内基準を導入した。この影響もあり、大手銀行グループは、貸付そのものよりも、外国為替や債券のトレーディング業務、前項で考察した20条証券子会社での手数料ビジネスやディリバティブにシフトしていったのである。

1993年4月には、G10中央銀行総裁会議で、新たにオフバランスを含むトレーディング勘定の外国為替、株式、債券の取引を対象に自己資本を求めることになった（改訂バーゼルⅠ、最終期限は1997年末）。これ以前の1989-1993年に、資産規模10位までの大手商業銀行は、急速にトレーディング勘定の証券取引を拡大した。しかし、最終期限後の1998-2000年に、大手10行は、逆にトレーディング勘定の証券取引を急速に減少させた[23]。

先の表5-2からも分かるように、当初、銀行持株会社BankAmerica Corp.

---

23) その後サブプライム危機の2007年まで、2003年を除いて、大手10行はトレーディング勘定の証券取引を再び増加させてきた。後の表6-9も参照されたい。
　以上Board of Governors of the Federal Reserve System (2010a), p. A29; 小立(2010), 128, 130頁, 図表; 大山(2011), 159, 162-163頁; 太田(2011), 46-48, 74-75, 247頁; 藤井・野崎(2011), 153-154, 174, 180-181, 185頁, 図表6-1; Basel Committee on Banking Supervision (2013), p. 5.

は，やや証券引受に消極的であった。このスタンスを変えたのは規制緩和である。1988年6月から，前項の20条証券子会社は，銀行非適格証券引受業務をおこなった。その銀行非適格証券の引受収益の上限が，1996年12月から25％へ引き上げられたのである（実施は1997年3月）。これは，実質的に，大手商業銀行グループがフリーハンドの証券業務を展開できる枠だという。銀行の証券業務元年である[24]。

この影響によって，翌1997年から，大手商業銀行グループが投資銀行を合併する事例が続いた。まず，同年6月にやや消極的であった銀行持株会社BankAmerica Corp.が中堅投資銀行Robertson Stephensを，9月2日に同じくBankers Trust New York Corp.がIPO業務トップのAlex Brown Co.を買収した。同年10月1日には，後にBankAmerica Corp.を買収するNationsBank Corp.が，中規模投資銀行Montgomery Securitiesを吸収した。同年11月28日には，後に銀行持株会社Citicorpを買収するTravelersが，大手投資銀行Salomon Brothersを合併し，Salomon Smith Barneyと名称変更した。翌1998年1月15日に，銀行持株会社J.P. Morgan & Co. Inc.が，中堅投資会社American Centuryを買収した。同年10月8日，TravelersがCiticorpを買収してCitigroupの名称を引き継ぎ，大手投資銀行Salomon Smith BarneyがCitigroup傘下に入ったのである。

ここで，銀行の証券業務元年から，大手商業銀行グループ傘下の20条証券子会社が実際にどのように引受業務に参入したかを確認しよう。表5-3によって，1997-1999年における銀行非適格証券に対する大手商業銀行グループの引受シェアとランキングをみると，大手銀行グループが複数トップ15位に入っていることがわかる。銀行持株会社Citicorpは1997年まで表5-3のABS引受を除くすべての項目でランク外であり，大手銀行グループといえども証券引受に対して同じようなスタンスで臨んだわけではなかったのである。しかし，1998年にTravelersがCiticorpを買収してCitigroupの名称

---

24) 箭内（2002）によると，銀行界はこの1996年を銀行の証券業務元年と呼んでいる（108-110頁）。

表 5-3　銀行非適格証券に対する大手商業銀行グループの引受ランキングと市場シェア
　　　　　　1997－1999 年　（括弧内は市場シェア％）

	1997 年	1998 年	1999 年
ABSs	12.1%	23.5%	26.5%
Citigroup	15 位（ 1.1%）	4 位（10.5%）	2 位（13.6%）
Bank of America Corp.	—	12 位（ 3.7%）	8 位（ 4.7%）
J.P.Morgan & Co. Inc.	7 位（ 6.6%）	10 位（ 4.0%）	10 位（ 4.2%）
Chase Manhattan Corp.	11 位（ 4.4%）	8 位（ 5.3%）	11 位（ 4.0%）
MBSs	2.9%	15.9%	17.0%
Citigroup	—	2 位（13.0%）	2 位（11.6%）
Bank of America Corp.	—	12 位（ 2.2%）	10 位（ 4.2%）
Nations Bank Corp.	14 位（ 1.4%）	—	—
Chase Manhattan Corp.	13 位（ 1.5%）	15 位（ 0.7%）	14 位（ 1.2%）
投資適格債	15.8%	26.1%	28.9%
Citigroup	—	3 位（12.6%）	2 位（12.6%）
Chase Manhattan Corp.	8 位（ 2.9%）	7 位（ 5.2%）	5 位（ 7.7%）
J.P.Morgan & Co. Inc.	4 位（11.7%）	6 位（ 6.8%）	8 位（ 4.7%）
Bank of America Corp.	—	11 位（ 1.5%）	9 位（ 3.9%）
Nations Bank Corp.	12 位（ 1.2%）	—	—
ハイ・イールド債	19.8%	17.6%	31.7%
Citigroup	—	2 位（13.1%）	2 位（14.1%）
Chase Manhattan Corp.	5 位（ 7.2%）	6 位（ 6.1%）	4 位（10.9%）
J.P.Morgan & Co. Inc.	9 位（ 5.3%）	11 位（ 3.8%）	10 位（ 3.6%）
Bank of America Corp.	—	12 位（ 2.0%）	11 位（ 3.1%）
Nations Bank Corp.	14 位（ 1.9%）	—	—
Bankers Trust New York Corp.	8 位（ 5.4%）	7 位（ 5.7%）	—
IPO	9.0%	16.0%	10.9%
Citigroup	—	3 位（ 7.9%）	6 位（ 5.2%）
J.P.Morgan & Co. Inc.	5 位（ 5.3%）	9 位（ 3.5%）	8 位（ 3.9%）
Chase Manhattan Corp.	—	17 位（ 1.0%）	12 位（ 1.8%）
Bank of America Corp.	—	14 位（ 1.5%）	13 位（ 0.7%）
Nations Bank Corp.	10 位（ 3.0%）	—	—
Bankers Trust New York Corp.	12 位（ 2.7%）	12 位（ 2.1%）	—
既公開会社株式	8.8%	16.7%	21.8%
Citigroup	—	5 位（ 7.1%）	3 位（10.2%）
J.P.Morgan & Co. Inc.	14 位（ 1.5%）	6 位（ 6.3%）	6 位（ 6.4%）
Chase Manhattan Corp.	—	—	12 位（ 1.9%）
Bank of America Corp.	13 位（ 1.7%）	11 位（ 1.7%）	13 位（ 1.7%）
Nations Bank Corp.	9 位（ 2.9%）	—	—
FleetBoston Financial	—	—	14 位（ 1.6%）
BankBoston	8 位（ 2.7%）	12 位（ 1.6%）	—

注）合併等で社名を変更した場合には，新しい名称を用いている。
（IDD, *Investment Dealers' Digest* 各号。）

を引き継ぎ，Travelers 傘下の大手投資銀行 Salomon Smith Barney がグループに加わった。その 1998 年から，Citigroup はすべての項目で 5 位以内にランクインした。Bank of America Corp. は，Nations Bank Corp. に買収された 1998 年から積極的となり，その 1998 年にすべての項目で 14 位以内にランクインした。J.P.Morgan & Co. Inc., Chase Manhattan Corp., Bankers Trust New York Corp. がこれに続いた。

　銀行非適格証券の内訳では，大手商業銀行グループ傘下の 20 条証券子会社は，銀行貸付と代替性のある社債を引き受けるようになった。まず，比較的歴史の浅いハイ・イールド債の引受に最も積極的に進出した。ハイ・イールド債では，1997 年に大手銀行グループの引受シェアが 19.8％に達し，翌 1998 年に減少したが，1999 年には 31.7％に達した。つぎに，投資適格債の引受に積極的に進出し，大手銀行グループの引受シェアは 1999 年には 28.9％まで増加した。一方，大手銀行グループの新規金融商品である ABS 引受シェアは，大手投資銀行 Salomon Smith Barney を銀行持株会社 Citigroup が傘下にした直後の 1998－1999 年には 23.5～26.5％に達した。MBSs の引受シェアは，新生 Citigroup が誕生した 1998－1999 年に 15.9～17.0％に達したが，その後 ABSs ほどシェアは増加していない。

　引受業務の中心である IPO 引受も引受額の市場シェアでは同じく 1998 年に 16.0％，既公開会社による公募増資引受も 1999 年に同じく 21.8％に達した。しかし，IPO 引受の増加は一時的なものであった。既公開会社株式引受は，引受額の市場シェアのピーク時 1999 年でも，手数料の市場シェアでは 15.7％に過ぎなかった。株式引受では，債券引受より引受手数料の差異が大きく，引受額の市場シェアだけでなく手数料の市場シェアにも注視しなければならない。大手商業銀行グループの IPO・既公開会社株式引受への本格的な進出は 21 世紀まで待たなければならなかったのである（以上，後の表 5-4～表 5-9 も参照されたい）。

　しかし，大手商業銀行グループ傘下の 20 条証券子会社が社債と ABSs を中心とした銀行非適格証券を積極的に引き受けていくという新たな動きが，

最終的に1999年のGLB法へつながり，銀行と証券を分離していたファイアー・ウォールに風穴を開けたのである。

3.3 大手金融機関の引受業務の推移

ここでは，大手商業銀行グループ傘下の証券子会社が，各種金融商品の引受業務にいつどのように参入したかを，大手金融機関の引受ランキングと市場シェアの推移で確認しよう。大手銀行グループ傘下の証券子会社による引受業務に関して，すでにみたように，大手商業銀行グループによる投資銀行の合併や，20条証券子会社による引受業務の規制緩和がおこなわれた。大手金融機関の引受ランキングと市場シェアをみることで，合併や規制緩和等が，大手銀行グループ傘下の証券子会社による引受業務に，いつどのように影響をあたえたかを考察するのである。

まず，表5-4によって，大手商業銀行グループ傘下の証券子会社によるABSs（MBSsを除く）の引受業務をみてみよう。銀行の証券業務元年より前の1992年には，アメリカ国内のABS引受において，大手銀行グループでは，銀行持株会社 Citicorp, Chase Manhattan Corp., J.P. Morgan & Co. Inc. が13位以内に入った。しかし，1990-1992年には，その引受シェアも3社で2.8～9.9%に過ぎなかった（表5-2）。3大商業銀行グループのABSsの引受シェアは，1995-1997年には12.2～17.5%に増加したが，Citigroupが大手投資銀行 Salomon Smith Barneyを傘下にした直後の1998-1999年に23.5～28.1%まで急増した（表5-3）。その1999年に，3大投資銀行のABS引受シェア19.7%を初めて上回ったのである。ここに，大手商業銀行の本体だけでなく，大手商業銀行グループを考察する意味がある。

その後2000-2003年に，3大商業銀行グループのABSs（MBSsを除く）の引受シェアは，30.5～33.6%に達した。しかし，サブプライム危機直前の2005年に，3大銀行グループはABS引受シェアを20.1%まで低下させた。この時期に，ABS引受シェアを伸ばしたのは，Countrywide Securitiesである。Countrywide Securitiesは，預金金融機関ではなくモノライン・レンダー

第5章 大手商業銀行グループの証券化業務への進出　173

表5-4　ABSsの引受ランキングと市場シェア　1996－2014年

(括弧内は市場シェア％)

	1996	2000	2004	2008	2011	2014
Citigroup	16(0.8)	1(15.6)	1(9.7)	2(15.8)	3(10.9)	1(14.6)
Salomon Smith Barney	9(5.8)					
JPMorgan Chase & Co.		2(12.0)	8(6.7)	1(19.5)	2(14.0)	2(11.2)
J.P.Morgan & Co. Inc.	7(7.0)					
Chase Manhattan Corp.	6(7.4)					
Bear Sterns	10(5.0)	9(5.2)	9(6.5)			
Bank of America Corp.		8(6.0)	10(6.2)	3(14.1)	1(15.1)	3(10.2)
Merrill Lynch	1(15.4)	7(6.4)	11(6.2)	10(3.2)		
Countrywide Securities		16(1.0)	2(8.7)			
Credit Suisse Group	3(9.9)	3(11.3)	4(8.0)	8(4.4)	7(6.7)	4(9.2)
Barclays			15(2.4)	4(10.6)	4(10.3)	5(7.1)
Deutsche Bank Group		5(8.1)	7(7.0)	5(6.5)	6(8.3)	6(6.9)
Wells Fargo & Co.					9(3.7)	7(6.3)
Wachovia Corp.		12(2.7)	13(3.0)	9(3.3)		
Morgan Stanley	4(8.6)	6(8.1)	5(7.6)	7(4.7)	8(3.8)	8(5.6)
RBC(Royal Bank of Canada) Capital Markets					10(2.7)	9(5.2)
RBS(Royal Bank of Scotland) Group			6(7.4)	6(6.2)	5(9.3)	
Lehman Brothers		2(15.1)	4(10.2)	3(8.5)		
Goldman Sachs		5(7.7)	10(4.2)	14(2.7)		10(3.9)
Prudential		8(6.3)				
上位10社の市場シェア	(88.2)	(87.1)	(76.3)	(88.3)	(84.8)	(80.2)
3大商業銀行グループの市場シェア％	*(15.2)	(33.6)	(22.6)	(56.8)	(40.0)	(36.0)
3大投資銀行の市場シェア％	(31.7)	(18.7)	(16.4)	*(4.1)	*(3.8)	*(9.5)
業界全体の発行額（100万ドル）	151,307	308,398	856,713	159,823	134,733	311,934

注1) 1996年の3大商業銀行グループの市場シェアは, J.P.Morgan & Co. Inc., Chase Manhattan Corp., Citigroupのものである。
　2) 合併等で社名を変更した場合には, 新しい名称を用いている。
　3) ＊印の付いたシェアは, トップ行から外れた大手3社があるため, 現実よりも小さな値になっている。
(IDD, *Investment Dealers' Digest* 各号; Thomson Reuters, *Debt Capital Markets Review: Managing Underwriters*, Full Year 各号。)

とされるCountrywide Financialグループの証券子会社である。彼らは1999年の0.3％から2004年の8.7％まで急速にそのシェアを増加させた。しかしながら, 3大銀行グループは, 危機が起こった2007年から再びシェアを急増させ, 2008-2014年にABS引受シェアは39.6～57.7％を推移した。

個々の大手商業銀行グループの動向をみると，金融持株会社 Citigroup は，Salomon Smith Barney を傘下にしたこともあり，2000-2001 年には ABSs（MBSs を除く）の引受業務で第 1 位となった。その後もトップ 3 を維持し，最も長くトップに立った。同じく JPMorgan Chase & Co. も，同じく ABSs の引受業務で 2002-2003 年には第 1 位となった。2004-2006 年に順位を下げたが，サブプライム危機以降の 2008 年と 2012 年に再びトップとなった。Bank of America Corp. も，1998 年から同じく ABSs の引受業務でトップ 10 を維持した。サブプイム危機以降の 2010-2011 年には第 1 位となり，2012-2014 年もトップ 3 に入った[25]。ABSs（MBSs を除く）において，大手商業銀行グループ傘下の証券子会社は，大手投資銀行以上に活発に引受業務をおこなうようになったのである。

つぎに，大手商業銀行グループの MBSs の引受業務に移ろう。この業務は，おもに大手銀行グループ傘下の証券子会社によっておこなわれる。表 5-5 をみると，3 大商業銀行グループの MBS 引受シェアは，1995-1997 年に 2.8％ 以下で ABSs よりはるかに小さかった。しかし，銀行持株会社 Citigroup が大手投資銀行 Salomon Smith Barney を傘下にした直後の 1998-1999 年に，Citigroup は MBSs の引受業務で全米第 2 位に躍進した。3 大商業銀行グループの MBS 引受シェアも，同じく 1998-1999 年に 15.9～17.1％ に急増した（表 5-3）。ABSs よりやや遅れた翌 2000 年に，金融持株会社 Bank of America Corp. と JPMorgan Chase & Co. も，MBSs の引受業務で全米トップ 9 位以内に入った。3 大商業銀行グループの MBS 引受シェアはこの 2000 年に 21.2％ まで急増し，2000 年に 3 大投資銀行の引受シェア 18.7％ を初めて上回ったのである。本書で，大手商業銀行の本体のみならず，大手商業銀行グループを考察する所以である。

その後サブプライム危機直前の 2005 年まで，3 大商業銀行グループの

---

25) スーパーリージョナル Wells Fargo & Co. は，2008 年に同じくスーパーリージョナルの Wachovia Corp. を救済合併し，その後 2010 年以降に ABSs の引受業務でトップ 10 に喰い込んだ。

第5章 大手商業銀行グループの証券化業務への進出 175

表 5-5　MBSs の引受ランキングと市場シェア　1996－2014 年

(括弧内は市場シェア％)

	1996	2000	2004	2008	2011	2014
Credit Suisse Group	10(3.0)	1(15.7)	5(7.2)	3(13.1)	3(9.4)	1(11.2)
JPMorgan Chase & Co.		8(5.6)	13(3.3)	4(13.0)	5(8.9)	2(10.2)
Chase Manhattan Corp.						
Bear Sterns	13(1.1)	3(12.3)	1(12.4)			
Washington Mutual	2(14.8)		14(1.0)			
Barclays				1(18.2)	2(12.1)	3(9.2)
Deutsche Bank Group		12(2.7)	10(4.5)	5(7.7)	4(9.1)	4(8.3)
Wells Fargo & Co.						5(8.2)
Goldman Sachs		6(6.8)	8(6.4)	10(3.3)	6(8.6)	6(7.8)
Citigroup		4(10.5)	7(7.0)	8(5.2)	7(8.1)	7(7.3)
Salomon Smith Barney	3(14.0)					
Morgan Stanley	6(6.8)	11(4.4)	6(7.1)		8(5.4)	8(6.5)
Bank of America Corp.	7(4.5)	9(5.1)	4(9.6)	2(13.7)	1(14.4)	9(6.5)
Merrill Lynch		5(7.5)	12(3.8)	6(6.6)		
Countrywide Securities	9(4.0)	15(0.6)	11(4.4)			
RBS(Royal Bank of Scotland) Group		10(4.9)	9(6.3)	7(6.0)	9(5.2)	
Lehman Brothers	1(17.3)	2(14.7)	3(10.0)			
野村證券					10(3.4)	
Mischler Financial Group Inc.						10(4.7)
UBS (United Bank of Switzerland)		7(6.0)	2(10.9)	9(4.6)		
Donaldson, Lufkin & Jenrette	4(12.4)					
PaineWebber	5(11.2)					
上位10社の市場シェア	(88.0)	(74.4)	(81.4)	(91.4)	(84.6)	(80.2)
3大商業銀行グループの市場シェア％	＊(1.1)	(21.2)	(19.9)	(31.9)	(31.4)	(24.0)
3大投資銀行の市場シェア％	(15.3)	(18.7)	(17.3)	＊(12.6)	＊(14.0)	＊(14.3)
業界全体の発行額（100万ドル）	100,967	180,094	729,306	187,380	415,750	350,103

注1) 1996年の3大商業銀行グループの市場シェアは，J.P.Morgan & Co. Inc. のものである。
　2) 表5-4の注2) と注3) を参照されたい。
(IDD, *Investment Dealers' Digest* 各号; Thomson Reuters, *Debt Capital Markets Review: Managing Underwriters*, Full Year 各号。)

　MBS 引受シェアは低下傾向にあり，16.1％まで減少した。この時期に，MBS 引受シェアを伸ばしたのは，外国銀行の Deutsche Bank と RBS (Royal Bank of Scotland)，大手のサブプライム・レンダーとされた Countrywide Financial と Washington Mutual グループである。Deutsche Bank の MBS

引受シェアは，2001年の1.1％から2006年の7.1％まで急上昇した。RBSの引受シェアは，2001年の3.7％から2005年の9.6％まで急増した。破綻したCountrywide Securitiesは，引受シェアを1999年の0.1％から2005年の4.6％まで上昇させた。最大の貯蓄貸付組合であったWashington Mutualは，同じく引受シェアを2003年の0.0％から2005年の3.9％まで増加させた。

　Countrywide Financialは預金金融機関ではないモノライン・レンダーであり，Washington Mutualは預金金融機関ではあるがサブプライム・レンダーとされる。サブプライム危機に至る過程で，サブプライム・レンダーとされたCountrywide FinancialとWashington Mutualグループが，サブプライムを含むMBS引受シェアを急増させていたことは興味深い。第6章で考察するが，Countrywide Financialグループは，サブプライム危機直前の2006年に，サブプライム・モーゲイジ・オリジネーターの第3位であっただけでなく，サブプライムMBS発行者の第1位であった。Washington Mutualグループは，同じく2006年に，サブプライムMBS発行者の第5位であった（以上，第6章の表6-2，表6-4参照）。Countrywide FinancialとWashington Mutualは，サブプライム・ローンをオリジネートして，それを同一グループ傘下のSPVsが証券化していたのである。さらに，グループ傘下の証券子会社が，サブプライムを含むMBSsを引き受けたのである。サブプライム・レンダーとされたCountrywide FinancialとWashington MutualのOTDモデルである。このように，サブプライム危機に至る直前に，MBS引受シェアを増加させたのは，3大商業銀行グループではなく，外国銀行やサブプライム・レンダーであった。

　個々の大手金融持株会社の動向をみると，Bank of America Corp.はとくに積極的で，危機以降の2009-2011年には，MBSsの引受業務で第1位となった。同じくJPMorgan Chase & Co.とCitigroupは，サブプライム危機に至る過程でトップ10から外れることもあったが，その後トップ10を維持していた[26]。MBSsの引受業務において，大手投資銀行や外国銀行のプレゼンスは大きかったが，大手商業銀行グループもトップの一角を占めるようになっ

たのである。

　表5-4と表5-5によって，業界全体におけるABSsとMBSsの発行額を比べると，意外にもサブプライム危機まではABSs（MBSsを除く）の方が多く，危機以降にABSsがMBSs以上に減少した。3大商業銀行グループの引受シェアは，ABSsの方がMBSsより高く，ABSs/MBSsともに危機後に上昇した。大手銀行グループによるOTDモデルは，ABSsの方がMBSsよりサブプライム危機まではうまく機能したと考えられる。言い方を換えると，大手銀行グループは，サブプライムMBSsをそれほど引き受けず，その引受シェアを増加させなかったために，サブプライムによる損失も破綻した金融機関ほど大きくなかったと考えられる（第6章第1節第3項，とくに表6-4を参照されたい）。

　大手商業銀行グループは，OTDモデルに関係するABSs/MBSsの引受業務に，1990年代末から積極的に参入していた。大手銀行グループのABSs/MBSsの引受業務への参入の度合いを理解するために，投資銀行業務の最もコアにある新規公開株式発行であるIPOと既公開会社による公募増資の引受業務に，彼らがいつどのように参入したかを，その引受手数料ランキングと市場シェアで確認しよう。

　まず表5-6をみると，IPO引受業務において，銀行の証券業務元年の直前となる1995–1996年には，銀行持株会社J.P.Morgan & Co. Inc.がIPOの引受手数料ランキングで全米第13位〜第15位に入っただけであった。その後，大手商業銀行グループは投資銀行を合併して，2000年に金融持株会社Citigroupは4位，JPMorgan Chase & Co.は6位，Bank of America Corp.は13位となった。

　3大商業銀行グループによるIPOの引受市場シェアは，銀行の証券業務元年の翌1997年から上昇し，2002年には25.7％まで急増した。その後，サブプライム危機までそのシェアをやや下げたが，危機後に再びシェアを増加

---

26)　スーパーリージョナルのWells Fargo & Co.は，サブプライム危機以降の2012年からMBSsの引受業務でトップ10に入った。

表 5-6　IPO の引受手数料ランキングと市場シェア　1996－2014 年

(括弧内は引受手数料の市場シェア％)

	1996	2000	2004	2008	2011	2014
Morgan Stanley	2(12.0)	3(14.8)	2(14.0)	10(3.5)	1(12.9)	1(11.6)
Goldman Sachs	1(16.3)	1(22.0)	1(14.9)	3(12.7)	2(10.6)	2(10.8)
JPMorgan Chase & Co.		6(4.4)	5(8.0)	7(8.4)	3(9.5)	3(9.4)
J.P.Morgan & Co. Inc.	13(1.8)					
Citigroup		4(10.3)	4(8.4)	2(13.2)	6(7.3)	4(8.1)
Salomon Smith Barney	8(3.5)					
Smith Barney	4(6.2)					
Barclays					5(7.7)	5(7.3)
Bank of America Corp.		13(1.1)	10(3.4)	5(9.8)	4(8.7)	6(6.8)
Merrill Lynch	3(7.0)	5(7.7)	3(10.1)	1(14.6)		
Montgomery Securities	10(3.0)					
Credit Suisse Group	9(3.5)	2(17.6)	6(7.9)	9(5.5)	7(6.0)	7(6.0)
Deutsche Bank Group		8(3.8)			8(5.8)	8(4.8)
Wells Fargo & Co.				6(8.6)	9(5.2)	9(4.1)
UBS (United Bank of Switzerland)		10(1.7)	9(5.3)	4(11.4)		
Lehman Brothers	7(4.6)	7(4.1)	8(5.4)			
Alex. Brown & Sons	5(5.7)					
Donaldson, Lufkin & Jenrette	6(5.4)					
HSBC				8(7.4)		
Stifel/KBW						10(2.6)
上位10社の市場シェア	(67.2)	(90.1)	(84.9)	(95.0)	(87.6)	(87.0)
3大商業銀行グループの市場シェア％	*(1.8)	(15.8)	(19.8)	(31.4)	(25.5)	(24.3)
3大投資銀行の市場シェア％	(35.3)	(44.5)	(39.0)	(30.8)	*(23.5)	*(22.4)
業界全体の引受手数料（100万ドル）	3,005	3,988	2,544	846	1,811	2,864

注1) 1996年の3大商業銀行グループの市場シェアは，Chase Manhattan Corp. のものである。
　2) 表5-4の注2) と注3) を参照されたい。
(IDD, *Investment Dealers' Digest* 各号; Thomson Reuters, *Global Equity Capital Markets Review: Managing Underwriters*, Full Year 各号。)

させ，2008年からは23.5〜31.7％を推移した。その2008年に，3大商業銀行グループによるIPOの引受シェアは，3大投資銀行の引受シェア30.8％を初めて上回ったのである。

　2004年以降，大手商業銀行グループ3社は，IPOの引受手数料においてトップ10を維持していた。大手投資銀行Merrill Lynchの買収もあり，金融

持株会社 Bank of America Corp. は 2009 年に第 1 位，翌 2010 年から第 2 位〜第 6 位となった。同じく JPMorgan Chase & Co. は 2010 年から第 2 位〜第 3 位，Citigroup は 2009 年から第 4 位〜第 6 位となった[27]。IPO の引受業務において，予想通り大手投資銀行が上位を占めたが，大手商業銀行グループもトップ 5 に喰い込むようになったのである[28]。

つぎに表 5-7 をみると，既公開会社による公募増資の引受業務において，銀行の証券業務元年である 1996 年には，大手商業銀行グループはトップ 15 位に入っていなかった。その後，大手商業銀行グループは投資銀行を合併して，2000 年に金融持株会社 Citigroup は 5 位，JPMorgan Chase & Co. は 6 位，Bank of America Corp. は 10 位となった。

3 大商業銀行グループによる公募増資の引受シェアは，銀行の証券業務元年から上昇し，2005 年には 22.3% まで急増した。翌 2006 年にはシェアをやや下げたが，危機後に再びシェアを増加させ，2008 年からは 28.0〜37.5% を推移した。その 2008 年に，3 大商業銀行グループによる公募増資の引受シェアは，3 大投資銀行の引受シェアと並んだ。翌 2009 年に，Bank of America Corp. が大手投資銀行 Merrill Lynch を子会社にしたこともあり，3 大商業銀行グループによる公募増資の引受シェアは，3 大投資銀行のものを初めて上回ったのである。

2007 年サブプライム危機以降，大手商業銀行グループ 3 社は，公募増資の引受手数料においてトップ 10 を維持していた。金融持株会社 JPMorgan Chase & Co. は 2008 年から第 1 位〜第 3 位となった。同じく Bank of America Corp. は 2009 年，2012 年，2014 年に第 1 位，2010-2011 年と 2013 年に第 2 位〜第 3 位，Citigroup は 1998 年から第 2 位〜第 7 位となった[29]。公募増資の引受業務において，予想通り大手投資銀行が上位を占めたが，大手商業銀行グループもトップ 5 に喰い込むようになったのである。これは

---

27) Wells Fargo & Co. は 2008 年からトップ 10 に入った。
28) この理由については，第 7 章第 3 節で考察する。
29) Wells Fargo & Co. は 2008 年からトップ 10 に入った。

表 5-7　既公開会社株式の引受手数料ランキングと市場シェア　1996－2014 年

(括弧内は引受手数料の市場シェア％)

	1996	2000	2004	2008	2011	2014
Bank of America Corp.		10(2.3)		8(7.0)	2(11.0)	1(10.5)
Merrill Lynch	1(14.8)	4(11.1)	3(10.5)	2(13.1)		
Montgomery Securities	6(5.2)					
Morgan Stanley	5(7.7)	2(17.0)	2(10.7)	6(8.0)	3(8.6)	2(9.2)
JPMorgan Chase & Co.		6(5.7)	7(7.3)	1(15.9)	1(12.0)	3(9.2)
Bear Sterns	14(1.6)	11(2.1)	9(2.9)			
Goldman Sachs	2(8.8)	1(19.2)	1(12.1)	3(12.1)	6(6.8)	4(8.3)
Citigroup		5(6.9)	4(10.4)	4(10.3)	5(7.0)	5(8.2)
Salomon Smith Barney	9(4.7)					
Smith Barney	4(8.2)					
Barclays				5(10.0)	7(6.5)	6(6.9)
Credit Suisse Group	8(4.7)	3(14.6)	6(7.7)	9(4.8)	4(7.5)	7(5.4)
Deutsche Bank Group		9(2.3)			8(5.0)	8(5.0)
Wells Fargo & Co.					10(4.6)	9(4.2)
Wachovia				10(3.7)		
UBS (United Bank of Switzerland)		13(1.2)	8(6.7)	7(7.2)	9(4.6)	
RBC Capital Markets					12(2.2)	10(3.6)
Lehman Brothers	11(2.6)	8(4.2)	5(8.9)			
Friedman Billings Group			10(2.4)			
First Boston		7(4.4)				
Donaldson, Lufkin & Jenrette	3(8.8)					
Alex. Brown & Sons	7(5.0)					
PaineWebber	10(2.9)					
上位 10 社の市場シェア	(70.8)	(87.7)	(79.6)	(92.2)	(73.6)	(70.5)
3 大商業銀行グループの市場シェア％	＊(0.0)	(14.9)	(17.7)	(33.3)	(30.0)	(27.9)
3 大投資銀行の市場シェア％	(31.3)	(47.3)	(33.3)	(33.3)	＊(15.4)	＊(17.5)
業界全体の引受手数料 (100 万ドル)	2,844	4,883	2,781	3,901	3,567	4,503

注) 表 5-4 の注) を参照されたい。
(IDD, *Investment Dealers' Digest* 各号; Thomson Reuters, *Global Equity Capital Markets Review: Managing Underwriters*, Full Year 各号。)

IPO 引受と同様である。

　新規公開株式発行である IPO 引受は，投資銀行業務の最もコアにある。それでは，サブプライム危機以降の大手商業銀行グループによる IPO 引受シェアは，歴史的にみてどのくらいの大きさと考えればよいのだろうか？

周知のように，1933年GS法以前には，商業銀行業務と投資銀行業務の兼業は許されていた。1920年代末の株式ブーム期前後に，商業銀行の債券部や証券子会社によってオリジネートされたIPOは，1927年には22%，1930年には44.6%に達した。IPO全体に対する商業銀行グループの参加比率は，1927年には約36.8%，1930年には61.2%に上昇した[30]。これらのデータと直接比較できるものではないが，サブプライム危機後の大手商業銀行グループのIPO引受シェアは，1930年には及ばないが，1927年の数字に近づいているようである。

最後に，表5-8と表5-9によって，大手商業銀行グループの社債市場におけるハイ・イールド債と投資適格債の引受ランキングと市場シェアを確認しよう。比較的歴史の浅いハイ・イールド債の引受シェアは，1996年の銀行の証券業務元年から増加した。3大商業銀行グループの市場シェアが，3大投資銀行のものを初めて上回ったのは1999年であった。翌2000年に3大投資銀行に抜き返されたが，2001年から再び3大商業銀行グループが3大投資銀行を上回った[31]。伝統のある投資適格債の引受シェアも，同じく銀行の証券業務元年から増加した。3大商業銀行グループの市場シェアが，3大投資銀行のものを初めて上回ったのは2000年であった[32]。銀行の証券業務元年から，3大商業銀行グループによるハイ・イールド債と投資適格債の引受シェアが上昇し，1999-2001年にかけて3大投資銀行のシェアを追い越したのはABSsやMBSsと同様であった。しかし，サブプライム危機後に3大投資銀行の市場シェアを初めて上回ったIPO引受よりも，3大商業銀行グループは早くから社債の引受業務に進出したのである。

以上みたことを図5-7によって整理すると，1990年代後半から，3大商業

---

30) Edwards (1938), p. 226.
31) Wells Fargo & Co. は，ハイ・イールド債の引受では2009年からトップ10に入った。
32) Wells Fargo & Co. は，投資適格債の引受では2011年からトップ10に入った。表5-4～表5-9に記載されていないデータは以下の文献による。IDD, *Investment Dealers' Digest* 各号; Thomson Reuters, *Debt Capital Markets Review: Managing Underwriters*, Full Year 各号; Thomson Reuters, *Global Equity Capital Markets Review: Managing Underwriters*, Full Year 各号。

表 5-8　ハイ・イールド債の引受ランキングと市場シェア　1996－2014 年

(括弧内は市場シェア%)

	1996	2000	2004	2008	2011	2014
JPMorgan Chase & Co.		5(10.0)	3(11.3)	1(20.8)	1(12.9)	1(11.0)
J.P.Morgan & Co. Inc.	8(5.1)					
Chase Manhattan Corp.	10(4.5)					
Bear Sterns	4(7.6)	11(0.8)	11(3.5)			
Bank of America		8(5.5)	4(10.9)	2(17.6)	2(12.1)	2(8.8)
Merrill Lynch	2(12.6)	6(6.1)	10(3.9)	9(4.7)		
Morgan Stanley	6(6.9)	4(11.0)	6(8.5)	5(7.1)	7(7.5)	3(8.1)
Deutsche Bank		7(5.8)	5(9.5)	8(5.4)	3(9.3)	4(8.1)
Citigroup		3(12.4)	1(14.7)	4(7.7)	5(8.6)	5(8.1)
Salomon Smith Barney	5(7.0)					
Smith Barney	11(4.4)					
Goldman Sachs	3(10.6)	2(13.1)	8(5.4)	7(5.8)	6(7.6)	6(8.0)
Credit Suisse	9(4.6)	1(23.8)	2(12.8)	3(11.4)	4(8.9)	7(7.7)
Barclays			15(0.5)		8(7.1)	8(6.6)
Wells Fargo & Co.				6(6.1)	9(4.7)	9(5.7)
RBC Capital Markets						10(4.3)
UBS (United Bank of Switzerland)	13(1.6)	10(2.9)	9(5.4)	10(3.8)	10(3.3)	
Lehman Brothers	12(3.8)	9(4.4)	7(6.2)			
Donaldson, Lufkin & Jenrette	1(14.8)					
Bankers Trust New York Corp.	7(5.2)					
上位 10 社の市場シェア	(78.9)	(95.0)	(84.7)	(90.4)	(82.0)	(78.4)
3 大商業銀行グループの市場シェア%	*(9.6)	(27.9)	(36.9)	(46.1)	(33.6)	(27.9)
3 大投資銀行の市場シェア%	(30.1)	(30.2)	(17.8)	(17.6)	*(15.1)	*(16.1)
業界全体の発行額 (100 万ドル)	73,845	42,946	140,830	37,188	221,374	307,370

注 1) 1996 年の 3 大商業銀行グループの市場シェアは，J.P.Morgan & Co. Inc. と Chase Manhattan Corp. のものである。2008 年はグローバル市場のドル建てのデータである。
　2) 表 5-4 の注 2) と注 3) を参照されたい。
(IDD, *Investment Dealers' Digest* 各号; Thomson Reuters, *Debt Capital Markets Review: Managing Underwriters*, Full Year 各号。)

　銀行グループは社債，すなわちハイ・イールド債と投資適格債，さらに OTD モデルに関係する ABSs/MBSs の引受業務に参入した。とくに，2000 年代に入ると，大手商業銀行グループは，大手投資銀行以上に社債と ABSs/MBSs の引受業務をおこなうようになった。彼らの社債と ABSs/MBSs の引受業務は，IPO と既公開会社による公募増資の引受業務への参入と比較す

表5-9 投資適格債の引受ランキングと市場シェア　1996－2014年

(括弧内は市場シェア％)

	1996	2000	2004	2008	2011	2014
JPMorgan Chase & Co.		2(14.3)	2(13.2)	1(14.6)	1(15.4)	1(13.6)
J.P.Morgan & Co. Inc.	4(10.3)					
Chase Manhattan Corp.	9(0.7)					
Bear Sterns	8(3.8)	10(2.5)				
Bank of America		9(6.4)	8(5.1)	3(11.3)	2(12.6)	2(11.0)
Merrill Lynch	1(17.9)	3(12.4)	7(6.4)	7(7.3)		
Citigroup		1(15.9)	1(20.2)	2(13.8)	3(9.9)	3(9.3)
Salomon Smith Barney	2(15.3)					
Morgan Stanley	6(9.7)	4(12.1)	4(9.0)	5(8.0)	4(8.3)	4(7.9)
Goldman Sachs	3(10.7)	5(9.5)	3(9.1)	6(7.9)	5(8.2)	5(7.6)
Barclays		15(0.6)		4(10.4)	6(7.6)	6(7.2)
Deutsche Bank		11(2.4)		8(5.7)	7(5.6)	7(6.3)
Wells Fargo & Co.					10(3.9)	8(5.8)
HSBC			9(4.4)		9(4.0)	9(4.7)
Credit Suisse	7(6.7)	7(7.1)	6(6.8)	9(5.0)	11(3.5)	10(4.0)
RBS(Royal Bank of Scotland) Group					8(5.5)	11(2.8)
UBS (United Bank of Switzerland)		9(2.7)			13(2.8)	
Lehman Brothers	5(10.2)	6(8.4)	5(7.9)			
Wachovia Corp.			10(3.9)	10(3.9)		
上位10社の市場シェア	(89.4)	(91.3)	(86.0)	(87.9)	(80.0)	(72.7)
3大商業銀行グループの市場シェア％	＊(11.0)	(36.6)	(38.5)	(39.7)	(37.9)	(33.9)
3大投資銀行の市場シェア％	(38.3)	(34.0)	(24.5)	(23.2)	＊(16.5)	＊(15.5)
業界全体の発行額（100万ドル）	518,873	429,498	688,639	644,973	748,033	1,129,884

注1）1996年の3大商業銀行グループの市場シェアは，J.P.Morgan & Co. Inc. と Chase Manhattan Corp. のものである。
　2）表5-4の注2）と注3）を参照されたい。
(IDD, *Investment Dealers' Digest* 各号; Thomson Reuters, *Debt Capital Markets Review: Managing Underwriters*, Full Year 各号。)

ると，その参入時期が早く，2000年代には引受ランキングのトップの一角を占めたという違いがある。大手商業銀行グループは，引受業務において，銀行貸付と代替性のある社債と，彼らの新規金融商品であるABSs/MBSsにまず参入し，それから投資銀行業務の最もコアにあるIPOと公募増資の引受業務に進出したのである。

図 5-7　3 大商業銀行グループと 3 大投資銀行の各種証券引受の市場シェア
　　　　　　　　　　　　　　　　　　　　1996－2014 年末　（単位：％）

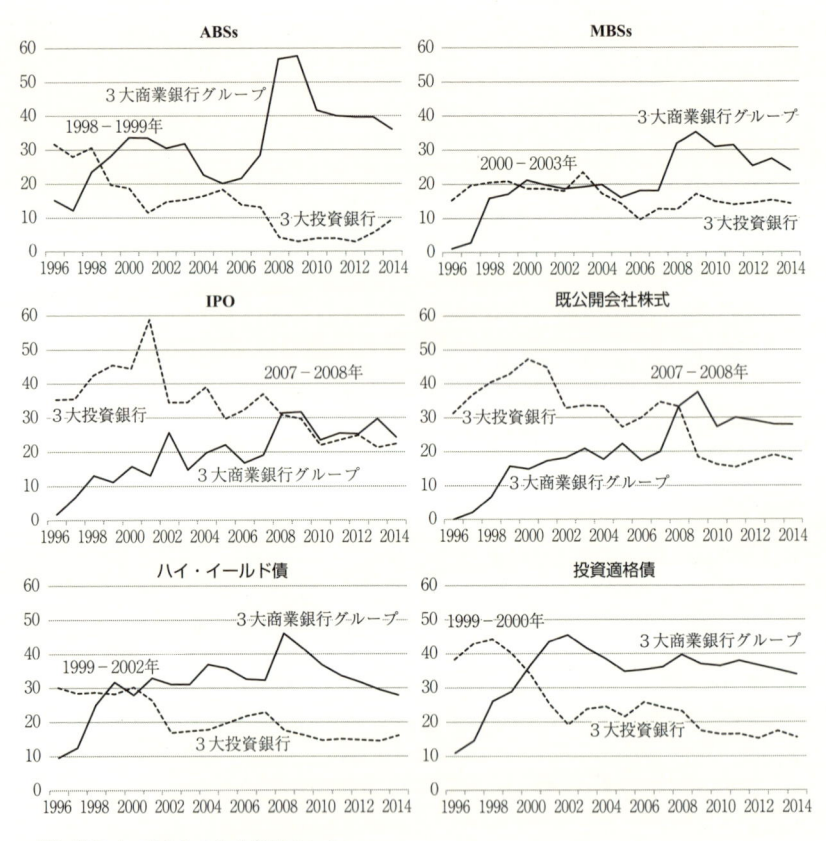

注）表 5-4〜表 5-9 の注も参照されたい。
（IDD, *Investment Dealers' Digest* 各号; Thomson Reuters, *Debt Capital Markets Review: Managing Underwriters*, Full Year 各号; Thomson Reuters, *Global Equity Capital Markets Review: Managing Underwriters*, Full Year 各号。）

　それを可能にしたメカニズムは，以下のようなものであると思われる。第1に，周知のように，社債は銀行貸付と代替性がある。まず，大手商業銀行が企業に貸付をおこなったとする。つぎに，貸付をうけた企業は，銀行貸付と代替性のある社債を発行することもある[33]。最後に，発行された社債を，大手銀行グループ傘下の証券子会社が引き受け，投資家にディストリビュー

トするようになったのである。第2に，新規金融商品であるABSs/MBSsの場合を考えよう。まず，大手行は，おもに家計に貸付をオリジネートする。つぎに，その貸付を，おもに大手銀行グループ傘下のSPVsが証券化する。最後に，証券化されたABSs/MBSsを，おもに同じくグループ傘下の証券子会社が引き受け，投資家にディストリビュートするようになったからである。大手銀行グループの現代的なOTDモデルである。第3に，大手商業銀行グループは，社債とABSs/MBSsの引受業務で経験を積み，サブプライム危機により大手投資銀行が弱体化する間にIPOと公募増資の引受業務に進出したのである。ここに，大手商業銀行本体だけでなく，大手銀行グループを考察する意味がある。

むすびにかえて

　第3章で考察したように，証券化されていないローン・セールでは，銀行は債務者である顧客への通知とその承諾が必要であった。優良顧客は債権者の変更を嫌い，その銀行との取引をやめる可能性がある。しかし，貸付を証券化する場合には，銀行は債務者である顧客への通知は必要ない。証券化によって，優良顧客が流出する可能性というローン・セールでは不都合な点を補完したのである。

　現代的なOTDモデルの形成は，1987年以降の規制緩和によって，大手商業銀行グループが引受業務に進出したことがメルクマールである。OTDモデルを発展させる過程で，大手銀行グループは繰り返しM&Aをおこなった。1990年代以降における大手銀行グループのM&Aには，2つの特徴がある。第1に，大手銀行グループ同士の合併であり，これによって大手銀行数は減少した。これは日本のメガバンクにもみられた現象である。

　第2に，大手商業銀行と投資銀行の合併である。1996年の銀行の証券業務

---

33) 第7章第3節第1項，とくに表7-3を参照されたい。

元年から，M&A によって投資銀行を傘下に収めた大手商業銀行グループは，投資銀行業務を収益の1つの柱としていく。1998 年には，大手投資銀行 Salomon Brothers と Smith Barney を買収した Travelers が銀行持株会社 Citicorp と合併し，結果的に Citigroup は投資銀行業務に参入した。サブプライム危機の際には，残る大手商業銀行グループ2社も，ついに大手投資銀行を合併したのである。

　大手商業銀行グループは貸付をオリジネートし，1970 年代後半に彼らの新規金融商品である MBSs を，1980 年代後半に ABSs を発行しディストリビュートしていた。この時点で，大手銀行グループは OTD モデルを形成していた。1980 年代末から 1990 年代にかけて，大手銀行グループは積極的に証券化業務に進出した。3大商業銀行グループは，1990 年代末から社債（ハイ・イールド債と投資適格債）と OTD モデルの発展に必要な ABSs と MBSs を大量に引き受け，1999-2001 年には3大投資銀行のシェアを追い越すようになった。個々の3大商業銀行グループでも，2000 年代に社債と ABSs/MBSs の引受業務でトップに立つほどになった。まず，大手商業銀行は，貸付をおこなっていた企業の発行した社債を，同一グループ傘下の証券子会社で引き受けた。つぎに，大手商業銀行は自ら貸付をオリジネートし，その貸付をおもに同一グループ傘下の SPVs が証券化した。証券化された ABSs/MBSs を，おもに同一グループ傘下の証券子会社が引き受けたのである。最後に，社債と ABSs/MBSs の分配，投資銀行業務の用語ではトレーディングは，同一グループ傘下の証券子会社が投資家を探しておこなうと考えられる。大手銀行グループは，1980 年代末から現代的な OTD モデルを形成し拡大してきたのである。本書で，大手銀行本体のみならず，大手銀行グループを考察する所以である。

小　括

　第2部では，第3章で①ローン・セール，第4章で②ディリバティブ取引，

第5章で③証券化業務の現状を把握し，現在の大手商業銀行グループの業務展開を考察した。

序論で指摘したように，Black (1970) は，社債が元本，金利リスク，信用リスクの3つに分離できることに気づいており，彼の想像した世界が10数年から20数年かけて実現したのである。Black (1970) のような経済理論家のアイデアが，金融実務家に理解され現実の金融商品として産み出されるには長い年月が必要であった。

新規金融商品である，①ローン・セール，②ディリバティブ，③証券化には，Black (1970) のアイデアが背景にあった。しかし，新たな金融商品が産み出される際には，金融危機が直接の契機となった。まず，1980年代のラテン・アメリカの累積債務危機と新しいローン・セールの導入が挙げられる。つぎに，1970-1980年代の金利リスクの増大と先物・金利スワップ取引，1980年代の再投資リスク・期限前償還とストリップ債がある。最後に，1990年代の信用リスクの増大とクレジット・ディリバティブ（以下クレデリ）である。大手銀行経営をめぐる環境変化と，そのもとでの大手銀行グループ自身の経営判断が，①ローン・セール，②ディリバティブ，③証券化という業務展開にまで，非金利収入を創り出すという意味でつながっている。大手銀行グループは，新たな金融市場を創出して業務展開をおこなう能力をもっていたので，危機から脱出できたのである。

ここで取り上げた業務展開は，商業銀行の周辺業務ではなく，貸付というコア業務から派生していた。商業銀行のコア業務は預金，貸付，決済である。ローン・セールは，貸付債権そのものの移転である。ディリバティブ取引の中で，とくに，金利スワップは，1990年代半ばまではおもに貸付から派生していた。クレデリも，大手行のリスク・ヘッジの観点からは貸付から派生したことになる。

1980年代以降，大手商業銀行グループはローン・セールをおこない，それで不十分な点（リスクだけでなく元本を含んだ移転）をディリバティブ取引で，不都合な点（優良顧客が流出する可能性）を証券化で補完した。この意

味で，①ローン・セール，②ディリバティブ，③証券化は，一連の業務展開である。

ローン・セールでは，貸付債権そのものが移転される。その際に，債権からリスクの切り出し，すなわちリスクのみの移転はおこなわれなかった。さらに，銀行は顧客に債権者の変更を通知するので，優良顧客を失う可能性があった。しかし，金利スワップとクレデリ取引では，リスクのみの移転が可能になった。このリスク移転が，さらなる収益につながっていく。最後に，証券化では，銀行は顧客に債権者の変更を通知する必要がなく，優良顧客の確保が可能になった。以上が，第2部の課題「貸付債権のリスク移転がこれらの業務で段階的に開けたこと」の歴史的実証結果である。

こうした業務展開は，現代的にはOTDモデル形成の一過程と捉えることができる。第3章で取り上げたローン・セールは，先行研究ではシンジケート・ローンによるOTDモデルである。しかし，ローン・セールは，1980年代には事業貸付において一般的とはならなかった。第4章で考察したディリバティブの金利スワップとクレデリ取引は，それぞれ1980年代と1990年代に債権からリスクの切り出し，すなわちリスクのみの移転を可能にした。第5章で考察したMBSsは1970年代後半から，ABSsは1980年代後半から大手商業銀行のOTDモデルを可能にした。1980年代末には，大手商業銀行グループが彼らの新規金融商品であるABSsとMBSsの引受業務に参入し，現代的なOTDモデルを形成したのである。3大商業銀行グループは，1999-2001年には3大投資銀行の社債（ハイ・イールド債と投資適格債）とABSs/MBSsの引受シェアを追い越すようになった。個々の3大商業銀行グループでも，銀行貸付と代替性のある社債と，現代的なOTDモデルの発展に必要なABSs/MBSsの引受業務で，2000年代にトップに立つほどまで成長したのである。ここに，大手商業銀行の本体だけでなく，大手商業銀行グループを考察する意味がある。

社債とABSs/MBSsの引受業務は，投資銀行業務のコアの1つである。投資銀行ではなく，大手商業銀行グループが，2000年代に投資銀行業務のコア

で主役を演じることになった。これは，アメリカの金融システムの現代的な変貌を端的に表していると考えられる。それでは，金融システム，その中の1つであるOTDモデルは，2000年代以降どのように変貌していくのだろうか？　これが第3部の課題である。

第3部　収益構造とその源泉

序論　対象と視角

　第2部でみたように,1980年代後半から,大手商業銀行グループは現代的なOTD (originate to distribute；組成分配型) モデルを形成してきた。まず,1980年代に,大手商業銀行は事業貸付をオリジネートし,ローン・セールをおこなってディストリビュートした。つぎに,オリジネートした貸付をおもに同一グループ傘下のSPVs (special purpose vehicles；特別目的事業体) が証券化してABSs (asset-backed securities；アセットバック証券) とMBSs (mortgage-backed securities；モーゲイジ担保証券) を発行した。さらに,1980年代後半から,同じくグループ傘下の証券子会社がABSs/MBSsを引き受けて,ディストリビュートしたのである。大手銀行グループは,ABSs/MBSsの引受業務で2000年代にトップになることもあった。その際に,大手銀行グループは,各種金融商品のリスクを管理し,収益を上げようと試みた。リスクと収益 (リターン) は,表裏一体の関係でもある。第3部では,証券化に至る大手銀行グループの業務展開の全体像を,銀行本体だけでなく同一グループ傘下のSPVs等の関連機関や証券子会社も含めたその収益構造と収益力[1]の源を探ることによって明らかにする。

1）　大村・水上・高橋 (2002) は,アメリカ3大商業銀行が,1993-2001年度の基礎収益力において,わが国主要銀行,地方銀行,欧州主要銀行を凌駕していることを特性分析で明らかにしている。

1990年代以降，アメリカ合衆国の大手商業銀行グループは，世界の金融業を牽引してきた。1990年代には，日本の金融機関は不良債権処理に追われており，北海道拓殖銀行，日本長期信用銀行，日本債券信用銀行，山一證券のような都市銀行，長期信用銀行，大手証券会社まで破綻し，破綻を免れた他の大手金融機関も政府から大規模な公的資金注入をうけた。一方，米銀大手グループは，1980-1990年代に，①ローン・セール，②ディリバティブ，③証券化商品を導入し（第2部参照），積極的に業務展開を進め，収益を改善していた。

　序章第2節の先行研究でみたように，銀行産業衰退論を否定するWheelock (1993)，Boyd and Gertler (1994)，Edwards and Mishkin (1995)，Calomiris (1995) は，米銀によるバランスシートに表れないオフバランスシート業務の拡大を指摘している。同じくWheelock (1993)，Kaufman and Mote (1994)，Edwards and Mishkin (1995) は，オフバランスシート業務による収益，すなわち金利以外の手数料収入を考慮する意義に気づいていた。バランスシートに表れない業務多様化の実態は，BS (balance sheet；貸借対照表) 分析だけでは捉えられず，銀行本体だけでなく同一グループ傘下のSPVs等の関連機関や証券子会社も含めた収益構造の分析，すなわちPL (profit and loss statement；損益計算書) 分析等をおこなう必要がある。

　第2部でみた，①ローン・セール，②ディリバティブ，③証券化業務は，大手商業銀行グループの伝統的な収益源であった金利収入から，オフバランスシートの非金利収入へと収益源の移行をもたらした。ローン・セール業務では，大手行は貸付・リース売却収入を手に入れた。金利スワップ，クレジット・ディリバティブ（以下クレデリ）取引，証券化業務では，それに加えて投資銀行業務フィー，委託手数料（コミッション），広義のトレーディング収益（保有期間が1年未満の自己勘定取引から得られた利益）を獲得した。とくにトレーディング収益は，金利スワップ，クレデリ，証券化市場において，米銀大手グループがディーラーとして行動し，値付け業務（market-making）やマーケットメーカーとして活動したことを意味する。たとえ非金利収入に

占めるトレーディング収益が小さくても，大手銀行グループが中心となってディリバティブと証券化市場を創り出したことは，彼らの収益力の源泉となっている。新しい市場を創り，投資銀行業務フィー，委託手数料という新たな収益機会を生み出したからである。

第6章で扱う大手商業銀行グループの収益構造の先行研究には，すでに言及した以下のものがある。最も初期の研究である Litan (1987) は，業務多様化の利益（競争の促進，範囲の経済，収益変動の緩和）を計量分析している。Wheelock (1993) は，バランスシートに表れないオフバランスシート業務による金利以外の手数料収入の増加を指摘している。Kaufman and Mote (1994) は，オフバランスシート業務を加え，収益や利益等で測定すると銀行は必ずしも衰退していないという。Edwards and Mishkin (1995) も，オフバランスシート業務を考慮して銀行の収益をみると，銀行は必ずしも衰退していないとする。

第7章で考察する大手銀行グループの収益の源泉に関する研究では，以下のものが有益である。Zook (2007a, 2007b) は，企業のコア事業を再定義し，隠れた資産の活用を提案している。隠れた資産とは，本書における収益の源泉のことである。Gadiesh and Gilbert (1998a, 1998b), Gottfredson, Schaubert and Saenz (2008) は，プロフィット・プール分析をしている。プロフィット・プール分析とは，企業の各事業活動における利益額と収益性を分析するものである。Gadiesh and Gilbert (1998b) は，キャッシュを生んでいるのはどの事業部門なのか，また金融商品・サービスごとの利益を推計している。

第3部では，大手商業銀行グループの PL 分析をおこなう。大手銀行グループの各種業務の収益が，彼らの収益力全体にどのように寄与したかを明らかにする。第3部の構成は以下の通りである。まず第6章で，各大手銀行グループの PL 分析によって OTD モデルの収益構造を考察する。つぎに第7章では，同じく OTD モデルの収益の源泉を探る。その際に，まず，過去のクレジットカード業務を参考にして，とくに証券化の収益に注目する。つ

ぎに，トレーディング業務の中で，大手銀行グループが最初に参入したデリバティブのトレーディング業務における経験を振り返る。その上で，アメリカで3大商業銀行中心の金融システムが，一部とはいえ，いつどのように形成されたかを考察する。大手商業銀行グループが，それまで圧倒的に優位だった大手投資銀行の牙城の一部を崩していった理由を考える。銀行中心の金融システムが形成されたことも，広い意味ではOTDモデルにおける収益の源泉となるからである。最後に第3部のまとめについて述べる。

第6章
OTD モデルの収益構造：業務展開の帰結

　1990年代以降，アメリカ合衆国の大手金融機関は，世界の金融業さらにはグローバル経済をも牽引してきた。大手商業銀行グループは，現在からみればサブプライム金融危機に至る業務展開，すなわち OTD モデルを変貌させて収益を改善していた。

　Group of Thirty は，世界の民間銀行，中央銀行等の有識者からなる国際金融・経済問題に関する提言等をおこなう非営利団体である。Group of Thirty (2009) は，Volcker 理事会議長（経済回復諮問委員会委員長）や Geithner 財務長官，Summers 国家経済会議委員長等をメンバーとし，OTD モデルについて以下のように述べている。OTD モデルは，本質的に，個々の顧客サービスに基づくリレーションシップ・バンキングから全く離れて，より一般的な資本市場におけるトランザクション志向の金融システムに向かっている。その欠点は以下のことを含む。(a) 信用リスクに対して，リレーションシップまたは保有ではなく，トランザクションに基づいたため，引受基準が損なわれたこと，(b) 継続して市場流動性がありディストリビュートされるという過度に楽観的な仮定に基づいたため，市場流動性リスク，いわゆるパイプライン・リスク[1]が集中したこと，(c) 新しい取引フローを作るために，欠陥のある構成で過大評価されたことが明らかになった証券化商品のトランシェを保有したことであるという。

　アメリカの規制当局者も入った Group of Thirty (2009) は，上記の OTD

1）「パイプライン・リスクとは，住宅ローンの融資金利決定から資金調達までの期間に金利が変動することにより期間損益が変動するリスク」である。住宅金融支援機構。(www.jhf.go.jp/about/kikou/governance_security.html)

モデルの欠点を指摘している。しかし，関・小立・神山 (2009) によると，アメリカではOTDモデルそのものに問題があるとは考えられていないという[2]。上記の欠点もOTDモデルや証券化における一過程の問題と考えることができ，必ずしもOTDモデルそのものに問題があったとは断言できない。

それでは，現代的なOTDモデルを形成し変貌させてきた大手商業銀行グループは，どのように収益を上げてきたのだろうか？　言い換えると，大手銀行グループは，OTDモデルによって，銀行本体だけでなく同一グループ傘下のSPVs等の関連機関や証券子会社も含めた，彼らの収益構造をどのように変化させてきたのだろうか？　大手銀行グループの収益構造を把握できれば，OTDモデルの強みや問題点も浮き彫りになると思われる。

第6章では，大手商業銀行グループのOTDモデルを理解するために，彼らの収益構造を明らかにする。本章でおもに考察対象とするのは，大手金融機関の収益の柱の1つとなった投資銀行業務[3]である。投資銀行業務というと大手投資銀行がおこなっているというイメージがある。しかし，表6-1をみると，アメリカ3大商業銀行グループが，2014年に世界の投資銀行業務に関する手数料収入ランキングの上位第5社までに名を連ねていた。とくに，金融持株会社JPMorgan Chase & Co.とBank of America Corp.は，第1位と第2位を占めた。一方，アメリカの2大投資銀行Goldman SachsとMorgan Stanleyは，それに続く第3位と第4位であった[4]。大手商業銀行グループはすでに投資銀行業務に進出しただけではなく，主要なグローバル・プレーヤーになっていた。こうした状況を踏まえて，本章では大手商業銀行グループの投資銀行業務を考察する。

本章の構成は，以下の通りである。まず第1節で，サブプライム危機に至

---

2) 以上 Group of Thirty (2009), pp. 27, 42, 48; 関・小立・神山 (2009), 332-333 頁。
3) 投資銀行業務の最も狭い定義は，引受業務とトレーディング業務である。それにM&Aアドバイザリー業務を加えた投資銀行業務の定義がある。以上がコア業務の部分である。もう少し広げて，すべての資本市場活動とする定義も使われており，本書ではこちらを採用する。「第5章第1節　投資銀行業務の定義」を参照されたい。
4) スーパーリージョナルバンクのWells Fargo & Co.も第9位に喰い込んだ。

表 6-1　世界の投資銀行業務に関する手数料収入ランキング　2014 年

(単位：100 万ドル)

	順位	手数料(増減率%)	シェア%(増減率%)
JPMorgan Chase & Co.	1	6,342 (-1.8%)	7.0% (-0.6%)
Bank of America Corp.	2	5,583 (-5.1%)	6.2% (-0.8%)
Goldman Sachs	3	5,507 (6.4%)	6.1% (0.0%)
Morgan Stanley	4	5,293 (11.5%)	5.9% (0.2%)
Citigroup	5	4,454 (8.8%)	4.9% (0.1%)
Deutsche Bank Group	6	4,219 (11.3%)	4.7% (0.2%)
Credit Suisse Group	7	3,765 (2.0%)	4.2% (-0.2%)
Barclays	8	3,719 (4.8%)	4.1% (-0.1%)
Wells Fargo & Co.	9	2,355 (-2.2%)	2.6% (-0.2%)
UBS (United Bank of Switzerland)	10	2,177 (0.6%)	2.4% (-0.1%)
世界総計		90,120 (6.8%)	100.0% (0.0%)

注) 手数料は，債券，株式，貸付，M&A のものである。
(Thomson Reuters, *Global Investment Banking Review*, Full Year 2014, p. 5.)

る 3 大商業銀行を中心とした住宅モーゲイジ・ローンの業務展開を整理する。彼らのサブプライムを含む住宅モーゲイジ・ローンの金利収入は，現代的には金利収入の最大項目である。引き続く第 2 節では，投資銀行のビジネスモデル[5]を理解するために，まず 3 大投資銀行の業務別収益を考察する。業務別収益の主要項目は，各種の投資銀行業務である。つぎに，大手商業銀行グループの収益構造を考察し，大手投資銀行との異同を析出する。大手商業銀行グループの非金利収入は，サブプライム危機直前には総収益（ネット）の過半に達していた。さらに，大手銀行グループが，その高い業務収益によって，どのような世界順位にあるかを確認する。最後に本章のまとめについて述べる。

---

5) サブプライム危機後に出版されたアメリカ投資銀行のビジネスモデルに関する著書・論文は多数ある。本章で直接言及する文献は以下の 2 つである。倉都 (2008), 池尾 (2008)。

1 サブプライム危機への関与

サブプライム・ローンの借り手は，U.S. Office of the Comptroller of the Currency, Board of Governors of the Federal Reserve System, Federal Deposit Insurance Corporation and Office of Thrift Supervision (2001) によると，以下の5点のうち1つ以上に該当する者である。①過去12か月以内に30日の延滞が2回以上，または過去24か月以内に60日の延滞があった者。②過去24か月以内に強制執行，抵当流れ，担保権の実行，貸倒償却がおこなわれた者。③過去5年以内に破産した者。④（信用履歴等によって）FICOスコア[6]が660以下，または同等の債務不履行率を示すスコアによって，比較的高い債務不履行率とみなされる者。⑤債務返済／所得比率が50％以上，または月収から債務返済額を差し引いた生計費が十分でない者である[7]。

ここでは，まず第1項で，信用度の低い借り手向けのサブプライム・ローンが普及する過程で，大手商業銀行が住宅モーゲイジ・ローンを貸し込んでいった過程を確認する。つぎに第2項で，3大銀行が住宅モーゲイジ・ローンでどれぐらい金利収入を上げたかを把握する。最後に第3項で，3大銀行グループが，サブプライム危機でも問題にされた，住宅モーゲイジの証券化業務へどのように関与したかを考察する。

1.1 貸付競争

商業銀行は，歴史的に住宅モーゲイジ・ローンの重要な貸し手ではなかった。しかし，1950年代末から生命保険会社がその第2位のシェアを急速に失う中で，銀行は安定したシェアを保ち1965年に生命保険会社を抜き去り，そ

---

[6] FICOスコアとは，Fair Isaac Corp. Score の略で，アメリカの個人信用情報機関である Fair Isaac Corp. が開発した credit bureau risk score である。

[7] U.S. Office of the Comptroller of the Currency, Board of Governors of the Federal Reserve System, Federal Deposit Insurance Corporation and Office of Thrift Supervision (2001), p.3. 訳は荒巻 (2011), 149頁, 表4-4を参考にした。

の地位を獲得した。1970年代末からトップの貯蓄金融機関がシェアを急落させる間に，連邦関連モーゲイジ・プールがそのシェアを急上昇させ1987年にトップに躍り出た。銀行はこのときも安定したシェアを保ち1994年に貯蓄金融機関を抜き去り，連邦関連モーゲイジ・プールを除けば，金融機関の中でトップになった[8]。

住宅ブームの続く1990年代から，商業銀行の間で，住宅モーゲイジ・ローンの獲得競争が起こってきた。図6-1で，FDIC加入商業銀行の貸付残高の内訳を総資産規模別にみてみよう。総資産1億ドル未満または総資産1～10億ドルの中小銀行では，1992年の住宅モーゲイジ・ローンは，総貸付の30%台であった。サブプライム危機に至る住宅バブルの進行とともに，この値は減少し，2007年には総資産1億ドル未満で24.5%，総資産1～10億ドルで22.8%のボトムを記録した。中小銀行と住宅モーゲイジ・ローンで競合したのは，総資産10億ドル超の大手行であった。彼らは，総貸付に占める住宅モーゲイジ・ローンの比率を，1992年の19.9%から2009年の34.1%まで急上昇させた。総資産1億ドル未満または総資産1～10億ドルの中小銀行では，2007-2008年にこの値は一時減少したが，その後2012年まで増加し，サブプライム危機直前の値を上回るようになった。

図6-1をみると，3大商業銀行のJPMorgan Chaseで，2001-2009年に総貸付に占める住宅モーゲイジ・ローンの比率を29.7%から51.5%まで急上昇させた。Bank of Americaでは，2001-2010年に同じく30.3%から54.1%まで急増し，Citibankのデータは不連続だが，2001-2005年には消費者ローンを含んでも23.7～51.2%の範囲にあり，住宅モーゲイジ・ローンの比率は2010年に60.3%となった[9]。2007年以降，総資産10億ドル超の大手行と3大商業銀行でも，この値は一時減少したが，2009-2010年に増加し，2011-

---

[8] ホーム・エクイティ・ローンを除いたデータである。Board of Governors of the Federal Reserve System (2010b), p. 87, L.218.

[9] 一方，スーパーリージョナルWells Fargoでは，2003年の同じく60.1%がピークで，2008年の34.6%がボトムであった。Wells Fargoでは，この値は，2003年以降，増減はあるものの減少傾向にあった。

図6-1　FDIC加入商業銀行（総資産規模別）と大手商業銀行の貸付残高の内訳
1992－2014年末　（総貸付に占める比率％）

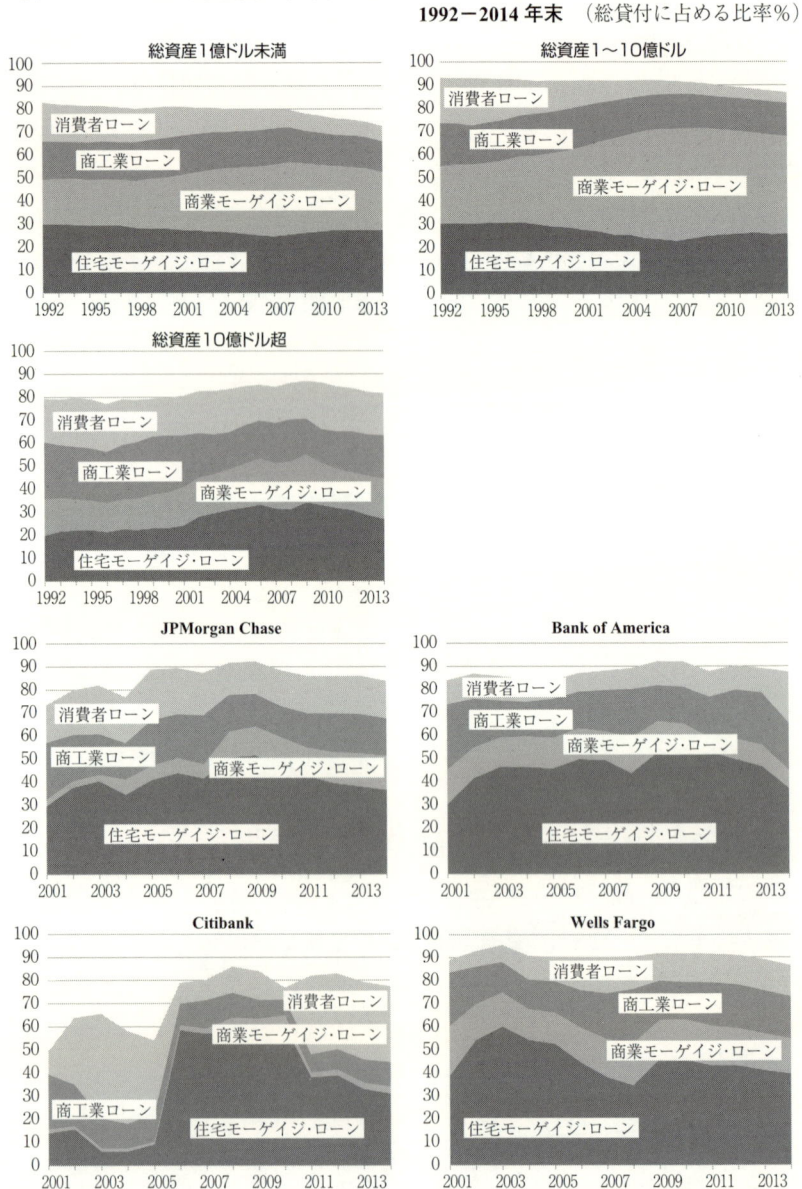

注）海外支店を含むが，持株会社やその子会社を除いた銀行本体のデータである。
（FDIC, *Statistics on Banking*；Federal Financial Institution Examination Council, *Reports of Condition and Income* 各号, Schedule RC-C より作成）

2014年に再び減少に転じることが多かった。Citibankは,とくにサブプライム危機直前に,住宅モーゲイジ・ローンを急増させていた。危機直前に急増した住宅モーゲイジ・ローンは,サブプライム関連の可能性が高い。

　サブプライム危機前後を網羅するデータではないが,ここでサブプライム・ローンの数字をみてみよう。まず,アメリカ住宅モーゲイジ市場全体では,2001-2003年にオリジネートされた住宅モーゲイジ・ローンの8.0〜8.6%がサブプライムであった。このサブプライム融資比率は,2004-2006年に18.5〜20.1%に急上昇した[10]。サブプライム融資が前年の1.6倍以上に拡大した2004年に,サブプライム融資比率が急上昇したのである。逆に,危機が起こった2007年にはサブプライム融資は前年の2分の1,同じく2008年には3分の1に落ち込んだ。

　つぎに,個々の3大商業銀行のデータをみてみよう。JPMorgan Chaseは,2006年末に住宅モーゲイジ・ローン残高の22.1%をサブプライムで貸し付けていた。JPMorgan Chaseのデータは残高であり,証券化率等に大きな差がなければ,融資市場全体とほぼ同じ水準と考えることができる。JPMorgan Chaseのサブプライム残高比率は,翌2007年末には31.3%に達し,2008年と2009年末には20.3%と19.0%に急落した[11]。Bank of AmericaとCitibankに関する同様のデータは入手できなかったが,サブプライム関連の損失が報道されており[12],巨額のサブプライム・ローンをオリジネートし保有したと考えられる[13]。表6-2をみると,とくにCitigroupは2006年のサブプライム・オリジネーターの4位にランクされた。Citigroupは,2005年から2006

---

10) 以上,証券化商品を除いたデータである。
11) 2008年以降のデータは,合併したWashington Mutualのものを含む。Washington Mutualは,サブプライム・レンダーであり,最大の貯蓄貸付組合であった
12) たとえば,『日本経済新聞』2008年1月23日,朝刊,8頁; 2008年7月22日,7頁; 2009年1月19日,7頁。
13) 以上JPMorgan Chase Co. 決算資料; Joint Economic Committee of the U.S. Congress (2007), p. 18, Figure 8; Inside B&C Lending (2009), p. 6. 原資料はInside Mortgage Finance, *The 2007 Mortgage Market Statistical Annual*; Inside Mortgage Finance, *Top Subprime Mortgage Market Players & Key Data*, 2006; Federal Reserve.

表 6-2 サブプライム・モーゲイジ・オリジネーター上位 10 社　2006 年

順位	貸し手	2005 年 金額(10億ドル)	2005 年 シェア(%)	2006 年 金額(10億ドル)	2006 年 シェア(%)	%変化
1	HSBC	58.6	8.8	52.8	8.8	-9.9
2	New Century Financial	52.7	7.9	51.6	8.6	-2.1
3	Countrywide Financial	44.6	6.7	40.6	6.8	-9.1
4	Citigroup	20.5	3.1	38.0	6.3	85.5
5	WMC Mortgage	31.8	4.8	33.2	5.5	4.3
6	Fremont	36.2	5.5	32.3	5.4	-10.9
7	Ameriquest Mortgage	75.6	11.4	29.5	4.9	-61.0
8	Option One	40.3	6.1	28.8	4.8	-28.6
9	Wells Fargo	30.3	4.6	27.9	4.6	-8.1
10	First Franklin	29.3	4.4	27.7	4.6	-5.7
	上位 10 社	419.9	63.2	362.4	60.3	-13.7
	上位 25 社	604.9	91.1	543.2	90.5	-10.2
	総　　計	664.0	100.0	600.0	100.0	-9.8

注）2005 年の上位 10 社の合計は，2006 年の上位 10 社の数値を合計したものである。上位 10 社の%変化もこの合計と 2006 年の合計を比較している。
(Ashcraft and Schuermann (2008), p. 4, table 2. 原資料は Inside Mortgage Finance, *The 2007 Mortgage Market Statistical Annual*.)

年に，サブプライム融資を 85.5% も増加させた。住宅モーゲイジ・ローンの獲得競争で 2005 年まで後塵を拝してきた Citigroup は，危機直前にサブプライム・ローンを急増させたのである。3 大商業銀行がサブプライム融資をおこなったことが第 1 の問題である。しかしながら，モノライン・レンダーのように市場全体のトレンドを超えて，3 大商業銀行がサブプライム・ローンを貸し込んでいったとはいえない[14]。

最後に，表 6-2 で，危機直前の 2006 年における，サブプライム・モーゲイジ・オリジネーターの上位 10 社をみてみよう。上位 10 社で総額の 60.3%，上位 25 社で同じく 90.5% の融資をおこなっており，サブプライム・オリジネーターは，上位に集中していたことがわかる。上位 10 社中，大半の 7 社が，

---

14)　スーパーリージョナル Wells Fargo は，サブプライム危機直前の 2006 年にサブプライム・モーゲイジ・オリジネーターの 9 位にランクされた（表 6-2）。

預金金融機関ではないモノライン・レンダーとされた。残る3社は商業銀行で，トップのHSBCは外国銀行である。米銀大手では，Citigroupが2006年のサブプライム・オリジネーターの4位，スーパーリージョナルのWells Fargoが9位にランクされた。しかし，住宅モーゲイジ・ローンで優位にあった，JPMorgan ChaseとBank of Americaはランク外であった。サブプライム・モーゲイジ・オリジネーター全体では，預金金融機関ではないモノライン・レンダーが中心となっていたのである。優良な住宅モーゲイジ・プライム・ローンの獲得競争で優位に立った大手行と，それ以外の銀行やモノライン・レンダーとでは，サブプライム・ローンに対する参入度が異なっていたのである。

1.2 金利収入

ここでは，3大商業銀行による住宅モーゲイジ・ローンの金利収入の大きさを確認する。図6-1でみたように，3大商業銀行の銀行本体は，サブプライム危機に至る過程で，その濃淡に差があったものの，住宅モーゲイジ・ローンを貸し込んでいった。それは，まず金利収入に表れている。3大商業銀行による住宅モーゲイジ・ローンの金利収入は，2008年から公表されている。3大銀行の住宅モーゲイジ・ローンは，現代的には金利収入の最大項目である。

表6-3は，大手商業銀行による貸付の金利収入の内訳を示している。正確にとれるデータは2008年からの四半期のものだが，JPMorgan Chaseと，とくにBank of Americaでは，住宅モーゲイジ・ローンの金利収入が大きくなっていた。Citibankの住宅モーゲイジ・ローンの金利収入も，2008年第1四半期から2011年第2四半期まで最大項目になっていた。その後2011年第3四半期からCitibankの，2014年第4四半期からBank of Americaの消費者ローンの金利収入が跳ね上がった。これは，クレジットカードの金利収入が，計上されるようになったからである[15]。

住宅モーゲイジ・ローンの金利収入が公表される以前には，モーゲイジ・

表 6-3　大手商業銀行による貸付金利収入の内訳　2001-2014 年　（単位：100 万ドル）

	2001	2002	2003	2004	2005	2006	2007	2008	2009	2010	2011	2012	2013	2014
						JPMorgan Chase								
モーゲイジ・ローン	3,077	2,968	3,359	5,013	8,509	11,491	12,868	13,140	16,501	13,871	12,293	11,585	11,014	10,777
住宅モーゲイジ・ローン	n.a.	n.a.	n.a.	n.a.	n.a.	n.a.	n.a.	11,244	13,190	10,805	9,096	8,267	7,781	7,576
商工業貸付	3,498	1,509	1,795	2,430	4,861	6,335	6,611	5,452	3,945	3,233	3,407	3,535	3,355	3,028
消費者ローン	1,684	1,796	1,724	2,932	5,366	6,177	6,663	6,386	5,286	4,975	5,287	5,183	4,747	4,657
金利収入（ネット）	9,310	8,796	9,655	12,240	15,640	18,246	23,250	31,645	39,740	36,082	35,844	34,604	33,192	33,973
非金利収入総額	11,444	11,821	13,859	16,873	24,623	29,402	31,654	31,773	37,099	35,734	36,076	35,244	38,081	38,625
						Bank of America								
モーゲイジ・ローン	11,880	9,633	10,268	10,372	16,324	21,855	25,474	22,625	22,876	19,455	13,637	15,201	14,612	10,695
住宅モーゲイジ・ローン	n.a.	n.a.	n.a.	n.a.	n.a.	n.a.	n.a.	17,531	19,365	16,368	15,190	12,898	12,214	13,138
商工業貸付	8,031	5,283	4,659	4,865	6,149	7,668	7,910	6,339	4,863	4,642	4,513	4,527	4,564	4,599
消費者ローン	2,617	2,482	1,922	1,827	2,250	2,749	3,367	3,357	3,008	2,769	2,219	1,719	1,973	11,558
金利収入（ネット）	18,297	17,856	23,874	19,454	26,175	26,875	27,090	30,704	34,441	35,459	33,691	31,352	33,204	42,121
非金利収入総額	12,498	12,064	13,656	12,397	19,287	22,188	18,671	21,414	33,339	26,666	27,401	30,833	30,539	29,510
						Citibank								
モーゲイジ・ローン	1,273	1,555	868	668	954	11,025	14,020	12,408	9,222	7,672	6,172	6,205	5,492	4,873
住宅モーゲイジ・ローン	n.a.	n.a.	n.a.	n.a.	n.a.	n.a.	n.a.	11,080	8,298	6,939	5,747	5,823	5,093	4,447
商工業貸付	1,525	1,759	1,384	1,137	1,331	2,294	2,955	2,516	1,321	855	1,723	1,686	1,712	1,838
消費者ローン	1,497	4,989	4,776	6,736	5,657	2,188	2,349	2,283	1,687	1,271	15,644	14,828	14,653	15,121
金利収入（ネット）	13,822	20,715	20,471	22,416	21,173	23,896	30,803	36,235	32,182	30,282	43,306	42,283	40,076	40,404
非金利収入総額	11,721	15,005	15,190	19,414	20,983	16,256	11,035	5,941	12,090	16,517	17,399	14,425	16,686	16,468
						Wells Fargo								
モーゲイジ・ローン	3,393	4,161	6,968	8,623	11,561	13,085	12,347	10,701	12,326	20,422	19,264	18,922	18,075	17,649
住宅モーゲイジ・ローン	n.a.	n.a.	n.a.	n.a.	n.a.	n.a.	n.a.	7,291	9,589	15,393	13,918	13,534	13,106	13,071
商工業貸付	1,824	1,646	1,674	1,876	2,469	3,435	4,295	4,477	4,060	5,589	5,775	6,046	5,526	5,423
消費者ローン	331	413	816	1,825	2,222	3,333	4,313	4,386	4,764	7,426	7,137	7,098	7,414	7,909
金利収入（ネット）	4,473	5,836	8,847	12,517	13,995	15,468	19,259	24,971	40,607	38,881	39,678	39,298	40,557	
非金利収入総額	5,605	4,854	7,098	9,812	11,078	11,548	14,045	13,969	23,713	28,743	26,090	30,118	28,133	26,568

注）海外支店を含むが，持株会社やその子会社を除いた銀行本体のデータである。
（Federal Financial Institution Examination Council, *Reports of Condition and Income* 各号, Schedule RI より作成）

ローン全体の金利収入が公表されていた。住宅モーゲイジ・ローンはモーゲイジ・ローン全体の大部分を占めたので，2007 年まではモーゲイジ・ローン全体の金利収入をみてみよう。表 6-3 によると，JPMorgan Chase のモーゲイジ・ローン全体の金利収入は，2002 年から一貫して増加を続けたが，2010 年に減少してから下げ止まらない。Bank of America は，大手商業銀行の中で最もモーゲイジ・ローン全体の金利を収益源にしていた。Bank of America でも，2002 年からモーゲイジ・ローンの金利収入が増加したが，サ

---

15)　スーパーリージョナル最大手の Wells Fargo でも，2009 年第 4 四半期に Wachovia との合併の影響で金利収入が跳ね上がったが，その後は同じ傾向であった。

ブプライム危機の最中の 2008 年から減少傾向にあった。Citibank でも，モーゲイジ・ローンの金利収入が，サブプライム危機直前の 2006 年第 4 四半期に急増した。これは，表 6-2 でみたように，Citigroup が 2006 年にサブプライム融資を急増させたという情報と整合的である。Citibank も，2006 第 4 四半期から 2010 年第 2 四半期まで，モーゲイジ・ローン全体の金利を最大の収益源にしていた[16]。前項のサブプライム融資を合わせて考えると，サブプライム危機に至るまで，大手行は，サブプライム・ローンから，中小銀行にくらべて相対的に高く安定した金利収入を得ていたと思われる。

1.3 証券化業務への関与

RMBSs (residential mortgage-backed securities；住宅モーゲイジ担保証券) には，1968 年 9 月 1 日に FNMA (Federal National Mortgage Association；連邦抵当金庫) から分割・設立された連邦機関の GNMA (Government National Mortgage Association；政府抵当金庫)[17]が重要な役割を担っていた。第 2 章の図 2-3 のように，民間金融機関は住宅モーゲイジ・ローンをオリジネートし，この住宅ローンを FHA (Federal Housing Administration；連邦住宅局) と VA (Veterans Administration；退役軍人庁) が保険・保証していた。1970 年には，オリジネーターである民間金融機関は，FHA・VA に保険・保証されたモーゲイジを集めてモーゲイジ・プールを作り，代表的な MBSs であるパス・スルー証券を発行した。このパス・スルー証券を，GNMA が保証した。GNMA は，オリジネーターかつ発行者である民間金融機関が投資家に対して毎月 15 日に元本と利子を小切手で支払う，すなわちパス・スルーすることを保証したのである[18]。

こうして，モーゲイジ・プール，さらには RMBSs が 1970 年代後半から急

---

16) ただし，サブプライム危機の始まった 2007 年以降，大手商業銀行の住宅モーゲイジ・ローンとモーゲイジ・ローン全体の金利収入は減少傾向にあった。
17) GNMA は，FNMA と同様にモーゲイジの流通市場を形成したが，低所得者向け住宅のリスキーな債権を扱うところに特徴があった。平山 (1999)，282 頁。
18) 松井 (1986a)，32-33 頁。

速に進展した。商業銀行を始めとしたオリジネーターは,住宅モーゲイジ・ローンの売り手であった。発行された GNMA パス・スルー証券の購入者では,現代的には年金基金・個人退職金積立プランを含むファンドが最大となった。

証券化のためにプールされるモーゲイジ・ローンには,FHA・VA モーゲイジだけでなく,農業住宅局保証付きモーゲイジや公的な保険・保証の付かない在来型モーゲイジ・ローンもあった。たとえば,GNMA パス・スルー証券の担保には,農業住宅局保証付きモーゲイジ・ローンも含まれる。在来型モーゲイジ・ローンを担保にした FNMA や FHLMC（Federal Home Loan Mortgage Corporation；連邦住宅金融公庫）のモーゲイジ証券もあった。FNMA の MBSs と FHLMC の PCs（participation certificates；参加証書）である。

1983 年には,FHLMC の PCs 残高は 564 億ドル,FNMA の MBSs は同じく 251 億ドルに過ぎず,GNMA パス・スルー証券は 1,598 億ドルと突出していた。しかし,1993 年には,FNMA は 4,960 億ドル,FHLMC は 4,390 億ドルまで成長した。FNMA と FHLMC は GNMA の 4,140 億ドルを追い抜き,民間のものも 1,640 億ドルまで成長してきた。FNMA と FHLMC の残高は,1997 年のそれぞれ 7,096 億ドル,5,794 億ドルから,1999 年の 9,609 億ドル,7,491 億ドルまで順調に増加を続け,同じ時期に停滞した GNMA 残高 5,369～5,820 億ドルを大きく引き離すようになった。

住宅モーゲイジ・ローンは 1970 年から証券化されており,本節で注目するサブプライム・ローンも証券化された。本章第 1 節第 1 項でみたように,アメリカにおける住宅モーゲイジの融資市場全体に占めるサブプライム・ローンの比率は,2001-2003 年の 8.0～8.6％から 2004-2006 年の 18.5～20.1％に跳ね上がった。オリジネートされたサブプライム・ローンが証券化された比率は,2001-2002 年の 50.4～52.7％から,2003 年の 60.5％,2004 年の 74.3％をへて,2005-2006 年の 80.5～81.2％まで上昇した。

ここで,表 6-4 で,危機直前の 2006 年における,サブプライム MBS 発行

表 6-4 サブプライム MBS 発行者上位 10 社　2006 年

順位	貸し手	2005 年 金額 (10 億ドル)	2005 年 シェア (%)	2006 年 金額 (10 億ドル)	2006 年 シェア (%)	% 変化
1	Countrywide Financial	38.1	7.5	38.5	8.6	1.1
2	New Century Financial	32.4	6.4	33.9	7.6	4.8
3	Option One	27.2	5.4	31.3	7.0	15.1
4	Fremont	19.4	3.8	29.8	6.6	53.9
5	Washington Mutual	18.5	3.6	28.8	6.4	65.1
6	First Franklin	19.4	3.8	28.3	6.3	45.7
7	Residential Funding Corp.	28.7	5.6	25.9	5.8	-9.5
8	Lehman Brothers	35.3	6.9	24.4	5.4	-30.7
9	WMC Mortgage	19.6	3.9	21.6	4.8	10.5
10	Ameriquest Mortgage	54.2	10.7	21.4	4.8	-60.5
	上位 10 社	292.8	57.6	283.9	63.3	-3.0
	上位 25 社	417.6	82.2	427.6	95.3	2.4
	総　　計	508.0	100.0	448.6	100.0	-11.7

注)　表 6-2 の注) を参照されたい。
(Ashcraft and Schuermann (2008), p. 4, table 3. 原資料は Inside Mortgage Finance, *The 2007 Mortgage Market Statistical Annual*.)

者の上位 10 社をみてみよう。上位 10 社で総額の 63.3%，上位 25 社で同じく 95.3% の発行をおこなっており，サブプライム MBS 発行者は，上位に集中していたことがわかる。上位 10 社のうち 9 社が，最大の貯蓄貸付組合であった Washington Mutual を含むサブプライム・レンダーとされた金融グループの SPVs (special purpose vehicles；特別目的事業体) である。残る 1 社は，サブプライム危機の最中に破綻した大手投資銀行 Lehman Brothers の SPVs である。サブプライム MBS 発行者全体では，モノライン・レンダーとされたノンバンクの SPVs が中心であった。彼らの多くは，サブプライム危機で破綻や合併・吸収に追い込まれていく。3 大商業銀行グループは，優良なプライム MBSs の発行・引受に積極的に進出したが，サブプライム MBSs の発行にはあまり乗り出さなかった。金融規制は，銀行だけでなく，ノンバンクに対して必要なのである。

　サブプライム MBSs は，第 4 章第 3 節で考察した CDSs (credit default

swaps) によって信用リスクをプロテクトされた[19]。CDSs は，新規の信用リスク移転商品である。サブプライム期に至る過程では，モノライン保険会社がCDSs を利用してプロテクションの売り手（信用リスクの投資家）として行動した（第4章の表4-5参照）。このモノライン保険会社のうち大手である Ambac の主要株主は，大手商業銀行グループ JPMorgan Chase や Citigroup であった（第2章第3節第4項参照）。

サブプライム危機前後の証券化は，伝統的な MBSs に止まらない。サブプライム MBSs を担保に再証券化をおこなった CDOs (collateralized debt obligations；債務担保証券) がある。CDOs の担保は，多様な債券，貸付，クレジット・デリバティブ（以下クレデリ）にも及んだ[20]。クレデリの代表的なものに CDSs がある。しかし，サブプライム MBSs を担保にした CDOs が，危機に至る 2003-2006 年に，CDOs 全体の過半を占めるようになった。とくに，2004-2006 年には，サブプライム MBSs を再証券化した CDOs が，全体の 80％前後に達した。

サブプライム MBSs を再証券化した CDOs は，大手商業銀行の OTD モデルを軸にみると，CDSs を担保にしたシンセティック CDOs 等より，本書では重要である。オリジネートされた貸付が，証券化・再証券化されて，ディストリビュートされる状態がわかるからである。しかし，CDOs の場合には，大手銀行のオリジネートしたサブプライム・ローンが，そのまま再証券化・再々証券化されるわけではない。サブプライム危機に至る過程で，大手商業銀行グループの発行する CDOs に MBSs を最も提供したのは，最大手のサブプライム・レンダーとされる Countrywide や大手投資銀行 Goldman Sachs であった。

Countrywide は預金金融機関ではないモノライン・レンダーである。他社から提供された MBSs を担保に，大手商業銀行グループが CDOs を発行してディストリビュートしても，それは大手商業銀行グループの OTD モデル

---

19) Financial Crisis Inquiry Commission (2009), pp. XXIV, 140, 200-201.
20) 第4章の注41を参照されたい。

とは言えない。モノライン・レンダーのOTDモデルである。一方，大手投資銀行Goldman SachsからMBSsを購入したのは，大手商業銀行JPMorgan Chaseグループであった。他社から提供されたMBSsを担保にしたことが，大手商業銀行グループによるCDO発行の問題点である。担保となるMBSs資産がサブプライム化しその劣化が止まらなくなったのである。本章第3節第3項で後述するドッド＝フランク法により，金融機関が証券化商品を組成分配する際に，その5％を保有し続けるように義務付けたことの意義がここにある。ただし，金融規制は，大手金融機関だけでなく，ノンバンクに対して必要なのである。

さらに，CDOsを担保に再々発行された，CDOスクエアードがある。大手商業銀行グループの再発行するCDOスクエアードにCDOsを最も提供したのは，同一の大手銀行グループであった。発行されたものの販売されなかったCDOsは，CDOスクエアードとして再々発行されたのである。さらに，CDOsは，CDSsによって信用リスクをプロテクトされた[21]。

再証券化されたCDOsは，つぎに引き受けられる。2000-2014年における世界のCDOsの引受ランキングと市場シェアをみると，CDOsを引き受けたのは，大手商業銀行グループ，外国銀行グループ，大手投資銀行であった。3大商業銀行グループによる世界のCDO引受シェアは，2001-2002年とサブプライム危機直前の2005年から3大投資銀行のものを上回るようになった。2004-2006年に，世界のCDOsの引受金額・件数と取引件数が急速に増加した[22]。これは，サブプライムMBSsを担保にしたCDOsが，全体の80％

---

21) サブプライム危機で破綻した大手保険会社AIG (American International Group) Financial Productsは，ヨーロッパの銀行，たとえばフランスのSociété Généraleに，ボンド，MBSs，CDOs等に対するCDSsのプロテクションを大量に販売した。AIG Financial Productsは，大手投資銀行Goldman SachsにもCDSsを販売したという。Deutsche Bankのモーゲイジ・トレーダーGreg Lippmannは，FDICに対して，彼らのCDSsのプロテクションの買い手は，ほぼUBS (United Bank of Switzerland)，大手投資銀行Merrill Lynch，大手商業銀行Citibankであったと話している。周知のように，Merrill LynchとCitibankは，サブプライム危機で苦境に陥っている。Financial Crisis Inquiry Commission (2009), pp. 140-141, 143, 191, 202, 243, 376. 原資料はGreg Lippmann, interview by FCIC, May 20, 2010; Moody's, "CDOs with Short-Term Tranches"; AIG, "Information Pertaining to the Multi-sector CDS Portfolio," provided to the FCIC.

前後に達した時期と重なっている。

　それでは，サブプライム危機に至る過程で，3大商業銀行グループが発行し引き受けたCDOを，誰が購入したのだろうか。International Monetary Fund (2007) によると，CDOs全体の投資家は，ヘッジファンド (47%)，銀行 (24%)，アセット・マネージャー (19%)，保険会社 (10%) であった[23]。CDOスクエアードの場合には，大手商業銀行 Bank of America グループの発行する CDO スクエアードを最も購入したのは，大手商業銀行 Citigroup であった。同じく Citigroup の発行する CDO スクエアードを最も購入したのは Citigroup 自身であった。大手商業銀行 JPMorgan Chase グループの発行する CDO スクエアードを最も購入したのは，大手投資銀行 Merrill Lynch であった[24]。3大商業銀行グループが発行し引き受けた CDO スクエアードを購入したのは，サブプライム危機で痛手を被った大手商業銀行 Citigroup と大手投資銀行 Merrill Lynch であった。ここに，大手商業銀行グループによる CDO スクエアード発行・引受の問題点がある。大手金融機関に対する金融規制が必要な所以である。

　ここで，図6-2を参照しながら，大手商業銀行グループによる MBSs の再証券化構造をまとめてみよう。MBSs の発行までは，導管体による貸付保管業務が加えられているが，第5章の図5-6と基本的に同じである。大手銀行グループによって発行されたものの販売されなかった MBSs は，図6-2の①大手銀行グループ傘下の導管体または大手行のトレーディング勘定に移され

---

22) International Monetary Fund (2007) によると，世界の地域別購入者では，アメリカ (77%)，ヨーロッパ (15%)，アジア・オーストラリア (8%) の順であった (p. 15, figure 1.11)。原資料は Citigroup.
　以上 IDD, *Investment Dealers' Digest* 各号; Thomson Reuters, *Debt Capital Markets Review: Managing Underwriters*, Full Year 各号。
23) International Monetary Fund (2007), p. 15, figure 1.11. 原資料は Citigroup.
24) サブプライム危機をへて Bank of America に買収された大手投資銀行 Merrill Lynch も，Citigroup と同様に，自社の CDO スクエアードや外国銀行グループ，大手商業銀行グループ，他の大手投資銀行のものを購入した。
　以上 Barnett-Hart (2009), pp. 10-11, 26, 28-29, table 4 and 5, figure 2, panel A and B. 原資料は Lehman Live, Open Source, Standard and Poor's.

図6-2 大手商業銀行グループによるMBSsの再証券化構造

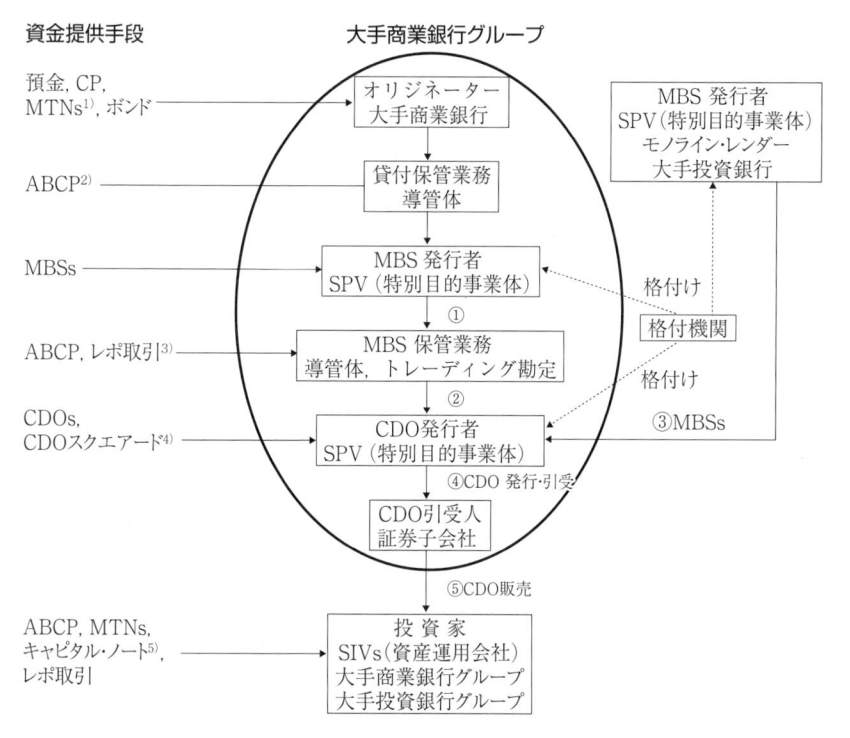

資金提供手段 / **大手商業銀行グループ**

- 預金, CP, MTNs[1], ボンド → オリジネーター 大手商業銀行
- ABCP[2] → 貸付保管業務 導管体
- MBSs → MBS発行者 SPV（特別目的事業体）
- ABCP, レポ取引[3] → MBS保管業務 導管体, トレーディング勘定
- CDOs, CDOスクエアード[4] → CDO発行者 SPV（特別目的事業体）
- → CDO引受人 証券子会社
- ABCP, MTNs, キャピタル・ノート[5], レポ取引 → 投資家 SIVs（資産運用会社） 大手商業銀行グループ 大手投資銀行グループ

右側：MBS発行者 SPV（特別目的事業体） モノライン・レンダー 大手投資銀行 → 格付機関（格付け）、③MBSs

①、②、④CDO発行・引受、⑤CDO販売

注1）MTNsとは，medium-term notes（中期社債）の略である。
2）ABCPとは，asset-backed commercial paperの略である。
3）レポ取引とは，買戻し条件付き証券売買である。
4）CDOスクエアードとは，CDOsを担保に再発行されたCDOsのことである。
5）キャピタル・ノートとは，劣後債の一種である。

(Barnett-Hart (2009), pp. 28-29, table 5; Pozsar, Adrian, Ashcraft and Boesky (2013), pp. 2, 7-13, table 4, appendix 2等を参考に作成)

る。本章第3節第3項でみるように，このとき自己資本比率を高めることができ，ここにバーゼル2.5等でトレーディング勘定が問題とされた理由の1つがある。

CDOsとして再証券化するために，②大手商業銀行グループのMBSsは，大手銀行グループ傘下のSPVsに移される。同じく，③預金金融機関ではないモノライン・レンダーや大手投資銀行グループ傘下のSPVsの発行した

MBSs が，大手商業銀行グループ傘下の SPVs に移される。当然であるが，他社から提供された MBSs では，大手銀行グループの OTD モデルではない。モノライン・レンダーの OTD モデルである。他社から提供された MBSs を担保にしたことが，大手銀行グループによる CDO 発行の問題点である。危機直前の 2004-2006 年には，CDOs の 80％前後がサブプライム MBSs を担保とした。担保となる MBSs 資産の劣化を止めることができず，それが最終的に CDO 市場の崩壊につながった。ドッド＝フランク法による，組成分配した証券化商品の 5％保有義務は，これに対処したのである。ただし，金融規制は，大手金融機関だけでなく，ノンバンクに対しても必要である。

上述のように，④これらの MBSs は CDOs として再証券化され，大手商業銀行グループ傘下の証券子会社が引き受ける。大手銀行グループは，自らまたは他社がオリジネートし，自ら証券化した CDOs を，自ら引き受けたのである。

それから，大手銀行グループ傘下の⑤証券子会社は，CDOs を投資家に販売した。CDOs の投資家は SIVs（structured investment vehicles；資産運用会社）[25]の形をとり，CDOs を担保に再々発行された CDO スクエアードの場合には，大手商業銀行や大手投資銀行グループ傘下にあった。ここに，大手商業銀行グループによる CDO スクエアード発行・引受の問題点がある。大手金融機関に対する金融規制も必要なのである。この時点で，大手商業銀行グループにとって，モーゲイジ・ローンさらに MBSs を担保とした CDOs がディストリビュートされ，サブプライム期の OTD モデルが登場したのである。

最後に，表 6-5 で，危機直前の 2006 年における，サブプライム・モーゲイジ・サービサー上位 10 社をみてみよう。サービサーは，モーゲイジ・ローンの元利金払いと返済遅延金の回収をおこない，証券化後も引き続き業務をお

---

25) Harrington（2007）によると，SIVs は 1988 年に Citigroup によって創設されたという。SIVs については，Pozsar, Adrian, Ashcraft and Boesky（2013）を参照されたい（pp. 7, 9, 13, table 2）。なお，以上の訳は高田（2014）を参考にした。

表6-5 サブプライム・モーゲイジ・サービサー上位10社 2006年

順位	貸し手	2005年 金額(10億ドル)	シェア(％)	2006年 金額(10億ドル)	シェア(％)	％変化
1	Countrywide	120.6	10.1	119.1	9.6	-1.3
2	JPMorgan Chase	67.8	5.7	83.8	6.8	23.6
3	Citigroup	47.3	3.9	80.1	6.5	39.8
4	Option One	79.5	6.6	69.0	5.6	-13.2
5	Ameriquest Mortgage	75.4	6.3	60.0	4.8	-20.4
6	Ocwen Financial Corp.	42.0	3.5	52.2	4.2	24.2
7	Wells Fargo	44.7	3.7	51.3	4.1	14.8
8	Homecomings Financial	55.2	4.6	49.5	4.0	-10.4
9	HSBC	43.8	3.7	49.5	4.0	13.0
10	Litton Loan Servicing	42.0	3.5	47.0	4.0	16.7
	上位10社	618.3	51.5	661.5	53.6	7.0
	上位30社	1,057.8	88.2	1,105.6	89.2	4.5
	総計	1,200.0	100.0	1,240.0	100.0	3.3

注）表6-2の注）を参照されたい。
(Ashcraft and Schuermann (2008), p. 4, table 4. 原資料は Inside Mortgage Finance *The 2007 Mortgage Market Statistical Annual*.)

こなった。サブプライム・モーゲイジ・サービサー上位10社で総額の53.6％，上位30社で同じく89.2％のサービシング[26]をおこなっており，サブプライム・サービサーも，上位に集中していたことがわかる。上位10社中，過半の6社が，預金金融機関ではないモノライン・レンダーとされた。残る4社は商業銀行で，9位の HSBC は外国銀行である。米銀大手では，JPMorgan Chase が2006年のサブプライム・サービサーの2位，Citigroup が3位，スーパーリージョナルの Wells Fargo が7位にランクされた。Bank of America はランク外にあった。JPMorgan Chase と Citigroup は，2005年からそれぞれ23.6％と39.8％もサービシングを増加させている。サブプライム・オリジ

---

26) サービシング手数料とは，返済計画や書類代，調査費，通信費などの手数料収入である。Sovereign Bank, "What are the Mortgage Loan Servicing fees?" (https://customerservice.sovereignbank.com/app/answers/detail/a_id/22/~/what-are-the-mortgage-loan-servicing-fees%3F)

ネーターにおいて，3大銀行ではCitigroupだけがトップ10に入った。サブプライム・サービサーにおいては，JPMorgan ChaseとCitigroupが合わせて市場シェア13.3%のサービシングをおこなった。しかし，サブプライム・モーゲイジ・サービサー全体では，モノライン・レンダーとされたノンバンクが中心となっていたのである[27]。

　ここまでみたように，2006年の3大商業銀行グループによるサブプライム・モーゲイジ・ローンとサブプライム・サービシングには，それぞれ特徴もしくは違いがあった。この特徴もしくは違いを，どのように理解すればよいだろうか？　第5章第3節第1項で指摘したように，貸付のオリジネーターは，通常，サービサーを務めたという。しかし，2006年のサブプライム・オリジネーターとサービサーの順位は大きく異なっていた。たとえば，JPMorgan Chaseは，2006年のサブプライム・サービサーでは上位に入っているが，同じくオリジネーターでは上位に入っていない。JPMorgan Chaseが，2005年までに大量のサブプライム・ローンをオリジネートし，証券化の有無にかかわらず，危機直前の2006年にサービシングを継続していれば，これらの情報を整合的に理解できる。その一方で，危機直前の2006年に，預金金融機関ではないモノライン・レンダー等が，JPMorgan Chase以上にサブプライム・ローンをオリジネートしたのである。

　2006年のサブプライム・モーゲイジ・サービサーは，モノライン・レンダーとされたノンバンクと大手商業銀行が上位を占めた。サブプライム・オリジネーターでもあった大手行は，証券化によって住宅モーゲイジ・ローンの金利収入を一時的に失ったが，証券化後にさらなる貸付をおこない金利収入を増やしていった。大手行は，証券化されていない貸付の管理に加えて，証券化後も貸付の管理を引き続きおこない，サービシング手数料を得た。サブプ

---

27) 以上 Business Week (1984), p. 85; Pavel (1989), p. 14 (訳, 11頁); Korell (1996), p. 93, figure 8.1; Bond Market Association (1999, 2000), p. 2; Joint Economic Committee of the U.S. Congress (2007), p. 18, Figure 8. 原資料は Federal Reserve, FHLMC, FNMA, GNMA, Inside Mortgage Finance, *The 1994 and 2007 Mortgage Market Statistical Annual*; Inside Mortgage Finance, *Top Subprime Mortgage Market Players & Key Data*, 2006; Salomon Brothers.

ライム危機に至るまで，大手行は，サブプライム・ローンから，中小銀行にくらべて相対的に高く安定した金利収入とサービシング手数料を得たと思われる。さらに，証券化されたRMBSsのトレーディング収益も，新たに手にするようになった。こうして，大手銀行グループは，証券化収入，サービシング手数料，RMBSsのトレーディング収益を手に入れた。証券化手法が，サブプライム危機に至る過程で，アメリカ大手金融機関の収益力につながったのである。3大商業銀行グループのこれらの非金利収入については，第3節でさらなる考察をおこなう。

2　大手投資銀行の業務別収益

これまで，大手商業銀行グループの貸付の内訳，金利収入，証券化業務を確認し，サブプライム危機に至る，大手銀行グループの業務展開を追跡した。以下第2節と第3節では，大手金融機関の収益構造を考察し，大手銀行グループの業務展開をより正確に把握したい。本節では，サブプライム危機前後における，3大投資銀行の業務別収益の内訳を考察する。業務別収益の主要項目は，各種の投資銀行業務である。

まず，表6-6で，2001-2014年における，3大投資銀行の業務別収益の推移を確認する。Goldman Sachsの総収益（ネット）[28]に占める非金利収入の比率[29]は，サブプライム危機後の2008-2014年のデータしか公表されていないが，80％を超えていた。Morgan Stanleyの同じく総収益に占める非金利収入の比率は，同じく2004年以降であるが，サブプライム危機直前まで増加し93％台であった。危機後に急減し2008年には84％台まで下がり，2009年には95％台にV字回復し，その後も増加を続けた。同じくMerrill Lynchの比

---

28)　総収益（ネット）＝非金利収入総額＋金利収入（ネット）
29)　非金利収入の比率は，Goldman Sachsでは総収益（ネット）に占める非金利収入総額，Morgan Stanleyでは総収益（ネット）に占める非金利収入総額，Merrill Lynchでは総収益（ネット）に占める小計の比率を計算している（表6-6）。

表 6-6　3 大投資銀行の業務別収益の内訳 2001－2014 年　　　　　　（単位：100 万ドル）

	2001	2002	2003	2004	2005	2006	2007	2008	2009	2010	2011	2012	2013	2014
	Goldman Sachs　11 月末（2009 年からは 12 月末）													
投資銀行業務	3,836	2,830	2,711	3,374	3,672	5,629	7,555	5,185	4,797	4,810	4,361	4,926	6,004	6,464
フィナンシャル・アドバイザリー	2,070	1,499	1,202	1,737	1,905	2,580	4,222	2,656	1,893	2,063	1,987	1,975	1,978	2,474
引受手数料総額	1,766	1,331	1,509	1,637	1,766	3,049	3,333	2,529	2,904	2,748	2,368	2,951	4,026	3,990
株式引受手数料	983	734	678	819	704	1,365	1,382	1,353	1,771	1,462	1,085	987	1,659	1,750
債券引受手数料	783	597	831	818	1,062	1,684	1,951	1,176	1,133	1,286	1,283	1,964	2,367	2,240
トレーディング, プリンシパル・インベストメント	9,570	8,647	10,433	13,728	16,818	25,562	31,226	9,063	34,373	21,796	17,280	18,124	15,721	15,197
債券, 通貨, コモディティ[1]	4,272	4,680	5,596	7,723	8,940	14,262	16,165	3,713	23,316	13,707	9,018	9,914	8,651	8,461
株式総額	5,526	4,002	4,281	4,673	5,650	8,483	11,304	9,206	9,886	8,089	8,262	8,210	7,070	6,736
株式トレーディング	2,923	1,008	1,738	1,969	2,675	4,965	6,725	4,208	6,046	3,231	3,031	3,171	2,594	2,079
株式委託手数料	2,603	2,994	2,543	2,704	2,975	3,518	4,579	4,998	3,840	3,426	3,633	3,053	3,103	3,153
プリンシパル・インベストメント総額	-228	-35	566	1,332	2,228	2,817	3,757	-3,856	1,171	6,932	1,507	5,865	6,993	6,588
マーケットメイク	n.a.	n.a.	n.a.	n.a.	n.a.	n.a.	n.a.	n.a.	n.a.	22,088	13,678	9,287	11,348	9,368	8,365
アセット・マネジメント, 証券関連サービス	2,405	2,509	2,858	3,849	4,749	6,474	7,206	7,974	6,003	5,014	4,691	5,222	5,463	6,042
非金利収入総額	n.a.	n.a.	n.a.	n.a.	n.a.	n.a.	n.a.	17,946	37,766	33,658	23,619	30,283	30,814	30,481
総収益（ネット）	15,811	13,986	16,012	20,951	25,238	37,665	45,987	22,222	45,173	39,161	28,811	34,163	34,206	34,528
	Morgan Stanley　財政年度（2008 年からは 12 月末）													
投資銀行業務[2]	3,413	2,478	2,440	3,341	3,843	4,755	6,368	3,899	5,019	5,122	4,991	4,758	5,246	5,948
M&A, 事業再構築へのアドバイザリー	n.a.	n.a.	n.a.	1,107	1,395	1,753	2,541	1,653	1,488	1,470	1,737	1,369	1,310	1,634
引受手数料総額	n.a.	n.a.	n.a.	1,852	1,999	2,475	2,997	1,838	2,966	2,825	2,491	2,560	3,067	3,569
株式引受手数料	n.a.	n.a.	n.a.	993	905	1,059	1,570	979	1,694	1,454	1,132	891	1,262	1,613
債券引受手数料	n.a.	n.a.	n.a.	859	1,094	1,416	1,427	859	1,272	1,371	1,359	1,669	1,805	1,956
自己勘定取引：トレーディング	5,503	2,730	6,138	5,512	7,377	11,805	3,206	2,657	7,447	9,406	12,392	6,991	9,359	9,377
インベストメント	-316	-31	86	721	1,127	1,806	3,262	-4,147	-1,054	1,825	573	742	1,777	836
委託手数料	3,159	3,278	2,970	3,235	3,331	3,770	4,682	4,334	4,234	4,947	5,379	4,257	4,629	4,713
アセット・マネジメント, 販売, 管理費	4,205	3,932	3,706	4,436	4,915	5,238	6,519	4,674	5,884	7,919	8,502	9,008	9,638	10,570
その他	n.a.	n.a.	n.a.	4	185	545	1,161	3,918	838	1,271	209	555	990	1,096
非金利収入総額	n.a.	n.a.	n.a.	17,249	20,779	27,920	25,198	15,335	22,368	30,490	32,046	26,311	31,639	32,540
総収益（ネット）	22,105	19,120	20,857	19,991	23,214	29,799	27,979	18,236	23,358	31,387	32,403	26,112	32,417	34,275
	Merrill Lynch　12 月末													
自己勘定取引	3,930	2,331	3,236	2,197	3,647	7,248	-12,067	-27,225	5,121	7,074	5,928	2,306		
持分法による投資損益[3]	n.a.	n.a.	179	346	567	556	1,627	4,491	1,679	898	347	285		
委託手数料	5,266	4,657	4,396	4,720	5,277	5,985	7,284	6,895	6,008	5,760	5,698	5,079		
投資銀行業務[4]	3,539	2,413	2,628	3,473	3,777	4,648	5,582	3,733	5,558	5,313	5,179	4,914		
引受手数料総額	2,036	1,452	1,615	2,259	2,376	2,924	3,179	1,978	4,400	4,300	4,000	3,900		
株式引受手数料	1,343	820	762	1,001	952	1,220	1,629	1,047	1,900	1,500	n.a.	n.a.		
債券引受手数料	693	632	853	1,258	1,424	1,704	1,550	931	2,500	2,800	n.a.	n.a.		
戦略的アドバイザリー	1,100	702	554	678	882	1,099	1,740	1,317	846	1,000	1,200	1,000		
マネージド・アカウント, その他手数料	5,351	4,914	4,696	5,440	5,670	6,273	5,465	5,544	4,317	4,516	5,203	5,427		
その他	n.a.	n.a.	932	1,454	1,848	2,883	-2,190	-10,065	3,401	4,324	1,796	1,923		
小　　計	18,614	15,066	16,067	17,630	20,817	27,593	5,701	-16,627	26,084	28,189	25,076	20,920		
総収益（ネット）	21,879	18,627	20,154	21,500	25,277	33,781	11,250	-11,717	29,519	27,871	24,294	20,217		

2013 年 10 月 1 日に, Bank of America に合併された。

注 1）松川（2005）によれば, コモディティとは石油・貴金属・電力等の商品である。
　 2）投資銀行業務の内訳は法人向け証券業務部門のみのデータである。
　 3）持分法による投資損益とは, たとえば, 投資ファンドに出資して分配金を得るものである。
　 4）投資銀行業務の内訳はグローバル・マーケットと投資銀行業務部門のみのデータである。
（以下の文献を参考にして作成。各社決算資料, 松川（2005）, 9, 28, 37 頁, 注 10。）

率は，2001-2006年には79～85％台であったが，危機が起こった2007年に50％台に急減し，2008年には巨額の赤字に転じた。2009年には88％台までV字回復し，その後も増加を続けた。3社ともに2006-2007年にピークを迎え，サブプライム危機の最中の2007-2008年に落ち込んだ。

　ここでは，まず第1項で，3大投資銀行が，投資銀行業務のコアからどのように収益を上げたかを考察する。つぎに第2項で，3大投資銀行がその他の投資銀行業務であるプリンシパル・インベストメント業務でどれぐらい収益を上げたかを確認する。

2.1　投資銀行業務のコア

　投資銀行業務のコアは，引受業務とトレーディング業務，それにM&Aアドバイザリー業務である。まず，Goldman Sachsの引受業務[30]は2006-2007年に総収益（ネット）の急速な伸びとともに増加したが，総収益に占める比率は2001年と2008年を除けば安定していた。Morgan Stanleyの引受業務は2007年に急増し翌2008年に急減したが，Goldman Sachsと同様に総収益に占める比率は2007-2009年を除けば安定していた。Merrill Lynchでは，総収益に占める株式・債券引受の比率が，2008-2012年に高い水準で推移した。しかし，3大投資銀行の一角であるMerrill Lynchは，2009年に大手金融持株会社Bank of America Corp.の傘下に入った。その後，3大投資銀行の各種金融商品の引受シェアは，3大商業銀行グループのものを上回ることはなくなった（第5章の表5-4～表5-9参照）。この点については，本章第3節第1項において，大手商業銀行グループの引受業務をみることで説明する。

　つぎは，トレーディング収益である。トレーディング業務については，表6-7を参照して説明する。トレーディング収益とは，保有期間が1年未満のポジションから得られた利益である。これは，広義のトレーディングで発生する。トレーディング収益は，伝統的な株式・債券だけでなく，新たな通貨，

---

30) 引受業務は，3大投資銀行の投資銀行業務における引受手数料総額の推移を参照されたい（表6-6）。

表 6-7 トレーディング業務を巡る関係表

	投資銀行業務の内訳	満期区分
委託手数料 （コミッション）	・トレーディングに関する 　委託手数料（コミッション）	1年未満の取引 広義のトレーディング
自己勘定取引	・狭義のトレーディング（＝ディーリング）	
	・プロプライアタリー取引 　（略してプロップ取引）：裁量的売買	
	・インベストメント	1年以上の取引

注1) 表5-1も参照されたい。
　2) 本書で扱った範囲をまとめたものである。

コモディティ（石油・貴金属・電力などの商品）領域でそのウェートを拡大した。また、トレーディング収益は、2つの要素から構成される。第1に、顧客のための証券売買によって生じる委託手数料（コミッション）である。第2に、投資銀行が相場観等にしたがって自己勘定でおこなう売買から生じる利益である。後者は、狭義のトレーディングとプロプライアタリー取引で発生する。相場観に基づくトレーディングでは、ディリバティブによるレバレッジ効果によって、損益の変動が激しくなった[31]。これはトレーディング業務の負の側面である。

　Goldman Sachs のトレーディング業務[32]は、2008年にトレーディング、プリンシパル・インベストメントにおける債券、通貨、コモディティが急減した以外は安定して推移した。Goldman Sachs の総収益（ネット）に占めるトレーディング収益は、2004－2008年に60％前後で、2009年には70％を超えたが、その後2010－2014年には44～60％に戻った。Morgan Stanley のトレーディング業務も、2007－2008年に自己勘定取引におけるトレーディングが急減した以外は安定して推移した。Morgan Stanley の非金利収入に占めるトレーディング収益は、2007年には32％に落ち込んだが、それ以外の

---

31) 牛窪 (1999), 34 頁; 松川 (2005), 7-8, 10, 12, 28, 37 頁; www.investorwords.com。
32) トレーディング業務は、Goldman Sachs のトレーディング、プリンシパル・インベストメントにおける債券、通貨、コモディティ、株式総額、Morgan Stanley の自己勘定取引におけるトレーディングと委託手数料、Merrill Lynch の委託手数料の推移を参照されたい（表6-6）。

2004-2014 年には 41〜56％台で安定していた。Merrill Lynch のトレーディング業務は，表 6-6 では委託手数料しか公開されていない。2009 年からは，表 6-8 のように，トレーディング業務の内訳が，自己勘定取引，委託手数料，金利収入，その他と金融商品ごとに公開された。それによると，トレーディング損益全体では，かなりの減少傾向にあった。とくに自己勘定取引と金利収入の減少が大きく，委託手数料の減少はあまり大きくない。金融商品ごとにみると，金利とクレジット・デリバティブの減少が最も大きく，外国為替とコモディティ関連も総額が小さいものの減少した。

各行でデータが異なり単純に比較することはできないが，トレーディング収益は，3 大投資銀行では最大項目であった。近年，トレーディング収益は，3 大投資銀行の収益の 1 つの柱となった。

投資銀行業務のコアでは最後となるが，3 大投資銀行の M&A アドバイザリー業務[33]は，2007 年に急増し，Merrill Lynch では 2009 年まで高水準であったが，それ以外は目立った動きはない。

つぎに，投資銀行業務のコアにある引受業務，トレーディング業務，M&A アドバイザリー業務のシナジー効果について考えてみたい。引受業務を起点にすると，株式，債券の引受の際に主幹事等の上位のポジションを獲得すれば，それぞれの証券の当初の販売に関与できる。その際に，起債の評価や購買層の分布を直接知ることができ，その後のトレーディング業務でも有利になる。主幹事等は，一般に発行後の流通市場でマーケットメイクをおこなったという。逆に，マーケットメイク力が強ければ，さらなる引受をおこなうことができる。これは，トレーディング業務と引受業務のシナジー効果である。

松川 (2005) は，Goldman Sachs を例にとって以下のような説明をしている。表 6-6 のように，Goldman Sachs では，業務部門区分は，①投資銀行業務部門，②トレーディング，プリンシパル・インベストメント部門，③アセッ

---

33) M&A アドバイザリー業務は，Goldman Sachs では投資銀行業務におけるファイナンシャル・アドバイザリー，Morgan Stanley では同じく投資銀行業務における M&A，事業再構築へのアドバイザリー，Merrill Lynch では同じく戦略的アドバイザリーの推移を参照されたい（表 6-6）。

表6-8　Merrill Lynch のトレーディング損益　2009－2012年　　（単位：100万ドル）

		自己勘定取引	委託手数料	その他	金利収入（ネット）	計
2009年	トレーディング損益	10,592	3,408	712	4,540	19,252
	金　利	1,859	61	27	1,161	3,108
	外国為替	308	—	1	11	320
	株　式	2,561	3,295	125	-228	5,753
	コモディティ	1,050	—	—	-157	893
	クレジット	4,814	52	559	3,753	9,178
	トレーディング以外の損益	-5,471	2,600	2,254	-1,105	-1,722
	総　計	5,121	6,008	2,966	3,435	17,530
2010年	トレーディング損益	7,114	3,210	1,029	3,479	14,832
	金　利	1,046	76	59	756	1,937
	外国為替	55	—	—	-1	54
	株　式	1,940	3,093	262	-490	4,805
	コモディティ	284	—	7	-123	168
	クレジット	3,789	41	701	3,337	7,868
	トレーディング以外の損益	-40	2,550	3,295	-3,797	2,008
	総　計	7,074	5,760	4,324	-318	16,840
2011年	トレーディング損益	3,771	3,220	392	2,515	9,898
	金　利	818	82	22	816	1,738
	外国為替	98	—	—	6	104
	株　式	2,297	3,078	122	-791	4,706
	コモディティ	615	—	—	-113	502
	クレジット	-57	60	248	2,597	2,848
	トレーディング以外の損益	2,157	2,478	1,404	-3,297	2,742
	総　計	5,928	5,698	1,796	-782	12,640
2012年	トレーディング損益	5,545	2,627	292	1,912	10,376
	金　利	695	71	9	734	1,509
	外国為替	78	—	4	1	83
	株　式	2,129	2,555	77	-799	3,962
	コモディティ	591	—	1	-120	472
	クレジット	2,052	1	201	2,096	4,350
	トレーディング以外の損益	-3,239	2,452	1,631	-2,615	-1,771
	総　計	2,306	5,079	1,923	-703	8,605

(Merrill Lynch, *10-K Annual Report*, 2011, pp. 105-106; 2012, pp. 91-92.)

ト・マネジメント，証券関連サービス部門の3つに区分されていた。ただし，1つの業務から発生する収入が，その業務内容によって複数の業務部門に計上されることがあるという。たとえば，引受手数料は，①投資銀行業務部門の収入である。しかし，引受直後から，その証券取引は，発行市場から流通市場に移行する。流通市場のマーケットメイクで発生する収益は，②トレーディング，プリンシパル・インベストメント部門で計上される。

業務のシナジー効果について，M&Aアドバイザリー業務を起点に考えてみよう。M&Aアドバイザリー業務を獲得できれば，企業のM&Aや財務構成の変更等にともなって，たとえば株式・社債の発行やM&Aの結果で非コア部門となった事業や資産の売却の際に，主幹事を獲得するチャンスが高まるという[34]。つまり，M&Aアドバイザリー業務をおこなえば，引受業務でも有利になる。引受業務によって，上述のようにトレーディング業務を獲得する可能性も高まるのである。

このように，引受・M&Aアドバイザリー業務ともに，直接・間接的にトレーディング業務を強化する効果がある。逆に，トレーディング業務が強ければ，さらなる引受業務をおこなうことができる。トレーディング業務と引受業務のシナジー効果である。トレーディング業務は，証券流通市場でマーケットメイクをおこなうなど，証券市場を活性化させる重要な役割を果たしている。トレーディング業務は，池尾（2008）のいうアービトラージ（裁定）型金融だけではなく，マーケットメイクという生産的な側面をも有する。本書でトレーディング業務を強調する所以である。

2.2 その他の投資銀行業務

プリンシパル・インベストメント業務は，投資銀行業務のコアではないが，投資銀行が自己勘定による投資活動をおこないリターンを追求するものである。比較的早くからおこなっていた不動産分野での投資に加え，1990年代以

---

34) 以上，松川（2005），8, 12-13, 17頁。

降ウェートが高まってきた PE[35] (未公開企業への投資) 業務からなる。さらに，大手投資銀行は，自己資本だけでなく第3者からも資金を調達して，こうした投資を広げてきた[36]。

　Goldman Sachs と Morgan Stanley のプリンシパル・インベストメント業務[37]は，サブプライム危機に至る 2007 年まで増加した。Merrill Lynch のプリンシパル・インベストメント業務は 2001-2004 年には減少傾向で，その後 2006 年まで増加に転じた。3 大投資銀行のプリンシパル・インベストメント業務は，その後 2007 年または 2008 年には減少または赤字に転落した。2007-2009 年に赤字に転じている投資銀行業務は，おもに自己資本を使って投資するプリンシパル・インベストメント業務であった。その後 2014 年まで，金額は大きいものの，不安定な状態にあった[38]。

　表 6-6 をみると，プリンシパル・インベストメント業務以外の引受業務，トレーディング業務，M&A アドバイザリー業務の収益は減少したとしてもわずかか，または急減後に上昇に転じた[39]。投資銀行業務のコアは意外ともちこたえた。総収益（ネット）では，Goldman Sachs と Morgan Stanley は，深刻な減少を記録していない。ただし，Merrill Lynch の業務別収益全体は，2007 年から急減し 2008 年に巨額の赤字を計上した。プリンシパル・インベストメント業務の赤字を，その他の投資銀行業務で埋め合わせることができなかったのである。

---

35) PE とは Private Equity の略で，未公開企業への投資活動のことである。不動産分野での投資を含めて，全体を PE 業務，PE 投資と呼ぶことも多い。
36) 松川 (2005), 10-11 頁; 倉都 (2008), 104-105 頁。
37) プリンシパル・インベストメント業務は，Goldman Sachs のトレーディング，プリンシパル・インベストメントにおけるプリンシパル・インベストメント総額，Morgan Stanley の自己勘定取引におけるインベストメント，Merrill Lynch の自己勘定取引の推移を参照されたい（表 6-6）。
38) とくに Merrill Lynch は，Goldman Sachs と Morgan Stanley の2社にくらべて1桁大きい損失を計上した（表 6-6）。
39) 表 6-6 の Goldman Sachs の投資銀行業務（引受業務と M&A アドバイザリー業務）とトレーディング，プリンシパル・インベストメントにおける債券，通貨，コモディティ（トレーディング業務）と株式総額（トレーディング業務）の推移，Morgan Stanley の投資銀行業務（同上）と自己勘定取引におけるトレーディング（トレーディング業務），さらに委託手数料（トレーディング業務）の推移，Merrill Lynch の投資銀行業務（同上）と委託手数料（同上）の推移を参照されたい。

3 大手商業銀行グループの非金利収入

 つぎに，大手商業銀行グループの非金利収入を考察する。彼らの非金利収入は，サブプライム危機直前には，総収益（ネット）の過半に達した。非金利収入の主要項目は，各種の投資銀行業務である。この考察により，サブプライム危機前後における大手金融機関の収益構造が明らかになり，大手銀行グループの業務展開をより正確に把握できる。

 大手商業銀行の 1980 年代以降の業務展開は，オフバランス取引によるものであった。オフバランス取引による業務展開を，BS（balance sheet；貸借対照表）分析で把握するのは困難である。それでは，BS 分析をおこなうと，何がどこまで明らかになり，具体的に何が把握できないのだろうか？ 表 6-9 は，2000-2009 年における商業銀行の資産規模別バランスシートである。資産側では，貸付の内訳や証券投資の投資勘定とトレーディング勘定の推移などが明瞭にわかる。負債側でも，預金構成の違いが見て取れる。しかし，大手商業銀行上位 10 行が，OTD モデルをどのように利用し，投資銀行業務に進出したかを捉えることはできない。ただし，大手行 10 行のトレーディング勘定による証券取引が，一定の大きさに達したことは把握できる。

 このように，大手商業銀行のオフバランス取引による業務展開を，BS 分析で把握するのは困難である。ここでは，大手商業銀行がどのように投資銀行業務に進出したかを考察するために，大手銀行グループの収益構造の分析，すなわち PL（profit and loss statement；損益計算書）分析をおこなう。

 まず，2001-2014 年における商業銀行全体の非金利収入の推移を確認する。商業銀行全体は，FDIC 加入商業銀行でほぼ説明できる。総収益（ネット）に占める非金利収入の比率は，2007 年サブプライム危機までほぼ増加傾向にあった。例外は，2001 年と 2004 年の FDIC 加入銀行であった[40]。

 つぎに，2001-2014 年における大手商業銀行グループの非金利収入の推移

---

40) FDIC, *Historical Statistics on Banking*（www2.fdic.gov/hsob/index.asp）; FDIC, *Statistics on Banking*（www2.fdic.gov/sdi/sob/）.

表 6-9　商業銀行[注]の資産規模別バランスシート　2000－2009 年　（単位：対総資産％）

	2000	2001	2002	2003	2004	2005	2006	2007	2008	2009
全商業銀行										
利付き資産	87.13	86.49	86.42	86.08	86.90	86.82	86.86	86.94	85.28	85.71
貸付・リース	60.48	58.95	57.83	56.88	56.98	57.88	58.26	58.37	56.73	53.96
商工業貸付	17.16	16.08	14.07	12.18	11.06	11.17	11.42	11.84	12.08	10.77
商業モーゲイジ・ローン	7.48	7.56	7.95	7.91	7.97	8.06	8.07	7.84	7.70	8.07
消費者ローン	9.38	9.23	9.35	9.06	9.18	9.12	8.53	8.43	8.33	8.06
住宅モーゲイジ・ローン	13.00	12.49	12.60	13.57	13.08	13.31	13.51	13.82	12.70	12.52
証　券	20.02	19.53	21.27	21.90	22.57	22.04	21.32	20.77	19.27	20.39
投資勘定	17.59	16.82	18.30	18.97	18.99	17.87	16.89	15.41	14.13	16.62
政府保証モーゲイジ・プール	4.75	5.13	6.09	6.75	7.13	6.78	6.43	5.82	5.47	6.14
トレーディング勘定	2.43	2.73	2.97	2.93	3.59	4.17	4.43	5.36	5.13	3.77
負　債	91.58	91.25	90.85	90.96	90.57	89.91	89.84	89.78	90.07	89.50
要求払預金	8.61	8.07	7.67	7.26	6.58	6.16	5.41	4.66	4.53	5.06
貯蓄預金（MMDAを含む）	22.43	24.53	28.13	30.12	31.19	30.83	29.49	28.21	27.04	29.98
小額有期預金	13.01	12.18	10.80	9.33	8.27	8.23	8.62	9.26	9.51	10.04
大額有期預金	8.77	8.89	8.30	8.09	8.00	9.11	10.07	9.13	9.13	8.32
海外支店の預金	11.43	10.66	9.42	9.38	10.25	10.39	11.18	12.81	13.09	12.56
資産規模 1,000 位超										
利付き資産	92.52	92.30	92.27	92.16	92.34	92.29	92.36	92.39	92.15	92.42
貸付・リース	62.31	62.67	62.72	62.32	63.80	65.43	66.65	67.29	67.82	66.55
商工業貸付	11.09	11.10	10.71	10.42	10.29	10.21	10.17	10.25	10.34	9.72
商業モーゲイジ・ローン	13.06	13.71	14.86	15.82	16.94	17.66	18.01	18.09	18.73	19.43
消費者ローン	7.98	7.42	6.77	6.16	5.45	4.97	4.63	4.36	4.07	3.77
住宅モーゲイジ・ローン	17.15	16.87	16.29	15.29	15.06	14.93	14.63	14.30	14.52	15.01
証　券	25.40	22.80	23.34	23.47	23.34	21.92	20.54	19.65	19.20	19.22
投資勘定	25.38	22.79	23.33	23.43	23.34	21.91	20.52	19.58	19.16	19.18
政府保証モーゲイジ・プール	3.47	3.78	4.54	4.84	4.76	4.23	3.62	3.55	4.80	5.15
トレーディング勘定	0.02	0.01	0.01	0.04	0.01	0.02	0.02	0.07	0.04	0.03
負　債	89.88	89.59	89.73	89.58	89.55	89.49	89.35	88.95	89.12	89.53
要求払預金	12.64	12.16	12.24	12.58	12.11	11.87	11.97	10.73	10.07	9.87
貯蓄預金（MMDAを含む）	19.19	19.38	21.32	22.43	23.24	22.98	22.66	22.68	22.56	23.08
小額有期預金	28.48	28.20	26.05	24.36	22.64	21.98	22.28	23.78	23.97	23.28
大額有期預金	12.51	13.55	13.21	13.07	13.15	14.53	16.49	16.91	16.64	17.79
海外支店の預金	0.05	0.06	0.07	0.06	0.07	0.06	0.06	0.05	0.06	0.05
資産規模 101～1,000 位										
利付き資産	91.50	91.16	91.36	91.34	91.56	91.32	91.07	91.28	91.28	91.30
貸付・リース	62.15	62.46	61.46	61.32	63.33	65.15	67.04	68.85	70.52	67.68
商工業貸付	12.95	13.03	12.38	11.50	11.52	11.78	11.68	12.07	12.58	11.38
商業モーゲイジ・ローン	13.36	14.18	15.55	16.51	17.82	18.39	18.63	18.99	19.95	21.00
消費者ローン	10.19	9.76	8.13	6.80	6.33	5.42	5.50	5.35	5.15	4.73
住宅モーゲイジ・ローン	15.06	13.97	12.88	12.79	11.89	11.87	11.51	11.07	10.97	11.24
証　券	24.34	22.81	23.86	24.36	23.59	21.57	19.55	18.30	16.96	17.28
投資勘定	24.25	22.70	23.80	24.23	23.54	21.50	19.47	18.10	16.80	17.19
政府保証モーゲイジ・プール	6.22	6.27	6.55	7.03	6.80	5.73	4.83	4.57	5.24	5.34
トレーディング勘定	0.09	0.11	0.06	0.14	0.05	0.08	0.07	0.20	0.17	0.09
負　債	90.95	90.32	89.93	89.68	89.18	89.10	89.01	88.87	89.24	89.52
要求払預金	8.97	8.23	8.05	7.96	8.12	7.87	6.99	5.94	5.32	5.51
貯蓄預金（MMDAを含む）	28.55	29.40	32.34	34.00	34.42	33.75	32.82	32.89	31.04	31.67
小額有期預金	19.96	19.46	17.55	15.80	14.21	14.13	15.41	18.36	20.15	20.55
大額有期預金	11.98	12.60	12.17	11.92	12.12	13.64	15.21	14.42	14.13	15.21
海外支店の預金	1.28	1.24	0.88	0.64	0.65	0.57	0.52	0.57	0.72	0.60

第6章 OTDモデルの収益構造：業務展開の帰結 225

	2000	2001	2002	2003	2004	2005	2006	2007	2008	2009
資産規模11～100位											
利付き資産	88.67	88.09	88.34	88.10	88.18	87.87	87.05	87.01	85.34	85.84
貸付・リース	64.88	62.14	60.00	59.48	60.63	63.37	62.77	60.99	60.04	58.58
商工業貸付	18.19	15.84	13.27	11.96	11.90	12.17	12.13	12.74	12.79	11.88
商業モーゲイジ・ローン	7.28	6.99	7.05	7.00	7.41	7.83	7.86	8.13	8.47	8.71
消費者ローン	13.79	13.20	12.79	12.57	12.74	12.84	11.94	9.99	10.61	12.96
住宅モーゲイジ・ローン	12.02	12.60	13.13	14.05	13.62	15.01	15.26	13.79	12.87	12.02
証　券	17.32	19.00	20.30	21.16	21.28	19.96	19.22	19.89	16.88	18.31
投資勘定	16.10	17.71	19.17	20.09	20.12	18.80	17.72	17.99	14.99	15.80
政府保証モーゲイジ・プール	4.31	5.19	6.00	6.08	5.74	4.93	4.04	3.73	3.76	4.56
トレーディング勘定	1.22	1.29	1.13	1.07	1.16	1.16	1.50	1.90	1.89	2.52
負　債	91.57	91.15	90.79	90.65	89.87	88.86	88.08	88.40	88.17	87.01
要求払預金	8.61	7.17	6.32	5.96	5.65	5.35	4.54	3.90	4.53	6.38
貯蓄預金（MMDAを含む）	24.02	26.62	30.07	32.34	31.75	33.33	32.66	32.99	31.50	34.24
小額有期預金	12.33	11.28	9.51	8.30	7.74	8.20	8.44	9.30	9.71	11.23
大額有期預金	9.54	9.72	8.99	8.20	8.76	10.10	11.44	10.20	9.76	7.28
海外支店の預金	7.56	7.05	6.28	6.54	7.21	6.02	6.43	8.52	7.80	5.78
資産規模10位まで											
利付き資産	82.23	81.74	81.68	81.39	83.54	83.96	84.68	85.03	83.05	83.54
貸付・リース	55.22	53.86	53.61	52.20	51.29	51.35	52.03	53.21	50.66	46.99
商工業貸付	19.87	18.82	16.16	12.98	10.54	10.61	11.20	10.58	11.85	10.21
商業モーゲイジ・ローン	3.42	3.76	4.09	3.78	3.55	3.55	3.65	3.49	3.25	3.48
消費者ローン	5.43	6.17	7.82	7.96	8.49	8.80	8.17	8.98	8.43	6.83
住宅モーゲイジ・ローン	11.76	10.63	11.17	13.07	12.67	12.52	14.00	14.40	12.81	12.69
証　券	18.98	17.81	20.54	21.22	22.95	23.37	23.05	21.97	20.97	22.27
投資勘定	13.71	12.14	14.35	15.31	15.99	15.58	15.12	12.81	12.44	16.56
政府保証モーゲイジ・プール	4.88	4.99	6.38	7.59	8.64	8.65	8.64	7.53	6.48	7.25
トレーディング勘定	5.26	5.67	6.18	5.91	6.96	7.79	7.94	9.16	8.52	5.70
負　債	92.36	92.14	91.52	91.94	91.64	90.81	91.10	90.82	91.34	90.78
要求払預金	7.28	7.50	7.40	6.72	5.43	4.90	4.32	3.80	3.91	4.84
貯蓄預金（MMDAを含む）	19.24	22.21	26.82	28.99	31.54	30.11	28.11	25.55	24.59	28.41
小額有期預金	6.03	5.77	5.44	4.34	3.83	4.02	4.52	4.84	5.18	5.41
大額有期預金	5.55	5.46	5.13	5.53	5.21	6.28	6.85	6.13	6.72	6.11
海外支店の預金	22.76	20.28	17.31	16.62	17.20	17.51	18.50	19.86	20.16	20.25

注）ここでの商業銀行とは，FDIC加入商業銀行と信託会社を含んでいることに注意されたい。
（Board of Governors of the Federal Reserve System（2010a））

を表6-10で確認する。金融持株会社JPMorgan Chase & Co.の総収益（ネット）に占める非金利収入の比率[41]は，2001-2003年の37～41％台から2004-2007年には61～65％台に上昇したが，2008-2014年には再び42～55％台と2003年以前の水準にかなり戻った。金融持株会社Bank of America Corp.の

41）非金利収入の比率は，表6-10における各行の総収益（ネット）に占める非金利収入総額を計算している。

同じく総収益に占める非金利収入の比率は，2001-2004年の39～43％台から2005-2007年には46～52％台に上昇したが，2008年には37％台に急落し，2009-2014年には51～60％台にV字回復した。同じく金融持株会社Citigroupの比率は，2004年以降のデータしか公表されていないが，2004-2007年には42～55％台であったが，2008年に赤字に転落し，2009-2014年には32～39％台まで回復した[42]。彼らの非金利収入は危機直前には同じく総収益の過半に達しており，非金利収入の主要項目は各種の投資銀行業務である。非金利収入総額は，3行ともに2006-2007年にピークを迎え，サブプライム危機後の2007-2008年に落ち込んだのである。これは総収益の動向と同じである。

ここでは，まず第1項で，3大商業銀行グループが，投資銀行業務のコアから，どのように収益を上げたかを考察する。つぎに第2項で，3大銀行グループがプリンシパル・インベストメント業務でどれぐらい収益を上げたかを確認する。最後に第3項で，3大銀行グループが，OTDモデルと関係する証券化収入とサービシング手数料を，どのように手に入れたかを検討する。

3.1　引受業務，トレーディング業務，M&Aアドバイザリー業務

投資銀行業務のコアは，引受業務とトレーディング業務，それにM&Aアドバイザリー業務である。まず，引受業務の推移を確認しよう。金融持株会社の引受業務は，銀行本体ではなく，おもに同一グループ傘下の証券子会社によっておこなわれる。表6-10をみると，金融持株会社JPMorgan Chase & Co.の引受業務[43]は，2006-2009年に株式引受が急速に増加した。これは，3大商業銀行グループの株式引受シェアが，3大投資銀行のものを上回った時期と一致している。債券引受は，2002年に急減したが相対的に安定していた。同じくBank of America Corp.の引受業務は2005年，2009年，2012-

---

42) 同じくスーパーリージョナルのWells Fargo & Co.の比率は，38～49％台と安定していた。
43) 引受業務は，表6-10の3大商業銀行グループの投資銀行業務における引受手数料総額の推移を参照されたい。

2013年に急増したが，大幅な減少は生じていない。これらの年は，3大商業銀行グループの株式引受シェアが急増し，3大投資銀行のものを上回った時期と重なっている。Citigroup は 2004 年以降のデータしか公表していないが，2007 年に株式引受が増加し，その後減少に転じたが，それ以外に目立った動きはない[44]。2007 年も 3 大商業銀行グループの株式引受シェアが増加した時期である。

なお，3 大投資銀行と比較すると，3 大商業銀行グループの特徴は，債券引受手数料の方が株式のものより通常大きいことである。債券引受の中には，第 5 章で考察した社債と ABSs/MBSs の引受が含まれている。とくに，ABS/MBS 引受は，大手銀行グループの OTD モデルにおける分配側の業務であり，金額の大きさだけではなく，彼らの OTD モデルの基盤となる業務である。3 大商業銀行グループによる ABSs/MBSs の引受が 1990 年代末から増加した後に，社債引受がそれに続き，最後にサブプライム期に株式引受が増加したのである（以上，第 5 章の表 5-4〜表 5-9 参照も参照されたい）。

投資銀行業務のコアには，トレーディング業務もある。大手商業銀行のトレーディング業務は，OTD モデルの特徴，さらに大手行の強みを理解するために重要である。表 6-11 をみると，トレーディング損益は，2001-2006 年に総資産 100 億ドル未満の国法銀行本体では，総収益の 0.2％以下であった[45]。しかし，総資産 100 億ドル超の国法銀行本体では，同じく 2001-2006 年のトレーディング損益は，総収益の 2.7〜5.9％であった。大規模行になるほど，積極的に投資銀行業務に進出したのである。表 6-12 の大手行本体では，時期によって上下したが，J.P. Morgan Chase では，狭義のトレーディング[46]収益は総収益のほぼ 10 数％で，2001 年に 20％に達したが，サブプライ

---

44) Wells Fargo & Co. の引受業務は公表されていない。
45) 投資銀行業務ブローカー・フィーとトレーディング損益は，資産 1 億ドル未満の規模の銀行において，ほとんどゼロに近い値であった。資産 1 億から 10 億ドルの規模でみても，投資銀行業務は小さい値であった。ところが，規模が大きくなると，資産 10 億ドルから 100 億ドルのところでは投資銀行業務はまだゼロがあるが，やや大きくなった。資産 100 億ドル超の規模でみると，明らかに大きくなった。
46) 狭義のトレーディングについては，表 6-7 を参照されたい。

表 6-10 大手商業銀行グループの非金利収入の内訳　2001－2014 年

(単位：100万ドル)

	2001	2002	2003	2004	2005	2006	2007	2008	2009	2010	2011	2012	2013	2014
						JPMorgan Chase & Co.								
投資銀行業務[1]	3,612	2,763	2,890	3,537	4,088	5,520	6,635	5,526	7,087	6,190	5,911	5,808	6,354	6,542
アドバイザリー	1,248	756	642	898	1,255	1,638	2,272	1,955	1,861	1,429	1,796	1,492	1,318	1,631
引受手数料総額	2,364	2,007	2,248	2,639	2,833	3,882	4,363	3,571	5,226	4,761	4,115	4,316	5,036	4,911
株式引受手数料	525	464	699	780	864	1,179	1,713	1,477	2,487	1,589	1,181	1,026	1,499	1,571
債券引受手数料	1,839	1,543	1,549	1,859	1,969	2,703	2,650	2,094	2,739	3,172	2,934	3,290	3,537	3,340
自己勘定取引	n.a.	n.a.	n.a.	5,148	7,669	10,778	9,015	-10,699	9,796	10,894	10,005	5,536	10,141	10,531
貸付・預金関連手数料	n.a.	1,674	1,727	2,672	3,389	3,468	3,938	5,088	7,045	6,340	6,458	6,196	5,945	5,801
アセット・マネジメント	n.a.					4,996	7,003	5,994	5,353	6,128	6,690	7,101	8,549	9,646
管理手数料	n.a.	{5,754	{5906	{7,682	{9,891	2,430	2,401	2,452	1,927	2,023	2,171	2,135	2,101	2,179
委託手数料，フィー	n.a.					4,429	2,250	5,497	5,260	5,348	5,233	4,632	4,456	2,270
キャピタル・ゲイン (ロス)	866	1,563	1,446	338	-1,336	-543	164	1,560	1,110	2,965	1,593	2,110	667	77
モーゲイジ手数料と関連収益	n.a.	988	892	803	1,054	591	2,118	3,467	3,678	3,870	2,721	8,687	5,205	3,563
クレジットカード収益	2,108	2,307	2,466	4,840	6,754	6,913	6,911	7,419	7,110	5,891	6,158	5,658	6,022	6,020
非金利収入総額	10,802	11,526	12,337	25,845	34,693	40,757	44,966	28,473	49,282	51,693	49,545	52,121	53,287	50,571
総収益（ネット）	26,162	29,614	33,256	42,372	54,248	61,999	71,372	67,252	100,434	102,694	97,234	97,031	96,606	94,205
						Bank of America Corp.								
クレジットカード収益	2,422	2,620	3,052	4,592	5,753	14,290	14,077	13,314	8,353	8,108	7,184	6,121	5,826	5,944
サービス料	4,943	5,276	5,618	6,989	7,704	8,224	8,908	10,316	11,038	9,390	8,094	7,600	7,390	7,443
投資とブローカレッジ・サービス	2,112	2,237	2,351	3,614	4,184	4,456	5,147	4,972	11,919	11,622	11,826	11,393	12,282	13,284
投資銀行業務[2]	1,526	1,481	1,669	1,886	1,856	2,317	2,345	2,263	5,551	5,520	5,217	5,299	6,126	6,065
アドバイザリー[3]	251	288	228	310	295	337	443	546	1,167	1,018	1,246	1,066	1,131	1,207
引受手数料総額	796	721	963	920	1,596	2,139	2,094	2,163	5,088	4,388	3,996	4,388	5,274	5,073
株式引受手数料	n.a.	n.a.	n.a.	n.a.	273	315	319	624	1,964	1,329	1,303	1,026	1,469	1,490
債券引受手数料	n.a.	n.a.	n.a.	n.a.	1,323	1,824	1,775	1,539	3,124	3,059	2,693	3,362	3,805	3,583
株式投資	291	-280	215	863	2,123	3,189	4,064	539	10,014	5,260	7,360	2,070	2,901	1,130
プリンシパル・インベストメント	n.a.	n.a.	n.a.	n.a.	966	1,500	1,894	2,217	-84	1,222	2,299	392	589	-46
トレーディング損益	1,842	778	409	869	1,763	3,358	-4,889	-5,911	12,235	10,054	6,697	5,870	7,056	6,309
モーゲイジ・バンキング	597	761	1,922	414	805	541	902	4,087	8,791	2,734	-8,830	4,750	3,874	1,563
保険プレミアム	n.a.	n.a.	n.a.	n.a.	437	761	1,833	2,760	2,066	1,346	-195	n.a.	n.a.	n.a.
キャピタル・ゲイン (債券)	n.a.	682	943	1,700	1,084	-443	180	1,124	4,723	2,526	3,374	1,662	1,271	1,354
非金利収入総額	14,348	13,571	16,422	21,005	26,438	38,187	32,392	27,422	72,534	58,697	48,838	42,678	46,677	44,295
総収益（ネット）	34,638	34,494	37,886	48,965	57,175	72,776	66,833	72,782	119,643	110,220	93,454	83,334	88,942	84,247
						Citigroup								
委託手数料，フィー	15,593	15,258	16,314	15,981	17,143	19,244	20,706	10,366	17,116	13,658	12,850	12,926	13,113	13,032
投資銀行業務[4]	n.a.	n.a.	n.a.	4,222	4,499	5,254	5,462	3,245	4,763	3,828	3,308	3,688	4,028	4,703
アドバイザリー	n.a.	n.a.	n.a.	927	1,212	1,329	1,832	1,038	754	720	682	709	844	949
引受手数料総額	n.a.	n.a.	n.a.	3,295	3,287	3,925	3,630	2,207	4,009	3,108	2,626	2,979	3,184	3,754
株式引受手数料	n.a.	n.a.	n.a.	1,108	1,136	1,237	1,912	629	1,385	937	672	673	1,016	1,246
債券引受手数料	n.a.	n.a.	n.a.	2,187	2,151	2,688	1,718	1,578	2,624	2,171	1,954	2,306	2,168	2,508
自己勘定取引	5,544	4,513	5,120	3,716	6,443	7,999	-12,086	-22,601	3,932	7,517	7,234	4,781	7,121	6,698
管理手数料，その他受託費	n.a.	n.a.	n.a.	5,524	6,119	6,934	9,132	8,222	5,195	4,005	3,995	4,012	4,089	4,013
キャピタル・ゲイン (ロス)	237	-485	510	833	1,592	1,791	1,168	-2,061	1,996	2,411	1,997	3,251	748	575
保険プレミアム	3,450	3,410	3,749	2,726	3,132	3,202	3,062	3,221	3,020	2,684	2,647	2,476	2,280	2,110
非金利収入総額	n.a.	n.a.	n.a.	37,956	44,402	50,061	33,117	-2,150	31,371	32,415	29,906	22,570	29,573	28,889
総収益（ネット）	67,367	71,308	77,442	79,635	83,642	89,615	78,495	51,599	80,285	86,601	78,353	70,173	76,366	76,882

	2001	2002	2003	2004	2005	2006	2007	2008	2009	2010	2011	2012	2013	2014
						Wells Fargo & Co.								
預金手数料	1,876	2,134	2,297	2,417	2,512	2,690	3,050	3,190	5,741	4,916	4,280	4,683	5,023	5,050
信託・投資フィー	1,791	1,875	1,937	2,116	2,436	2,737	3,149	2,924	9,735	10,934	11,304	11,890	13,430	14,280
信託・投資・IRA[5]フィー	1,534	1,343	1,345	1,509	1,855	2,033	2,305	2,161	3,588	4,038	4,099	4,218	3,289	3,387
委託手数料,その他フィー	257	532	592	607	581	704	844	763	6,147	6,896	7,205	7,672	10,141	9,183
クレジットカード・フィー	796	977	1,079	1,230	1,458	1,747	2,136	2,336	3,683	3,652	3,653	2,838	3,191	3,431
その他フィー	1,244	1,372	1,560	1,779	1,929	2,057	2,292	2,097	3,804	3,990	4,193	4,519	4,340	4,349
貸付関連	445	616	756	921	1,022	976	1,011	1,037	1,801	1,691	1,641	1,746	1,540	1,316
プロセシング	597	573	625	678	727	897	1,088	872	1,772	2,040	2,163	2,303	2,307	2,526
モーゲイジ・バンキング	1,671	1,713	2,512	1,860	2,422	2,311	3,133	2,525	12,028	9,737	7,832	11,638	8,774	6,381
サービシング手数料(ネット)	-260	-737	-954	1,037	987	893	1,511	1,233	5,791	3,340	3,266	1,378	1,920	3,337
キャピタル・ゲイン	705	2,086	3,019	539	1,085	1,116	1,289	1,292	6,237	6,397	4,566	10,260	6,854	3,044
保険	745	997	1,071	1,193	1,215	1,340	1,530	1,830	2,126	2,126	1,960	1,850	1,814	1,655
トレーディング・ゲイン	n.a.	321	502	523	571	544	544	275	2,674	1,648	1,014	1,707	1,623	1,161
キャピタル・ゲイン(ロス)	-1,222	-34	59	379	391	719	1,073	280	58	455	1,536	1,357	1,443	2,973
非金利収入総額	9,005	10,767	12,382	12,909	14,445	15,740	18,546	16,734	42,362	40,453	38,185	42,856	40,980	40,820
総収益(ネット)	20,981	25,249	28,389	30,059	32,949	35,691	39,520	41,877	88,686	85,210	80,948	86,086	83,780	84,347

注1）投資銀行業務は投資銀行部門のみのデータである。
　2）投資銀行業務の内訳はグローバル企業と投資銀行業務部門のみのデータである。
　3）アドバイザリーは債券，株式，M&Aのアドバイザリー手数料である。
　4）投資銀行業務は法人顧客向けグループのみのデータである。
　5）IRAとは，individual retirement accounts（個人退職勘定）の略である。
（各社決算資料より作成）

ム危機の影響で2008年には8％を割り込んだ。Bank of Americaでは，この値は5％を超えたこともあったが，2007－2008年には赤字に転落し，その後も2013年まで不安定であった。Citibankでは，ほぼ5～10％台で，2001年には13％台に達したが，2007－2009年は赤字に転落した[47]。

　OTDモデルにおいてディストリビュートされる証券化商品のトレーディング収益は，トレーディング業務におけるコモディティその他に含まれると考えられる。しかし，表6-11と表6-12をみると，コモディティその他は，トレーディング収益の中で最も小さくなっている。第5章第3節第1項でみたように，証券化商品のトレーディング（ディーリング）は，銀行本体ではなく同一グループ傘下の証券子会社がおこなっていた。そのため，データを

47）同じくスーパーリージョナルのWells Fargoでは0.25～3.5％と小さかった。

表 6-11　国法銀行の非金利収入の内訳と金利収入　2001－2006 年　（単位：100 万ドル）

	2001	2002	2003	2004	2005	2006
総　計						
信託収入	8,911	8,658	8,861	11,551	12,710	13,256
預金手数料（国内）	17,437	19,472	20,632	21,650	23,612	25,644
トレーディング損益	7,313	6,842	5,899	8,679	13,266	17,941
金　利	3,323	2,789	1,027	1,338	4,959	4,588
外国為替	3,155	3,219	4,401	4,994	5,148	6,619
株式・インデックス	696	491	537	1729	2,518	5,144
コモディティその他	181	345	-77	614	628	1,254
投資銀行業務ブローカー・フィー	n. a.	4,665	5,068	7,695	8,074	10,013
サービシング手数料（ネット）	n. a.	9,406	11,743	12,098	12,192	10,608
証券化収入（ネット）	n. a.	15,261	16,632	16,632	17,383	16,048
貸付・リース売却収入（ネット）	n. a.	5,153	8,408	4,673	4,166	6,412
非金利収入	96,183	109,077	116,055	127,361	145,312	157,724
金利収入（ネット）	125,674	141,572	143,165	159,232	169,714	182,371
総資産 1 億ドル未満						
信託収入	33	39	40	42	66	95
預金手数料（国内）	234	233	227	198	162	142
トレーディング損益	0	0	0	0	0	0
金　利	0	0	0	0	0	0
外国為替	0	0	0	0	0	0
株式・インデックス	0	0	0	0	0	0
コモディティその他	0	0	0	0	0	0
投資銀行業務ブローカー・フィー	n. a.	4	4	4	3	3
サービシング手数料（ネット）	n. a.	192	263	136	74	119
証券化収入（ネット）	n. a.	8	9	0	0	0
貸付・リース売却収入（ネット）	n. a.	29	20	10	14	17
非金利収入	872	812	1,044	562	514	542
金利収入（ネット）	1,945	1,909	1,730	1,577	1,453	1,322
総資産 1～10 億ドル						
信託収入	675	621	938	582	718	546
預金手数料（国内）	1,088	1,177	1,242	1,281	1,240	1,230
トレーディング損益	40	2	10	6	5	8
金　利	7	7	8	7	5	6
外国為替	0	0	0	0	0	0
株式・インデックス	0	0	0	0	0	0
コモディティその他	0	0	0	0	0	0
投資銀行業務ブローカー・フィー	n. a.	72	70	73	81	91
サービシング手数料（ネット）	n. a.	311	401	365	218	383
証券化収入（ネット）	n. a.	352	322	392	395	569
貸付・リース売却収入（ネット）	n. a.	364	403	336	254	209
非金利収入	5,205	5,705	6,595	4,914	4,694	4,568
金利収入（ネット）	9,581	9,986	9,855	9,763	9,691	9,625

	2001	2002	2003	2004	2005	2006
総資産 10〜100 億ドル							
信託収入	1,472	1,425	1,232	1,556	1,838	829
預金手数料（国内）	1,605	1,567	1,469	1,315	1,224	1,216
トレーディング損益	17	41	51	43	38	32
金　利	15	8	38	37	22	16
外国為替	6	3	2	2	5	4
株式・インデックス	21	25	6	0	0	0
コモディティその他	1	1	0	0	0	0
投資銀行業務ブローカー・フィー	n.a.	174	199	180	156	123
サービシング手数料（ネット）	n.a.	1,181	446	615	462	108
証券化収入（ネット）	n.a.	1,204	321	291	82	115
貸付・リース売却収入(ネット)	n.a.	1,699	1,531	1,960	2,147	2,223
非金利収入	11,283	11,828	9,512	9,143	8,924	6,872
金利収入（ネット）	16,112	14,707	12,730	12,420	11,827	11,424
総資産 100 億ドル超							
信託収入	6,652	6,572	6,652	9,372	10,088	11,786
預金手数料（国内）	14,302	16,495	17,693	18,857	20,986	23,057
トレーディング損益	7,332	6,799	5,838	8,630	13,223	17,901
金　利	3,316	2,774	981	1,294	4,932	4,566
外国為替	3,138	3,216	4,399	4,992	5,143	6,615
株式・インデックス	697	466	531	1,730	2,518	5,144
コモディティその他	181	344	-77	614	628	1,254
投資銀行業務ブローカー・フィー	n.a.	4,416	4,796	7,439	7,834	9,796
サービシング手数料（ネット）	n.a.	7,722	10,633	10,982	11,438	9,998
証券化収入（ネット）	n.a.	13,697	15,981	15,950	16,906	15,363
貸付・リース売却収入(ネット)	n.a.	3,062	6,454	2,368	1,750	3,964
非金利収入	82,180	90,732	98,904	112,741	131,180	145,743
金利収入（ネット）	98,035	114,971	118,849	135,473	146,742	159,999
参考：全商業銀行							
信託収入	20,751	20,620	21,036	22,563	23,943	25,208
預金手数料（国内）	26,473	29,749	31,734	31,931	33,834	35,725
トレーディング損益	12,505	10,784	11,473	9,666	14,386	19,182
金　利	6,076	5,044	4,564	674	4,436	4,614
外国為替	4,339	4,730	5,419	5,932	6,201	7,948
株式・インデックス	1,878	660	1,343	2,405	3,108	4,952
コモディティその他	232	305	56	616	593	1,264
投資銀行業務ブローカー・フィー	n.a.	8,994	10,064	9,698	9,886	11,888
サービシング手数料（ネット）	n.a.	11,687	14,016	14,887	15,101	13,504
証券化収入（ネット）	n.a.	19,616	21,930	22,228	21,641	22,169
貸付・リース売却収入(ネット)	n.a.	8,513	13,358	7,559	6,745	7,573
非金利収入	157,172	171,475	186,481	184,083	201,458	217,626
金利収入（ネット）	215,202	237,006	240,023	249,689	269,556	284,888

(U.S. OCC, *Quarterly Journal* 各号より作成)

表 6-12　大手商業銀行の非金利収入の内訳と金利収入　2001-2014 年

（単位：100 万ドル）

	2001	2002	2003	2004	2005	2006	2007	2008	2009	2010	2011	2012	2013	2014
						JPMorgan Chase								
信託収入	2,338	2,436	2,336	2,624	2,629	2,415	3,513	3,343	2,729	3,098	3,341	3,473	3,760	4,120
預金手数料（国内）	972	1,087	1,109	1,843	2,381	2,458	2,886	3,976	5,588	4,650	4,728	4,627	4,469	4,444
トレーディング損益	4,318	3,214	4,347	3,294	5,455	8,813	7,964	5,025	8,696	7,826	9,284	6,532	9,686	8,976
金　利	2,542	2,279	3,356	1,139	2,840	3,697	5,366	4,866	4,294	1,170	2,149	9,021	4,144	2,799
外国為替	603	767	273	1,225	997	1,402	1,758	2,163	2,541	1,885	1,043	1,420	1,479	1,586
株式・インデックス	1,101	212	612	776	1,339	2,963	1,700	-1,042	1,000	1,372	2,404	1,709	2,116	2,021
コモディティその他	72	-44	106	154	279	751	-27	1,138	635	591	1,147	1,069	942	1,182
クレジット	n.a.	n.a.	n.a.	n.a.	n.a.	n.a.	-833	-2,100	226	2,808	2,541	-6,687	1,005	1,388
投資銀行業務フィー，委託手数料	2,189	1,907	2,183	2,590	3,543	4,609	5,546	4,883	5,259	4,553	4,345	3,072	3,218	3,358
証券ブローカー・フィー，委託手数料	n.a.	n.a.	n.a.	n.a.	n.a.	n.a.	1,846	1,780	1,300	1,318	1,274	1,135	1,258	1,219
アドバイザリー・引受フィー，委託手数料	n.a.	n.a.	n.a.	n.a.	n.a.	n.a.	3,700	3,103	3,959	3,235	3,071	1,937	1,960	2,139
サービシング手数料（ネット）	-372	80	73	277	657	568	558	618	749	379	-4,827	1,883	3,732	156
証券化収入（ネット）	16	203	172	827	1,214	1,832	1,559	1,502	909	0	0	0	0	0
貸付・リース売却収入（ネット）	-115	455	687	368	233	16	129	-49	230	341	195	155	385	176
非金利収入総額	11,444	11,821	13,859	16,873	24,623	29,402	31,654	31,773	37,099	35,734	36,076	35,244	38,081	38,625
金利収入（ネット）	9,310	8,796	9,655	12,240	15,640	11,491	23,250	31,645	39,740	36,082	35,844	34,604	33,192	33,973
						Bank of America								
信託収入	796	704	647	686	1,192	1,209	1,152	1,643	1,469	1,506	1,479	1,549	1,651	1,774
預金手数料（国内）	4,561	4,865	5,293	5,887	7,802	8,567	9,404	10,857	8,469	6,541	5,439	5,371	5,248	5,297
トレーディング損益	1,601	1,480	1,083	1,623	2,150	2,888	-3,183	-346	2,169	3,095	3,616	1,219	-226	3,964
金　利	605	657	378	510	682	910	-6,291	-1,484	895	869	1,391	-216	-2,161	2,065
外国為替	462	487	488	613	770	751	84	1,773	833	941	940	888	987	1,068
株式・インデックス	361	253	266	455	570	965	775	435	105	484	288	144	240	320
コモディティその他	173	83	-49	45	128	262	-33	26	340	48	32	19	81	151
クレジット	n.a.	n.a.	n.a.	n.a.	n.a.	n.a.	1,525	-1,095	-4	752	965	384	627	360
投資銀行業務フィー，委託手数料	1,040	1,041	1,146	1,538	2,321	2,913	3,320	3,159	2,182	1,053	791	876	1,216	1,302
証券ブローカー・フィー，委託手数料	n.a.	n.a.	n.a.	n.a.	n.a.	n.a.	2,917	2,669	1,494	754	391	327	325	358
アドバイザリー・引受フィー，委託手数料	n.a.	n.a.	n.a.	n.a.	n.a.	n.a.	403	490	688	299	400	549	891	944
サービシング手数料（ネット）	2,281	2,093	2,222	879	1,569	1,631	867	2,671	8,829	6,491	5,466	5,399	3,896	-233
証券化収入（ネット）	0	0	0	0	2	1	-21	-140	78	2	0	88	128	77
貸付・リース売却収入（ネット）	51	553	966	-38	365	150	392	-1,782	-609	835	-90	1,010	-365	1,170
非金利収入総額	12,498	12,064	13,656	12,397	19,287	22,188	18,671	21,414	33,339	26,666	27,401	30,833	30,539	29,510
金利収入（ネット）	18,297	17,856	23,874	19,454	26,175	26,875	27,090	30,704	34,441	35,459	33,691	31,352	33,204	42,121
						Citibank								
信託収入	1,325	1,228	1,337	1,483	1,597	1,670	2,281	2,103	1,627	1,631	1,432	1,508	1,644	1,680
預金手数料（国内）	359	413	386	374	342	470	578	638	641	627	596	626	286	251
トレーディング損益	3,511*	3,448	2,761	2,435	3,564	3,479	-2,804	-4,058	-139	4,982	5,777	4,340	5,374	4,217
金　利	1,366	1,099	-549	737	350	-1,155	1,434	1,590	1,752	2,991	3,603	3,383	3,994	2,114
外国為替	1,894	1,933	3,265	1,569	2,519	3,469	1,498	2,590	1,855	1,789	1,871	1,864	1,887	2,135
株式・インデックス	251	217	116	200	565	1,132	462	-1,804	-249	153	118	-36	-321	-131
コモディティその他	0	199	-71	-71	130	33	117	93	167	-267	-20	64	94	189
クレジット	n.a.	n.a.	n.a.	n.a.	n.a.	n.a.	-6,315	-6,527	-3,664	316	205	-935	-280	-90
投資銀行業務フィー，委託手数料	167	0	0	0	0	0	107	141	49	107	681	612	603	619
証券ブローカー・フィー，委託手数料	n.a.	n.a.	n.a.	n.a.	n.a.	n.a.	80	134	43	70	87	100	126	117
アドバイザリー・引受フィー，委託手数料	n.a.	n.a.	n.a.	n.a.	n.a.	n.a.	27	7	6	37	594	512	477	502
サービシング手数料（ネット）	919	1,715	2,060	2,417	1,845	1,010	1,726	-740	2,521	993	749	582	1,489	367
証券化収入（ネット）	348	1,962	2,422	2,752	3,737	47	65	168	83	0	0	0	-1	0
貸付・リース売却収入（ネット）	31	228	143	13	222	148	459	247	1,046	993	864	2,353	1,630	812
非金利収入総額	11,721	15,005	15,190	19,414	20,983	16,256	11,035	5,941	12,090	16,517	17,399	14,425	16,686	16,468
金利収入（ネット）	13,822	20,715	20,471	22,416	21,173	23,896	30,803	36,235	32,182	30,282	43,306	42,283	40,076	40,404

第6章　OTDモデルの収益構造：業務展開の帰結　233

	2001	2002	2003	2004	2005	2006	2007	2008	2009	2010	2011	2012	2013	2014
					Wells Fargo									
信託収入	280	280	380	790	892	982	1,126	1,037	981	1,666	1,792	1,556	1,706	1,761
預金手数料（国内）	917	1,045	1,658	2,501	2,511	2,685	3,037	3,178	3,197	4,924	4,290	4,730	5,081	5,526
トレーディング損益	247	177	244	322	426	392	392	334	363	173	467	557	2,392	1,359
金利	101	25	91	124	173	106	42	34	140	-154	-481	-6	1,260	79
外国為替	146	152	148	188	239	242	262	381	345	547	524	670	712	641
株式・インデックス	0	0	0	-1	-1	24	-41	-131	-43	-24	8	27	302	366
コモディティその他	0	0	5	11	15	20	-27	-2	16	96	153	-100	150	90
クレジット	n.a.	n.a.	n.a.	n.a.	n.a.	n.a.	156	52	-95	-292	263	-34	-32	183
投資銀行業務フィー，委託手数料	358	150	151	302	334	427	460	432	272	471	439	757	862	890
証券ブローカー・フィー，委託手数料	n.a.	n.a.	n.a.	n.a.	n.a.	n.a.	368	371	262	362	367	329	360	361
アドバイザリー・引受フィー，受託手数料	n.a.	n.a.	n.a.	n.a.	n.a.	n.a.	92	61	10	109	72	428	502	529
サービシング手数料（ネット）	1,656	-374	-950	1,069	1,006	912	1,538	1,022	5,464	3,316	3,374	1,420	1,976	3,364
証券化収入（ネット）	4	4	275	302	964	399	10	0	0	0	1	143	112	20
貸付・リース売却収入（ネット）	59	-1,000	1,519	-511	-886	1,389	599	198	1,027	439	334	327	1,339	1,490
非金利収入総額	5,605	4,854	7,098	9,812	11,078	11,548	14,045	13,969	23,713	28,743	26,090	30,118	28,133	26,568
金利収入（ネット）	4,473	5,836	8,847	12,517	13,995	15,460	15,748	19,259	24,971	40,607	38,881	39,678	39,298	40,557

注）海外支店を含むが，持株会社やその子会社を除いた銀行本体のデータである。
(Federal Financial Institution Examination Council, *Reports of Condition and Income* 各号, Schedule RI より作成)

捕捉することが困難である。

　大手商業銀行のトレーディング業務として重要な金利スワップ取引は，OTDモデルを形成する過程における業務展開であった。金利スワップのトレーディング損益は，金利のトレーディング損益にほぼ対応している。外国為替のトレーディングは金利のものよりも先に発達したが，表6-11の総資産100億ドル超の国法銀行本体では，2001-2002年と2005年には金利のトレーディング収益が外国為替のものと肩を並べるようになった。表6-12の大手商業銀行本体では，JPMorgan Chaseの金利のトレーディング収益は，2001年から外国為替のものをほぼ凌駕した（例外は2004年と2010年）。Bank of Americaでは，金利のトレーディング収益が2006年まで外国為替のものとほぼ同水準になっていた。サブプライム危機の影響で，金利のものが，2007年と2008年に赤字となり，2012-2013年にも再び赤字に転じた。しかし，2014年に，金利のものは急増して，トレーディング収益の最大項目になった。Citibankの金利のトレーディング損益は，赤字のこともあり，2009年ま

で外国為替のものを上回ることはなかった。しかし，2010-2013年に，ここでも金利のものは大きく伸張して，トレーディング収益の最大項目になった。ただし，2014年に，再び外国為替のものが最大項目になった[48]。

　最後になるが，クレジット・ディリバティブ取引も，同じくOTDモデルの形成過程における業務展開であった。クレデリのトレーディング損益は，2007年以降のデータしか公表されていない。JPMorgan Chaseのクレデリのトレーディング損益は，2007-2008年に赤字を計上し，2009年に辛うじて黒字に転じ，2010-2011年に黒字を積み上げた。2012年に巨額の赤字に転落したが，再び2013-2014年に黒字となった。Bank of Americaのクレデリのトレーディング損益も，2008-2009年に赤字に転落したが，その後2010-2014年に黒字となった。Citibankに至っては，同じく2007-2009年に連続して巨額の赤字を計上し，2010-2011年に黒字化したが，2012-2014年に再度赤字に転落した[49]。

　Bank of Americaの金利のトレーディング収益は，国内の預金手数料と1桁異なることが多く遠く及ばない。Citibankの同じく金利のものは，2002-2005年の証券化収入（ネット）より少ない。資産規模別にみた場合，総資産100億ドル未満の国法銀行本体では，トレーディング収益が極端に少なかった。一方，総資産100億ドル超の大規模国法銀行本体と大手商業銀行本体のトレーディング収益は，各行でバラツキがあるものの一定の規模に達していた（表6-11，表6-12）。

　サブプライム危機以前には，OTDモデルに関係するトレーディング業務が，大手商業銀行における収益の1つの柱に成長していた。この状況はサブプライム危機以後にどのように変化したのだろうか？　表6-12をみると，JPMorgan Chaseでは，総収益（ネット）に占めるトレーディング収益は，2001-2006年に11.3～20.8％，2007-2014年に7.9～14.5％とやや減少して推

---

[48] Wells Fargoによる金利のトレーディング損益は，3大商業銀行より1桁少なかったが，2013年に急増した。
[49] Wells Fargoによるクレデリのトレーディング損益は，同じく1桁少なかった。

移した[50]。トレーディング収益は，JPMorgan Chase では最大項目であった。

　Bank of America では，同じく総収益に占めるトレーディング損益は，2001-2006 年には 2.9〜5.9％であったが，2007 年に-7.0％と巨額の赤字を計上し，2008-2014 年には-0.7〜5.9％と安定していない。Bank of America では，2009 年と 2011-2012 年を除き国内の預金手数料が最大項目であり，この年にサービシング手数料（ネット）がわずかに預金手数料を上回った。Bank of America のトレーディング収益は，2004-2006 年に第 2 項目に成長し，2001-2002 年と 2010-2011 年に第 3 項目であった。

　Citibank では，総収益に占めるトレーディング損益は，2001-2006 年に 5.8〜13.7％の範囲にあったが，2007 年に巨額の赤字を計上し，その大きさは 2008 年には-9.6％に達し，2009 年も赤字であった。その後 2010-2014 年に，ようやく黒字化した。Citibank の非金利収入は安定しておらず，安定した金利収入に依存することもあった。しかし，Citibank の総収益（ネット）に占めるトレーディング収益は，2001-2006 年には 5.8〜13.7％に，2010-2014 年には 7.4〜10.7％に達し最大項目となった[51]。

　表 6-12 を用いて検討したように，大手商業銀行本体のトレーディング収益は，サブプライム危機以後も収益の 1 つの柱として定着していた。第 7 章で考察するように，商業銀行は投資銀行にくらべて優位なこともある。現実に，JPMorgan Chase では，サブプライム危機を通じて，トレーディング収益が年データでは最大項目であり続けた。Bank of America でも，サブプライム危機以前のように，2014 年にトレーディング収益が第 2 項目になった。Citibank でも，2010-2014 年にトレーディング収益が最大項目となった。3 大商業銀行は，トレーディング業務で積極的にリスクをとって，収益拡大を目指してきたと考えられる。

　投資銀行業務のコアでは最後となるが，表 6-10 のように金融持株会社

---

50) 四半期では変動が大きいので，年データを用いている（以下同様）。
51) スーパーリージョナル Wells Fargo のトレーディング収益は小さく不安定であったが，2013 年に 3.5％まで急増した。

JPMorgan Chase & Co. の M&A アドバイザリー業務[52]収益は，2002年に急減し，その後2007年に急増したが，2009-2014年には総収益（ネット）の1.2～1.4％台と低迷した。同じく Bank of America Corp. のアドバイザリー業務は，2009年に倍増したが，それでも2011-2014年には総収益の1.2～1.4％台であった。Citigroup は2004年以降のデータしか公表していないが，アドバイザリー業務は2007年まで着実に増加したが，その後低迷した。総収益に対する比率は，2004年の1.2％から2007年の2.3％まで上昇し，非金利収入が赤字の2008年を除くと，その後は1％前後を推移した[53]。

3.2　プリンシパル・インベストメント業務

投資銀行業務のコアではないが，プリンシパル・インベストメント業務[54]収益をみておこう。表6-10の金融持株会社 JPMorgan Chase & Co. と Bank of America Corp. のプリンシパル・インベストメント業務収益は，2004年以降のデータしか公表されていないが，サブプライム危機に至る2007年まで増加していた。JPMorgan Chase & Co. は，2008年には巨額の赤字を計上したが，2009-2011年にはサブプライム危機直前の水準（絶対額）まで収益を回復した。2012年には半減したが，翌2013年には回復した。Bank of America Corp. は，あまり積極的にプリンシパル・インベストメント業務に進出しなかった。それにもかかわらず，Bank of America Corp. の収益も，2008年には赤字に転じた。しかし，2009-2010年には2004-2005年の水準（絶対額）までもち直した。その後2011-2013年に1桁減少し2014年には赤字となった。金融持株会社 Citigroup のプリンシパル・インベストメント収益は，2001-2004年には減少傾向で，その後2006年まで増加に転じた。

---

52)　M&A アドバイザリー業務は，表6-10の3大商業銀行の投資銀行業務におけるアドバイザリーの推移を参照されたい。
53)　Wells Fargo & Co. のアドバイザリー業務のデータは公表されていない。
54)　プリンシパル・インベストメント業務は，表6-10の JPMorgan Chase & Co. の自己勘定取引，Bank of America Corp. の株式投資におけるプリンシパル・インベストメント，Citigroup の自己勘定取引の推移を参照されたい。

Citigroupは，2007年から巨額の赤字を計上し，2008年にはその額は2倍近くにまで膨らんだ。Citigroupも，2009年には黒字に転じたが，2011年までは2005-2006年の水準に留まった。2012年には急減したが，翌2013年には回復した[55]。大手商業銀行グループのプリンシパル・インベストメント収益は，2007年または2008年には，減少または赤字に転落した。大手銀行グループの非金利収入の内訳をみても，2007-2008年に赤字に転じたのは，第1に自己資本を使って投資するプリンシパル・インベストメント収益であった。

プリンシパル・インベストメント業務には，PE（private equity；未公開企業への投資）業務がある。PE業務には，間接的な未公開企業への投資として，社外のPEファンドに投資するものがある。PEファンドでは，KKR（Kohlberg Kravis Roberts），Blackstone，Carlyle等の独立系ファンドが中心であった。しかし，大手金融持株会社JPMorgan Chase & Co.が中心となって設立した系列ファンドJPMorgan Partner Global 2001 Fundは，2004年11月1日に65億ドルとPEファンドでトップの大きさを記録した。一方，大手投資銀行Goldman Sachsが設立したGoldman Sachs Capital Partner 2000は，52億5千万ドルでトップ10に辛うじて喰い込んだ。

金融機関が中心となり設立した系列ファンドでは，その金融機関が中心的な出資をし，外部のLP（limited partner；有限責任パートナー）からの出資を合わせて組成される。中心的な金融機関がGP（general partner；無限責任パートナー）として運用管理を受託するのが一般的であった。その金融機関には，ファンド総額の1～2％程度の年間マネジメント・フィーが入り，利益が上がった場合にも協定で定められた分配金が入る。これはアセット・マネジメント業務となる。企業への投資によって，各種の投資銀行業務を獲得することにも，大きな狙いがあるという。たとえば，投資先企業が資本負債構造を変更する際の社債発行の引受，株式IPO（initial public offering；新規公

---

55) Wells Fargo & Co.のプリンシパル・インベストメント収益は公表されていない。投資銀行業務に関係するトレーディング・ゲインやキャピタル・ゲインも小さな値であったが，それぞれ2009年，2011年から大きくなってきた。

開株式発行）のアレンジ，事業再構築のための特定の事業部門や会社全体のM&Aアドバイザリー等である[56]。

表6-10でみたように，3大商業銀行グループの非金利収入は，サブプライム危機直前には総収益の過半に達していた。3大銀行グループのプリンシパル・インベストメント収益は，サブプライム以前には大きかったが，その後は明らかに小さくなり赤字に転落することもあった。

3.3 証券化収入とサービシング手数料

本書は，3大商業銀行グループのOTDモデルを考察している。OTDモデルの分配側では，証券化の役割が大きくなっている。ここでは，まず，その証券化収入に注目する。表6-11の総資産100億ドル超の国法銀行本体では，データの公表された2002-2005年に，証券化収入（ネット）がトレーディング収益よりも大きくなっていた。表6-12の3大銀行の本体では，通常，証券化収入（ネット）はトレーディング収益には及ばないが，JPMorgan Chaseでは，サブプライム危機にかけて急増し2005-2008年には10億ドルを超えたが，2010年からはゼロになった。Bank of America本体では，証券化収入（ネット）は非常に小さな値となった。Bank of Americaグループも証券化業務はおこなっていたので，金融持株会社または証券子会社の収益として計上していたと考えられる。Citibankでは，証券化収入（ネット）は2004-2005年にはトレーディング収益よりも大きくなったが，その後は2桁小さくなっている[57]。

サブプライム危機後に，証券化収入が急速に縮小したのは以下のような理由がある。バーゼル規制と平行して，2010年7月21日に成立したドッド＝フランク法により，大手銀行グループが証券化商品を組成分配する際に，その5％を保有し続けるように義務付けられたのである（2011年10月1日施

---

56) 以上 Bishop (2004), p. 5; 松川 (2005), 10-11頁。原資料はDow Jones, *Private Equity Analyst*.
57) スーパーリージョナル Wells Fargo の証券化収入（ネット）は，3大商業銀行に比べて小さかったが，2012-2013年にやや回復した。

行)。各証券化商品全体の発行額については時系列データが入手できたが，個々の大手商業銀行グループによるデータは比較可能な引受額を紹介することにしよう。

業界全体における MBSs 全体の発行額は，サブプライム危機直前の2006年にはピークの1兆517億ドルから，危機の最中の2008年にはボトムの1,874億ドルまで減少したが，ドッド＝フランク法成立時の2010年には逆に4,978億ドルまでやや増加し，2014年には3,501億ドルであった[58]。ただし，サブプライム MBSs 引受のデータは入手できなかった。このように，ドッド＝フランク法は，業界全体や個々の大手商業銀行グループによる MBSs の発行・引受額には，それほど影響をあたえなかったようである。これは，大手銀行グループがサブプライム MBSs の発行業務にそれほど進出しなかったことと整合的である(表6-4参照)。また，2009年1月から，連邦準備が公開市場操作によって1兆ドルを超える政府系機関の発行した MBSs を購入したことも，間接的にではあるが，大手銀行グループの MBSs 発行業務を支えたであろう。

つぎに ABSs である。業界全体における ABSs の発行額は，サブプライム危機直前の2006年にはピークの1兆2,467億ドルから，危機の最中の2008年には1,598億ドル，ドッド＝フランク法成立時の2010年にはボトムの1,169億ドルまで減少したが，2014年には逆に3,119億ドルまでやや増加した[59]。このように，ドッド＝フランク法だけではなく，サブプライム危機の

---

[58] 大手商業銀行 JPMorgan Chase グループによる MBSs 全体の引受額は，2006年のピークの726億ドルから，2008年にはボトムの244億ドルまで減少したが，2010年には逆に410億ドルまで増加し，2014年には356億ドルであった。同じく Bank of America グループによる MBSs 全体の引受額は，2003年のピークの751億ドルから，2008年にはボトムの257億ドルまで減少したが，2010年には再びピークの839億ドルまで増加し，2014年には227億ドルまで減少した。Citigroup による MBSs 全体の引受額は，2002年のピークの722億ドルから，2008年にはボトムの97億ドルまで減少したが，2010年には逆に277億ドルまでやや回復し，2014年には255億ドルであった。

[59] JPMorgan Chase & Co. による ABSs の引受額は，2003年のピークの840億ドルから，2008年には3,708億ドル，2010年にはボトムの160億ドルまで減少したが，2014年には逆に350億ドルまでやや増加した。Bank of America Corp. による ABSs の引受額は，2006年のピークの725億ドルから，2008年には2,621億ドル，2010年にはボトムの182億ドルまで減少したが，2014年に

余波も，業界全体や個々の大手商業銀行グループによる ABSs の発行・引受額に影響をあたえたようである。これは，大手商業銀行グループが ABSs の発行業務に積極的に進出したことと符合する。また，連邦準備は，TALF (Term Asset-Backed Securities Loan Facility) によって，ABSs 発行者に貸付をおこなった。これは，ノン・リコース形式，AAA 格付け，新規に発行された ABSs という条件であった。しかし，この規模は，政府系 MBSs の公開市場操作の 10 分の 1 以下であり[60]，ABSs の発行額はようやく 1999 年の水準に戻ったところである（第 5 章の表 5-4 参照）。

アメリカ国内の数字ではないが，おもにサブプライム MBSs を再証券化した世界[61]の CDOs の発行額は，サブプライム危機直前の 2006 年にはピークの 4,774 億ドルから，危機の最中の 2008 年には 603 億ドル，ドッド＝フランク法成立時の 2010 年にはボトムの 80 億ドルまで減少し，2014 年でも 1,256 億ドルまでしか回復していない[62]。サブプライム危機だけではなく，ドッド＝フランク法は，世界の業界全体や個々の大手商業銀行グループによる CDOs の発行・引受額の減少には効いたと思われる。これも，大手商業銀行グループが CDOs の発行業務に積極的に進出したことと整合的である（本章第 1 節第 3 項参照）。また，CDOs の担保にはサブプライム MBSs が多く含まれていたため，連邦準備は大規模な支援策を採用しなかったと思われる。

証券化商品は，再証券化によって格付けを引き上げ，リスク・ウェイトを

　は 319 億ドルまでやや回復した。Citigroup による ABSs の引受額は，2006 年のピークの 1,212 億ドルから，2008 年には 2,749 億ドル，2010 年にはボトムの 144 億ドルまで減少したが，2014 年には逆に 455 億ドルまで増加した。

60)　以上 Board of Governors of the Federal Reserve System, *Statistical Release*, H. 4.1.
61)　International Monetary Fund (2007) によると，アメリカでは世界の 77% の CDOs を購入した (p. 15, figure 1.11)。原資料は Citigroup.
62)　JPMorgan Chase & Co. による CDOs の引受額は，2006 年のピークの 248 億ドルから，2010-2011 年にはボトムのゼロまで減少したが，2014 年には 76 億ドルまでやや増加した。Bank of America Corp. による CDOs の引受額は，2006 年のピークの 253 億ドルから，2010 年にはボトムの 10 億ドルまで減少したが，2014 年には 110 億ドルまで回復した。Citigroup による CDOs の引受額は，2007 年のピークの 415 億ドルから，2010 年にはボトムの 6 億ドルまで減少したが，2014 年には逆に 150 億ドルまで増加した。

　　以上 IDD, *Investment Dealers' Digest* 各号; Thomson Reuters, *Debt Capital Markets Review: Managing Underwriters*, Full Year 各号。

第 6 章　OTD モデルの収益構造：業務展開の帰結　241

下げて，金融機関の自己資本比率を高めることができる。また，証券化商品を投資家への販売を前提にバンキング勘定からトレーディング勘定に置き替えることで，さらに自己資本比率を高くできる。そのため，証券化をしない場合にくらべて，8 分の 1 以下の少ない自己資本で済むこともあったという。こうした問題に対して，バーゼル 2.5 (2009 年 1 月公表，最終版は同年 7 月公表，2013 年初め実施) は，証券化商品をトレーディング勘定でもバンキング勘定と同様に扱うことにした。これは，トレーディング勘定に対する自己資本を，少なくとも 2 倍以上に増加させた。こうして，公表時の 2009 年に，大手 10 行は，トレーディング勘定の証券取引を急速に縮小させたのである[63]。

　最後に，サービシング手数料である。サービシング手数料とは，貸付の管理によるもので，これは証券化後も引き続きおこなわれる。表 6-11 の総資産 100 億ドル超の国法銀行でも，データの公表された 2002-2004 年に，サービシング手数料（ネット）がトレーディング収益よりも大きくなっていた。サブプライム危機直前の 2005-2006 年には，トレーディング収益が急上昇したが，サービシング手数料（ネット）はほぼその大きさを保っていた。

　先の表 6-5 でみたように，2006 年のサブプライム・サービサーとして，JPMorgan Chase が 2 位，Citigroup が 3 位にランクされた。Bank of America はランク外にあった[64]。表 6-12 の 3 大商業銀行のサービシング手数料では，Bank of America のサービシング手数料（ネット）が，2001-2003 年と 2008-2014 年にトレーディング収益よりも大きくなった。Bank of America は，おもに優良なプライム・モーゲイジ等のサービサーとして行動したと考えられる。JPMorgan Chase のサービシング手数料（ネット）は，Bank of America と Citibank よりほぼ 1 桁小さな値になっていた。ただし，2012-2013 年にはそれまでの水準から 1 桁増加している。JPMorgan Chase

---

63)　以上 Board of Governors of the Federal Reserve System (2010a), p. A29; 小立 (2010), 128, 130 頁, 図表; 大山 (2011), 159, 162-163 頁; 太田 (2011), 46-48, 74-75, 247 頁; 藤田・野崎 (2011), 153-154, 174, 180-181, 185 頁, 図表 6-1; Basel Committee on Banking Supervision (2013), p. 5.
64)　スーパーリージョナルの Wells Fargo は 7 位にランクされた。

は，危機直前にはおもにサブプライム・サービサーであり，危機後の2012-2013年におもにプライム・モーゲイジ等のサービサーに変容したと思われる。Citibank のサービシング手数料（ネット）も，2003-2004年にはトレーディング収益や証券化収入に匹敵する規模になったが，サブプライム危機後には不安定になり減少した。ただし，2013年にやや回復した[65]。Citigroup は，Bank of America と JPMorgan Chase の中間的な性格のサービサーであったと考えられる。しかしながら，証券化に関するサービシング手数料は公表されていないので，OTD モデルの分配側との関連は明確ではない。

　これまで，3大商業銀行グループの OTD モデルに関係する，投資銀行業務を中心に考察した。投資銀行業務の最もコアにある債券引受手数料は，金額は大きくないものの安定していた。この債券引受に，OTD モデルでディストリビュートされる ABSs と MBSs のものが含まれていた。投資銀行業務のコアとして最大の規模に達したトレーディング収益は，減少してもわずかか，または急減後に上昇に転じ V 字回復していた。これは3大投資銀行の動向と一致する。3大商業銀行グループの投資銀行業務のコアも，それ以外のプリンシパル・インベストメントや証券化収入（ネット）にくらべると，意外ともちこたえた。

　3大商業銀行グループでも，投資銀行業務が収益の柱の1つとなったのである。トレーディング収益では証券化された ABSs/MBSs のものが重要であるが，これは3大銀行グループ傘下の証券会社がおこなっており，データの入手が困難である。しかし，公表された JPMorgan Chase と Citibank の証券化収入は，サブプライム危機に至るまで一定の大きさに達していた。上記2行の OTD モデルでディストリビュートされる ABSs/MBSs は，銀行本体の収益に貢献したと思われる。3大商業銀行において，証券化後も引き続きおこなわれるサービシング手数料も，一定の大きさがあり，無視することはできない。

---

65) 同じくスーパーリージョナル Wells Fargo のものは，Wachovia との合併もあり，2009-2012年には Bank of America に次ぐ大きさであった。

4　大手商業銀行グループの世界順位

　前節では，3大商業銀行グループの現在の業務範囲を考察し，投資銀行業務，とくにトレーディング業務が収益の柱の1つとなったことが確認できた。それでは，米系3大銀行グループの高い投資銀行業務収益は，世界ではどのような位置にあるのだろうか？　イギリスの *Banker* 誌は，毎年，頑健性，資産規模，健全性，収益などを考慮して，商業銀行グループの世界順位を発表している。2011年の *Banker* 誌は前節で注目したトレーディング損益を特集しているので，ここではそのデータを紹介する。それによって，アメリカ3大銀行グループのグローバルな特徴を浮き彫りにしたい。

　Banker (2011) によると，2011年の北米トップ銀行グループでは，金融持株会社 Bank of America Corp. が1位，JPMorgan Chase & Co. が2位，Citigroup が3位，Wells Fargo & Co. が4位，Goldman Sachs が5位，Morgan Stanley が6位であった[66]。Banker (2011) のデータには，商業銀行を傘下にしているが，大手投資銀行を中心とするグループも含まれる。そのため，Banker (2011) のデータを用いて，3大商業銀行グループ，スーパーリージョナル最大手の Wells Fargo グループ，大手投資銀行グループ2社を比較することができる。

　まず，表6-13で，2011年の世界トップ行におけるアメリカ大手金融機関の総合順位をみてみよう。それによると，米系金融機関では，金融持株会社 Bank of America Corp. が1位，JPMorgan Chase & Co. が2位，Citigroup が4位と3大商業銀行グループが上位を占めている。スーパーリージョナルの Wells Fargo & Co. が7位と健闘しており，大手投資銀行グループ2社はさらに下位にランクされた。総合順位の要素である資産規模トップ行に，米系金融機関は総合順位順にランクされたが，それぞれ総合順位より下位にランクされた。米系金融機関は資産規模を他国の銀行より重視しないようである。

---

66) Banker (2011), p. 149.

表 6-13　世界トップ行におけるアメリカ大手金融機関の順位　2011 年

	総合	規模	収益	トレーディング損益	フィー・委託手数料	トレーディング損益・フィー・委託手数料
Bank of America Corp.	1 位	8 位		4 位	1 位	1 位
JPMorgan Chase & Co.	2 位	9 位	3 位	6 位	2 位	2 位
Citigroup	4 位	12 位	11 位	8 位	15 位	10 位
Wells Fargo & Co.	7 位	23 位	6 位		3 位	8 位
Goldman Sachs	19 位	27 位	10 位	1 位	11 位	3 位
Morgan Stanley	23 位	31 位		3 位	5 位	4 位

(Banker (2011), pp. 128, 171, 182.)

　総合順位の要素である収益（税引前利益）トップ行に，JPMorgan Chase & Co. が 3 位 (24,859 百万ドル)，Wells Fargo & Co. が 6 位 (18,700 百万ドル)，Goldman Sachs が 10 位 (12,892 百万ドル)，Citigroup が 11 位 (12,273 百万ドル) にランクされ，この年に収益を急減させた Bank of America Corp. (-1,323 百万ドル) と Morgan Stanley (5,809 百万ドル) はランク外であった。

　つぎに，表 6-14 で，収益の大きな部分を占めるトレーディング損益トップ行を確認しよう。それによると，米系金融機関では大手投資銀行グループ 2 社が上位に，3 大商業銀行グループがそれに続いていた[67]。営業利益に占めるトレーディング損益の比率は大手投資銀行グループ 2 社が突出していたが，損益自体の規模は 3 大商業銀行グループも大手投資銀行 Morgan Stanley に続く大きさであった。トレーディングは投資銀行業務であり，その損益も大手投資銀行グループ 2 社のものが大きいのは当然であるが，3 大商業銀行グループのものも一定に規模に達していた。1990 年代後半から大手投資銀行を取り込んだ 3 大商業銀行グループは，投資銀行業務，とくにトレーディング業務を収益の 1 つの柱としたことがここでも見て取れる。

　表 6-15 では，収益の内訳であるフィー・委託手数料トップ行をみてみよう。それによると，同じく金融持株会社 Bank of America Corp., JPMorgan

---

67）　スーパーリージョナル Wells Fargo & Co. はランク外であった

表 6-14　アメリカ大手金融機関のトレーディング損益トップ行　2011 年

	順位	損益（単位 100 万ドル）	営業利益に占める比率
Goldman Sachs	1 位	17,063	41.52%
Morgan Stanley	3 位	10,413	32.98%
Bank of America Corp.	4 位	10,054	9.12%
JPMorgan Chase & Co.	6 位	9,404	9.12%
Citigroup	8 位	7,667	8.77%

(Banker (2011), p. 171.)

表 6-15　アメリカ大手金融機関のフィー・委託手数料トップ行　2011 年

	順位	手数料（単位 100 万ドル）	営業利益に占める比率
Bank of America Corp.	1 位	34,640	31.43%
JPMorgan Chase & Co.	2 位	22,923	22.23%
Wells Fargo & Co.	3 位	21,348	25.05%
Morgan Stanley	5 位	17,997	57.01%
Goldman Sachs	11 位	13,693	33.32%
Citigroup	15 位	12,403	14.18%

(Banker (2011), p. 171.)

Chase & Co., Wells Fargo & Co. が第 1 位〜第 3 位を独占していた。それに，大手投資銀行グループ 2 社と Citigroup が続いた。投資銀行は金利収入が少ないので，営業利益に占めるフィー・委託手数料の比率も大手投資銀行 2 行が高いが，先のトレーディング損益ほどの違いはない。むしろ，Citigroup のフィー・委託手数料比率の低さが目に付く。フィー・委託手数料の規模では，Bank of America Corp. が突出していたが，2 位の JPMorgan Chase & Co. 以下はそれほど大きな差はないようである。

　最後に，表 6-16 で，上記のトレーディング損益とフィー・委託手数料を合わせたトップ行をみてみよう。同じく金融持株会社 Bank of America Corp.，JPMorgan Chase & Co. と大手投資銀行グループ 2 社が第 1 位〜第 4 位を独占していた。トレーディング損益とフィー・委託手数料の規模は Bank of America Corp. が突出しており，2 位の JPMorgan Chase & Co. 以下のものは順当な大きさであった。一方，営業利益に占めるこの比率は大手投資銀行グ

表 6-16 アメリカ大手金融機関のトレーディング損益とフィー・委託手数料トップ行
2011 年

	順位	収入（単位 100 万ドル）	営業利益に占める比率
Bank of America Corp.	1 位	44,964	40.55％
JPMorgan Chase & Co.	2 位	32,327	31.35％
Goldman Sachs	3 位	30,756	74.85％
Morgan Stanley	4 位	28,410	89.99％
Wells Fargo & Co.	8 位	22,996	26.99％
Citigroup	10 位	20,070	22.95％

(Banker (2011), p. 171.)

ループ 2 社が突出しており，Citigroup と Wells Fargo & Co. はこの比率も下位にあった。トレーディング損益の比率は大手投資銀行グループ 2 社が突出しており，トレーディング損益とフィー・委託手数料の比率が高いのは当然といえる。

　米系 3 大商業銀行グループは，まず，世界でもその規模以上に高収益を上げていたことが確認できる。つぎに，収益の大きな部分を占めるトレーディング収益とフィー・委託手数料でも高順位であった。このトレーディング収益の世界順位は，前節までのアメリカ国内における考察と整合的である。

むすびにかえて

　1980 年代後半に形成された現代的な OTD モデルの組成側において，3 大商業銀行は，サブプライム危機に至る過程で，住宅モーゲイジ・ローンを貸し込んでいった。その過程で，3 大銀行でも，金利収入において，住宅モーゲイジ・ローンが最大となった。3 大銀行における OTD モデルの組成側で，その変質が起こったのである。しかし，3 大商業銀行はサブプライム・ローンをオリジネートしたものの，その中心は外国銀行やモノライン・レンダーとされたノンバンクであった。

　一方，OTD モデルの分配側において，3 大商業銀行グループは，住宅モー

ゲイジ・ローンを証券化し，収益を増やすことができる。しかし，3大銀行グループは，優良なプライムMBSsの発行・引受に積極的に進出したが，サブプライムMBSsの発行にはあまり乗り出さなかった。サブプライムMBS発行者全体では，モノライン・レンダーとされたノンバンクや貯蓄貸付組合が中心であった。

　3大商業銀行グループにおけるOTDモデルの分配側では，投資銀行業務におけるトレーディング収益が重要となる。3大銀行グループのトレーディング収益は，サブプライム危機で減少したが，その後はもち直してきた。3大銀行のトレーディング損益で巨額の損失を出したのは，クレジット・デリバティブ（以下クレデリ）である。サブプライム危機のときにクレデリの巨額損失があり，それが収益にも効いたと推測される。しかし，3大銀行の金利スワップを中心とするトレーディング収益全体は，一時的に減少したが，意外ともちこたえた。3大銀行グループのトレーディング収益の大きさは，国内でも世界でも，彼らの特徴となっていた。

　3大商業銀行グループは，彼らのトレーディング力の強さを，逆にOTDモデルの分配業務の拡大に利用したと考えられる。1980年代末からの引受業務に関する規制緩和によって，3大銀行は自行でオリジネートし，同一グループ傘下のSPVsが証券化したABSsとMBSsを，おもにグループ傘下の証券子会社が引き受けるようになった。2000年以降には，3大銀行グループにおいて，株式よりも債券引受手数料の方が大きくなった。この債券引受の中に，ABSs/MBSsが含まれる。3大銀行グループは，まずABSs/MBSsを引き受け，つぎに彼らのトレーディング力を用いてABSs/MBSsを投資家にディストリビュートしたと思われる。

　今世紀，3大商業銀行グループの収益の柱となったのは，OTDモデルの組成分配両側の業務収益であった。組成側では，住宅モーゲイジ・ローンの金利収入やサービシング手数料がある。証券化後も，貸付のサービシングはおこなわれる。分配側では，ABSs/MBSsの証券化収入やトレーディング収益である。証券化収入は，サブプライム危機までかなりの大きさであった。

これらの収益力を保つ能力が，大手行の強さである。これらの収益が，大手行の危機からの脱出を可能にしたのである。

　それでは，この収益力の強さは，どのように形成されてきたのだろうか？これが第7章の課題である。

第7章
OTDモデルの収益の源泉：
大手商業銀行グループの優位性

　第6章でみたように，現代3大商業銀行グループの収益の柱の1つは，OTDモデルにおける組成分配両側の業務収益であった。組成側において，3大銀行は，サブプライム危機に至る過程で，住宅モーゲイジ・ローンを貸し込んで金利収入とサービシング手数料を手に入れた。一方，分配側における業務収益は，3大銀行のトレーディング力の強さを生かした非金利収入であった。この非金利収入とは，ABSsとMBSsの証券化収入や各種金融商品のトレーディング収益である。

　ここでは，第6章の収益構造分析をうけて，いくつかの非金利収入に注目し，アメリカ合衆国における3大商業銀行グループのOTDモデルにおける収益の源泉を探ることを目的とする。これらの非金利収入は，いずれもOTDモデルの分配側でおこなわれる決済，証券化，トレーディング業務に関係している。

　本章の構成は以下の通りである。第1節で，証券化収入を理解するために，証券化のマージンが最も大きい，大手商業銀行グループのクレジットカード業務を考察する。焦点を当てるのは以下の2点である。まず，1960年代から，大手行がカード決済をおこなうインターチェンジ・システムを構築しはじめたことである。つぎに，1990年代までに，大手行は，高い金利収入を利用して，証券化収入を中心とするカード業務の収益構造を創り上げたことである。引き続く第2節では，まず，引受業務とトレーディング業務の歴史を確認する。その上で，大手銀行グループが，ディリバティブという新しいトレーディング業務に参入し，それがOTDモデルの分配業務につながった可能性を考える。第3節では，アメリカで3大銀行中心の金融システムが，一

部とはいえ，いつどのように形成されたかを検証する。銀行中心の金融システムの形成も，広い意味では OTD モデルにおける収益の源泉と考えられるからである。その際に，商業銀行は投資銀行に対していくつかの優位性をもつことを，OTD モデルに即して説明する。さらに，3 大商業銀行と大手投資銀行のグループ化を考察する。最後に本章のまとめについて述べる。

1 大手商業銀行のクレジットカード業務への進出

クレジットカード・ローンは，リボルビングを利用した無担保融資である。データのある 1968 年から商業銀行のリボルビングが増加して，1990 年前後には消費者ローンの最大項目であった自動車ローンと抜きつ抜かれつの状態になった。このリボルビングは，おもにクレジットカード勘定の残高，すなわちクレジットカード・ローンである[1]。リボルビングは，1991 年 2 月から最大項目になった。証券化されたものを含めると，1989 年 11 月にリボルビングは自動車ローンを抜き去ったのである[2]。

このリボルビング市場における商業銀行のシェアをみておこう。銀行は，1978 年 6 月に企業を抜き去ってからは，証券化プールを除く単独の発行業界としては，一貫してトップに立っていた。証券化された CARDs (certificates of amortizing revolving debts；クレジットカード・ローン担保証券) では，銀行が中心的な役割を果たしたのである。1989 年から，銀行のシェアは減少したが，それを補って増加したのは証券化プールであった[3]。

ここでは，まず第 1 項で，大手商業銀行がクレジットカード業務の基盤となる決済機構，すなわちインターチェンジ・システムをどのように構築した

---

1) その他に，後述するチェック・クレジット，オーバードラフト，消費者向け無担保クレジット・ラインを含んでいた。Canner and Luckett (1992), p. 656, chart 2, note 1.
2) 商業銀行の自動車ローンは，1989 年 11 月まで銀行の消費者ローンの最大項目であった。ただし，自動車ローンは，ディーラーから購入した自動車手形を含んでいた。
3) 以上 Board of Governors of the Federal Reserve System, *Federal Reserve Bulletin*, table 1.55; Board of Governors of the Federal Reserve System, *Statistical Release G.19*.

かを考察する。つぎに第2項で，大手行がクレジットカード業務からどのように金利収入と証券化収入を上げたかを検討する。

1.1 決済機構の構築：インターチェンジ・システム

ここでは，1960年代から，大手商業銀行がインターチェンジ・システムを構築しはじめたことを考察する。インターチェンジ・システムは，データ交換の仕組みであり，クレジットカードの決済をおこなった。決済は，銀行のコア業務の1つである。大手行は，コア業務を利用して，業務展開を図ったのである。

American ExpressとCarte Blanche[4]の2社は，伝統的な旅行・娯楽カード[5]の提供者であった。1966年5月から，大手商業銀行Bank of Americaとこの2社は，他の銀行に彼らのプログラムを有料で勧めはじめた。ライセンス販売である。Chase Manhattan BankやシカゴのFirst National City Bankが，このライセンスを取得した。ライセンス販売によって，Bank of Americaが発行するクレジットカード，BankAmericardは全米に行き渡ることになった。1967年半ばには，カリフォルニア以外の12州に，BankAmericardのフランチャイズ銀行が拡大したのである。

Bank of Americaのライセンス販売の導入によって，クレジットカード・プランを提供する銀行はどのように増加したのだろうか？　1967年9月末には，カード・プランを提供した銀行は197行であったが，このうち直前の21か月間に導入した銀行は129行に達していた。同じく1967年9月までに，クレジットカード勘定は6億3,300万ドルに達したが，活発に取引されたのはそのうち500万ドルであった[6]。クレジットカード市場は，まだ成熟

---

4) すぐに指摘するが，1965年末に，Carte Blancheの株式が，First National City Bankによって50%取得されたことに注意されたい。
5) 翌1967年10月には，銀行は，6億4,000万ドルの銀行系カードに対して，わずか1,600万ドルの旅行・娯楽カードを保有するに過ぎなかった。
6) 以上 Board of Governors of the Federal Reserve System (1968), pp. 7-8, 15; Richardson (1970), p. 82; Nocera (1994), pp. 15, 56, 62（訳，19, 87, 96頁）。

していなかったのである

　一方，Bank of America に対抗して，他の大手数行は第2の全米カード・システムを創り上げた。1969年から MasterCarge（1980年から MasterCard に変更）を発行した Interbank Card Association である。ニューヨークの Marine Midland Bank と Pittsburgh National Bank[7]が結成の中心となり，大半のシカゴの銀行[8]が加入した。Pittsburgh Mellon National Bank, Manufacturers Hanover Trust Co., Chemical Bank も参加した。First National City Bank も，Interbank Card Association が発行した MasterCarge を利用しはじめた。1970年までに，MasterCarge は49州に，BankAmericard は44州で利用されるようになった。Seidlers (1973) によると，すべての州と75％の郡で，銀行はクレジットカードを取り扱っていた。

　支店の全米展開が法的に許可される前から，First National City Bank は，合法的にリテール[9]部門で全米展開する鍵はクレジットカードであると位置付けていた。First National City Bank は，1965年12月に全米第2の汎用カード会社 Carte Blanche の株式を50％取得し，1967年に独自のカードを導入した[10]。1960年代後半に，銀行は，カードによって彼らの営業地域を合法的に拡張できることに気づきはじめた。Watro (1988) によると，20社以上の銀行持株会社が，おもにカード勘定を扱う銀行を傘下にしたのである[11]。

　全米カード・システムは，他の銀行がサービスを提供する地域でも，同じカードを使って買い物ができることを目的にした。地域カードを全米カード

---

7)　ピッツバーグの大手2行，Pittsburgh Mellon National と Pittsburgh National は，1965年夏にクレジットカード業務に参入した。
8)　First National of Chicago, Harris Trust & Savings, Central National である。
9)　リテールとは，小口で家計や中小企業向けという意味である。
10)　しかし，独占禁止法違反の疑いで Carte Blanche は1968年4月に Avco Corp. に売却され，Citibank 独自のカードも失敗した。ただし，Citibank は1978年に Carte Blanche を買い戻し，1980年12月に Diners Club を買収した。
11)　以上 Business Week (1968), pp. 64, 69; Board of Governors of the Federal Reserve System (1968), p. 8; Franklin (1968), p. 63; Richardson (1970), p. 60; Seidlers (1973), pp. 646, 650; Cleveland and Huertas (1985), p. 274; Watro (1988); Mandell (1990), pp. 29, 38, 114-115（訳, 84, 288-289頁，訳者注(3)）; Nocera (1994), pp. 53-54, 56, 62（訳, 82-84, 87, 96頁）; Markham (2002), Vol.3, p. 13.

第7章 OTDモデルの収益の源泉:大手商業銀行グループの優位性 253

図7-1 銀行系カードのインターチェンジの仕組み

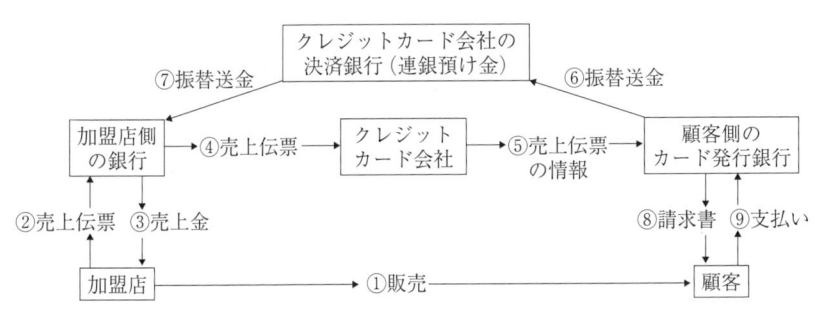

```
                    クレジットカード会社の
                    決済銀行(連銀預け金)
        ⑦振替送金  ↗            ↖  ⑥振替送金
                 ↙                ↘
    加盟店側  →④売上伝票→ クレジット →⑤売上伝票→ 顧客側の
     の銀行                カード会社     の情報      カード発行銀行
     ↑  ↓                                              ↓    ↑
  ②売上伝票 ③売上金                                ⑧請求書 ⑨支払い
     ↑  ↓                                              ↓    ↑
     加盟店        →①販売→                          顧客
```

(以下の文献を参考にして作成。U.S. General Accounting Office (1994), p. 57, figure I.1; Nocera (1994), p. 67 (訳, 103頁); U.S. General Accounting Office (1997), pp. 109-113, figure 3.3. 原資料はGAO, MasterCard, *New York Times*, VISA。)

に転換したのは、銀行系カードのインターチェンジ、つまりデータ交換の仕組みであった。銀行系カードのインターチェンジは、手形交換所の機能とよく似ている。

ここで、図7-1によって、銀行系カードのインターチェンジの仕組みをみておこう。まず、①加盟店が顧客に商品の販売をすることが、インターチェンジの始まりである。つぎに、②1日の終わりに、加盟店が、加盟店側のインターチェンジ加盟銀行に、その日のクレジットカードの売上伝票をまとめて提出する。これに対して、③加盟店側のインターチェンジ加盟銀行が、カードの売上金から銀行手数料、たとえば1.9%を差し引いた額を加盟店に支払う。同時に、④加盟店側の銀行は、クレジットカード会社にカードの売上伝票を送る。⑤クレジットカード会社は、顧客にカードを発行したインターチェンジ加盟銀行に売上伝票の情報を送る。⑥この売上情報を受け取った顧客側のカード発行銀行は、インターチェンジ手数料、たとえば1.3%を差し引いて、カード会社の決済銀行の連銀預け金に振替送金する。⑦カード会社の決済銀行は、加盟店側の銀行の連銀預け金に振替送金する。顧客は、取引銀行であるカード発行銀行に預金勘定をもっているからである。最後に、⑧顧客側のカード発行銀行が顧客に翌月の請求書を送り、⑨顧客が支払えば、こ

の取引は完了する。

インターチェンジ加盟銀行間でこのような④～⑦の処理が多数おこなわれると，インターチェンジはそれぞれの銀行間の支払いを相殺できるようになる。加盟店側の銀行もカード発行銀行で，顧客側の銀行が他の加盟店の取引銀行であれば，加盟店側の銀行がカード会社決済銀行に，カード会社決済銀行が顧客側の銀行に振替送金することになる。これは⑥⑦と反対方向の送金であり，相殺が可能になる。これが，手形交換所の機能とよく似ているのである。銀行間の振替送金には連銀預け金が使われた。連銀預け金は，第１章で取り上げたFF（federal funds；加盟銀行の連邦準備銀行預け金）である。クレジットカードの決済は，まず民間のインターチェンジで多角的相殺がおこなわれた[12]上で，FFが決済手段として使われたのである。

このクレジットカードの決済を，小切手の決済と比較してみよう。他所宛て小切手の取立において，連邦準備が中心的な役割を果たし，コルレス銀行がそれを補完した。アメリカの小切手の決済では，イギリス型よりも決済システムにおいて中央銀行の果たす役割が大きかったという。カードの決済における売上伝票等の収集・発送では，連邦準備ではなく，カード会社が中心的な役割を果たした。民間のインターチェンジ・システム，すなわちデータ交換の仕組みである。その意味で，アメリカのカード決済は，イギリスの小切手の決済における中央銀行と民間銀行の役割分担に近いものがある。イギリス，日本，カナダの中央銀行は，小切手の取立に関与していないのである。

銀行系カードのインターチェンジは，すぐに地域間または全米で利用されるようになった。1972年に増加した銀行系カードの約３分の１が，取引銀行のサービス地域における購買またはキャッシングではなく，インターチェンジ・システムによって処理されていた[13]。

[12) VISAの担当者によると，VISAの相殺はほとんどが多角的におこなわれるという。U.S. General Accounting Office（1997），p. 113, note 12.

[13) 以上 U. S. Office of the Comptroller of the Currency (1930), pp. 758-759; Seidlers (1973), p. 649; Mandell (1981), p. 5; Pavel and Binkley (1987), pp. 4-5; Mandell (1990), pp. xiv, 31, 158, 160; 靎見 (1991), 8, 356-357頁; U.S. General Accounting Office (1994), p. 57, figure I.1; U.S. General

このように，クレジットカードの決済をおこなうインターチェンジ・システムは，大手商業銀行が中心になって創り上げた。その後1980年代末から，大手行はクレジットカード・ローンをオリジネートし，同一グループ傘下のSPVs（special purpose vehicles；特別目的事業体）が証券化したCARDsを，グループ傘下の証券子会社がディストリビュートする。1990年代末には，CARDsもDTC（Depository Trust Company；預託信託会社）を通してFFで決済された。証券化以前の大量のカード決済をおこなうときも，①インターチェンジ・システムと②FFによる決済という制度的基盤が役に立つのである。大手行は，決済という銀行のコア業務の1つを活用して，業務展開をおこなったのである。

1.2 金利収入と証券化収入

ここでは，大手商業銀行グループが，どのようにしてクレジットカードから高収益を上げたかを考える。この問題に接近するために，まず，銀行系カードの収益を歴史的に考察しよう。連邦準備の分析によると，銀行系カード債務の税引前純利益は，1972-1979年には黒字だが，1980年代初めまで他の銀行債務の収益よりもかなり低かった。しかし，1984年から，他のすべての銀行債務，すなわち不動産・割賦・商業債務の税引前利益を上回るようになった。1984-1986年のクレジットカードの税引前純利益率は3.6％で，モーゲイジの2.4％，消費者割賦債務の2.7％，商業その他貸付の1.4％を上回った。1983-1990年のVISAとMasterCard発行者の税引前純利益率は4.68％で，その他銀行資産の0.57％と桁違いに大きかった。ROE（return on equity；株主資本収益率）でみても，1986-1993年のVISAとMasterCard発行者の推計平均収益率は42.5％[14]で，商業銀行の9.7％と桁が違っていた。ROA（re-

---

Accounting Office (1997), pp. 109-113, figure 3.3, note 12; Nocera (1994), pp. 67, 145-146（訳, 103, 210-212頁）; 川合 (2002), 43, 75頁，注1. 原資料はMasterCard, *New York Times*, VISA.

14) 推計の詳細は，以下の文献を参照されたい。U.S. General Accounting Office (1994), pp. 34-35, note 2. 原資料はRobert E. Litan (1992), "Consumers, Competition, and Choice: The Impact of Price Controls on the Credit Card Industry," February, sponsored by MasterCard.

turn on assets；総資産収益率）でみても，1996年3月末にはカード・ローン特化銀行の収益率は2.34％で，すべてのFDIC加入預金金融機関の1.05％を明らかに引き離していた[15]。

このように，1980年代に銀行系カードの収益は改善された。それでは，商業銀行は，1980年代までにカード業務をどのように改良したのだろうか？

第1に，金利収入の改善がある。その原因は2つある。まず，すでに指摘したように，クレジットカード・ローン残高が1960年代末から急増し，1980年代半ばまでにその金利収入も急増したと考えられる。つぎに，金利計算の変更がある。当初，ほとんどの銀行が，多くの小売業で使われていた調整残高法によって，クレジットカードの金利計算をしていた。調整残高法とは，支払期日の残高に対して，利子を課すものである。しかし，顧客に気づかれないように金利収入を増やそうと，1970年代に銀行は平均日掛残高法に移行した。平均日掛残高法とは，当初の利用額に対して，支払いが完了するまで，日単位で利子を課すものである。この金利計算の変更によって，15～20％の金利収入増が見込まれたという。Bank of Americaが平均日掛残高法に移行した1975年3月までに，カード発行銀行の66％以上がこの変更をおこなった。

第2に，1980年から年会費を課したことがある。1979年の市場金利が上昇したときに，州の高利制限法がクレジットカード・ローンを抑制することになった。そこで，1980年のCarter大統領のインフレ抑制策を機に，多くの銀行がカードの年会費を徴収しはじめた。VISAとMasterCard口座に年会費を課す銀行は，1985年には70％を超えたのである。

1990年代初めまで，銀行系カード発行者は，おもに年会費を適用しないとかクレジットカード・プログラム全般を改善することによって競争した。しかし，1990年代前半には，金利競争がより主要な役割を演じるようになった。

---

15) Mandell (1990), pp. 74, 78; U.S. General Accounting Office (1994), pp. 19, 34-35, 44, note 2; U.S. Congress, Senate (1996), p. 58, exhibit 10. 原資料はFDIC *Bank Call Reports and Thrift Financial Reports*.

1990-1991年のリセッションによって家計債務が増加すると、まず顧客が各社のカードを比較し選択するようになった。これに対して、カード発行者は人々に多数のカードをもたせるために年会費を引き下げた。このとき、銀行は人々の既存債務を低金利の銀行系カードに移そうと新しいカードを発行した。1972-1991年にカードの年平均金利は16.88～18.78％と比較的安定していたが、その後1994年初めにかけて急速に低下した。1994年初めから2001年に、平均金利は再び13.88～15.79％のより低く狭い間に収まった。それでも、1996年3月末に、クレジットカード・ローン特化銀行の利鞘は7.79％あり、すべてのFDIC加入預金金融機関の4.04％を大きく上回っていた[16]。

それでは、金利収入や年会費は、クレジットカード収益のどのぐらいを占めていたのだろうか？ 表7-1によって1991年の銀行系カードの収益構造をみると、収益の中で利子が過半を占めており、その利子率がその他貸付よりも高くなっていた。さらに、年会費だけのデータは取れなかったが、加盟店手数料、延滞・キャッシング手数料等のその他収益も、その他貸付よりも桁違いに大きかった。この中に、年会費が含まれていたのである。

ここまで公表資料によって、銀行におけるクレジットカードの金利とその他収益をみてきた。これ以外にも、収益に関する重要な情報がある。それはクレジットカード・ローンの証券化収入である。U.S. General Accounting Office（1994）は、格付機関Moody's Investors Servicesの担当者の発言を引用している。それによると、一般的な証券化取引は、以下のように構成されたという。図7-2のように、クレジットカード勘定が年に18％の収益を生むとすると、6％が証券の投資家に、7％が損失の保証に、2％がその勘定の維持（すなわち顧客）に使われた。これで合計15％になる。発行機関が残りの3％

---

[16] 以上、島（1986）、19頁; Canner and Fergus（1987）, p. 8; Mandell（1990）, pp. 72, 75-78（訳, 137-138, 143-148頁）; Nocera（1994）, pp. 195-197（訳, 279-280頁）; U.S. Congress, Senate（1996）, p. 57, exhibit 9; Board of Governors of the Federal Reserve System（1997, 1998, 1999）, table 2; Board of Governors of the Federal Reserve System（2001, 2002）, p. 8, table 2; Newsweek（2001）, p. 36. 原資料は American Bankers Association, *1986 Retail Bank Credit Report*, p, 89, table 107; FDIC *Bank Call Reports and Thrift Financial Reports*.

表 7-1　銀行系カードの収益構造　1991 年　　　　　　　　　（単位：年間平均残高比％）

	VISA・Master-Card 発行銀行[1]		FCA 銀行[2]		
	クレジットカード	割　賦	割　賦	不動産モーゲイジ	商業その他
収　　益	20.2	26.0	11.9	10.7	10.3
利　子	15.4	14.9	11.5	10.2	10.0
その他	4.7[3]	11.0[3]	0.4	0.5	0.3
費　　用	16.8	22.8	10.3	8.0	9.1
営業費	4.4	13.1	3.4	1.4	2.1
貸倒損失	4.9	3.5	0.7	0.3	0.8
資金コスト	7.4	6.2	6.2	6.3	6.2
税引前純利益	3.4	3.1	1.7	2.7	1.1

注 1) FCA 銀行よりも，大規模な銀行が多い。
　 2) Functional Cost Analysis に参加している銀行で，総資産 10 億ドル未満の中小銀行が圧倒的に多い。
　 3) 加盟店手数料，延滞・キャッシング手数料等を含む。
　 4) 四捨五入によって，合計が合わないことがある。
(Canner and Luckett (1992), pp. 658-659, table 2 and 3. 原資料は Federal Reserve Banks, "Functional Cost Analysis: 1991 National Average Report"; HSN Consultants Inc., *Nilson Report*, No. 511, November 1991.)

を手元に保持し，これは過剰な証券化による利益と考えられた。Bryan (1988) によると，利回り 18％のクレジットカード債権が，パルスルー証券化されると 8〜9％の利回りになるという。この差額の 9〜10％が，証券化収入となる。

　2001 年には，クレジットカード会社[17]の営業利益の 44.1％が，証券化収入（ネット）であったと Rice (2004) は推計している。これは，第 2 項目のサービシング手数料（ネット，13.1％）を大きく引き離していた。2 時点のデータしかないので限定的ではあるが，こうした証券化収入を手に入れることは，大手商業銀行グループがクレジットカード・ローンを証券化する重要な要因

---

17)　クレジットカード会社とは，クレジットカード専門会社または広くカード業務をおこなっている銀行持株会社である。ここでは，NBNA, Charter One, Provident Financial, Synovus である。Rice (2004), p. 6.

図7-2 クレジットカードの収益構造　　　　　（年間収益または利回りが18%の場合）

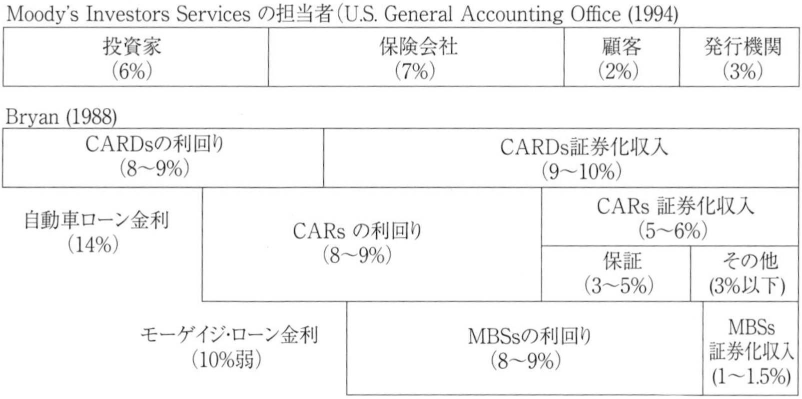

Moody's Investors Services の担当者(U.S. General Accounting Office (1994))

投資家 (6%)	保険会社 (7%)	顧客 (2%)	発行機関 (3%)

Bryan (1988)

CARDsの利回り (8〜9%)	CARDs証券化収入 (9〜10%)		
自動車ローン金利 (14%)	CARsの利回り (8〜9%)	CARs証券化収入 (5〜6%)	
		保証 (3〜5%)	その他 (3%以下)
モーゲイジ・ローン金利 (10%弱)	MBSsの利回り (8〜9%)	MBSs 証券化収入 (1〜1.5%)	

（以下の文献を参考にして作成．Bryan (1988), pp. 81-83（訳, 71-72頁）; U.S. General Accounting Office (1994), p. 51, note 6.）

であろう．U.S. Congress, Senate (1996) によると，クレジットカード特化銀行[18]グループ数社は，さらなるカード・ローンを供与するために証券化をおこなったという[19]．大手銀行グループも，カード・ローンの高い金利収入を目的に，貸付の組成と証券化，さらに分配を繰り返しおこなったと考えられる．本書で考察するOTDモデルである．

ところで，自動車ローンには，住宅モーゲイジ・ローン以上に，大手商業銀行によるモニタリングが必要であった．担保である自動車が移動するので，CARs (certificates of automobile receivables；自動車ローン担保証券) には，MBSs よりも一般に高いサービシング手数料が要求された．Bryan (1988) によると，図7-2のように，CARDsほどではないが，CARsでは元

---

18) ここでのカード・ローン特化銀行とは，総管理資産の過半を総貸付が占め，かつ総貸付の過半をカード・ローンが占める，FDICに保険された商業銀行と貯蓄金融機関である．第2章第3節第5項でみたクレジットカード銀行ではないことに注意されたい．U.S. Congress, Senate (1996), p. 43.
19) 証券化はほぼノン・リコースでの販売であり，この場合には証券化された貸付には自己資本規制がかからないことも影響したと考えられる．U.S. Congress, Senate (1996), p. 46.

になった貸付より5〜6％，MBSsでは同じく1〜1.5％低い利回りとなったという。このパーセンテージが証券化収入となる。第2章でみたように，CARsやCARDsでは民間の金融保証が必要であったが，十分な準備金を保持することで金融保証ではなくノン・リコース（償還請求権なし）ファイナンスを導入した。その場合には，3〜7％の保証料が不要になる。MBSsでは政府の保険・保証が入っていたが，現在はノン・リコース・ファイナンスが普及している。こちらも，保険・保証料は必要ない。

1988年にChemical BankがおこなったCARsのコスト計算によると，自動車ローンをそのまま自行で保有するより，証券化した方が1.27％コストを低減できるという[20]。これらの収益構造は，大手商業銀行グループにとって証券化業務に進出するインセンティブとなったであろう。大手銀行グループは，CARDsによって高い証券化収入を経験した。同様に，CARsやMBSs等の証券化業務でも収益を上げようとしたと考えられる。

1990年代までに，大手商業銀行グループは，金利収入を中心としたクレジットカード業務の収益構造を創り上げた。いくつかの情報は，カード・ローンの証券化によって，大手銀行グループが高収益を得たことを示している。大手行はカード・ローンをオリジネートし，同一グループ傘下のSPVsが証券化したCARDsを，グループ傘下の証券子会社がディストリビュートする。CARDsほどではないが，CARsやMBSsでも証券化によって収益が得られた。証券化関連の収益は，大手銀行グループがABSsやMBSsの発行と引受に進出する際のインセンティブになるであろう。

2　大手商業銀行グループのトレーディング業務への進出

前節では，大量のクレジットカード決済の際に，大手商業銀行の創り上げ

---

[20] 以上 Pavel (1986), pp. 19-20; Bryan (1988), pp. 81-83（訳, 71-72頁）; U.S. General Accounting Office (1994), p. 51, note 6; 遠藤 (1999b), 24頁, 表6; Rice (2004), p. 10, figure 5. 原資料は Chemical Bank.

たインターチェンジ・システムが機能することを指摘した。さらに，CARDs 等の ABSs/MBSs という証券化が，大手銀行グループによる OTD モデルの収益の源泉である可能性を考察した。ここでは，大手銀行グループのトレーディング業務の役割について考える。

トレーディング業務は，OTD モデルにおいて ABSs と MBSs の発行・引受業務に引き続き，その証券を市場で売り出すことで発生する。トレーディングは，投資銀行業務のコアの1つである。トレーディングはただ売買するだけで生産的ではないという議論がサブプライム危機の際にされたが，マーケットメイクをするという意味ではプラスの面があることを本書では強調したい。

ここでは，まず，引受業務とトレーディング業務の歴史を確認した上で，大手商業銀行グループが，ディリバティブという新しいトレーディング業務に参入し，それが OTD モデルの分配業務につながった可能性を考える。

2.1　引受業務とトレーディング業務の歴史

第5章第1節では，投資銀行業務の歴史制度的な定義を確認したが，その最もコアは引受業務とトレーディング業務であった。ここでは，引受業務とトレーディング業務に限定してその歴史を振り返り，この2つの業務の現代的な位置づけを考察する[21]。

南北戦争（1861-1865年）を終えて列強の1つとなったアメリカ合衆国では，経済も活況を呈するようになった。この時期に，モルガンが金融王，カーネギーが鉄鋼王，ロックフェラーが石油王として台頭し，今でいう IPO ブームが起こった。その後，世紀転換期にかけて，相場師にかわって企業家が証券市場の中心に成長してきた。

第1次世界大戦期（1914-1918年）も，ヨーロッパの軍事需要によってアメリカ経済は好況となり，証券市場も潤うことになった。このとき，財務省

21）ここでの記述は，日本生産性本部（1960），佐賀（1991），中島・宿輪（2008），日本証券経済研究所（2013）を参考にした。

の発行した戦時国債を消化する過程で，個人投資家が急増した。これは証券市場を拡大させる基盤となる。1950-1960年代前半にも，ピープルズ・キャピタリズムがNYSE（ニューヨーク証券取引所）理事長であるK. Funstonによって提唱され，個人投資家が増加した。ただし，個人投資家は自ら直接ではなく，生命保険，年金基金，ミューチュアル・ファンド（投資信託）などの機関投資家を通じて間接的に投資した。

投資家のすそ野の拡がりは，投資銀行業務の最もコアとなる引受業務を安定して成長させたと考えられる。それでは，もう1つのコアにあるトレーディング業務は，どのような発展を遂げてきたのだろうか？

トレーディング業務とは，投資銀行が引き受けた証券を流通市場でマーケットメイクすることである。アメリカの証券流通市場を大きく変貌させたものには，たとえば繁栄の1920年代におけるブローカーズ・ローンがあった。当時，ブローカーズ・ローンにおいて，商業銀行からその証券子会社へのものが急増した。ブローカーズ・ローンは，1929年の株価大暴落に端を発した大恐慌にいたる投機的な株式需要に応えたという負の側面があった。ブローカーズ・ローン自体は，流通市場を拡大させる1つのツールに過ぎない。しかし，全米規模の短期金融市場（FF，CD，CP等）が発達した1960年代以降，銀行システムにおいて証券投資を活発におこなう資金源が創り出されることになった。これらの投資資金はブローカーズ・ローンを利用して証券流通市場に流れ込み，これも流通市場を拡大させる基盤となった。

第2次大戦後に順調に拡大してきた証券市場に問題が生じたのは，1969年のバック・オフィス危機のときであった。これは，増大する証券決済をコンピュータ処理に移行する際に，そのコスト増に耐えられなかった中小業者の倒産を指す。これが，1973年の証券決済機関であるDTC（Depository Trust Company；預託信託会社）の設立につながった。DTCは，ニューヨーク州銀行法に基づいて設立された，世界最大規模の有価証券預託機関であった。また，限定目的の信託銀行（limited purpose trust company）であり，連邦準備に口座をもち，フェッドワイヤーを通じて決済をおこなった。その前身は，

1968 年に NYSE が開始した CCS（Central Certificate Service）である。NYSE と AMEX（アメリカン証券取引所）における証券取引は，DTC の口座振替でおこなわれた。1970 年代中に，DTC は店頭における株式，社債も取り扱うようになった。

1976 年には，NSCC（National Securities Clearing Corporation；アメリカ証券清算会社）が NYSE，AMEX，NASD（店頭市場）の各清算部門を統合して設立された。NSCC は，ネッティングをおこなう世界最大の清算機関であった。DTC と NSCC は，1999 年に経営統合し，持株会社 DTCC（Deposit Trust & Clearing Corporation；預託信託清算会社）を設立した。持株会社 DTCC の傘下に，証券決済機関である DTC と清算機関である NSCC 等が，100％子会社として入る形となった。NSCC はネッティングによって決済金額を 98％削減し，残りの 2％が DTC で決済された。DTC への預託率は，近年には株式の 80％強，社債等のほぼ 100％に達し，その決済件数の 80％以上が株式である。こうした一連の動きは，増大する証券発行・流通市場に対応して，その決済システムを整備し高度化するものと捉えることができる。

上記の証券決済システムの整備と同時並行して，株式委託手数料（コミッション）[22]が，1968 年に 10 万ドル超の大口から自由化された。その後，この金額が段階的に引き下げられ，1975 年には完全に自由化された（メーデー）。株式委託手数料収入は減少し，これが投資銀行に新たな業務を開発させることになった。1970 年代以降の MMMF（money market mutual funds），CMA（cash management accounts），本書で注目する証券化業務である。

さらに，1982 年の一括登録制度の導入は，有価証券発行の手続きを簡略化し，証券の募集・販売を機動的に実施できるようにした。公募販売期間は，劇的に短縮され，完売まで 1 日という事例が頻発した。投資銀行は，その引

---

22) 委託手数料は，顧客が証券会社に売買を委託し，通常，取引金額や取引株数に応じて決められる。たとえば，売買代金の何％，1 株当たり何セントである。それに対して，フィーは，委託の有無や取引金額や取引数に関わらず，取引対象となる残高に対して支払われる報酬である。遠藤 (1999a), 52 頁。

き受けた証券を短期間で販売する，トレーディング業務に力を注ぐことになった。強力なトレーディング業務によって，引受業務の獲得を目指したのである。第6章第2節第1項で指摘したトレーディング業務と引受業務のシナジー効果である。

1960年代以降，トレーディング業務がおこなわれる流通市場に関連して，証券投資の資金源と証券決済システムというインフラが整備された。これに，1970年代以降の株式委託手数料の自由化と一括登録制度の導入が加わり，トレーディング業務を収益源とする様々な金融商品が開発されていく。とくに，一括登録制度の導入後，トレーディング業務は，引受業務から連続した業務として強く意識されるようになる。新たな金融商品においてトレーディング業務が追求されたのは，伝統的な外国為替，1970年代後半以降の証券化商品，1990年代からの金利スワップ，さらには1990年代半ばからのクレジット・デリバティブ（以下クレデリ）である。このように，トレーディング業務は，投資銀行業務において段階的に重要になった。

2.2 デリバティブのトレーディング業務

歴史をひも解けば，大手商業銀行グループのトレーディング業務は，銀行経営において段階的に重要になった。それは，まず1980年代からの外国為替取引であり，つぎが1990年代からの金利スワップ取引であった。

当時，外国為替・デリバティブ市場において，大手商業銀行の親会社である銀行持株会社が，圧倒的なシェアを有していた。Group of Thirty (1993) によると，1991年12月には，世界の金利・通貨スワップの想定契約元本の58％が，ディーラーである米銀トップ8行で取引された。1992年における世界の通貨スワップの62％，外国為替先物の51％，金利スワップの46％，金利オプションの64％が，巨大な米系銀行持株会社で取引された（金額ベース）[23]。OCC（Office of the Comptroller of the Currency；通貨監督官庁）によると，

---

23) 通貨スワップは17社，外国為替先物は44社，金利スワップは35社，金利オプションは23社の巨大企業のデータである。

ディリバティブ・ディーラーは，元本のリスクを取り，市場流動性を顧客や他のディーラーに積極的に供給する金融機関である。この定義によると，アメリカのディリバティブ市場において，当時の大手商業銀行10行が，ディーラーとして行動した。同じく国法銀行6行のディリバティブ取引の約90％が，マーケットメイクの一部であったという。U.S. General Accounting Office（1994）によると，当局のデータによると，1992年12月には，米銀全体のディリバティブ想定契約元本の90％以上が，ディーラーであるトップ7行の取引であった。同じくSEC（Securities and Exchange Commission；証券取引委員会）のデータによると，1992年事業年度末には，投資銀行全体のディリバティブ想定契約元本の約87％以上が，ディーラーであるトップ5社に集中していた。1992年の店頭ディリバティブ市場における主要15社のディーラーのうち，7行が商業銀行，5社が投資銀行であった。商業銀行ディーラー7行は主要15社の店頭ディリバティブ想定契約元本の69.4％，投資銀行ディーラー5社は同じく27.0％を取り扱っていた。大手商業銀行グループが，ディリバティブ市場において，ディーラー，さらにはマーケットメーカーの中心となって活動していたのである。

　ディリバティブ取引では，米系大手商業銀行グループが，その発展に深く関与していた。その背景の1つとして注目されるのは，第4章第2節第2項で考察した，トレーディング目的の金利スワップ取引の普及である。金利スワップは，当初，銀行ALM（assets and liabilities management；資産負債総合管理）を目的として，バランスシートを組み替えるものであった。しかし，1990-1991年のいわゆるクレジット・クランチを契機に，おもに，将来の金利リスクを予測し，裁定取引をして収益を得ようとする，トレーディング目的のものに変化してきた。

　第4章第3節第2項でみたように，米系大手商業銀行グループのクレデリ取引でも，1997年頃までの2～3年でトレーディング目的のものが普及した。British Bankers' Association（2006）は，トレーディング目的のクレデリについて，残念ながら銀行のものしか報告していない。銀行によるトレー

ディング目的のクレデリは，2006年に30%台後半の市場シェアに達した（金額ベース）。これは，ヘッジファンドのすべての取引をも抑えて，最大の市場シェアであった（第4章の表4-5参照）。

グローバル市場におけるクレデリの取引相手の上位には，米系大手投資銀行が並んでいた。Fitch Ratings（2003）の調査によると，Merrill Lynchが2位，Morgan Stanleyが4位，Goldman Sachsが6位であった。一方，米系大手商業銀行グループでは，金融持株会社JPMorgan Chase & Co.が1位であったが，同じくCitigroupが8位，Bank of America Corp.が12位と，大手投資銀行よりも下位に位置した（件数ベース）[24]。

トレーディング目的の金利スワップ取引が普及した1990年代前半には，米系大手商業銀行グループが，ディーラー，さらにはマーケットメーカーの中心として活動していた。トレーディング目的のクレデリが普及した後の2000年代前半になると，グローバル市場における米系大手商業銀行グループの地位は，米系大手投資銀行にかなり侵食された。しかし，米系大手商業銀行グループも，依然として上位に踏みとどまった。

上記のように，米系大手商業銀行グループのトレーディング業務は，歴史的にいくつかの節目で重要になった。第6章第3節第1項で考察したように，サブプライム危機までに，大手銀行グループのトレーディング収益は，急速に増加していったのである。

ここで，トレーディング業務とその他の業務とのシナジー効果について，ブローカー業務を起点に考えよう。ブローカー業務とは，顧客の取引を取引所につないで委託手数料（コミッション）を得ることである。これは，自社でポジションをとって市場・顧客との間で売り買いに応じるディーラー，さらにはマーケットメーカーとしての機能につながる。このディーラーのポジ

---

24) 以上 Group of Thirty（1993），p. 59; U.S. Congress, House（1993b），Part 1, pp. 421-422, 439-440, 446, 466, note 8, Part 3, p. 625, note 54; U.S. General Accounting Office（1994），pp. 6, 36, 188; Fitch Ratings（2003），pp. 1, 11-12; British Bankers' Association（2006），pp. 17-18. 原資料は Swaps Monitor Publications, Inc., *The World's Major Swap Dealers*, 1992; 各社 *Annual Reports*, 1992.

ションテイクを一層積極的に推し進め，自己資金（あるいは顧客からの預かり資金）を用い，金利・外国為替等の市場リスクや企業の信用度等の信用リスク等をとって，高いリターンを追求する売買があるという。プロプライアタリー取引（proprietary trading；自己勘定による裁量的売買，略してプロップ取引）である。このプロップ取引は，積極的にトレーディング収益を狙うもので，ブローカー業務と密接につながっている。第6章第2節第1項で強調した，投資銀行業務のシナジー効果である。第6章の表6-12のように，大手商業銀行はトレーディングで積極的にリスクを取り，一層の収益拡大を目指した。プロップ取引もトレーディング収益に関係したという[25]。プロップ取引のものも含む信用リスクが顕在化して，周知のようにサブプライム危機が世界中に波及した。これもトレーディング業務の負の側面である。

　大手商業銀行グループは，1980年代から外国為替やディリバティブのトレーディング，さらにそのプロップ取引という新規トレーディング業務に参入していった。その中で，大手銀行グループは，トレーディング業務の経験をつんでいった。一方，1980年代後半から形成された現代的なOTDモデルにおいて，大手銀行グループは貸付を担保としたABSsとMBSsの分配，投資銀行業務の用語ではトレーディングをおこなった。この際に，外国為替取引からのトレーディング業務の経験が，大手銀行グループによる業務展開の役に立ったと考えられる。

3　銀行中心の金融システム

　ここでは，伝統的に資本市場中心の金融システムをもつアメリカにおいて，1990年代末から，3大商業銀行中心の金融システムが一部で形成された要因を考察する。Hoshi and Kashyap (2001) は，19世紀後半から1930年代半ばまでの日本の金融システムを，資本市場中心の金融システムであったとす

---

25)　以上，松川 (2005), 2, 10, 26頁。

る[26]。その後，戦時経済をへて，日本の金融システムが銀行中心の金融システムに転換したことは多くの研究が明らかにしている[27]。日本の戦時経済に匹敵するような外的なショックは，近年のアメリカでは起こっていない。しかし，アメリカにおいて，1980年代までのような伝統的な資本市場中心の金融システムはもはや存在しない。それでは，アメリカにおいて3大銀行中心の金融システムは，一部とはいえ，どのように形成されてきたのだろうか？この問題に接近する糸口として，GLB（Gramm-Leach-Bliley；グラム・リーチ・ブライリー）法前後のアンケート調査を紹介する。現代のアメリカ金融業の中で，顧客が大手銀行グループを選択した理由を考えるためである。

GLB法は，1999年11月4日に議会を通過し，11月12日にClinton大統領の署名により成立した。これによって，商業銀行業務と投資銀行業務の兼業を禁じた1933年GS（Glass-Steagall；グラス＝スティーガル）法の規定が廃止された（第101条）。以前から認められていた銀行持株会社に加えて，新たに金融持株会社の設立が認められた。金融持株会社は，銀行業務のほか，投資銀行・保険業務（引受および代理業務），ミューチュアル・ファンド業務，マーチャント・バンキング業務，保険ポートフォリオ投資業務等に従事できる（第102条，第103条）。さらに，一定の条件を満たす国法銀行は，子会社によって投資銀行業務（引受および代理業務），ミューチュアル・ファンド業

---

26) Hoshi and Kashyap (2001), pp. 3-4, 15-16, 50.（訳，5, 21-22, 64-65頁）
　　寺西(2003)によると，明治大正経済システムにおいて，大企業はおもに株式による資金調達をおこなった。一方，銀行は大資産家である商業部門に貸し出し，商業部門はそれを大企業の株式投資に用いたり，中小企業への再貸出をおこなったりした。その意味で，この時期に銀行の役割が小さかった訳ではないという（51-52, 82-83頁）。
27) たとえば，岡崎・奥野編(1993)はその初期の研究である。資本市場中心ないし銀行中心の金融システムをまずデータで押さえるには，日本銀行調査統計局（2000, 2003, 2014）が有益である。彼らは，家計の金融資産構成と民間非金融法人企業の負債構成の日米欧の国際比較をおこなっている。家計の金融資産構成において，1999年末，2001年末，2014年6月末に，日本の家計が現金・預金を，アメリカの家計が株式・出資金，債券，投資信託を最も保有していた。民間非金融法人企業の負債構成においても，1999年末と2001年末に，日本企業が借入を，アメリカ企業が株式・出資金，債券を最も保有していた。2014年6月末には，日本の民間非金融法人企業の借入比率は欧州のものを上回ったが，株式・出資金，債券，投資信託の比率は依然として最も小さい。日本銀行調査統計局（2000），7, 10頁，図表2, 図表3, 日本銀行調査統計局（2003），7, 12頁，図表2-1, 図表3-1, 日本銀行調査統計局（2014），2頁，図表2, 図表3。

務等を新たに営むことができる（第121条，第122条）[28]。このように，金融持株会社または子会社によって，銀行と証券の兼業が可能になった。

　ここでは，まず第1項で，大手商業銀行グループが大手投資銀行に対してもつ優位性を考察する。つぎに第2項で，大手商業銀行を中心とする金融持株会社が，大手投資銀行をその傘下とした場合の顧客のニーズを検討する。

3.1　大手商業銀行グループの優位性

　1990年代末から，3大商業銀行中心の金融システムが一部で形成された。その要因は，それまで資本市場を独占していた大手投資銀行にはない，大手商業銀行グループの優位性によるものと考えられる。ここでは，大手商業銀行グループの優位性を，OTDモデルに即して考察する（序章の図I参照）。伝統的な銀行業は，現代的にいえばOTH（originate to hold；組成保有型）モデルである。伝統的なOTHモデルは，オリジネートした貸付を満期まで保有する，銀行のビジネスモデルである。一方，OTDモデルは，オリジネートした貸付を満期前に売却する，新しい銀行のビジネスモデルである。

　商業銀行がもつ第1の優位性は，OTDモデルにおいて，貸付をオリジネートできることにある。まず，表7-2で2004年におこなわれた企業の財務担当者370人に対するアンケートをみてみよう。それによると，商業銀行グループに融資だけを勧められた企業は，「いつも」または「普通」では，全企業の44％，年商10億ドル以上の42％に達した。しかし，融資だけを勧められた企業は，「滅多にない」または「決してない」でも，全企業の29％，年商10億ドル以上の33％あった。つまり，銀行の融資担当者は，融資以外の業務を，かなりの割合で企業に勧めたのである。

　商業銀行が貸付をオリジネートする際に，融資以外のどのような業務を勧めたのだろうか？　これは，同じく2004年における企業の財務担当者370人に対するアンケートで明らかになる。表7-3で，取引銀行グループに対し

---

[28]　Public Law 106-102, 113 Stat. 1343, Nov. 12, 1999. GLB法の概要は，野々口・武田（2000）を参考にした。

表7-2 商業銀行グループに融資だけを勧められた企業 2004年2月調査 （単位：％）

	いつも	普通	時々	滅多にない	決してない
全企業	17%	27%	27%	13%	16%
年商10億ドル以上	19%	23%	26%	14%	19%

注）融資をうけた企業において融資だけを勧められた企業の比率である。企業の財務担当者（370人）のアンケート回収結果によるものである。
（Association for Financial Professionals (2004), pp. 2, 5-7.）

て融資以外の業務を与えないという理由で，取引銀行に融資を拒絶または融資条件を変更された[29]企業をみてみよう。融資を拒絶または融資条件を変更されたのは，全企業の50％，大手の63％に達したのである。

商業銀行が融資以外に勧めた業務は，表7-3に列挙されている。とくに，投資銀行業務／戦略的アドバイザリー・サービス，債券引受，キャッシュ・マネジメントで，融資を拒絶または融資条件を変更された比率が高くなっていた。キャッシュ・マネジメントという商業銀行の伝統的な業務だけでなく，融資を武器に投資銀行業務に積極的に進出しようとする大手商業銀行グルー

---

[29] 融資以外の業務を与えないという理由で融資を拒絶または融資条件を変更すると，それは抱き合わせ取引になるとも考えられる。アメリカでは，「財ではなくサービスを含む抱き合わせ取引は，シャーマン法の1条（取引制限における合意または共同謀議を禁止）および連邦取引委員会法の5条（不公正な取引行為を禁止）……によって判定される」。商業銀行グループの抱き合わせ取引は，1970年銀行持株会社法106条によって判定される。上記の「シャーマン法の基準は，抱き合わされる財の市場支配率および商行為のわずかでない量の排除の双方が立証されることを要求するように構成されている」。

上記のアンケート調査に即していえば，①その商業銀行グループが与える融資以外の業務の市場支配率と，②融資をうける企業との商取引において融資以外の業務が占める割合が問題となる。単一の銀行グループが融資以外の業務で支配的な地位に立つことは，3大商業銀行グループでも例外的な事例であった。それと同時に，融資以外の業務が，その企業との商取引において本質的でない量であることが立証されなければならない。支配的な地位で，かつ本質的でない量を満たすことは至難の業である。

2003年8月に，連邦準備制度理事会は，抱き合わせ取引に関する1970年銀行持株会社法106条の解釈を提案した。その解釈によると，銀行が，貸付のみを求める顧客に対して，今後，社債引受を銀行の証券子会社でおこなう場合にだけ，顧客に貸付をおこなうと通知すると，106条違反であるという。

違法行為を裏付ける証拠書類を提示することは難しく，違法行為を摘発された例はほとんどないという。

以上 Litan (1987), p. 132（訳, 173頁）; U.S. General Accounting Office (2003); Association for Financial Professionals (2004), p. 9. ただし，訳を一部変更している。

表 7-3 商業銀行グループに融資以外の業務を与えないという理由で
融資を拒絶または融資条件を変更された企業　2004 年 2 月調査　（単位：%）

	全企業	年商 10 億ドル以上
あらゆる業務	50	63
投資銀行業務／戦略的アドバイザリー・サービス	42	53
債券引受	40	51
株式引受	17	23
戦略的アドバイザリー／M&A 業務	28	35
キャッシュ・マネジメント	40	48
個人退職金積立プラン	16	20
投資ブローカレッジ	13	16

注）過去 5 年間に融資をうけた企業における融資を拒絶または融資条件を変更された企業の比率である。企業の財務担当者（370 人）のアンケート回収結果によるものである。
（Association for Financial Professionals（2004）, pp. 2, 7.）

プの姿が想像できる。とくに，債券引受を企業に勧めたのは，第 5 章第 3 節で考察した社債（ハイ・イールド債と投資適格債）と ABSs/MBSs の引受業務に，大手商業銀行グループが進出したことと整合的である。社債は企業にとって借入であり，銀行融資と代替性がある。MBSs は 1970 年代後半から，ABSs は 1980 年代後半から OTD モデルにおける金融商品であった。

投資銀行業務，たとえば戦略的アドバイザリー／M&A 業務は，第 6 章第 2 節第 1 項で指摘したように，引受業務，さらにはトレーディング業務とシナジー効果がある。債券引受に進出できれば，社債（ハイ・イールド債と投資適格債）と ABSs/MBSs のトレーディング業務，すなわち OTD モデルにおける分配業務でも有利になる。

第 2 の優位性は，商業銀行だけが決済システムをもち，決済業務をできることである。銀行決済の基礎は預金にある。預金は様々な銀行業務で活用される。まず，預金は相対的に安価な資本の調達手段である。一方，預金業務のない投資銀行は近年，クレジット・ラインなどを拡げてきた。しかし，大手商業銀行にくらべてバランスシートの余裕が乏しく，資本面で大手商業銀行に対抗していくのは容易ではないという。つぎに，商業銀行は融資を預金の設定という形でおこなう。貸付をオリジネートできるという商業銀行の第

1の優位性に，①自らの預金による決済と②決済業務全般を代行するという第2の強みが加わる。これは第3の優位性につながる。

第3の優位性は，商業銀行の企業に提供できる金融サービスの幅が，投資銀行より広いことである。商業銀行は，投資銀行より広範な顧客をもち，信用分析をおこなう。商業銀行は，預金を基礎とする資金提供能力を備え，業務上常に貸借をおこなう。その結果，大手商業銀行は，大手投資銀行よりもディリバティブや証券化等の派生的な金融商品をオリジネートできる。大手商業銀行グループだけが，バランスシートの両側を用いて，多様な各種金融商品を発行できる。バランスシートの資産側では ABSs/MBSs，負債側では自ら発行する株式，社債，CD 等である。とくに，ABSs/MBSs は，大手銀行グループの OTD モデルにおける金融商品であった。

自らオリジネートした金融商品（第1の優位性）は，同一グループ傘下の証券子会社によって投資家にディストリビュートされ，商業銀行自らの決済システムで決済された（第2の優位性）。そのため，大手商業銀行グループはディリバティブのディーラー，さらにはマーケットメーカーとして大手投資銀行より有利であった。一般的に，顧客も大手投資銀行よりも大手商業銀行の信用を好み，大手投資銀行の信用を得ようとしない顧客もいたという[30]。

このように，商業銀行がオリジネートした多様な各種金融商品は，同一グループ傘下の SPVs によって証券化され，グループ傘下の証券子会社によってディストリビュートされた。大手銀行グループによる証券の引受業務については，第5章第3節でみた。1988年6月以降，大手銀行グループは，GS 法20条証券子会社を通じて，有価証券引受業務をおこなえるようになった。これは，銀行がオリジネートし，同一グループ傘下の SPVs が証券化した金融商品を，グループ傘下の20条証券子会社が引き受けることを可能にした。本書が OTD モデルの金融商品として注目している ABSs（MBSs を除く）において，1991年に，20条証券子会社を含む大手銀行グループが9.9%の引受

---

30) 以上 Stigum (1990), p. 945; 松川 (2005), 38, 41 頁。

シェアを獲得した。他の銀行非適格証券の引受シェアとくらべて，時期が早くそのシェアが大きなことに注目されたい（第5章の表5-2参照）。

20条証券子会社が銀行非適格証券を引き受けるとき，その非適格証券引受収益の総収益に対する上限があった。これが当初の5％から，1989年に10％，1996年から25％へ引き上げられた（実施は1997年3月）。これは大手銀行グループがフリーハンドの証券業務を展開できる枠だという，銀行界はこの1996年を銀行の証券業務元年と呼んでいる。その後1999-2000年に，3大商業銀行グループによるABSs/MBSsの引受シェアが，3大投資銀行のものを上回った（表5-4，表5-5参照）。3大銀行中心の金融システムが，一部で形成されたのである。2000年までに急速に伸張した3大商業銀行グループの引受業務は，OTDモデルにおいてディストリビュートされるABSs/MBSsである。3大商業銀行グループの引受業務は，アメリカにおける主要なOTDモデルの形成を支えたのである。

一方，3大商業銀行グループによるIPOの引受シェアは，サブプライム危機の最中の2008年に，ようやく3大投資銀行のものを上回った（表5-6参照）。これは，次項で扱う，大手商業銀行を中心とする金融持株会社が，大手投資銀行をその傘下のグループとしたことが影響したと考えられる。

大手商業銀行グループの3つの優位性とそれ利用した引受業務によって，1980年代後半から，大手銀行グループは，現代的なOTDモデルを形成してきた。オリジネートした貸付を，ABSs/MBSsとして証券化しディストリビュートしたのである。ABSs/MBSsは資本市場における証券化商品であり，大手銀行グループが資本市場に参入する上で重要な金融商品となったのである。

3.2 大手商業銀行と大手投資銀行のグループ化

大手商業銀行グループは，1980年代後半から，現代的なOTDモデルを形成し，証券化したABSsとMBSsを活用して資本市場に参入した。それでは，顧客はどうして商業銀行を他の金融機関より好んで利用したのだろう

か？　先行研究でみた Litan (1987) によると,「銀行業界における範囲の経済の研究は, 消費者が金融サービスを結合的に利用することによってもたらされる節約効果については無視している」という。この節約効果とは, 以下のことである。すなわち,「多くの消費者, とくに増えてきた共働きの家計にとって, すべての金融サービス—銀行業務, 保険, 証券, そして不動産—を同じ組織からうけられるのは魅力的な便宜であり, 企業のバランスシートには載らない時間節約をもたらす」のである。現代的なタームに直せば, 消費者はワンストップ・ショッピング[31]を魅了的だと感じるのである。

　アトランタ連邦準備銀行の Bennett (1984) によると, 1984年3月の調査に答えた消費者2,804人の中で, すべての金融サービスを単一の企業から得られることを50%（幾分26%, 非常に24%）が望ましいとしている。そして, 単一の企業を選好した924人の51%が商業銀行, 同じく4%が投資銀行を選んだ。商業銀行は, 投資銀行より明らかに優位にあった。その理由は, Litan (1987) によると,「消費者は, 他の形の金融サービス企業よりも, より定期的かつ頻繁に銀行と接するから」である[32]。消費者はワンストップ・ショッピングを好み, その金融機関は商業銀行が最も望ましいのである。

　つぎに, 表7-4によって2000年の製造業を中心とした財務担当者444人のアンケート[33]をみてみよう。これは, 企業は各金融サービスに対してどの金融機関を使うかという調査である。商業銀行が多いと答えた担当者は, キャッシュ・マネジメントからディリバティブまで広範であった。キャッシュ・マネジメント, 貸付等, 外国為替の3つは商業銀行業務だが, 投資銀行業務である投資運用, 資本市場サービス, ディリバティブ／ヘッジ・サー

---

31) Hoshi and Kashyap (2001) は, ワンストップ・ショッピングを日本の大手行の有力な戦略と考えている (pp. 318, 320-322, 325-327. 訳, 436, 439-442, 446-448頁)。
32) Council on Financial Competition Research, 1998 も, すべての金融サービスを単一の金融機関からうけられることを, 61%の家計が望ましいとした。ただし, 現実に単一の金融機関を選んだ家計は, 1993年では35.1%, 1996年では30.2%に留まった。以上 Bennett (1984), pp. 30-31, table 2 and 4; Litan (1987), p. 78 (訳, 108-109頁); Walter (2004), pp. 73-74, figure 3-3 and 3-4. ただし, 訳を一部変更している。
33) Association for Financial Professionals (2000), pp. 5, 9, 19, 23, Exhibit 1, 5 and 15.

表7-4　各金融サービスによって利用する金融機関の形態　2000年7月調査

(単位：%)

	商業銀行	ファイナンス・カンパニー	投資銀行	保険会社
キャッシュ・マネジメント	98	3	11	1
貸付等	85	16	15	9
外国為替	60	3	6	0
投資運用	58	7	53	4
資本市場サービス	48	7	42	2
デリバティブ／ヘッジ・サービス	37	3	19	1
M&Aアドバイザリー業務	23	7	33	2
保　険	1	1	7	87

注）製造業を中心とした財務担当者（444人）のアンケート回収結果によるもので、各金融サービスによって利用する各金融機関が全アンケート企業に占める比率である。全アンケート企業の年商別構成は以下の通りである。年商2億5,000万ドル未満が30％、2億5,000万〜10億ドルが32％、10〜50億ドルが25％、収益50億超が11％、返答なしが2％である。
（Association for Financial Professionals (2000), pp. 5, 19, 23, Exhibit 1 and 15.）

ビスも商業銀行を利用していた。商業銀行の中で投資銀行業務をおこなうのは大手なので、現実には大手商業銀行を利用したことになる。唯一、M&Aアドバイザリー業務では、投資銀行が優位であった。投資銀行と比較するために保険会社の利用状況をみると、保険業務では、商業銀行や投資銀行を利用せず、圧倒的に保険会社を利用したと、担当者は答えたのである。

1999年に制定されたGLB法（順守期限2001年7月1日）は、銀行と証券の兼業を一部可能にした。前項で考察したように、銀行と証券のグループ化を考えたときに、投資銀行単体という伝統的な投資銀行に対して、商業銀行を組み込んだ、または商業銀行が中心になった金融グループには、前項で考察した3つの優位性があると考えられる。グループ化とは、GLB法で認められた金融持株会社になったものである。

2000年の製造業を中心とした財務担当者への調査は、GLB法順守期限後についても聞いている（表7-5）。10年以上前の古いデータだが、グループ化した商業銀行と投資銀行と取引したい金融サービスは、資本市場サービス、M&Aアドバイザリー業務、投資運用、デリバティブ／ヘッジ・サービス

表 7-5　今後 2 年間に各金融サービスによって利用したい金融機関の形態

2000 年 7 月調査（単位：％）

	商業銀行単体	保険会社単体	投資銀行単体	グループ化した商業銀行と保険会社	グループ化した商業銀行と投資銀行	グループ化した投資銀行と保険会社
資本市場サービス	15	1	19	2	57	6
M&A アドバイザリー業務	10	0	27	2	54	7
投資運用	17	1	23	2	52	5
ディリバティブ／ヘッジ・サービス	29	1	13	3	50	4
外国為替	53	1	2	4	38	2
貸付等	54	1	1	7	35	2
キャッシュ・マネジメント	64	1	1	4	31	2
保　険	1	69	1	14	2	12

注）表 7-4 の注）を参照されたい。
（Association for Financial Professionals（2000），p. 9, Exhibit 5.）

で，投資銀行単体にくらべて 20％以上も大きかった。商業銀行グループの中で投資銀行業務をおこなうのは大手である。企業は，上記の投資銀行業務に対して，大手商業銀行グループを利用することになる。外国為替，貸付等，キャッシュ・マネジメントという商業銀行業務は，伝統的な商業銀行単体でおこなうと財務担当者は答えた。グループ化した商業銀行と投資銀行の数字も大きいが，伝統的な商業銀行単体より 15％から 33％も低かった。保険は先ほどと同様，圧倒的に保険会社が多かった。

　アメリカの消費者は金融サービスをうける際にワンストップ・ショッピングを好み，その金融機関は商業銀行が最も望ましいと考えた。企業の財務担当者は，伝統的な商業銀行業務だけでなく，いくつかの投資銀行業務をも，投資銀行より商業銀行を利用した。さらに，企業の担当者は，投資銀行業務を依頼する際に，投資銀行単体よりも，グループ化した商業銀行と投資銀行を利用したいという。商業銀行グループの中で投資銀行業務をおこなうのは，現代的には大手グループ 3 社である。1990 年代末から，3 大銀行中心の金融システムが，商業銀行業務ではなく，各種金融商品の引受業務という投

資銀行業務で形成されたのである。これは，伝統的に資本市場中心の金融システムであったアメリカにおいて，画期的な出来事であった。

むすびにかえて

　3大商業銀行グループによるOTDモデルの収益の源泉と考えられるのは，おもに証券化業務とトレーディング業務である。大手商業銀行グループがこれらの業務に参入できたのは，大手投資銀行にはない，大手商業銀行グループの3つの優位性によるものであった。

　大手商業銀行グループが証券化業務に参入する際には，まずOTDモデルにおいて自ら貸付をオリジネートできるという第1の優位性が利用された。つぎにOTDモデルで貸付を担保とした証券化商品がディストリビュートされ，第2の優位性である，大手行自らの決済システムで決済された。OTDモデルで証券化された新規金融商品は，第3の優位性である，大手行が企業に提供できる金融サービスの多様性によって産み出された。この3つの優位性によって，大手銀行グループは，高収益の上げられるMBSsの証券化業務に1970年代後半から，同じくABSsの証券化業務に1980年代後半から最初に参入できたのである。

　第2の優位性は，OTDモデルに即していえば，大手商業銀行自らの決済システムでディストリビュートされた金融商品が決済されることである。OTDモデルの分配業務は，投資銀行業務で言い換えればトレーディング業務である（序章の図Ⅰ参照）。伝統的な株式や債券のトレーディング業務では，大手投資銀行に一日の長があった。しかし，新規金融商品であるディリバティブの金利スワップとクレデリでは，商業銀行が自らオリジネートしたこともあり，大手商業銀行が積極的にトレーディング業務をおこなった。金利スワップやクレデリも，OTDモデルを形成する過程における金融商品であった。MBSsは1970年代後半から，ABSsは1980年代後半から，OTDモデルの金融商品となった。これらは，第3の優位性である，商業銀行が企業

に提供できる金融サービスの多様性によって創り出された。大手行は，自らオリジネートし証券化した，彼らの新規金融商品のトレーディング業務に参入していったのである。

　大手商業銀行グループは，OTDモデルで自らオリジネートできるという強みを，彼らの業務展開にも利用した。まず，銀行はオリジネートした貸付を，おもに同一グループ傘下のSPVsが1970年代後半からMBSsとして，1980年代後半からABSsとして証券化し，おもにグループ傘下の証券子会社が1980年代末から引き受けた。ABSsとMBSsの引受に関する規制緩和は，大手銀行グループが投資銀行業務のコアの1つである引受業務をおこなうことを可能にした。大手銀行グループが証券化したABSs/MBSsを自ら引き受けることで，より円滑にOTDモデルでディストリビュートしたのである。

　つぎに，大手商業銀行グループは，オリジネートした貸付と投資銀行業務を抱き合わせて取引した。これは，大手商業銀行グループによる投資銀行業務への展開に寄与したと思われる。アメリカでは，金融機関の抱き合わせ取引が違法となることは少なかった。今世紀に入ると，大手銀行グループは，第1の優位性である貸付業務と投資銀行業務を抱き合わせて，投資銀行業務に進出したと考えられる。

　これらが組み合わさって，今世紀に入り，大手商業銀行グループはアメリカの中心的な金融機関へと発展してきた。まず，大手商業銀行グループは，1980年代後半から自らオリジネートし証券化したABSs/MBSsを利用して，大手投資銀行の主戦場である資本市場に参入した。これを皮切りに，1990年代後半から，大手商業銀行グループは，投資銀行を合併して投資銀行業務全般もおこなうようになった。1990年代末とサブプライム危機時に，大手商業銀行グループは，ついに大手投資銀行をも傘下に収めたのである。

小　括

　第3部では，第6章で①現代アメリカ3大商業銀行グループの収益構造，

第7章で②その収益の源泉を検討し，アメリカの金融システムにおける彼らの業務展開の意味を考察した。まず，サブプライム危機に至る3大銀行グループの業務展開を追跡した。彼らの業務展開では，サブプライム・ローンを含む住宅モーゲイジ・ローンという貸付業務に端を発していたため，商業銀行が中心であった。大手銀行グループは住宅モーゲイジ・ローンを証券化し，証券化収入を得ることができる。証券化によってオフバランス化されたにもかかわらず，住宅モーゲイジ・ローンによる金利収入が，3大銀行でも金利収入の中で最大であった。

3大商業銀行グループは，サブプライム危機の最中には一時赤字に転落したが，OTDモデルの組成分配両側の業務収益からほぼ収益を上げ続けた。OTDモデルの組成側は，住宅モーゲイジ・ローンの金利収入やサービシング手数料である。分配側は，ABSsやMBSsの証券化収入やトレーディング収益である。言い換えると，現代3大銀行グループの収益の源泉は，1980年代後半以降の証券化業務と1990年代以降のトレーディング業務だと考えられる。これらは，OTDモデルの分配側の業務である（序章の図I参照）。こうした状態が続けば，OTDモデルからおもに収益を上げている，3大銀行グループの経営が悪化することは少なくなるであろう。

3大商業銀行グループの収益の源泉は，伝統的な大手投資銀行にはない，3つの優位性によって形成された。3つの優位性とは，OTDモデルにおける①融資をオリネートできる強み，②決済業務という商業銀行の強み，③金融サービスの多様性である。大手商業銀行グループは，①融資を武器に投資銀行業務に積極的に進出した。この投資銀行業務のコアの1つが，②決済業務と関連したトレーディング業務である。③金融サービスの多様性によって，大手商業銀行グループは，大手投資銀行よりも，ディリバティブ等の派生的な金融商品を作り出した。そのため，大手商業銀行は，ディリバティブのディーラー，さらにはマーケットメーカーとして，大手投資銀行より有利である。広義のディリバティブには，OTDモデルの分配側のABSs/MBSsも含まれる。これらもトレーディング業務，さらには決済業務と密接に関連

している。
　アメリカ大手商業銀行グループは，OTDモデルにおける商業銀行の優位性を背景に，1980年代後半から新たな収益の源泉を創り出し，1990年代からその業務展開を推し進めた。新たな収益の源泉とは，おもに証券化業務とトレーディング業務であった。この過程で，大手商業銀行グループがサブプライム問題に関与したことは否定できない。しかし，大手商業銀行グループは，OTDモデルを中心に多様な業務を展開したので，壊滅的な状況は回避できた。一方，サブプライム・レンダーや大手投資銀行等のシャドーバンキングが破綻へと追い込まれた。3大商業銀行中心の金融システムは，サブプライム危機後も維持されたのである。これは，伝統的に大手投資銀行を軸とした資本市場中心の金融システムであったアメリカにおいて，1つの転換を示唆する象徴的な出来事であった。

終章
大手銀行グループの業務展開の特質

　最後に，アメリカ合衆国における大手商業銀行グループの業務展開の現代的特質を述べてむすびとしたい。大手銀行グループの業務展開の特質は，第1に，大手銀行グループの現代的なOTD (originate to distribute；組成分配型) モデルの形成過程として表れた。これをアメリカ型の証券化に至る現代的な業務展開と捉えて解説する。第2に，大手銀行グループの証券化に至る業務展開は，大手銀行グループが彼らのコア業務を活用し可能になった。これを整理した上で，大手銀行グループの業務展開について，若干の理論的な展望を述べる。

　アメリカ大手商業銀行グループは，1980年代から一連の業務展開をおこない，現代的なOTDモデルを形成してきた。この現象の一端は，これまで，ユーロ市場の証券化に対する，アメリカ型の証券化として説明されてきた。アメリカ型の証券化の1つの特徴は，貸付債権を証券化したABSs (asset-backed securities；アセットバック証券) と MBSs (mortgage-backed securities；モーゲイジ担保証券) である。アメリカの金融システムは，伝統的に資本市場中心であった。この場合，大手商業銀行グループにとって，投資銀行の主戦場である資本市場に進出する形で，自らの業務展開を推し進めることが最も有望な策であった[1]。

---

1)　Hoshi and Kashyap (2001) によると，日本の金融システムが，銀行中心から資本市場中心に，緩やかではあるが確実に移行しているという。大手行の手数料収入である役務取引等収益の増加も，少しずつ生じている (2006年の「日本語版へのあとがき」，456-460頁，表A・6)。
　しかし，アメリカのように高度に発達した資本市場をもたない日本では，大手商業銀行グループが積極的に投資銀行業務に進出するインセンティブは，それほど大きくないと考えられる。池尾(2002)によると，「日本の銀行のうちで投資銀行への転身を図れるものは，ごく一握りにとどまらざるを得ない」という。

アメリカ大手商業銀行グループの OTD モデルにおいて，オリジネートされディストリビュートされる金融商品は，時代とともに変化している。しかし，オリジネートされる貸付は，商業銀行のコア業務の1つである。銀行のコア業務は，序章でみたように預金，貸付，決済である。

　本書では，OTD モデルにおいて，オリジネートされた金融商品が，いかにしてディストリビュートされたかを考察した。その1つが，第1部で考察した当該資産に限定してリコース（償還請求）されるノン・リコース（償還請求権なし）ファイナンスである。ノン・リコース形式は，貸し手である大手商業銀行グループによる証券化を容易にし，証券化の発展を支えた。OTD モデルに至る業務展開をアメリカ型の証券化と捉えると，証券化を支えたファイナンス手法の源流は少なくとも 1930 年代のプロダクション・ペイメントのノン・リコース形式まで遡ることができる。証券化商品を円滑にトレーディングできたのは，FF（federal funds；加盟銀行の連邦準備銀行預け金）による証券決済が発達したことも重要である。FF による証券決済が加わり，大手銀行グループによる業務展開の基礎構造が創り上げられた。第1部では，アメリカ型の証券化の源流を解明しようとしたのである。

　本書で考察したように，大手商業銀行グループは，コア業務を活用して業務展開をおこなってきた。その始まりは，証券決済の基礎構造を創り出した FF 市場にみられる。1960 年代以降に発達した，中央銀行預け金である FF による証券決済は，現代まで続く証券のトレーディングで用いられる。

　つぎに，1980 年代から，ノン・リコース・ファイナンスが普及した。リコース（償還請求権）とは，債務不履行等の場合に，債権の買い手が売り手から支払いをうける権利である（第2章参照）。貸付の借り手が，債務不履行に陥った場合を考えよう。貸付はノン・リコース形式でおこなわれ，ローン・セールまたは証券化によって，貸付または証券化商品がディストリビュート

　　アメリカでも，投資銀行業務をおこなっているのは，3大商業銀行グループに限定されていた。しかし，第5章～第7章で考察したように，アメリカ3大商業銀行グループの投資銀行業務は，3大投資銀行と比べても遜色ないか凌駕している部分もあった。

されたとする。貸付または証券化商品の投資家（債権の買い手）は，当該資産に限定してリコースできるが，債権の売り手または貸付の借り手にはリコースできない。ノン・リコースである。これは，貸し手である大手商業銀行グループからみると，オリジネートされた貸付を容易にディストリビュートできるファイナンス手法である。ノン・リコース形式は，商業銀行のコア業務の1つである貸付を，ローン・セールと証券化によって，大手銀行グループがディストリビュートすることを支えている。コア業務を活用した銀行の業務展開である。

　1980年代に，大手商業銀行は，まずオリジネートされた事業貸付をローン・セールして初めてディストリビュートするようになった。大手銀行グループは，オリジネートした貸付を，1970年代後半からMBSs，1980年代後半からABSsの形で証券化しディストリビュートした。1980年代後半には，大手商業銀行グループは，公募ABSs（MBSsを除く）と私募ABSs/MBSsの3分の1を証券化していた。この時点で，大手銀行グループはOTDモデルを形成していた。このとき，ディストリビュートされるABSs（MBSsを除く）が初めて証券化された。同じ時期に大手行は証券化商品の担保となる貸付を増加させ，第2部で考察したように1980年代末からABSs/MBSsを同一グループ傘下の証券子会社が引き受けはじめた。大手銀行グループが，現代的なOTDモデルを形成したのである。1999-2000年に，3大商業銀行グループによるABSs/MBSsの引受シェアが，ついに3大投資銀行のものを上回った（第5章第3節第3項参照）。2000年代には，大手商業銀行グループは，ABSs/MBSsの引受業務において，大手投資銀行を抑えてトップに立つほどに成長した。3大商業銀行グループは，大手投資銀行による投資銀行業務の寡占状態の一角を打ち破ったのである。この過程で，オリジネートされた住宅モーゲイジ・ローンの一部は，サブプライム金融危機へとつながった。しかし，金融商品を変化させながら，OTDモデルは存続してきた。第2部では，アメリカにおける銀行中心の金融システムへの展開の一端を解明した。このとき，大手商業銀行を中心とする金融持株会社が成立したのである。

OTDモデルにおいてオリジネートされるのは貸付であり，商業銀行のコア業務の1つである。一方，証券化されたABSs/MBSsの分配は，アメリカの投資銀行業務では債券のトレーディングである。トレーディングは，アメリカの投資銀行業務のコアの1つである。と同時に，トレーディングは売買であり，商業銀行の決済システムを通して決済される（序章の図I参照）。決済は，商業銀行のコア業務の1つである。

　1980年代以降の①ローン・セール，②ディリバティブ，③証券化と続くOTDモデルの形成過程は，オリジネートされた貸付から派生した金融商品をディストリビュートするものであった。1980年代以降の大手商業銀行グループによる業務展開，すなわち現代的なOTDモデルの形成は，銀行のコア業務を活用したものであった。大手銀行グループは本来の銀行業務ではない業務に進出したが，その際に進出した業務は本来の銀行業務に付随したものであった。

　金融市場やファイナンス手法の発展によって，大手商業銀行グループは，1980年代後半から現代的なOTDモデルを形成してきた。それでは，OTDモデルは，銀行理論の系譜の中に，どのように位置付けられるのだろうか？これまで文献で扱われてきた商業銀行の業務展開の大部分は，オリジネートした貸付を満期まで保有する伝統的なOTH（originate to hold；組成保有型）モデルに関するものであった。オリジネートした貸付を満期前に売却する証券化等を紹介した文献は多数ある[2]。しかし，証券化を新たな商業銀行の業務と位置付け，理論的に整理した研究を探し出すことは困難である。証券化は，一般に投資銀行業務，日本では証券業務とされてきたのである。

　オリジネートした貸付をディストリビュートするのではなく，オリジネートした貸付はそのままで，バランスシートの両側を組み替える業務は数多くあった。第1部序論で紹介した転嫁流動性，資産管理，負債管理である。アメリカ以外では，ドイツの信用銀行は，伝統的な交互計算業務において，貸

---

[2] 本書も，松井（1986a），Pavel（1989）など多数の文献を引用している。

図 III　ドイツの交互計算信用をめぐる概念図

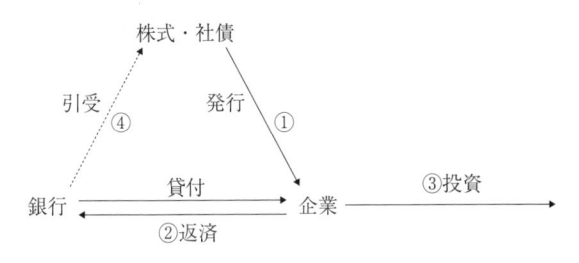

```
                株式・社債
              /      ↓
         引受/④    発行 ①
            /        ↓
           /   貸付    
        銀行 ━━━━━━→ 企業 ━━━③投資━━→
            ←━━━━━━
              ②返済
```

注1）━━━━→は大きなキャッシュフロー，……→は相対的に小さなキャッシュフローを示している。
　2）本書で扱った範囲をまとめたものである。

付業務だけでなく，証券の発行，引受業務等に関与した。交互計算とは，2者間で継続的な取引がある場合，個々の債権債務をそれぞれ支払うのではなく，一定期間の債権債務を相殺して，その差額のみを支払う決済方法である。ドイツの銀行は，交互計算業務を利用して，証券業務に進出し，交互計算以外の新たなキャッシュフローを生み出すこともあった。図 III のように，銀行が交互計算信用で企業に与えた長期貸付を，①企業は株式・社債の発行で②返済し，③企業はさらなる長期投資をおこなった。④この企業の株式・社債の発行を，取引銀行が引き受けることもあった[3]。銀行から企業へのキャッシュフローは，貸付だけでなく，株式・社債の引受を含むようになったのである。

　ドイツの交互計算業務では，貸付は満期まで保持されるか，または返済された。しかし，本書で扱ったアメリカの OTD モデルでは，貸付は満期前にディストリビュートされる。ここで，アメリカ大手商業銀行グループの OTD モデルが実体経済・金融に対して何をもたらしたかを理解するために，その特徴を図 IV にまとめてみよう。①銀行は，おもにリテール[4]分野の消費者ローンや住宅モーゲイジ・ローンをオリジネートする。②その資金源泉

3）　Jeidels (1905), S. 46（訳, 52-53 頁）; 生川 (1995), 第 1 章，第 4 章; 居城 (2002).
4）　リテールとは，小口で家計や中小企業向けという意味である。

図 IV　大手商業銀行グループの OTD モデルと資本市場の関係図

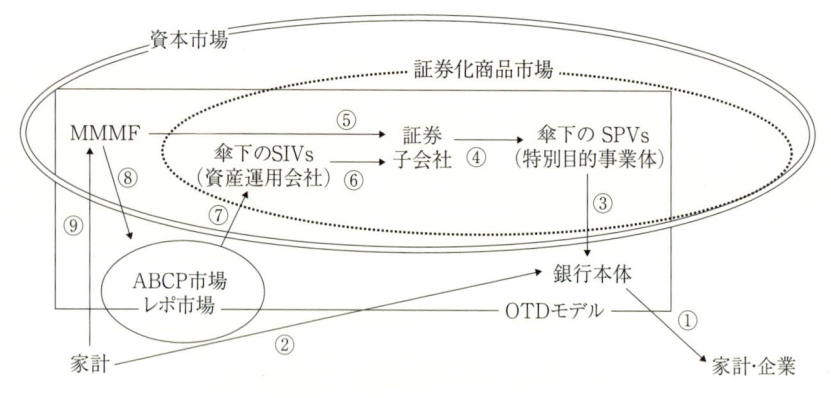

は,おもに家計の預金である。③銀行は,オリジネートした貸付を同一グループ傘下の SPVs（special purpose vehicles；特別目的事業体）に売却し,貸付は銀行のバランスシートから外される[5]。④SPVs はその貸付を証券化し,同一グループ傘下の証券子会社がその証券化商品を引き受ける。⑤銀行グループの証券化商品は,投資信託の一種である MMMF（money market mutual funds），または⑥同一グループ傘下の SIVs（structured investment vehicles；資産運用会社）によって購入される。⑦SIVs は,ABCP（asset-backed commercial paper）を発行するか,またはレポ取引[6]（買戻し条件付き証券売買）によって,運用資金を調達した。⑧この ABCP の購入者またはレポ取引の相手は,MMMF であった。結果的に,SIVs も,証券子会社と同様に,MMMF から運用資金を調達したことになる。⑨MMMF の主たる買

---

5) こうして,銀行は再び貸付をオリジネートすることが可能となる。その貸付が再び証券化されディストリビュートされる。これが繰り返される。貸付はオフバランス化されるため,貸付残高はそれほど増加しないが,証券化商品は飛躍的に増加する。さらに,貸付をうけた債務者の数も飛躍的に増加する。銀行のバランスシート上の貸付債権には,大きな変化はない。しかし,家計への貸付によって,消費拡大をもたらす。家計への貸付による消費拡大は,つぎに投資拡大をもたらす。家計と企業への貸付は,実体経済にインパクトをあたえるのである。
6) 1960 年代以降におけるレポ取引の発達については,第 1 章第 2 節を参照されたい。

い手は家計なので，証券化商品の購入資金は，最終的には家計ということになる。

　図IVのようなOTDモデルがもたらした業務展開は，最終的には証券化を中心とする投資銀行業務であった。資本市場中心の金融システムをもつアメリカでは，大手商業銀行グループの業務展開といえども，資本市場に進出することが最も有望な策であった。これが，アメリカ大手銀行グループの業務展開の特徴を決定づけた要因である。大手銀行グループは，OTDモデルを形成して，金融システムの中心である資本市場における業務展開をおこなった。大手銀行グループにとって，OTDモデルは，資本市場に進出するために必要不可欠な業務展開であった。

　大手商業銀行グループの証券化を中心とする投資銀行業務は，オフバランスシート取引もしくは同一グループ傘下の証券子会社や関連機関（SPVsやSIVs）でおこなわれる。証券子会社や関連機関の情報公開は，その金融持株会社ほどではない。そこで，第3部では，バランスシートではなく，大手金融持株会社の収益構造と収益の源泉を検討した。これらの考察によると，大手銀行グループが，トレーディング業務という商業銀行の強みを生かし，トレーディング業務とシナジー効果のある，引受業務に進出した可能性が高い。大手銀行グループは，投資銀行業務の中心である引受業務を中核にもつOTDモデルを形成したのである。第3部では，アメリカの大手商業銀行と同一グループ傘下の証券子会社や関連機関の戦略の一部を解明した。それは，資本市場中心の金融システムにおける，大手商業銀行グループの戦略である。

　大手商業銀行を中心とする金融持株会社と，大手投資銀行を中心とする金融持株会社の戦略は，同じ金融持株会社とはいえ，違いがあると考えられる。本書で扱ったように，アメリカ大手商業銀行を中心とする金融持株会社は，OTDモデルを形成した。一方，大手投資銀行を中心とする金融持株会社は，歴史が浅く比較が困難だが，まだ独自のビジネスモデルを創り上げたとは言い難い。もしくは，大手投資銀行を中心とする金融持株会社傘下の商業銀行

は，彼ら独自の業務展開をおこなっていないのかもしれない。

　序章第2節で言及した先行研究は，商業銀行本体の業務展開を扱い理論的な分析をおこなっている[7]。しかし，大手商業銀行を中心とする金融持株会社は，彼ら独自のOTDモデルを形成し，それが無視できなくなっている。たとえば，3大商業銀行グループは，同一グループ傘下の証券子会社や関連機関を利用して，大手投資銀行による投資銀行業務の寡占状態の一角を打ち破った。こうした状況を鑑みれば，銀行本体だけでなく，大手商業銀行を中心とする金融持株会社の業務展開を理論的に分析する必要性があると思われる[8]。とくに，大手商業銀行本体，その証券子会社，関連機関が一体となってどのように業務展開をおこなったかである。異なってはいるが一連の業務をおこなう，複数の金融機関を考察しようとする試みは，サブプライム危機後におこなわれたシャドーバンキングに関するもの等に限られている[9]。これは業態別金融機関の分析を重視する既存理論に見直しを迫る考え方であり，筆者はそのとば口に足を踏み入れたのである。

---

7) 商業銀行の収益構造に焦点を当てたLitan (1987) とSaunders and Walter (1993)，銀行産業衰退論を否定するWheelock (1993), Kaufman and Mote (1994), Boyd and Gertler (1994), Edwards and Mishkin (1995) である。

8) Litan (1987) は，銀行持株会社も一部で扱っているが，銀行本体との理論的な区別をおこなっていない (Chapter 3)。Pozsar, Adrian, Ashcraft and Boesky (2013) は，金融持株会社とその子会社がおこなう証券化業務を"内部"シャドーバンキング・サブシステムと名付けている。しかし，金融持株会社とその子会社が，金融システムにおいて，どのような地位を占めているかについては考察していない。また，彼らの引受業務を分析していないことが難点である (pp. 9-10, table 4)。

9) シャドーバンキングについては，たとえば，以下の文献がある。Adrian and Shin (2010), p. 4, figure 1; 池尾 (2010), pp. 8-9, 図表2; 奥山・地主 (2011), 3頁, 図1; 川波・地主 (2013), 186-190頁, 図7.7; Pozsar, Adrian, Ashcraft and Boesky (2013), pp. 2, 7-13, table 4 appendix 2; International Monetary Fund (2014b), pp. 69-70.
　　証券化を一連の業務と捉えると，証券化業務への参加者とその構造を考察したものに，以下の文献がある。Pavel (1986), "Chapter 2 Players and Pieces."（訳，「第2章　参加者と構造」）ただし，Pavel (1986) は銀行持株会社や商業銀行を分析していない。

関連略年表

1921年　CPD（国債局長）振替が導入される
1922年　この頃，FF（加盟銀行の連邦準備銀行預け金）市場が導入される
　　　　FF による国債の決済が導入される
1929年　株式恐慌
1930年　第1次銀行恐慌
1931年　第2次銀行恐慌
1932年　RFC（復興金融公社）の設立
1933年　貨幣恐慌（第3次銀行恐慌）
　　　　金本位制停止（金輸出禁止）
　　　　GS（グラス・スティーガル）法の制定
1934年　連邦準備と RFC の事業貸付プログラムの開始
　　　　FHA（連邦住宅局）の保険プログラムの開始（連邦住宅法の制定）
1935年　銀行法の制定
　　　　この頃，商業銀行の商業・農業・住宅モーゲイジ・ローン，消費者ローンで割賦返済方式が普及する
　　　　石油産業でプロダクション・ペイメントが発達する
　　　　　―ノン・リコース・ファイナンスの源流
1938年　FNMA（連邦抵当金庫）の設立：FNMA は FHA 保険モーゲイジを流通市場で購入し始める
1939年　第2次世界大戦始まる
1941年　太平洋戦争始まる
　　　　この頃，商業銀行のターム・ローンで割賦返済方式が普及する
1944年　VA（退役軍人庁）の保証・保険プログラムの開始
1945年　第2次世界大戦終わる
1946年　Chase National Bank が割賦返済方式の消費者ローンを始める
　　　　この頃，商業銀行が変動金利の貸付を導入する
　　　　　商業銀行の資産管理

1948 年	FNMA が VA 保証モーゲイジを流通市場で購入し始める
1950 年	朝鮮戦争始まる
1951 年	財務省と連邦準備のアコード（合意）
	Franklin National Bank がクレジットカード市場に参入する
	この頃，FF 市場が再導入される
1953 年	ビルズ・オンリー政策（〜1961 年）
	朝鮮休戦協定
1955 年	チェック・クレジットの導入
	自動車販売ブーム
1958 年	Bank of America が独自の BankAmericard を提供する
	Chase Manhattan Bank がクレジットカード市場に参入する
1961 年	ツイスト・オペレーション（〜1965 年）
	CD（譲渡可能定期預金証書）の導入
	この頃，FF 市場が全米市場に発達する
	FF による国債の決済が普及する
	商業銀行の負債管理
1965 年	アメリカのベトナム戦争介入本格化
1966 年	Bank of America が BankAmericard のライセンス販売を始める
	クレジット・クランチ
1968 年	ブック・エントリー・システムの導入
	GNMA（政府抵当金庫）の設立
1969 年	クレジット・クランチ
1970 年	GNMA パス・スルー証券の導入
	この頃，プロジェクト・ファイナンスが導入される
	銀行系カードのインターチェンジが広く利用され始める
1972 年	リミテッド・リコースが北海油田のプロジェクト・ファイナンスで導入される
1973 年	ベトナム和平協定
	先進国の変動相場制移行
	普通株のオプション取引が導入される
	DTC（預金信託会社）の設立
	第 1 次オイル・ショック（〜1974 年）

1974 年	クレジット・クランチ（〜1975 年）
	この頃，自動車価格が急上昇する
	クレジットカードの金利計算が調整残高法から平均日掛残高法に変更される
1975 年	GNMA パス・スルー証券の先物取引が導入される
1976 年	3 か月物の TB（財務省短期証券）の先物取引が導入される
	NSCC（アメリカ証券清算会社）の設立
	この頃，クレジットカード・ローン残高が急増する
1977 年	財務省ボンドの先物取引が導入される
	Bank of America がオリジネートし発行した最初の在来型モーゲイジ・パス・スルー証券を，Salomon Brothers がアンダーライティングする
	──OTD（組成分配型）モデルの源流
1978 年	1 年物の TB（財務省短期証券）の先物取引が導入される
	第 2 次オイル・ショック
	財務省ノートの先物取引が導入される
1980 年	金融制度改革法の制定
	Carter 大統領のインフレ抑制策
	銀行がクレジットカードの年会費を徴収し始める
1982 年	一括登録制度の導入
	SLMA（奨学金融資金庫）が金利スワップ取引を利用する
	民間ストリップ債の導入
	メキシコ債務危機
	MMDA の導入
1983 年	スーパー NOW の導入
	財務省ノートとボンドのオプション取引が導入される
	この頃，ローン・セール市場が急成長する
	──ノン・リコース・ファイナンスの普及
	この頃，ホーム・エクイティ・ローンが急成長する
1985 年	CARs（自動車ローン担保証券）の導入
	財務省 STRIPS の導入
	この頃，CMBSs（商業モーゲイジ担保証券）の導入
	この頃から，民間の金融保証が証券化において発展する

1986年　CARDs（クレジットカード・ローン担保証券）の導入
　　　　SMBSs（分離型モーゲイジ担保証券）の導入
　　　　GSCC（政府証券清算会社）の設立
1987年　連邦準備が商業銀行の20条証券子会社に投資銀行業務を認め始める
　　　　　　─OTDモデルの始まり
　　　　財務省STRIPSの復元プログラムが導入される
　　　　ニューヨーク株式大暴落（暗黒の月曜日）
　　　　この頃から，ノン・リコース・ファイナンスが証券化において定着する
1988年　20条証券子会社が引受業務をおこなう─OTDモデルの形成
　　　　バーゼルI発表（導入は1992年末）
1989年　RTC（整理信託公社）の設立
　　　　この頃，M&A（合併買収）ブーム
　　　　　　クレジットカード・ローンが急成長する
1990年　リセッション（～1991年）
　　　　この頃，金利スワップ取引のトレーディングが普及する
1992年　RTCがCMBSs（商業モーゲイジ担保証券）を公開発行する
　　　　この頃，民間のCMBSsが急成長する
　　　　　　個人破産が急増する
1993年　改訂バーゼルI発表（最終期限は1997年末）
1996年　銀行の証券業務元年
1997年　アジア通貨危機
　　　　この頃，再び個人破産が急増する
　　　　　　クレジット・デリバティブとそのトレーディングが急成長する
　　　　Travelersによる大手投資銀行Salomon Brothersの買収
1998年　ロシア経済危機
　　　　TravelersによるCiticorpの買収（Citigroupの名称を引き継ぐ）
　　　　NBESの設立（12のブック・エントリー申込所の再編）
1999年　GLB（グラム・リーチ・ブライリー）法の制定
　　　　DTCC（預金信託清算会社）の設立
　　　　　3大商業銀行グループによるABSs/MBSs（アセットバック証券/モーゲイジ担保証券）の引受シェアが，3大投資銀行のものを上回る（～2000年）
　　　　　　─OTDモデルの完成

2001 年　同時多発テロ
　　　　この頃，大手商業銀行の住宅モーゲイジ・ローンが急増する（〜2006 年）
2004 年　サブプライム・ローンが急増する（〜2006 年）—OTD モデルの変質
2007 年　サブプライム金融危機
2008 年　JPMorgan Chase による大手投資銀行 Bear Stearns の救済買収
　　　　3 大商業銀行グループによる IPO（新規公開株式発行）の引受シェアが，3 大投資銀行のものを上回る
2009 年　Bank of America による大手投資銀行 Merrill Lynch の子会社化
　　　　バーゼル 2.5 発表（最終版は 2009 年 7 月発表，2013 年初実施）
2010 年　ドッド＝フランク法の制定

参考文献

(外国語文献)

Adrian, Tobias and Shin, Hyun Song (2010), "The Changing Nature of Financial Intermediation and the Financial Crisis of 2007-09," Federal Reserve Bank of New York, *Staff Reports*, No. 439, March, Revised April.

Allen, Franklin and Gale, Douglas M. (2006), "Systemic Risk and Regulation," Version of October 18, in Mark Carey and René Stulz, eds., *The Risks of Financial Institutions*, National Bureau of Economic Research Conference Report, Chicago: University of Chicago Press.

Anderson, Benjamin McAlester (1917), *The Value of Money*, New York: The Macmillan Co.

Arlt, Carl T., Jr. (1959), "Member Bank Term Lending to Business, 1955-57," *Federal Reserve Bulletin*, Vol.45, No.4, April, pp. 353-368.

Ashcraft, Adam B. and Schuermann, Til (2008), "Understanding the Securitization of Subprime Mortgage Credit," Federal Reserve Bank of New York Staff Report No. 318, March.

Association for Financial Professionals (2000), *Financial Industry Consolidation Survey*, September.

Association for Financial Professionals (2004), *2004 Credit Access Survey*, June.

Ausubel, Lawrence M. (1991), "The Failure of Competition in the Credit Card Market," *American Economic Review*, Vol. 81, No. 1, March, pp. 50-81.

Bank of England (2007), *Financial Stability Report*, Issue No. 22, London: Park Communications Limited, October.

Banker (2011), *Top 1000 World Banks Ranking*, July.

Barnett-Hart, Anna K (2009), "The Story of the CDO Market Meltdown: An Empirical Analysis," Department of Economics, Bachelor of Arts degree, Harvard College, March

Basel Committee on Banking Supervision (2013), *Progress Report on Implementation of the Basel Regulatory Framework*, Bank for International Settlements, April.

Becketti, Sean (1987), "Understanding Loan Sales," Federal Reserve Bank of Kansas City, *Financial Letter*, Vol. 13, No. 4, April.

Becketti, Sean (1988), "The Role of Stripped Securities in Portfolio Management," Federal Reserve Bank of Kansas City, *Economic Review*, Vol. 73, No. 5, May, pp. 20-31.

Becketti, Sean (1993), "Are Derivatives Too Risky for Banks?" Federal Reserve Bank of Kansas City, *Economic Review*, Vol. 78, No. 3, August, pp. 27-42.

Becketti, Sean and Morris, Charles S. (1987), "Loan Sales: Another Step in the Evolution of the Short-term Credit Market," Federal Reserve Bank of Kansas City, *Economic Review*,

Vol. 72, No. 4, November, pp. 22-31.

Behrens, Carl F. (1952), *Commercial Bank Activities in Urban Mortgage Financing*, New York: National Bureau of Economic Research.

Bennett, Veronica (1984), "Consumer Demand for Product Deregulation," Federal Reserve Bank of Atlanta, *Economic Review*, May, pp. 28-40.

Benveniste, Lawrence M. and Berger, Allen N. (1987), "Securitization with Recourse: An Instrument that Offers Uninsured Bank Depositors Sequential Claims," *Journal of Banking and Finance*, Vol.11, No. 3, September, pp. 403-424.

Berndt, Antje and Gupta, Anurag (2009), "Moral Hazard and Adverse Selection in the Originate-to-Distribute Model of Bank Credit," *Journal of Monetary Economics*, Vol.56, No.5, July, pp. 725-743.

Bishop, Matthew (2004), "A Survey of Private Equity," *Economist*, November 27, pp.3-16.

Black, Fischer (1970), "Fundamentals of Liquidity," Mimeograph, Associates in Finance, June.

Blume, Marshall E.; Siegel, Jeremy J. and Rottenberg, Dan, (1996), *Revolution on Wall Street: The Rise and Decline of the New York Stock Exchange*, New York: W.W.Norton & Co Inc.

Board of Governors of the Federal Reserve System (1959), *The Federal Funds Market: A Study by a Federal Reserve System Committee*, Washington, D.C.

Board of Governors of the Federal Reserve System (1968), *Bank Credit-Card and Check-Credit Plans*, A Federal Reserve System Report, July.

Board of Governors of the Federal Reserve System (1997, 1998, 1999, 2001, 2002), "The Profitability of Credit Card Operations of Depository Institutions," *Report to the Congress*, June.

Board of Governors of the Federal Reserve System (2010a), "Profits and Balance Sheet Developments at U.S. Commercial Banks in 2009," *Federal Reserve Bulletin*, May, pp. A1-A37.

Board of Governors of the Federal Reserve System (2010b), *Flow of Funds Accounts of the United States: Annual Flows and Outstanding 1945-1954, 1955-1964, 1965-1974, 1975-1984, 1985-1994, 1995-2004, 2005-2009*, Washington, D.C., June.

Board of Governors of the Federal Reserve System (2015), *Financial Accounts of the United States: Flow of Funds, Balance Sheets, and Integrated Macroeconomic Accounts 1945-1954, 1955-1964, 1965-1974, 1975-1984, 1985-1994, 1995-2004, 2005-2014*, Washington, D.C.: Government Printing Office, June.

Board of Governors of the Federal Reserve System and U. S. Securities and Exchange Commission (1998, 2000), *Report to the Congress on Markets for Small-Business- and Commercial-Mortgage-Related Securities*, September, Washington, D.C.

Bond Market Association (1997a), "Commercial Mortgage-Backed Securities Market Flourishes as Supply Tops $130 Billion," *Research*, June.

Bond Market Association (1997b), "Surge in CBOs Cited at Corporate Bond Conference," *Bond Market*, November.

Bond Market Association (1999), "Mortgage-Related Securities Market Reports Record Year in 1998, MBS Issuance Tops $700 Billion", *Research*, March.

Bond Market Association (2000), "Mortgage-Backed Securities Market Remained Strong in 1999," *Research*, April.

Bond Market Association (2002), "The Bond Market Association Announces Formation of Collateralized Debt Obligation (CDO) Committee," *Press Release*, November 26.

Bord, Vitaly M. and Santos, João A. C. (2012), "The Rise of the Originate-to-Distribute Model and the Role of Banks in Financial Intermediation," Federal Reserve Bank of New York, *Economic Policy Review*, July, pp. 21-34

Boyd, John H. and Gertler, Mark (1994), "Are Banks Dead ? Or Are the Reports Greatly Exaggerated?" *Quarterly Review*, Vol.18, No.3, Federal Reserve Bank of Minneapolis, Summer, pp. 2-23.

Brandy, Harry and Crowe, Paul A. (1968), "Trading in Federal Funds by Banks in the Southwest," *Southern Journal of Business*, Vol. 2, No. 2, April, pp. 200-222.

Brendsel, Leland C. (1996), "Securitization's Role in Housing Finance: The Special Contributions of the Government-Sponsored Enterprises," in Leon T. Kandall and Michael J. Fishman, *A Primer on Securitization*, Cambridge: MIT Press.

Brewer III, Elijah; Minton, Bernadette A. and Moser, James T. (1994a), "The Effect of Bank-Held Derivatives on Credit Accessibility," Federal Reserve Bank of Chicago, Working Papers Series, Issues in Financial Regulation, 94-5. April.

Brewer III, Elijah; Minton, Bernadette A. and Moser, James T. (1994b), "The Effect of Bank-Held Derivatives on Credit Accessibility", in Federal Reserve Bank of Chicago, *The Declining? Role of Banking*, Proceedings, 30th Annual Conference on Bank Structure and Competition, May.

Brewer III, Elijah; Minton, Bernadette A. and Moser, James T. (1996), "Interest-rate Derivatives and Bank Lending," Federal Reserve Bank of Chicago, Working Papers Series, Macroeconomic Issues, 96-13, September.

Brewer III, Elijah; Minton, Bernadette A. and Moser, James T. (2000), "Interest-rate Derivatives and Bank Lending," *Journal of Banking and Finance*, Vol.24, No.3, March, pp. 353-379.

British Bankers' Association (2004), *Credit Derivatives Report 2003/2004*, London: BBA Enterprises, September.

British Bankers' Association (2006), *Credit Derivatives Report 2006*, London: BBA Enterprises, September.

Bryan, Lowell L. (1988), *Breaking up the Bank: Rethinking an Industry under Siege*, Homewood: Dow Jones-Irwin. (マッキンゼー & カンパニー金融グループ訳『銀行システムのリストラクチャリング：" 金融の証券化 " を勝ち抜く経営戦略』（新金融シリーズ "21 世紀への挑戦"）金融財政事情研究会，1998 年)

Business Week (1968), "Money Goes Electronic in the 1970s," Special Report, January 13, pp. 54-76.

Business Week (1984), "The New Appeal of Mortgage Securities," Personal Business

Supplement, March 12, pp. 136-138.
Cacy, J. A. (1969), "Tenth District Banks in the Federal Funds market," Federal Reserve Bank of Kansas City, *Monthly Review*, Vol.54, No.11, November, pp. 10-20.
Calomiris, Charles W. (1995), "Book Review," *Journal of Economic Literature*, Vol.33, No.3, September, pp. 1357-1359
Calomiris, Charles W. (2000), *U.S. Bank Deregulation in Historical Perspective*, Cambridge: Cambridge University Press.
Calomiris, Charles W. and Mason, Joseph R. (2003), "Credit Card Securitization and Regulatory Arbitrage," Federal Reserve Bank of Philadelphia, Working Paper No.03-7, April.
Canner, Glenn B. and Fergus, James T. (1987), "The Economic Effects of Proposed Ceilings on Credit Card Interest Rates," *Federal Reserve Bulletin*, Vol.73, No.1, January, pp. 1-13.
Canner, Glenn B. and Luckett, Charles A. (1992), "Developments in the Pricing of Credit Card Services," *Federal Reserve Bulletin*, Vol.78, No.9, September, pp. 652-666.
Cantor, Richard and Demsetz, Rebecca S. (1993), "Securitization, Loan Sales, and the Credit Slowdown," Federal Reserve Bank of New York, *Quarterly Review*, Vol.18, No.2, Summer, pp. 27-38.
Chapman, John M. and Associates (1940), *Commercial Banks and Consumer Instalment Credit*, No.3 of Studies in Consumer Instalment Financing, New York: National Bureau of Economic Research.
Cleveland, Harold van B. and Huertas, Thomas F. (1985), *Citibank, 1812-1970*, Cambridge: Harvard University Press.
Coffey, Meredith M. (2000), "The US Leveleged Loan Market: From Relationship to Return," in Tony Rhode, ed., *Syndicated Lending: Practice and Documentation*, 3rd ed., London: Euromoney.
Colby, William G. (1966), "Second District 'Country' Member Banks and the Federal Funds Market," Federal Reserve Bank of New York, *Monthly Review*, Vol.48, No.5, May, pp. 114-118.
Coppock, Joseph D. (1940), *Government Agencies of Consumer Instalment Credit*. No. 5 of Studies in Consumer Instalment Financing, New York: National Bureau of Economic Research.
Corrigan, E. Gerald (2000), "Are Banks Special? A Revisitation," Federal Reserve Banks of Minneapolis, *The Region*, March.
Covitz, Daniel and Sharpe, Steven A. (2005), "Do Nonfinancial Firms Use Interest Rate Derivatives to Hedge?" Board of Governors of the Federal Reserve System, Finance and Economics Discussion Series 2005-39, September.
Demsetz, Rebecca S. (1994), "Recent Trends in Commercial Bank Loan Sales," Federal Reserve Bank of New York, *Quarterly Review*, Vol.18, No.4, Winter, pp. 75-78.
Demsetz, Rebecca S. (1999), "Bank Loan Sales: A New Look at the Motivations for Secondary Market Activity," Federal Reserve Bank of New York, *Staff Reports*, No. 69, March.

Deposit Trust & Clearing Corporation (1999), *1999 Annual Report: The Power of 1*, New York.
Deposit Trust & Clearing Corporation (2000), *2000 Annual Report: 2005, More Than Just a Dream*, New York.
Duprey, J. N. (1966), "Country Bank Participation in the Federal Funds Market," Federal Reserve Bank of Minneapolis, *Monthly Review*, July, pp. 3-8.
Edwards, Franklin R. and Mishkin, Frederic S. (1995), "The Decline of Traditional Banking: Implications for Financial Stability and Regulatory Policy," Federal Reserve Bank of New York, *Economic Policy Review*, July, pp. 27-45.
Edwards, George W. (1938), *The Evolution of Finance Capitalism*, New York: August M. Kelley, Reprinted 1967.
Einzig, Paul (1970), *Parallel Money Markets*, London: Macmillan St Martin's Press, Vol. 2.(東京銀行調査部訳『世界の金融市場』文雅堂銀行研究社, 1974年)
Federal Reserve Bank of New York (1987), *A Study of Large-Dollar Payment Flows through CHIPS and Fedwire*, December.
Federal Reserve Bank of New York (1988), "Large-Dollar Payment Flows from New York," Federal Reserve Bank of New York, *Quarterly Review*, Vol.12, No.4, Winter, pp. 6-13.
Federal Trade Commission, Protecting America's Consumers (2002), "Citigroup Settles FTC Charges Against the Associates Record-Setting $215 Million for Subprime Lending Victims," September 19. (www.ftc.gov/opa/2002/09/associates.shtm)
Feldstein, Martin (2008), "How to Help People Whose Home Values are Underwater," *Wall Street Journal*, November 18, p. A21.
Financial Accounting Standards Board (2000), *Statement of Financial Accounting Standards No. 140, Accounting for Transfers and Servicing of Financial Assets and Extinguishments of Liabilities*, September.
Financial Crisis Inquiry Commission (2009), *The Financial Crisis Inquiry Report, Authorized Edition: Final Report of the National Commission on the Causes of the Financial and Economic Crisis in the United States*, Washington, D.C.: Government Printing Office, January.
Finnerty, John D. (2007), *Project Financing: Asset-Based Financial Engineering*, 2nd ed., New Jersey: John Willy & Sons, Inc.
Fitch Ratings (2003), "Global Credit Derivatives: Risk Management or Risk?" *Special Reports*, March 10.
Fitch Ratings (2004), "2003 Global Credit Derivatives Survey: Single-Name CDS Fuel Growth," *Special Reports*, September 7.
Fitch, Thomas P. (1984), "Special Report: Consumer Credit in a Changing Economy," *United States Banker*, Vol.85, No.4, April, pp. 24-28, 51.
Franklin, Thomas C. (1968), "Significance of Interchange for Bank Credit Cards Plans," *Burroughs Clearing House*, August, pp. 28-29, 63-64.
Freeman, Richard (1992), *Tax Derivatives Speculation, Pop the Financial Bubble, Rebuild*

the World Economy, American Almanac Pamphlet, reprinted *New Federalist*, September 6, 1993.

Gadanecz, Blaise (2004), "The Syndicated Loan Market: Structure, Development and Implications," *BIS Quarterly Review*, December, pp. 75-89.

Gadiesh, Orit and Gilbert, James L. (1998a), "Profit Pools: Flesh Look at Strategy," *Harvard Business Review*, May-June, pp. 139-147. (森本博行訳「事業再構築への収益構造分析：プロフィット・プール」『ダイヤモンド・ハーバード・ビジネス』1998年11月号, 124-134頁)

Gadiesh, Orit and Gilbert, James L. (1998b), "How to Map Your Industry's Profit Pool," *Harvard Business Review*, May-June, pp. 149-162. (黒田由貴子・有賀裕子訳「プロフィット・プール・マップによる戦略発想」『ダイヤモンド・ハーバード・ビジネス』1998年11月号, 138-148頁)

Garbade, Kenneth D. (2004), "Origins of the Federal Reserve Book-Entry System," Federal Reserve Bank of New York, *Economic Policy Review*, Vol.10, No.3, December, pp. 33-50.

Gee, Edward F. (1959), "The Seasonal Loan," in Benjamin Haggott Beckhart, *ed.*, *Business Loans of American Commercial Banks*, New York: Ronald Press Company.

Gilbert, Adam M.; Hunt, Dara and Winch, Kenneth C. (1997), "Creating an Integrated Payment System: The Evolution of Fedwire," Federal Reserve Bank of New York, *Economic Policy Review*, Vol. 3, No. 2, July, pp. 1-7.

Gorton, Gary B. and Haubrich, Joseph G. (1987), "The Paradox of Loan Sales," in Federal Reserve Bank of Chicago, *Merging Commercial and Investment Banking: Risks, Benefits, Challenges*, Proceedings, A Conference on Bank Structure and Competition, May, Chicago.

Gorton, Gary B. and Haubrich, Joseph G. (1990), "The Loan Sales Market," in George Kaufman, *ed.*, *Research in Financial Services: Private and Public Policy*, Vol. 2, Greenwich: JAI Press Inc.

Gorton, Gary B. and Pennacchi, George G. (1990), "Banks and Loan Sales: Marketing Nonmarketable Assets," National Bureau of Economic Research, Working Paper No.3551, December.

Gorton, Gary B. and Pennacchi, George G. (1995), "Banks and Loan Sales: Marketing Nonmarketable Assets," *Journal of Monetary Economics*, Vol.4, No.2, September, pp. 389-411.

Gorton, Gary B. and Rosen, Richard J. (1995), "Banks and Derivatives," National Bureau of Economic Research, Working Paper No.5100, April.

Gorton, Gary B. and Souleles, Nicholas S. (2006), "Special Purpose Vehicles and Securitization," in Mark Carey and René Stulz, *eds.*, *The Risks of Financial Institutions*, National Bureau of Economic Research Conference Report, Chicago: University of Chicago Press.

Gottfredson, Mark; Schaubert, Steve and Saenz, Herman (2008), "Diagnosing the Business," *Harvard Business Review*, February, pp. 62-73. (鈴木泰雄訳「業績改善の事業診断法」『ダイヤモンド・ハーバード・ビジネス』2008年7月号, 54-71頁)

Greenbaum, Stuart and Thakor, Anjan (1987), "Bank Funding Modes: Securitization Versus Deposits", *Journal of Banking and Finance*, Vol.11, No. 3, September, pp. 379-401.
Gregory, Deborah W. and Livingston, Miles (1992), "Development of the Market for U. S. Treasury STRIPS," *Financial Analysts Journal*, March-April, pp. 68-74.
Grinblatt, Mark and Longstaff, Francis A. (2000), "Financial Innovation and the Role of Derivative Securities: An Empirical Analysis of the Treasury STRIPS Program," *Journal of Finance*, Vol.55, No.3, June, pp. 1415-1436.
Group of Thirty (1993), *Derivatives: Practices and Principles*, Washington, D.C., July.
Group of Thirty (2009), *Financial Reform: A Framework for Financial Stability*, Washington, D.C., January.
Guenther, Robert (1988), "Banks Offer Glimpse at LBO Portfolios, Showing That Many Loans Are Re-Sold," *Wall Street Journal*, December 13, p. A3.
Guttentag, Jack M. and Golembe Associates, Inc. (1979), *Commercial Banks and Housing Finance*, Association of Reserve City Bankers.
Hahn, Thomas K. (1993), "Commercial Paper," in Timothy Q. Cook and Robert K. Laroche, eds., *Instruments of the Money Market*, 7th ed., Federal Reserve Bank of Richmond (www.rich.frb.org/pubs/instruments).
Hamilton, David T. (2007), "Corporate Default and Recovery Rates, 1920-2006," *Special Comment*, Moody's Investors Service, Inc., Report No. 102071, February.
Harrington, Shannon D. (2007), "Moody's Says Citigroup SIV Debt Ratings Under Threat," Bloomberg News, November 30.
Haubrich, Joseph G. (1989), "An Overview of the Market for Loan Sales," *Commercial Lending Review*, Vol. 4, No. 2, Spring, pp. 39-47.
Haubrich, Joseph G. and Thompson, James G. (1993), "The Evolving Loan Sales Market," Federal Reserve Bank of Cleveland, *Economic Commentary*, July 15.
Haubrich, Joseph G. and Thompson, James G. (1996), "Loan Sales, Implicit Contracts, and Bank Structure," *Review of Quantitative Finance and Accounting*, Vol.7, Issue 2, September, pp. 137-162.
Higgins, Eric J. and Mason, Joseph R. (2003), "What is the Value of Recourse to Asset Backed Securities? A Clinical Study of Credit Card Banks," Federal Reserve Bank of Philadelphia, Working Paper No.03-6, April.
Hilferding, Rudolf (1955), *Das Finanzkapital, Eine Studie über die jüngste Entwicklung des Kapitalismus*, Berlin: Dietz Verlag.（林要訳『金融資本論』改訂版、大月書店、1961年）
Hillery, Paura V. and Thompson, Stephen E. (2000), "The Federal Reserve Bank as Fiscal Agents and Depositories of the United States," *Federal Reserve Bulletin*, Vol.86, No.4, April, pp. 251-259.
Hirtle, Beverly (1987), "The Growth of the Financial Guarantee Market," Federal Reserve Bank of New York, *Quarterly Review*, Vol. 11, No. 1, Spring, pp. 10-28.
Hoey, Matthew and Vollkommer, Richard (1971), "Development of a Clearing Arrangement and Book-Entry Custody Procedure for U.S. Government Securities," *Magazine of Bank Administration*, Vol.47, No.6, June, pp. 21-29.

Hoshi, Takeo and Kashyap, Anil K. (2001), *Corporate Financing and Governance in Japan: The Road to the Future*, Cambridge: MIT Press. (鯉渕賢訳『日本金融システム進化論』日本経済新聞社，2006 年)

Hull, Everette D. (1989a, 1989b), "The Complete Story on Securitization on Bank Assets: Part 1 and 2," *Journal of Commercial Bank Lending*, Vol.71, No.11, November, pp. 20-30, Vol.71, No.12, December, pp. 16-26.

Hull, Everette D.; Annand, Leslie C. and Cooke, George (1987), "Bankers Debate… Is Asset Securitization Worth the Cost at Your Bank?" *Journal of Commercial Bank Lending*, Vol.69, No.8, August, pp. 2-9.

Humphrey, David B. (1984), "Future Networks and the Fed's Role," in Federal Reserve Bank of Atlanta, *Payments in the Financial Services Industry of the 1980s*, Westport: Quorum Books.

Inside B&C Lending (2009), "Subprime Lending," Special Issue.

International Monetary Fund (2007), *Global Financial Stability Report: Financial Market Turbulence Causes, Consequences, and Policies*, Washington, D.C., October.

International Monetary Fund (2008), *Global Financial Stability Report: Containing Systemic Risks and Restoring Financial Soundness*, Washington, D.C., April.

International Monetary Fund (2014a), *Global Financial Stability Report: Moving from Liquidity- to Growth-Driven Markets*, Washington, D.C., April.

International Monetary Fund (2014b), *Global Financial Stability Report—Risk Taking, Liquidity, and Shadow Banking: Curbing Excess while Promoting Growth*, Washington, D.C., October.

Jacoby, Neil H. and Saulnier, Raymond J. (1942), *Term Lending to Business*, New York: National Bureau of Economic Research.

James, Christopher (1987), "Off-Balance Sheet Banking," Federal Reserve Bank of San Francisco, *Economic Review*, No.4, Fall, pp. 21-36.

James, Marquis and James, Bessie R. (1954), *Biography of a Bank: The Story of Bank of America N. T. and S. A.*, New York: Harper & Brothers Publisher. (三和銀行国際経済研究会訳『バンク・オブ・アメリカ：その創業と発展』東洋経済新報社，1960 年)

Jeidels, Otto, (1905), *Das Verhältnis der deutschen Großbanken zur Industrie mit besonderer Berücksichtigung der Eisenindustrie*, Leipzig: Duncker & Humblot. (長坂聡訳『ドイツ大銀行の産業支配』勁草書房，1984 年)

Johnson, Kathleen W. (2002), "Consumer Loan Securitization," in Thomas A. Durkin and Michael E. Staten, *eds.*, *The Impact of Public Policy on Consumer Credit*, Boston: Kluwer Academic Publishers.

Johnson, Kathleen W. (2004), "Convenience or Necessity? Understanding the Recent Rise in Credit Card Debt," Board of Governors of the Federal Reserve System, Finance and Economics Discussion Series 2004-47, September.

Johnson, Tom (2000), "Citigroup Buys Associates: No. 1 U.S. Consumer Finance Company Acquired in Stock Deal Valued at $31B," CNNMoney, September 6. (http://cnnfn.cnn.com/2000/09/06/deals/citigroup/index.htm)

Joint Economic Committee of the U.S. Congress (2007), *The Subprime Lending Crisis: The Economic Impact on Wealth, Property Values and Tax Revenues, and How We Got Here*, Washington, D.C., October

Juncker, George R.; Summers, Bruce J. and Young, Florence M. (1991), "A Primer on the Settlement of Payments in the United States," *Federal Reserve Bulletin*, Vol.77, No.11, November, pp. 847-858.

Jungman, Michael (1996), "The Contributions of the Resolution Trust Corporation to the Securitization Process," in Leon T. Kandall and Michael J. Fishman, *A Primer on Securitization*, Cambridge: MIT Press.

Kapoor, Deven (2003), "Home Equity ABS and the Financial Guaranty Industry," Special Comment, Moody's Investors Service, Report No.77561, March.

Kaufman, George G. and Mote, Larry R. (1994), "Is Banking a Declining Industry? A. Historical Perspective," Federal Reserve Bank of Chicago, *Economic Perspectives*, May/June, pp. 2-21. (高木仁訳「銀行業は衰退産業か？ 一つの歴史的見通し」『明大商學論叢』第77巻第3・4号, 1995年3月, 17-44頁)

Kawanami, Yoichi (1990), "The Credit Extension and the Collateral System-Historical Development of Business Loans by American Commercial Banks [1]," Society of Political Economy, Kyushu University, *Journal of Political Economy*, 56(3), August, pp. 73-97

Keynes, John M. (1930), *A Treatise on Money 2: The Applied Theory of Money, reprinted 1971, Vol. 6 of The Collective Writings of John Maynard Keynes*, ed. by The Royal Economic Society, London: Macmillan. (長澤惟恭訳『貨幣論II：貨幣の応用理論』(ケインズ全集第6巻) 東洋経済新報社, 1980年)

Keys, Benjamin; Mukherjee, Tanmoy; Seru, Amit and Vig, Vikrant (2009), "Financial Regulation and Securitization: Evidence from Subprime Loans," *Journal of Monetary Economics*, Vol.56, Issue 5, July, pp. 700-720.

Kirkland, Richard I., Jr. (1986), "Banks Seek Life Beyond Lending," *Fortune*, Vol.113, No.5, March 3, pp. 54-57.

Kizzia, Carol (1987), "What's behind the Growth in Asset Sales?" *ABA Banking Journal*, Vol.79, No.3, March, pp. 32-36.

Klaffky, Thomas E. and Kopprasch, Robert W. (1990), "Analysis of Treasury Zero-Coupon Bonds," in Frank J. Fabozzi, *ed., The Handbook of U.S. Treasury & Government Agency Securities*, Chicago: Probus Publishing Company.

Kluber, Thomas J. and Stauffacher, Thomas (1987), "Zero Coupon Treasury Securities," in Frank J. Fabozzi, *ed., The Handbook of Treasury Securities; Trading and Portfolio Strategies*, Chicago: Probus Publishing Company.

Kopff, Gary J. and Lent, Jeremy (1989), "Securitization: The Future for C & I Loans," *Journal of Commercial Bank Lending*, Vol.71, No.6, June, pp. 28-35.

Koppenhaver, G. D. (1986), "Futures Options and Their Use by Financial Intermediaries," Federal Reserve Bank of Chicago, *Economic Perspectives*, Vol. 10, No. 1, January/February, pp. 18-31.

Korell, Mark L. (1996), "The Working of Private Mortgage Bankers and Securitization

Conduits," in Leon T. Kandall and Michael J. Fishman, *A Primer on Securitization*, Cambridge: MIT Press.

Kuhn, Robert Lawrence (1990), *Investment Banking: The Art and Science of High-Stakes Dealmaking*, New York: Harper & Row, Publishers. (佐中昭雄・仁平和夫訳 (1990),『投資銀行：融資と資金調達の戦略と実務』日経 BP 社)

Kuprianov, Anatoli (1993), "Over-the-Counter Interest Rate Derivatives," in Timothy Q. Cook and Robert K. Laroche, eds., *Instruments of the Money Market*, 7th ed., Federal Reserve Bank of Richmond (www.rich.frb.org/pubs/instruments).

Litan, Robert E. (1987), *What Should Banks Do?* Brookings Institution Press. (馬淵紀壽・塩沢修平訳『銀行が変わる：グラス＝スティーガル体制後の新構図』日本経済新聞社, 1998 年)

Livingston, Miles (1990), *Money and Capital Markets: Financial Instruments and Their Uses*, Englewood Cliffs: Prentice-Hall.

Los Angeles Times (2001), "Citigroup to Buy European American Bank in Bid to Increase N.Y. Market Share," February 13. (http://articles.latimes.com/2001/feb/13/business/fi-24719)

Mandell, Lewis (1981), *Credit Card and the Financing of Small Business*, a Series of Studies of Small Business Finance, Washington, D.C.: Interagency Task Force on Small Business Finance.

Mandell, Lewis (1990), *The Credit Card Industry: A History*, Boston: Twayne Publishers. (根本忠明・荒川隆訳『アメリカクレジット産業の歴史』日本経済評論社, 2000 年)

Marcus, Alan J. and Kling, Arnold (1987), "Interest-Only/Principal-Only Mortgage-Backed Strips: A Valuation and Risk Analysis," National Bureau of Economic Research, Working Paper No.2340, August.

Markham, Jerry W. (2002), *A Financial History of the United States*, Vol.1-3, New York: M.E. Sharpe.

Marx, Karl (1964), *Das Kapital*, Dritter Band, 1894, Karl Marx・Friedrich Engels Werke・Band 25, Dietz Verlag Berlin. (岡崎次郎訳『資本論』国民文庫, 1972 年)

McAndrews, James J. and Rajan, Samira (2000), "The Timing and Funding of Fedwire Funds Transfers," Federal Reserve Bank of New York, *Economic Policy Review*, Vol. 6, No. 2, July, pp. 17-32.

McCurdy, Christopher J. (1981), "The Dealer Market for U.S. Government Securities," in Timothy Q. Cook and Bruce J. Summers, eds., *Instruments of the Money Market*, 5th ed., Richmond: Federal Reserve Bank of Richmond. (小畑二郎・小林襄治・坂野幹夫訳『アメリカの貨幣市場：短期金融市場の実態』日本証券経済研究所, 1983 年)

Mehring, Perry, (2011), *The New Lombard Street; How the Fed Became the Dealer of Last Resort*, Princeton: Princeton University Press.

Melton, William C. (1978), "The Market for Large Negotiable CDs," Federal Reserve Bank of New York, *Quarterly Review*, Vol. 2, No. 4, Winter, pp. 22-34.

Melton, William C. (1980), "Graduated Payment Mortgages," Federal Reserve Bank of New York, *Quarterly Review*, Vol. 5, No. 1, Spring, pp. 21-28.

Meltzer, Allen H. and Von der Linde, Gert (1960), *A Study of the Dealer Market For Federal Government Securities*, Materials Prepared for the Joint Economic Committee, Congress of the United States, Washington, D.C.: Government Printing Office.

Members of the Bankers Clearing House (1984), "An International Survey of Payment Clearing Systems," in Bankers Clearing House, *Payment Clearing Systems: Review of Organisation, Membership and Control*, London: Banking Information Service.（田辺則明・服部茂樹訳「各国の支払決済制度―1．米国」『金融』1986年2月号）

Mengle, David L. (1993), "Behind the Money Market: Clearing and Settling Money Market Instrument," in Timothy Q. Cook and Robert K. Laroche, *eds., Instruments of the Money Market*, 7th ed., Federal Reserve Bank of Richmond (www.rich.frb.org/pubs/instruments).

Merris, Randall C. (1979), "Business Loans at Large Commercial Banks: Policies and Practices," Federal Reserve Bank of Chicago, *Economic Perspectives*, Vol. 3, No. 6, November/December, pp. 15-23.

Mitchell, Karlyn (1985), "Interest Rates Risk Management at Tenth District Banks," Federal Reserve Bank of Kansas City, *Economic Review*, Vol.70, No.2, May, pp. 3-19.

Monroe, Ann (1985), "Securities Backed by Auto Loans Offered by 2 Firms," *Wall Street Journal*, May 16, p. 40.

Montanaro, Elisabetta (1997), "Efficient Risk Management in Financial Systems: Universal Bank or Securitisation?" in Jack Revell, *ed, The Recent Evolution of Financial Systems*, London: Macmillan Press.

Moody's Investors Service (1987), *Moody's Bank & Finance Manual*, 1987, Vol. 1.

Moore, George S. (1959), "Term Loans and Interim Financing," in Benjamin Haggott Beckhart, *ed., Business Loans of American Commercial Banks*, New York: Ronald Press Company.

Morris, Marc D. and Walter, John R. (1993), "Large Certificates of Deposit," in Timothy Q. Cook and Robert K. Laroche, *eds., Instruments of the Money Market*, 7th ed., Federal Reserve Bank of Richmond (www.rich. frb.org/pubs/instruments).

Morton, Joseph. E. (1956), *Urban Mortgage Lending: Comparative Markets and Experience*, New York: National Bureau of Economic Research.

Mossavar-Rahmani, Sharmin; Fabozzi, Frank J.; Jones, Frank J. and Wolkowitz, Benjamin (1987), "The Cash Market for U.S. Treasury Securities," in Frank J. Fabozzi, *ed., The Handbook of Treasury Securities*, Chicago: Probus Publishing Company.

Mossavar-Rahmani, Sharmin; Fabozzi, Frank J.; Jones, Frank J. and Wolkowitz, Benjamin (1990), "The Cash Market for U.S. Treasury Securities," in Frank J. Fabozzi, *ed., The Handbook of U.S. Treasury & Government Agency Securities*, Chicago: Probus Publishing Company.

Moulton, Harold G. (1918), "Commercial Banking and Capital Formation I-IV," *Journal of Political Economy*, Vol.26, No.5-7 and 9, May, June, July and November, pp. 484-508, 638-663, 705-731, 849-881.

Munn, Glenn G.; Garcia, F. L. and Woelfel, Charles J., *eds.* (1991), *Encyclopedia of Banking*

Finance, 9th ed., Rolling Meadows: Bankers Publishing Company.

Nadler, Marcus; Heller, Sipa and Shipman, Samuel S. (1955), *The Money Market and its Institution*, New York: Ronald Press Company. (吉野俊彦・津坂明訳『ニューヨーク金融市場』至誠堂, 1962年)

Nichols, Dorothy M. (1964), "New Series on Federal Funds," *Federal Reserve Bulletin*, Vol.50, No.8, August, pp. 944-1026.

Nichols, Dorothy M. (1966), "Reserve Management at Fifth District," Federal Reserve Bank of Richmond, *Monthly Review*, Vol.52, No.9, September, pp. 2-11.

Nocera, Joseph (1994), *A Piece of the Action: How the Middle Class Joined the Money Class*, New York: Simon & Schuster. (野村総合研究所訳『アメリカ金融革命の群像』野村総合研究所, 1997年)

Pavel, Christine A. (1986), "Securitization," Federal Reserve Bank of Chicago, *Economic Perspectives*, Vol. 8, No. 4, July/August, pp. 16-31.

Pavel, Christine A. (1989), *Securitization: The Analysis and Development of the Loan-Based/Asset-Backed Securities Markets*, Chicago: Probus Professional Pub. (アイ・ビー・ティ訳『ゼミナール セキュリタイゼーション：金銭債権の証券化とアセットバック証券』東洋経済新報社, 1989年)

Pavel, Christine A. and Phillis, David A. (1987a), "Why Commercial Banks Sell Loans: An Empirical Analysis," Federal Reserve Bank of Chicago, *Economic Perspectives*, Vol. 9, No. 3, May/June, pp. 3-14.

Pavel, Christine A. and Phillis, David A. (1987b), "A Profile of Banks That Sell Loans," *Journal of Commercial Bank Lending*, Vol.69, No.8, August, pp. 10-18.

Pennacchi, George (1988), "Loan Sales and the Cost of Bank Capital", *Journal of Finance*, Vol.43, No.2, June, 375-396.

Pozsar, Zoltan; Adrian, Tobias; Ashcraft, Adam and Boesky, Hayley (2013), "Shadow Banking," Federal Reserve Bank of New York, *Economic Policy Review*, December, pp. 1-16.

Prochnow, Herbert V. (1949), "Bank Liquidity and the New Doctrine of Anticipated Income," *Journal of Finance*, Vol.4, No.4, December, pp. 298-314.

Purnanandam, Amiyatosh (2010), "Originate-to-distribute Model and the Subprime Mortgage Crisis," *Review of Financial Studies*, Vol.24, Issue 6, pp. 1881-1915, October.

Ranieri, Lewis S. (1996), "The Origins of Securitization, Sources of Its Growth, and Its Future Potential," in Leon T. Kandall and Michael J. Fishman, *A Primer on Securitization*, Cambridge: MIT Press.

Remolona, Eli M. (1993), "The Recent Growth Financial Derivative Markets," Federal Reserve Bank of New York, *Quarterly Review*, Vol.17, No.4, Winter, pp. 28-43.

Rice, Tara (2004), "Estimating the Volume of Payments-Driven Revenues in Retail Banking," *Payment Systems Worldwide*, Summer, pp. 3-14.

Richardson, Dennis W. (1970), *Electric Money: Evolution of an Electronic Funds-Transfer System*, Cambridge: MIT Press. (堀家文吉郎・大山綱明訳『第三の通貨』金融財政事情研究会, 1972年)

Rosen, Richard J. (2008), "The Role of Lenders in the Home Price Boom," Federal Reserve Bank of Chicago, WP 2008-16, November.
Rosen, Richard J. (2010), "The Impact of the Originate-to Distribute Model on Banks before and during the Financial Crisis," Federal Reserve Bank of Chicago, WP 2010-20, November.
Rosenthal, James A. and Ocampo, Juan M. (1988), *Securitization of Credit: Inside the New Technology of Finance*, New York: Wiley.
Rothwell, Jack C. (1965), "Federal Funds and the Profits Squeeze: A New Awareness at Country Banks," Federal Reserve Bank of Philadelphia, *Business Review*, March, pp. 3-11.
Roussakis, Emmanuel N. (1997), *Commercial Banking in an Era of Deregulation*, 3rd ed., Westport: Praeger Publishers.
Sack, Brian (2000), "Using Treasury STRIPS to Measure the Yield Curve," Board of Governors of the Federal Reserve System, Finance and Economics Discussion Series 2000-42, October.
Salem, George M. (1986), "Selling Commercial Loans: A Significant New Activity for Money Center Banks," *Journal of Commercial Bank Lending*, Vol.68, No.4, April, pp. 2-13.
Salem, George M. (1987), "Loan Selling: A Growing Revolution That Can Affect Your Banks," *Journal of Commercial Bank Lending*, Vol.69, No.1, January, pp. 12-24.
Saulnier, Raymond J. (1947), "Preface," in Neil H. Jacoby and Raymond J. Saulnier, *Business Finance and Banking*, New York: National Bureau of Economic Research.
Saulnier, Raymond J. (1956), "Introduction," in Joseph E. Morton, *Urban Mortgage Lending: Comparative Markets and Experience*, New York: National Bureau of Economic Research.
Saulnier, Raymond J.; Halcrow, Harold G. and Jacoby, Neil H. (1958), *Federal Lending and Loan Insurance*, Princeton: Princeton University Press.
Saunders, Anthony and Walter, Ingo (1993), *Universal Banking in the United States: What Could We Gain? What Could We Lose?* New York: Oxford University Press.
Saunders, Anthony and Walter, Ingo, *ed.*, (1996), *Universal Banking: Financial System Design, Reconsidered*, Chicago: Irwin Professional Pub.
Schuermann, Til (2004), "Why Were Banks Better Off in the 2001 Recession?" Federal Reserve Bank of New York, *Current Issues in Economics and Finance*, Vol.10, No.1, January, pp. 1-7.
Seidlers, David (1973), "Credit-Card and Check-Credit Plans at Commercial Banks," *Federal Reserve Bulletin*, Vol.59, No.9, September, pp. 646-653.
Selby, Beth (1985), "The Arrival of CARS," *Institutional Investor*, Vol.19, No.3, March, p. 31.
Shapio, Harvey D. (1985), "The Securitization of Practically Everything," *Institutional Investor*, Vol.19, No.5, May, pp. 196-202.
Shapiro, Monte H. and Johnson, Carol E. (1990), "Overview of Government Zero Market and Investment Strategies," in Frank J. Fabozzi, *ed.*, *The Handbook of U.S. Treasury & Government Agency Securities*, revised ed., Chicago: Probus Publishing Company.
Simons, Katerina (1995), "Interest Rate Derivatives and Asset-Liability Management by Commercial Banks," Federal Reserve Bank of Boston, *New England Economic Review*,

January/February, pp. 17-28.
Smith, Adam (1950), *An Inquiry into the Nature and Causes of the Wealth of Nations*, edited, with an introduction, notes, marginal summary and an enlarged index by Edwin Cannan, 6th ed., 2 vols, London: Methuen. (大内兵衛, 松川七郎訳 『諸国民の富』 岩波書店, 1959-1966年)
Smith, Wayne J. (1978), "Repurchase Agreements and Federal Funds," *Federal Reserve Bulletin*, Vol.64, No.5, May, pp. 353-360.
Stigum, Marcia (1988), *After the Trade: Dealer and Clearing Bank Operations in Money Market and Government Securities*, Homewood: Dow Jones-Irwin.
Stigum, Marcia (1990), *The Money Market*, 3rd ed., Homewood: Dow Jones-Irwin.
Summers, Bruce J. (1981), "Negotiable Certificates of Deposit," in Timothy Q. Cook and Bruce J. Summers, eds., *Instruments of the Money Market*, 5th ed., Richmond: Federal Reserve Bank of Richmond.
Thompson, Anthony V. (1998), "Securitization of Commercial and Industrial Loans," in Frank J. Fabozzi, ed., *Bank Loans: Secondary Market and Portfolio Management*, New Hope: Frank J. Fabozzi Associates.
Toby, Jacob Allen (1966), "Fed Funds: The Western Market," Federal Reserve Bank of San Francisco, *Monthly Review*, Vol.51, No.9, September, pp. 159-164.
U.S. Congress, House (1992), *Secondary Market for Commercial Real Estate Loans: Hearings before the Subcommittee on Policy Research and Insurance of the Committee on Banking, Finance and Urban Affairs*, 102nd Congress, 2nd Sessions, Serial No.102-118, Washington, D.C.: Government Printing Office, May.
U.S. Congress, House (1993a), *Secondary Market for Commercial Business Loans: Hearing Before the Subcommittee on Economic Growth and Credit Formation of the Committee on Banking, Finance and Urban Affairs*, 103rd Congress, 1st Session, Serial No. 103-32, Washington, D.C.: Government Printing Office, April.
U.S. Congress, House (1993b), *Safety and Soundness Issues Related to Bank Derivatives Activities—Part 1-3: Hearing Before the Committee on Banking, Finance and Urban Affairs*, 103rd Congress, 1st Session, Serial No. 103-88, Washington, D.C.: Government Printing Office, October.
U.S. Congress, Senate (1996), *The Condition of Consumer Credit: Hearing before the Subcommittee on Financial Institutions and Regulatory Relief of the Committee on Banking, Housing and Urban Affairs, Committee on Banking, Housing, and Urban Affairs*, 104th Congress, 2nd Session, S. HRG. 104-691, Washington, D.C.: Government Printing Office, July.
U.S. Department of Commerce, Bureau of the Census, *Quarterly Financial Report*, Washington, D.C.: Government Printing Office 各号。
U.S. General Accounting Office (1990), *Bank Powers: Activities of Securities Subsidiaries of Bank Holding Companies*, GGD-90-48, Washington, D.C.: Government Printing Office, March.
U.S. General Accounting Office (1991), *Bank Powers: Bank Holding Company Securities*

Subsidiaries' Market Activities Update, GGD-91-131, Washington, D.C.: Government Printing Office, September.
U.S. General Accounting Office (1994), *U.S. Credit Card Industry: An Assessment of its Competitiveness*, GGD-94-23, Washington, D.C.: Government Printing Office, April.
U.S. General Accounting Office (1995), *Banks' Securities Activities: Oversight Differs Depending on Activity and Regulator*, GGD-95-214, Washington, D.C.: Government Printing Office, September.
U.S. General Accounting Office (1996), *Financial Derivatives: Actions Taken or Proposed Since May 1994*, GGD/AIMD-97-8, Washington, D.C.: Government Printing Office, November.
U.S. General Accounting Office (1997), *Payments, Clearance, and Settlement: A Guide to the Systems, Risks, and Issues*, GAO/GGD-97-73, Washington, D.C.: Government Printing Office, June.
U.S. General Accounting Office (2003), *Bank Tying: Additional Steps Needed to Ensure Effective Enforcement of Tying Prohibitions*, GAO-04-4, Washington, D.C.: Government Printing Office, October.（日本証券経済研究所訳『銀行のタイイング行為：タイイング（抱合わせ販売）禁止条項の実効的施行を確保するために必要な追加措置』日本証券経済研究所，2004年）
U.S. Office of the Comptroller of the Currency (1930), *Annual Report of the Comptroller of the Currency*, Washington, D.C.: Government Printing Office.
U.S. Office of the Comptroller of the Currency (2002), *Guidance 2002-20: Interagency Guidance on Implicit Recourse in Asset Securitizations*, May.
U.S. Office of the Comptroller of the Currency, Board of Governors of the Federal Reserve System, Federal Deposit Insurance Corporation and Office of Thrift Supervision (2001), *Expanded Guidance for Subprime Lending Programs*. (www.federalreserve.gov/boarddocs/srletters/2001/sr0104a1.pdf)
Vinter, Graham (1998), *Project Finance: A Legal Guide*, 2nd ed., London: Sweet & Maxwell.
Wall, Larry D. (1991), "Recourse Risk in Asset Sales," Federal Reserve Bank of Atlanta, *Economic Review*, Vol.76, No.5, September/October, pp. 1-13.
Walter, Ingo (2004), *Mergers and Acquisitions in Banking and Finance: What Works, What Fails, and Why*, New York: Oxford University Press.
Watro, Paul R. (1988), "The Bank Credit-Card Boom: Some Explanations and Consequences," Federal Reserve Bank of Cleveland, *Economic Commentary*, March 1.
Wheelock, David C. (1993), "Is the Banking Industry in Decline ? Recent Trends and Future Prospects from a Historical Perspective," Federal Reserve Bank of St. Louis, *Review*, September/October, pp. 3-22（高木仁訳「銀行業は衰退中か？ 一つの歴史的見通しからみた最近の傾向と将来の予測」『明大商学論叢』第77巻第2号，1994年12月，99-128頁）。
Wiedemer, John P. (1987), *Real Estate Finance*, 5th ed., Englewood Cliffs: Prentice-Hall.（日本債券信用銀行不動産ファイナンス研究会訳『不動産ファイナンスの基礎と実践』東洋経済新報社，1989年）

Wilder, Jeff (2000), "Main Street Loans Can be a Bargain," *Hotel & Motel Management*, Vol. 215 Issue 8, May, p. 26.

Willemse, Rob J. M. (1986), "Large Certificates of Deposit," in Timothy Q. Cook and Timothy D. Rowe, *eds*. (1986), *Instruments of the Money Market*, 6th ed., Richmond: Federal Reserve Bank of Richmond.

Willes, Mark H. (1968), "Federal Funds and Country Bank Reserve Management," Federal Reserve Bank of Philadelphia, *Business Review*, September, pp. 3-8.

Willis, Parker B. (1957, 1964, 1968, 1970), *The Federal Funds Market, Its Origin and Development*, 1st, 2nd, 3rd and 4th ed., Federal Reserve Bank of Boston.

Willis, Parker B. (1972), "A Study of the Market for Federal Funds," Board of Governors of the Federal Reserve System, *Reappraised of the Federal Reserve Discount Mechanism*, Vol.3, Washington, D.C.

Wilson, John Donald (1986a), *The Chase: The Chase Manhattan Bank, N. A., 1945–1985*, Boston: Harvard Business School Press.

Wilson, J.S.G. (1986b), *Banking Policy and Structure; A Comparative Analysis*, London: Croom Helm.

Woodworth, G. Walter (1965), *The Money Market and Monetary Management*, New York: Harper & Row.

Zigas, David (1985), "First Public Offerings May be Near for Securities Backed by Auto Loans," *American Banker*, May 15, p. 3

Zook, Chris (2007a), *Unstoppable: Finding Hidden Assets to Renew the Core and Fuel Profitable Growth*, Boston: Harvard Business School Press.（山本真司・牧岡宏訳『コア事業進化論：成長が終わらない企業の条件』ダイヤモンド社，2008年）

Zook, Chris (2007b), "Finding Your Next Core Business," *Harvard Business Review*, April, pp. 66-75.（山本冬彦訳「新たなコア事業を発見する法」『ダイヤモンド・ハーバード・ビジネス』2007年7月号，94-106頁）

（日本語文献）

秋葉賢一 (2000),「資産と負債の相殺表示について」日本銀行金融研究所『金融研究』第19巻第2号，6月，185-212頁。

足立俊明 (1987),『Tボンド・ディーリングと財務戦略：米国金利動向とその見方』財政金融事情研究会。

荒巻健二 (2011),「第4章 グローバル・インバランスと世界金融危機」渋谷博史編『アメリカ・モデルの企業と金融：グローバル化とITとウォール街』シリーズ　アメリカ・モデル経済社会　第10巻，昭和堂。

生川栄治 (1956),『イギリス金融資本の成立』有斐閣。

生川栄治 (1995),『ドイツ金融史論』有斐閣。

池内得二 (1965),『アメリカの商業銀行業務』文雅堂銀行研究会。

池尾和人 (2002),「銀行改革の進め方（中）『産業銀行』への未練捨てよ」経済教室，『日本経済新聞』8月28日，朝刊，27頁。

池尾和人 (2008),「米金融危機出口を探る（1）裁定型業務の限界超えよ」経済教室，『日

本経済新聞』9月18日,朝刊,27頁。
池尾和人 (2010),「ポスト金融危機時代の日本の金融」日本総研金融シンポジウム 金融システムの将来像,第1部 基調講演,日本総研, *Business & Economic Review*, 9月号, 4-10頁。
石倉雅男 (2012a),『貨幣経済と資本蓄積の理論』大月書店。
石倉雅男 (2012b),「第5章 証券化と金融危機:『影の銀行システム』における金融不安定性をめぐって」原正彦編『グローバル・クライシス』青山社。
石崎昭彦 (1962),『アメリカ金融資本の成立』東京大学出版会。
居城弘 (1992),「第一次大戦前ドイツの通貨と金融」酒井一夫・西村閑也編著『比較金融史研究』ミネルヴァ書房。
居城弘 (2001),『ドイツ金融史研究:ドイツ型金融システムとライヒスバンク』ミネルヴァ書房。
居城弘 (2002),「交互計算業務」金融辞典編集委員会編『大月金融事典』大月書店。
稲富信博 (2000),『イギリス資本市場の形成と機構』九州大学出版会。
井村進哉 (2002),『現代アメリカの住宅金融システム:金融自由化・証券化とリーテイルバンキング・公的部門の再編』東京大学出版会。
岩田健治 (1996),『欧州の金融統合:EEC から域内市場完成まで』日本経済評論社。
牛窪賢一 (1999),「米国投資銀行を中心とする金融ビジネスの変遷:401(k)プラン,投資信託,証券化を含む包括的整理」『損保ジャパン総研クォータリー』Vol.28,4月30日,26-61頁。
打込茂子 (1986),「アメリカにおけるセキュリタイゼーション」『東京銀行月報』第38巻第10号,10月,4-26頁。
遠藤幸彦 (1999a),『ウォール街のダイナミズム:米国証券業の軌跡』野村総合研究所。
遠藤幸彦 (1999b),「証券化の歴史的展開と経済的意義:米国を中心に」大蔵省財政金融研究所『フィナンシャル・レビュー』第51号,6月。
遠藤幸彦 (2006),「ビジネスパートナーとして相互利益を模索:アメリカにみる大企業とメガバンクとのビジネスモデルの変遷」特集 高度化する大企業取引,『週刊金融財政事情』第57巻第1号,1月,28-32頁。
太田康夫 (2011),『バーゼル敗戦銀行規制をめぐる闘い』日本経済新聞出版社。
鴻常夫・北沢正啓編 (1998),『英米商事法辞典』新版,商事法務研究会。
大野英二 (1956),『ドイツ金融資本成立史論』有斐閣。
大村敬一 (2010),『ファイナンス論:入門から応用まで』有斐閣ブックス。
大村敬一・浅子和美・池尾和人・須田美矢子 (2004),『経済学とファイナンス』第2版,東洋経済新報社。
大村敬一・水上慎士・高橋郁梨 (2002),「わが国金融仲介システムの健全性:財務指標による主成分分析」内閣府政策統括官,景気判断・政策分析ディスカッション・ペーパー, DP/02-2, 9月 (www5.cao.go.jp/keizai3/discussion-paper)。
大山剛 (2011),『バーゼルIIIの衝撃:日本金融生き残りの道』東洋経済新報社。
岡崎哲二・奥野正寛編 (1993),『現代日本経済システムの源流』シリーズ現代経済研究6,日本経済新聞社。
岡本悳也 (1978),「商業銀行と兼営銀行」川合一郎編『現代信用論 上』有斐閣ブックス。

奥山英司・地主敏樹（2011），「世界金融危機：その生成メカニズムと進行プロセス」〈特集〉世界金融危機，神戸大学『国民経済雑誌』第203巻第1号，1月，1-16頁。

尾崎充孝（2004），「金融保証（モノライン）保険業界の概要」N-86，日本政策投資銀行ニューヨーク駐在員事務所報告，国際・協力部，10月。

小立敬（2010），「米国における金融制度改革法の成立：ドッド＝フランク法の概要」野村資本市場研究所『資本市場クォータリー』夏号，127-152頁。

小原克馬（1997），『プロジェクト・ファイナンス』財政金融事情研究会。

掛下達郎（1992），「フェデラル・ファンズ市場と貨幣節約」九州大学大学院『経済論究』第84号，10月，39-66頁。

掛下達郎（1993），「転嫁流動性と短期金融市場」『九州経済学会年報』第31集，11月，17-23頁。

掛下達郎（1994a），「米国連邦準備銀行による割引政策と公開市場操作：アコード以前と以後」九州大学大学院『経済論究』第88号，3月，37-65頁。

掛下達郎（1994b），「米国金融政策と国債市場」『証券経済学会年報』第29号，5月，154-163頁。

掛下達郎（1996a），「米国企業金融における銀行信用の役割：1960-80年代を中心に」『松山大学論集』第7巻第6号，2月，19-41頁。

掛下達郎（1996b），「ターム・ローンの貸出―回収（貨幣還流）：戦後の転嫁流動性の展開」『松山大学論集』第8巻第5号，12月，75-95頁。

掛下達郎（1998a, 1998b, 1999），「アメリカ商業銀行の割賦信用（1）（2）（3・完）：管理通貨制度における商業銀行業務の変容」『松山大学論集』第10巻第4号，10月，77-105頁，第10巻第5号，12月，91-114頁，第10巻第6号，2月，23-51頁。

掛下達郎（2000），「アメリカ商業銀行の割賦信用」『証券経済学会年報』第35号，5月，285-288頁。

掛下達郎（2002a），『管理通貨制度の機構分析：アメリカ編』松山大学総合研究所所報第39号。

掛下達郎（2002b），「アセット・バック証券の歴史的展開：アメリカ商業銀行を中心に」『証券経済学会年報』第37号，5月，139-142頁。

掛下達郎（2004a），「アメリカ商業銀行と国債流通市場：換金可能性と銀行流動性」『証券経済学会年報』第39号，5月，58-62頁。

掛下達郎（2004b），「アメリカ商業銀行の割賦返済方式と銀行流動性：貸付の流通市場，証券化，金利ディリバティブへの展望」松山大学『創立八十周年記念論文集』，9月，21-41頁。

掛下達郎（2006），「アメリカのマネー・センター・バンクによる金利スワップ取引：大投資銀行との比較」『証券経済学会年報』第41号，7月，157-161頁。

掛下達郎（2008a），「アメリカのマネー・センター・バンクの業務展開：ローン・セールとディリバティブ」『証券経済学会年報』第43号，7月，17-40頁。

掛下達郎（2008b），「アメリカ式ノン・リコース・ファイナンスの源流：銀行のローン・セール業務を中心に」高橋基泰・松井隆幸・山口由等編著『グローバル社会における信用と信頼のネットワーク：組織と地域』（国際比較研究叢書 第2巻）明石書店，158-187頁。

掛下達郎（2010），「サブプライム危機前後におけるアメリカ大手金融機関の収益構造」日

本証券経済研究所『証券経済研究』第70号，6月，85-104頁。
掛下達郎 (2011a),「サブプライム危機前後における大手金融機関：その業務展開と収益構造」渋谷博史編『アメリカ・モデルの企業と金融：グローバル化とITとウォール街』シリーズ　アメリカ・モデル経済社会　第10巻，昭和堂，181-230頁。
掛下達郎 (2011b),「アメリカ大手金融機関の引受業務とトレーディング業務」証券経営研究会編『金融規制の動向と証券業』日本証券経済研究所，174-203頁。
掛下達郎 (2012),「金融機関の収益構造は変化したのか？　日米の大手金融機関について」日本証券経済研究所『証券レビュー』第52巻第2号，2月，59-100頁。
掛下達郎 (2013a),「マネーセンターバンクとは何か？　1つの試論」『名城論叢』第13巻第4号，3月，185-212頁。
掛下達郎 (2013b),「サブプライム危機下の米系大手金融機関：彼らの収益構造は変化したのか？」信用理論研究学会『信用理論研究』第32号，6月，61-77頁。
掛下達郎 (2014),「アメリカ大手商業銀行グループの引受業務への進出：その歴史的過程」日本証券経済研究所『証券レビュー』第54巻第10号，10月，40-79頁。
掛下達郎 (2015),「米国大手商業銀行グループの引受業務への進出」証券経営研究会編『資本市場の変貌と証券ビジネス』公益財団法人 日本証券経済研究所，2015年，365-404頁。
数阪孝志 (1991),『アメリカ商業銀行の多角的展開』東洋経済新報社。
数阪孝志 (1992),「アメリカにおける銀行・証券業の収益・経営問題」『証券経済学会年報』第27号，5月，243-251頁。
片桐謙 (1995),『アメリカのモーゲージ金融』日本経済評論社。
片山さつき (1998),『SPC法とは何か：資産の証券化と流動化に向けて』日経BP社。
神野光指郎 (2008a, 2008b, 2008c),「外国為替市場の世界的統合と金融機関の国際競争(上)(中)(下)」『福岡大學商學論叢』第53巻第1号，6月，17-43頁，第53巻第2号，9月，141-169頁，第53巻第3号，12月，315-345頁。
神野光指郎 (2010a),「1980年代の国際資本市場における米系金融機関の競争力」大阪市立大学経営学会編『経営研究』第60巻第4号，2月，1-42頁。
神野光指郎 (2010b, 2011a, 2011b),「グローバル・トレーディングと金融機関の国際競争 (1) 発行市場の性格に規定されるユーロ債流通市場の構造，(2) 国際資本市場における流動性格差とデリバティブ市場の発達，(3) トレーディング業務の変化と米系金融機関の地位」『福岡大學商學論叢』第55巻第2・3号，12月，69-113頁，第56巻第1号，6月，1-58頁，第56巻第2号，9月，105-170頁。
神野光指郎 (2013a, 2013b, 2013c),「1980年代における米金融制度改革と金融システム分析の視点(上)(中)(下)」『福岡大學商學論叢』榎本啓一郎教授退任記念号，第57巻第3・4号，3月，151-182頁，第58巻第1・2号，9月，49-105頁，第58巻第3号，12月，287-339頁。
川合一郎 (1960),『株式価格形成の理論』日本評論社。(『川合一郎著作集　第三巻』有斐閣，1981年，所収)
川合一郎 (1965),『信用制度とインフレーション』有斐閣。(『川合一郎著作集　第五巻』有斐閣，1981年，所収)
川合研 (2002),『アメリカ決済システムの展開』東洋経済新報社。
河合祐子 (2006),「クレジット・デリバティブ市場の発展可能性」『証券経済学会年報』第

41号,7月,152-156頁。
河合祐子・糸田真吾 (2005),『クレジット・デリバティブのすべて』財経詳報社。
川口慎二 (1961),『銀行流動性論：現代銀行論の基礎』千倉書房。
川波洋一 (1989, 1990),「信用供与の技術革新と商業銀行：1930年代アメリカにおける担保貸付との関連で 上下」九州大学経済学会『経済学研究』第55巻第4・5号, 12月, 303-327頁, 第55第6号, 2月, 145-161頁。
川波洋一 (1992),「『貨幣資本と現実資本』論の2つの型マルクスとヴェブレン」九州大学経済学会『経済学研究』第58巻第1号, 4月, 49-68頁。
川波洋一 (1995),『貨幣資本と現実資本：資本主義的信用の構造と動態』有斐閣。
川波洋一 (2003),「起業金融とアメリカの投資銀行」下平尾勲編著『現代の金融と地域経済 下平尾勲退官記念論集』新評論。
川波洋一 (2010a),「世界金融危機と現代金融の妖怪」『学士会会報』第6号, 11月, 14-18頁。
川波洋一 (2010b),「世界金融危機と金融規制のあり方」特集 バーゼル3にどう対処するか,『月刊金融ジャーナル』第51巻第12号, 12月, 24-27頁。
川波洋一・地主敏樹 (2013),「第7章 アメリカ経済と金融危機」日本金融学会編『なぜ金融危機は起こるのか：金融経済研究のフロンティア』東洋経済新報社。(日本金融学会編『金融経済研究』特別号, 1月)
木下悦二 (2008a, 2008b),「二一世紀初頭における『金融資本主義』とその挫折(上)(下)信用デリバティブに焦点を当てて」世界経済研究協会『世界経済評論』第52巻第9号, 9月, 27-39頁, 第52巻第10号, 10月, 43-49頁。
木下悦二 (2010),「米国資本主義の構造変化と金融危機」世界経済研究協会『世界経済評論』第54巻第5号, 9・10月, 56-70頁。
楠本博 (1987),『セキュリタイゼーション：日本型証券化のゆくえ』有斐閣新書。
久原正治 (1999),『金融イノベーター群像』シグマベイスキャピタル。
熊野剛雄 (1975),「発行市場」日本証券経済研究所編『アメリカの公社債市場』日本証券経済研究所。
倉都康行 (2008),『投資銀行バブルの終焉：サブプライム問題のメカニズム』日経BP。
倉橋透・小林正宏 (2008),『サブプライム問題の正しい考え方』中公新書。
経済産業省 (2011),「日米欧の銀行の経営戦略と金融危機の影響の調査分析」4月。
(www.meti.go.jp/policy/economy/keiei_innovation/sangyokinyu/bank_analy.pdf)
呉天降 (1971),『アメリカ金融資本成立史』有斐閣。
小林清人 (1975),「公社債市場のダイナミズム 1．国債管理政策」日本証券経済研究所編『アメリカの公社債市場』日本証券経済研究所。
小林襄治 (1998),「金融市場の変貌と証券経営」日本証券経済研究所編『証券レビュー』第38巻第7号, 7月, 1-40頁。
小林襄治 (2014a),「投資銀行とトレーディング業務」日本証券経済研究所編『証券経済研究』第85号, 3月, 109-132頁。
小林襄治 (2014b),「投資銀行とトレーディング業務」日本証券経済研究所編『証券レビュー』第54巻第7号, 7月, 83-116頁。
小林正宏・大類雄司 (2008),『世界金融危機はなぜ起こったか：サブプライム問題から金融

資本主義の崩壊へ』東洋経済新報社.
小林真之 (2000),「米商業銀行の現代的変貌：規制再編下の商業銀行」『龍谷大学経営学論集』第 40 巻第 2 号，8 月，64-78 頁.
小林秀之・橋本円 (2010),「新信託法制と流動化・証券化の展望」シリーズ　新信託法制と流動化・証券化　13・完,『法律時報』第 82 巻第 1 号，98－103 頁.
コフィー・メレディス W (2005),「米国シンジケートローン市場の歴史と発展」『証券アナリストジャーナル』第 43 巻第 3 号，3 月，62-74 頁.（櫛谷哲生訳）
坂本正 (1997),『金融革新の源流』文眞堂.
坂本正 (2000a),「グラム＝リーチ＝ブライリー法の衝撃：グラス＝スティーガル法の改正と銀行・証券・保険の統合化」熊本学園大学付属海外事情研究所『海外事情研究』第 27 巻第 2 号，2 月，1-20 頁.
坂本正 (2000b),「グラム＝リーチ＝ブライリー法と金融統合：グラス＝スティーガル法の改正と証券業務」日本証券経済研究所編『証券経済研究』第 24 号，3 月，69-83 頁.
佐賀卓雄 (1998),「第 3 章 ファイアウォール規制の理念と変遷」グラス＝スティーガル法研究会編『業際問題を超えて：日米金融制度改革の研究』日本証券経済研究所.
佐賀卓雄 (1999),「証券経営の戦略的課題と展望」資本市場研究会『資本市場』通巻 166 号，6 月，16-29 頁.
佐賀卓雄 (1991),『アメリカの証券業：変貌過程と規制緩和』東洋経済新報社.
佐賀卓雄 (2001),「証券会社の経営戦略と今後の課題」東証正会員協会総務部『正協レポート』第 5 巻第 3 号，8 月，7-16 頁.
佐賀卓雄 (2008),「サブプライム問題とミンスキー・モメント」日本証券経済研究所編『証券レビュー』第 48 巻第 6 号，6 月，81-93 頁.
佐賀卓雄 (2009a),「金融システム危機と投資銀行の衰退」日本証券経済研究所編『証券レビュー』第 49 巻第 1 号，1 月，58-70 頁.
佐賀卓雄 (2009b),「投資銀行の業容の変化と SEC の規制について」日本証券経済研究所編『証券レビュー』第 49 巻第 6 号，6 月，47-90 頁.
佐賀卓雄 (2013),「書評　Perry Mehring, *The New Lombard Street; How the Fed Became the Dealer of Last Resort*, 2011」日本証券経済研究所編『証券経済研究』第 81 号，3 月，143-149 頁.
佐久間潮 (1979),「アメリカの CD（譲渡可能定期預金証書）について」『東京銀行月報』第 31 巻第 9 号，9 月，4-22 頁.
佐久間潮・打込茂子 (1982),『アメリカの金融市場：システム，マーケット，ポリシー』東洋経済新報社.
佐合紘一 (1986),『企業財務と証券市場：アメリカ株式会社金融の成立』同文館.
柴垣和夫 (1965),『日本金融資本分析』東大社会科学研究叢書 14, 東京大学出版会.
渋谷博史編 (2011),『アメリカ・モデルの企業と金融：グローバル化と IT とウォール街』シリーズ　アメリカ・モデル経済社会　第 10 巻，昭和堂.
島久代 (1986),「米国の消費者割賦信用負債残高の変動についての一考察」世界経済調査会『世界経濟』3 月号，12-26 頁.
島義夫・河合祐子 (2002),『クレジット・デリバティブ入門』日本経済新聞社.
週刊東洋経済 (1999), 5 月 15 日号，99 頁.

証券経営研究会編 (2011),『金融規制の動向と証券業』日本証券経済研究所.
庄司俊之 (2000),「ノンリコース・ファイナンス」不動産鑑定実務研究会『不動産鑑定』住宅新報社, 第 37 巻第 4 号, 4 月, 39-41 頁.
杉原慶彦・細谷真・馬場直彦・中田勝紀 (2003),「信用リスク移転市場の新たな展開：クレジット・デフォルト・スワップと CDO を中心に」日本銀行金融市場局『マーケット・レビュー』03-J-2, 1 月.
関雄太 (2004),「アセットクラスとして注目を集める米国レバレッジドローン」『資本市場クォータリー』秋号, 野村資本市場研究所, 1-16 頁.
関雄太 (2005),「市場拡大を牽引するレバレッジドローン」特集 3,『金融ビジネス』秋号, 86-89 頁.
関雄太・小立敬・神山哲也 (2009),「米国証券化市場の回復の鍵とその可能性」野村資本市場研究所『資本市場クォータリー』春号, 326-336 頁.
大和証券経済研究所編, 川村雄介・下井雅裕 (1986),『金融の証券化：米・欧・日のセキュリタイゼーション』東洋経済新報社.
高木仁 (1986),『アメリカの金融制度』東洋経済新報社.
高木仁 (1995),「アメリカ銀行産業衰退論の展望」金融学会編『金融経済研究』第 9 号, 7 月, 39-50 頁.
高木仁 (2006),『アメリカの金融制度：比較社会文化による問題接近をめざして』改訂版, 東洋経済新報社.
高田太久吉 (2014),「金融恐慌とシャドーバンキング」中央大学『商学論纂』第 55 巻第 5・6 号, 3 月, 357-397 頁.
高月昭年 (1999, 2000a, 2000b),「米国の 1999 年金融制度改革法の概要と評価 (1)(2)(3)」外国為替貿易研究会『国際金融』第 1037 号, 12 月, 22-28 頁, 第 1040 号, 2 月, 58-63 頁, 第 1042 号, 3 月, 58-61 頁.
高月昭年 (2000c),「銀行の証券業務進出が証券市場の活性化に与える意義」第 51 回証券経済学会春季全国大会報告-共通論題：証券業の再編と展望,『証券経済学会年報』第 35 号, 5 月, 169-173 頁.
高橋弘 (1992),『アメリカの先物・オプション市場』東洋経済新報社.
高山洋一 (1982),『ドルと連邦準備制度』現代資本主義シリーズ, 新評論.
武見浩充・新保恵志 (1987),『企業ファイナンスの新戦略：日米英独の比較分析』東洋経済新報社.
立花浩一 (2005),「シンジケートローンの現場から (3) セカンダリー市場発展の条件：借入企業と金融機関の積極的な関心が市場を立ち上げる」『週刊金融財政事情』11 月 28 日号, 39-41 頁.
建部正義 (2013),『21 世紀型世界経済危機と金融政策』新日本出版社.
田中素香 (2008),「ゆらぐ国際金融と米欧経済」特集 国際金融の不安定化と世界経済,『生活経済政策』第 135 号, 4 月, 3-7 頁.
田中素香編著 (2010a),『世界経済・金融危機とヨーロッパ』勁草書房.
田中素香 (2010b),「ヨーロッパの金融情勢と世界経済」特集 世界金融危機の現状と懸念,『生活経済政策』第 167 号, 12 月, 6-9 頁.
田中素香 (2013a),「ユーロ危機と金融市場の分裂」『学士会会報』第 903 号, 11 月, 18-22

頁．

田中素香 (2013b),「米欧主導で『世界共和国』を目差す：米欧 EPA (TTIP) と世界経済」世界経済研究協会『世界経済評論』第 57 巻第 6 号, 11・12 月, 24-29 頁．

田中秀親 (1980),「十九世紀半ばのイギリス信用制度の構造」渡辺佐平編著『マルクス金融論の周辺』法政大学出版局．

谷川治生 (1998),「不動産ファイナンスのリスクを明確化して分担する」特集・融資戦略構築の視点,『週刊金融財政事情』5 月 18 日, 18-20 頁．

近沢敏里 (1978),『現代アメリカ商業銀行論：構造変化と業務多様化』第 3 版, 文雅堂銀行研究社．

靍見誠良 (1991),『日本信用機構の確立：日本銀行と金融市場』有斐閣．

寺西重郎 (2003),『日本の経済システム』岩波書店．

堂下浩 (2000a, 2000b),「特集 米国でのリスク細分化によるサブプライム市場の発展 (1) (2) 新規参入業者の競争で低下した金利」JFA 広報部編『クレジットエイジ』第 21 巻第 6 号, 6 月, 8-12 頁, 第 21 第 7 号, 7 月, 8-13 頁．

堂下浩 (2001a, 2001b, 2001c),「米国サブプライム・レンダーの勃興と衰退 (上) 生き残った『勝ち組』は極めて少ない,（中）『勝ち組』と『負け組』を分けた要因,（下）証券化は『打出の小槌』ではなかった」『月刊消費者信用』, 第 19 巻第 1 号, 1 月, 38-41 頁, 第 19 巻第 3 号, 3 月, 66-68 頁, 第 19 巻第 5 号, 5 月, 36-39 頁．

堂下浩 (2001d),「米国サブプライム・レンダーの勃興と衰退」早稲田大学消費者金融サービス研究所 Working Paper, IRCFS01-005, 5 月．

堂下浩 (2001e),「金融ベンチャーによる米国ハイリスク融資市場の開拓」世界経済研究協会『世界経済評論』第 45 巻第 11 号, 11 月, 35-46 頁．

堂下浩 (2001d),「金融ベンチャーによる米国サブプライム市場への参入の意義」消費者金融サービス研究学会年報, 11 月, 51-61 頁．

徳永正二郎 (2002),「書評 川合研著『アメリカ決済システムの展開』」世界経済研究協会『世界経済評論』第 46 巻第 6 号, 6 月, 64-65 頁．

徳永芳郎編著 (1988),『累積債務問題と日本経済：日本主導の債務免除を提案する』東洋経済新報社．

戸原四郎 (1963),『ドイツ金融資本の成立過程』東京大学出版会．

内藤伸浩 (2001),「不動産ノンリコースファイナンスと企業信用リスク」日本証券アナリスト協会『証券アナリストジャーナル』第 39 巻第 1 号, 1 月, 86-107 頁．

中島真志・宿輪純一 (2002),『証券決済システムのすべて』東洋経済新報社．

中島真志・宿輪純一 (2008),『証券決済システムのすべて』第 2 版, 東洋経済新報社．

中島真志・宿輪純一 (2013),『決済システムのすべて』第 3 版, 東洋経済新報社．

中塚晴雄 (2002),「グラム・リーチ・ブライリー法下の投資銀行と商業銀行のマーチャントバンキング：投資銀行のパーティシペーション機能と商業銀行の投資銀行化」『福岡大學商學論叢』第 46 巻第 3・4 号, 3 月, 805-853 頁．

中山貴司・河合祐子 (2005),「クレジット市場の発展に関する一考察：クレジット・デリバティブ市場を中心に」『日銀レビュー』05-J-4, 3 月．

南波駿太郎 (2008),「銀行の資産運用・収益構造と収益力強化のための基本戦略」富士通総研 (FRI) 経済研究所, 研究レポート, No.323, 6 月, 1-27 頁．

新形敦 (2015),『グローバル銀行業界の課題と展望：欧米アジアの大手銀行とビジネスモデルの行方』文眞堂.
二上季代司 (1988),「総合金融の展開へ証券育成に注力：注目される GS 法撤廃と国内制度改革の行方」特集・銀行の証券系列化戦略,『金融財政事情』第 38 巻第 45 号, 11 月, 20-24 頁.
二上季代司 (2002),「米国証券会社の構造的特質」日本証券経済研究所大阪研究所編『証券経済』第 164 号, 6 月, 34-55 頁.
二上季代司 (2002),「ワン・ストップ・サービスの論点」日本証券経済研究所大阪研究所『証研レポート』第 1610 号, 9 月, 1-10 頁.
二上季代司 (2008),「再考迫られる米系投資銀行ビジネス」日本証券経済研究所大阪研究所『証研レポート』第 1650 号, 10 月, 17-25 頁.
二上季代司 (2011a),「二上季代司 (2011),「第 6 章　証券業と証券会社」二上季代司・代田純編『証券市場論』有斐閣ブックス.
二上季代司 (2011b),「『証券』と『証券化』：『証券市場論』刊行に寄せて」有斐閣『書斎の窓』第 607 号, 9 月, 52-55 頁.
二上季代司 (2011c),「日米証券界の収益状況比較」日本証券経済研究所大阪研究所『証券レポート』第 1668 号, 10 月, 1-11 頁.
二上季代司 (2011d),「証券業の経済的機能とその変化」特集 ファイナンス, 経済経営リスクの諸問題：有馬敏則教授の退職を記念して, 滋賀大学経済学会『彦根論叢』第 390 号, 12 月, 134-147 頁.
二上季代司 (2012a)「証券社会のビジネスモデルについて」日本証券経済研究所編『証券レビュー』第 52 巻第 11 号, 11 月, 51-98 頁.
二上季代司 (2012b),「証券市場の機能と証券業務」特集 金融経済をめぐる諸問題：小栗誠治教授の退職を記念して, 滋賀大学経済学会『彦根論叢』第 394 号, 12 月, 72-87 頁.
西川純子・松井和夫 (1989),『アメリカ金融史：建国から 1980 年代まで』有斐閣選書.
西川永幹・大内勝樹 (1997),『プロジェクト・ファイナンス入門：現場経験者が説き明かす金融手法』近代セールス社.
西村信勝 (1995),『外資系投資銀行の現場 改訂版』日経 BP 社.
日本銀行金融研究所 (1995),『わが国の金融制度』新版.
日本銀行金融市場局 (2009),「金融市場レポート」7 月号.
日本銀行調査統計局 (2000),「欧米主要国の資金循環統計」11 月.
日本銀行調査統計局 (2003),「資金循環統計の国際比較」12 月.
日本銀行調査統計局 (2014),「資金循環の日米欧比較」9 月.
日本証券経済研究所 (1995, 1998, 2002, 2005, 2009, 2013),『図説 アメリカの証券市場』, 日本証券経済研究所.
日本生産性本部 (1958),『アメリカの銀行：銀行業専門視察団報告書』PRODUCTIVITY REPORT 40, 日本生産性本部, 7 月.
日本生産性本部 (1959a),『アメリカの賃金制度』労働組合海外生産性視察報告 3, 日本生産性本部, 1 月.
日本生産性本部 (1959b),『米国の中小企業金融：中小企業金融専門視察団報告書』PRODUCTIVITY REPORT 73, 日本生産性本部, 9 月.

日本生産性本部（1960），『アメリカの証券市場：証券業専門視察団報告書』PRODUCTIVITY REPORT 89，日本生産性本部，5月．
日本生産性本部（1961），『アメリカにおける中小企業金融業：中小企業金融業専門視察団報告書』PRODUCTIVITY REPORT 129，日本生産性本部，12月．
日本生産性本部（1962a），『米国の割賦信用：割賦信用専門視察団報告書』PRODUCTIVITY REPORT 137，日本生産性本部，9月．
日本生産性本部（1962b），『米国の銀行業務：第2次銀行業専門視察団報告書』PRODUCTIVITY REPORT 145，日本生産性本部，12月．
日本生産性本部（1963），『アメリカの金融機構：第3次銀行業専門視察団報告書』PRODUCTIVITY REPORT 148，日本生産性本部，10月．
日本生産性本部（1966），『米国の銀行経営の新動向：第6次銀行業専門視察団報告書』PRODUCTIVITY REPORT 169，日本生産性本部，10月．
沼上幹（2009），『経営戦略の思考法：時間展開・相互作用・ダイナミクス』日本経済新聞出版社．
沼田優子（1997），「米国における銀行の証券会社買収」野村資本市場研究所『資本市場クォータリー』夏号，2-10頁．
沼田優子（2006），「金融機関経営 変容する米国証券会社」野村資本市場研究所『資本市場クォータリー』春号，80-92頁．
沼田優子（2009a），「シティグループの解体：金融コングロマリット化戦略は再考されるか」特集 続報・グローバル金融危機，野村資本市場研究所『資本市場クォータリー』冬号，88-96頁．
沼田優子（2009b），「シティグループ 大幅縮小で再出発 グローバル・ユニバーサル・バンクへ」毎日新聞社編『エコノミスト』第87巻第33号，6月，30-31頁．
野々口秀樹・武田洋子（2000），「米国における金融制度改革法の概要」『日本銀行調査月報』1月号，73-88頁．
野村総合研究所編（1986），『10年後の世界経済と金融・資本市場』野村総合研究所．
林宏美（2000），「米国の金融制度改革法の論議」野村総合研究所『知的資産創造』NAVIGATION & SOLUTION 2，3月，36-47頁．
林洋之（2005），「シンジケートローン市場は新たな発展段階へ：企業の資金調達の安定性と銀行の能動的ポートフォリオ・マネジメントにメリット」特集 ローン・セカンダリー市場の創造へ，『週刊金融財政事情』第56巻第26号，7月11日．
平井廸郎（1980），『アメリカとカナダの中小企業金融』金融財政事情研究会．
平山洋介（1999），「アメリカの住宅政策」小玉徹・大場茂明・檜谷美恵子・平山洋介『欧米の住宅政策：イギリス・ドイツ・フランス・アメリカ』MINERVA福祉ライブラリー 27，ミネルヴァ書房．
深町郁彌（1986a），「商業銀行のターム・ローンと金融市場」九州大学経済学会『経済学研究』第52巻第1～4号，10月，185-210頁．
深町郁彌（1986b），「銀行業の国際化とセキュリタイゼーション」金融経済研究所編『金融経済』第219号，10月，1-40頁．
深町郁彌（1987），「金融の証券化と銀行の流動性管理」証券経済学会創立20周年特別記念講演，『証券経済学会年報』第22号，5月，81-93頁．

深町郁彌（1999a），「プロジェクト・ファイナンスについて」『熊本学園大学経済論集』第5巻第3・4号，3月，225-258頁．
深町郁彌（1999b），『国際金融の現代：ドルの過剰と貨幣資本の過剰』有斐閣．
深町郁彌（2000），「プロジェクト・ファイナンスとキャッシュ・フロー分析」神奈川大学経済学会『商経論叢』第35巻第3号，1月，222-252頁．
藤瀬裕司（2009），「信託社債」シリーズ　新信託法制と流動化・証券化　10，『法律時報』第81巻第11号，117-122頁．
藤田勉・野崎浩成（2011），『バーゼルⅢは日本の金融機関をどう変えるか：グローバル金融制度改革の本質』日本経済新聞出版社．
北條裕雄（1992），『現代アメリカ資本市場論：構造と役割の歴史的変化』同文館．
堀内昭義（1990），『金融論』東京大学出版会．
松井和夫（1975），「流通市場」日本証券経済研究所編『アメリカの公社債市場』日本証券経済研究所．
松井和夫（1986a），『セキュリタイゼーション：金融の証券化』東洋経済新報社．
松井和夫（1986b），『現代アメリカ金融資本研究序説：現代資本主義における所有と支配』文眞堂．
松井和夫（1991），『M&A：20世紀の錬金術』講談社現代新書．
松井和夫・奥村皓一（1987），『米国の企業買収・合併：M&A&D』東洋経済新報社．
松川力造（2005），「米国の投資銀行の状況にみる金融・資本市場の流れ：機能の高度化と業際化・融合化が重なり合う展開」N-88，日本政策投資銀行ニューヨーク駐在員事務所報告，国際・協力部，3月．
馬淵紀壽（1987），『アメリカの銀行持株会社』東洋経済新報社．
馬淵紀壽（1997），『金融持株会社：金融サービス産業革命の旗手』改訂版，東洋経済新報社．
箭内昇（2002），『メガバンクの誤算：銀行復活は可能か』中公新書．
楊枝嗣朗（2012），『歴史の中の貨幣：貨幣とは何か』文眞堂．
横川太郎（2012），「ミンスキーの『資金運用者資本主義』と投資銀行：1980年代以降のアメリカ投資銀行業を中心に」経済理論学会編『季刊経済理論』第49巻第1号，4月，64-75頁．
横川太郎（2013），「資本主義経済の発展と金融革新：シュムペーターとミンスキーの視角から」『東京経大学会誌. 経済学』第277号，157-175頁．
吉田暁（2002），『決済システムと銀行・中央銀行』日本経済評論社．
吉原省三・貝塚啓明・蝋山昌一・神田秀樹編（2000），『金融実務辞典』金融財政事情研究会．
李立栄（2011），「ニューノーマル下の経営環境と金融ビジネスの変化」特集　世界の金融の新しい潮流，日本総研，*Business & Economic Review*，10月号，2-54頁．
若園智明（2015），『米国の金融規制変革』日本経済評論社．

図表一覧

【図】

図 I　OTD モデルと決済システム・トレーディング業務の関係
図 1-1　CPD 振替の仕組み
図 2-1　リコースまたはノン・リコース・ファイナンスの概念図
図 2-2　プロダクション・ペイメントの概念図
図 2-3　住宅モーゲイジ・ローンの証券化の仕組み
図 2-4　商業モーゲイジ・ローンの証券化残高　1989-2000 年
図 II　ローン・セール，ディリバティブ，証券化の概念図
図 4-1　大手商業銀行と大手投資銀行の金利スワップ取引
図 5-1　JPMorgan Chase & Co. の M&A の歴史
図 5-2　Bank of America Corp. の M&A の歴史
図 5-3　Citigroup の M&A の歴史
図 5-4　Wells Fargo & Co. の M&A の歴史
図 5-5　大手商業銀行グループによる ABSs の引受構造　1980 年代末
図 5-6　大手商業銀行グループによる MBSs の引受構造　1980 年代末
図 5-7　3 大商業銀行グループと 3 大投資銀行の各種証券引受の市場シェア　1996-2014 年末
図 6-1　FDIC 加入商業銀行（総資産規模別）と大手商業銀行の貸付残高の内訳　1992-2014 年末
図 6-2　大手商業銀行グループによる MBSs の再証券化構造
図 7-1　銀行系カードのインターチェンジの仕組み
図 7-2　クレジットカードの収益構造
図 III　ドイツの交互計算信用をめぐる概念図
図 IV　大手商業銀行グループの OTD モデルと資本市場の関係図

【表】

表 1-1　FF の取引　1925-1970 年
表 1-2　ニューヨーク地区における地方加盟銀行の FF 市場への参加方法 1965 年
表 1-3　FF 市場への地方銀行の参加　1961-1966 年
表 1-4　ニューヨーク地区における地方加盟銀行の FF 市場への参加行数　1959-1965 年
表 1-5　FF 市場への預金量 1,000 万ドル以下の加盟銀行の参加　1966 年
表 1-6　政府証券ディーラーの国債取引とその取引先　1961-1989 年
表 1-7　政府証券ディーラーの資金源泉　1961-1979 年
表 1-8　CD の流通市場　1978-1989 年

表 2-1　銀行貸付に関する保険・保証，担保制度，ノン・リコース・ファイナンスの展開
表 2-2　銀行貸付の流通市場，証券化のリコースまたはノン・リコース・ファイナンス
表 2-3　住宅モーゲイジ・ローンの証券化
表 2-4　CMBSs の発行　1994-2000 年
表 3-1　ラテン・アメリカ四大債務国の累積債務に占める銀行融資（シンジケート・ローン）
表 3-2　ニューヨーク市大手商業銀行 6 行のローン・セール　1985 年
表 4-1　金利スワップ取引のエンド・ユーザーであるアメリカ企業の特徴
表 4-2　Chemical Banking Corp. と Chase Manhattan Corp. による金利スワップ・先物・オプション取引の関連バランスシートによる分類　1995-1996 年
表 4-3　Lehman Brothers のドル建て長期債務の金利スワップ取引　1999-2007 年
表 4-4　Bank of America Corp. の金利スワップ取引　1995-1998 年
表 4-5　世界のクレジット・デリバティブの買い手と売り手　2000-2008 年
表 5-1　投資銀行業務の定義と日本の証券業務との対応表
表 5-2　銀行非適格証券に対する大手商業銀行グループの引受ランキングと市場シェア　1990-1992 年
表 5-3　銀行非適格証券に対する大手商業銀行グループの引受ランキングと市場シェア　1997-1999 年
表 5-4　ABSs の引受ランキングと市場シェア　1996-2014 年
表 5-5　MBSs の引受ランキングと市場シェア　1996-2014 年
表 5-6　IPO の引受手数料ランキングと市場シェア　1996-2014 年
表 5-7　既公開会社株式の引受手数料ランキングと市場シェア　1996-2014 年
表 5-8　ハイ・イールド債の引受ランキングと市場シェア　1996-2014 年
表 5-9　投資適格債の引受ランキングと市場シェア　1996-2014 年
表 6-1　世界の投資銀行業務に関する手数料収入ランキング　2014 年
表 6-2　サブプライム・モーゲイジ・オリジネーター上位 10 社　2006 年
表 6-3　大手商業銀行による貸付金利収入の内訳　2001-2014 年
表 6-4　サブプライム MBS 発行者上位 10 社　2006 年
表 6-5　サブプライム・モーゲイジ・サービサー上位 10 社　2006 年
表 6-6　3 大投資銀行の業務別収益の内訳 2001-2014 年
表 6-7　トレーディング業務を巡る関係表
表 6-8　Merrill Lynch のトレーディング損益　2009-2012 年
表 6-9　商業銀行の資産規模別バランスシート　2000-2009 年
表 6-10　大手商業銀行グループの非金利収入の内訳　2001-2014 年
表 6-11　国法銀行の非金利収入の内訳と金利収入　2001-2006 年
表 6-12　大手商業銀行の非金利収入の内訳と金利収入　2001-2014 年
表 6-13　世界トップ行におけるアメリカ大手金融機関の順位　2011 年
表 6-14　アメリカ大手金融機関のトレーディング損益トップ行　2011 年
表 6-15　アメリカ大手金融機関のフィー・委託手数料トップ行　2011 年
表 6-16　アメリカ大手金融機関のトレーディング損益とフィー・委託手数料トップ行　2011 年

表 7-1　銀行系カードの収益構造　1991 年
表 7-2　商業銀行グループに融資だけを勧められた企業　2004 年 2 月調査
表 7-3　商業銀行グループに融資以外の業務を与えないという理由で融資を拒絶または融資条件を変更された企業　2004 年 2 月調査
表 7-4　各金融サービスによって利用する金融機関の形態 2000 年 7 月調査
表 7-5　今後 2 年間に各金融サービスによって利用したい金融機関の形態　2000 年 7 月調査

索引

【欧文】

ABA（アメリカ銀行協会） 52, 95
ABCP 211, 286
ABSs（アセット・バック証券） 17, 44-46, 48-49, 63, 84, 163, 165, 239-240, 242, 247, 271-273, 277-278, 281, 283-284
　　――の引受 158-160, 163-164, 166-167, 170, 172-174, 177, 181-186, 188, 227, 239-240, 242, 247, 271-273, 278, 283
Allen, Franklin 91
ALM（資産負債総合管理）目的
　　――の金利スワップ 118-125
　　――のクレジット・ディリバティブ 136, 138
American Express 68, 82-83, 251
AMEX（アメリカン証券取引所） 112, 263
BankAmericard 251-252
Bankers Trust 100-101, 158-159
Bank of America 65, 79, 96, 124-125, 131, 150-152, 161-162, 171, 173, 176, 178-180, 182-183, 196-197, 199-200, 204-205, 210, 251, 256
Bank One 78-79, 82-83, 122-123
Bear Stearns 148-149
Becketti 90
Benveniste, Lawrence M. 5
Berger, Allen N. 5
Berndt, Antje 5
Black, Fischer 5-6, 89-91, 107, 187
Bord, Vitaly M. 5, 94
Boyd, John H. 9, 192
Brewer III, Elijah 90, 111-112, 125-126
BS（貸借対照表）分析 4, 11, 223
Calomiris, Charles W. 8
CARs（自動車ローン担保証券） 72-76, 259-260
CARDs（クレジットカード・ローン担保証券） 78-83, 259-260
CBOE（シカゴ・ボード・オプション取引所） 112
CBT（シカゴ商品取引所） 109-110
CD（譲渡可能定期預金証書） 16, 36-39
CDOs（債務担保証券） 133-134, 208-212, 240
　　――スクエアード 209-212
CDSs 133-134, 207-209
Chase Manhattan Corp.
　96, 100-101, 120-121, 132, 148-149, 166-167
Chemical Bank
　120-121, 132, 148-149, 166, 252
Citibank
　77, 82, 100, 159, 199-200, 204-205, 241-242
Citicorp
　81-83, 96, 101, 158-159, 166-167, 186
Citigroup 77, 152-154, 162, 169-174, 178, 182-183, 186, 197, 201-202, 205, 210, 213-214, 241-242
CLOs（ローン担保証券） 103-104
CMBSs（商業モーゲイジ担保証券） 68-72, 161-162
CME（シカゴ商業取引所） 110
Countrywide Financial
　152, 172-173, 175-176, 207-208, 213
CPD（国債局長）振替 39-43
Dayal, Anuradha 119
Deutsche Bank 97
DTC（預託信託会社） 44, 255, 262-263
DTCC（預託信託清算会社） 263
DTNS（時点ネット決済） 35
Edwards, Franklin R. 9, 192-193
FDIC（連邦預金保険公社）加入商業銀行 1
FF（加盟銀行の連邦準備銀行預け金） 16, 28-39, 44-46, 86-87, 254-255
　　――市場 19-28
　　――のブローカー 21-23, 28-29

325

——のコルレス銀行　22-23
FHA（連邦住宅局）保険
　　　　　　　　　53-54, 64-66, 205
FHLMC（連邦住宅金融公庫）　206
First National City Bank　36, 252
FNMA（連邦抵当金庫）　205-206
Gadiesh, Orit　10, 193
Gale, Douglas M.　91
Gertler, Mark　9, 192
Gilbert, James L.　10, 193
GLB（グラム・リーチ・ブライリー）法
　　　　　　　　　　　　　268-269
GNMA（政府抵当金庫）　64-65, 205-206
Goldman Sachs
　　122, 131, 196-197, 208-209, 215-222
Gorton, Gary B.　5, 18, 52, 60, 90, 95
Gottfredson, Mark　10, 193
Greenbaum, Stuart　5
GSCA（政府証券清算協定）　39, 41
GS（グラス＝スティーガル）法　16, 159
Gupta, Anurag　5
Haubrich, Joseph G.　18, 52, 60, 90, 95
HELSs（ホーム・エクイティ担保証券）
　　　　　　　　　　　　　　76-78
IMM（国際金融市場）　110
IO 証券　115-117
IPO（新規公開株式発行）の引受
　　　　　　　　　177-181, 184-185
Irving Trust　35, 40-41
Jacoby, Neil H.　3
J.P. Morgan　100-101, 134
JPMorgan Chase　77, 147-149, 160-161,
　　173-175, 178-180, 182-183, 196-197, 199-
　　201, 209-210, 213-214, 237, 241-242
Kaufman, George G.　9, 192-193
Keys, Benjamin　5
Kling, Arnold　90, 117
LBO　128, 131
——ローン　98-99, 105
Lehman Brothers　122-123, 131, 173, 175
Litan, Robert E.　6-7, 158-160, 193, 274
LPS　60
M&A（買収・合併）
　　　　84, 97-99, 128, 131, 146-157, 185-186

——アドバイザリー業務　144-146, 216,
　　219, 221, 228-229, 232-233, 236, 275-276
Manufacturers Hanover Trust
　　　　　　　　35, 37, 96, 98, 149, 252
Marcus, Alan J.　90, 117
Marine Midland Bank　35, 73-74, 252
MasterCard　255-256, 258
MasterCarge　252
MBNA　82-83
MBSs（モーゲイジ担保証券）　17, 43-46,
　　48-49, 63, 84, 116, 161-164, 239, 242, 247,
　　259-260, 271-273, 277, 281, 283-284
——の引受　158-161, 164, 170, 174-177,
　　181-186, 188, 227, 239, 242, 247, 271,
　　273, 278, 283
Merrill Lynch　114, 151-152, 173, 178, 182-
　　183, 210, 215-217, 219-220, 222
Minton, Bernadette A.
　　　　　　　　90, 111-112, 125-126
Mishkin, Frederic S.　9, 192-193
MMMF　286-287
Moore, George S.　18, 55-59
Morgan Guaranty Trust　26, 39, 41-42
Morgan Stanley　82-83, 153-154, 178, 180,
　　182, 196-197, 215-222
Moser, James T.　90, 111-112, 125-126
Mote, Larry R.　9, 192-193
Mukherjee, Tanmoy　5
NBES　44-45
NSCC（アメリカ証券清算会社）　263
NYSE（ニューヨーク証券取引所）
　　　　　　　　　　　　　262-263
OTD（組成分配型）モデル　2-6, 11-13, 45-
　　46, 86-87, 193-196, 208-209, 227, 246-247,
　　249-250, 269, 277-288
——の完成　161, 167, 292
——の形成　164, 186, 188, 292
——の源流　65, 291
——の始まり　159-160, 292
OTH（組成保有型）モデル
　　　　　　　　　2-3, 86, 269, 284
Pavel, Christine A.　18, 72, 158
Pennacchi, George G.　5, 18, 90
Pittsburgh National Bank　252

索　引　327

PL（損益計算書）分析
　　　　　　　4, 6, 9-12, 192-193, 223
PO 証券　　　　　　　　　　114-117
Purnanandam, Amiyatosh　　　　　5
Republic Bank Delaware　　　　79, 81
RMBSs（住宅モーゲイジ担保証券）
　　　　　　　　　　　　　　63-68
Rosen, Richard　　　　　　　　　 5
RTC（整理信託公社）　　　　　68-69
RTGS（即時グロス決済）　　　　 35
Saenz, Herman　　　　　　　 10, 193
Salomon Brothers
　　　　　65, 73-74, 78, 114, 153, 186
Salomon Smith Barney　153, 174-175, 183
Santos, João A. C.　　　　　　　5, 94
Saulnier, Raymond J.　　　　　　　3
Saunders, Anthony　　　　　　　　8
Schaubert, Steve　　　　　　 10, 193
Schuermann, Til　　　　　　　　91
Security Pacific National Bank
　　　　　　　　　　　　100-101, 160
Seru, Amit　　　　　　　　　　　5
SIVs（資産運用会社）　　　211-212, 286
SLMA（奨学金融資金庫）　　 118, 120
SMBSs（分離型モーゲイジ担保証券）
　　　　　　　　　　　　　116-117
Souleles, Nicholas S.　　　　　　　 5
SPVs（特別目的事業体）　57-59, 81, 160-
　164, 167, 191-192, 207, 211-212, 286-287
Stigum, Marcia　　　　　　　　17, 26
STRIPS　　　　　　　　　　114-115
TB（財務省短期証券）　　　　　110
Thakor, Anjan　　　　　　　　　 5
Travelers　　　　　　153, 169, 171, 186
VA（退役軍人庁）保証　　　64-66, 205
Valley National Corp.　　　　　　 74
Vig, Vikrant　　　　　　　　　　 5
VISA　　　　　　　　　255-256, 258
Wachovia Corp.　　　　　　　　124
Walter, Ingo　　　　　　　　　　 8
Washington Mutual　　　　　175-176
Wells Fargo　　　　　　　　154-157
Wheelock, David C.　　　　　9, 192-193
Willis, Parker B.　　　　　17, 19-20, 34

Woodworth, G. Walter　　　　　　37
Zook, Chris　　　　　　　　 10, 193

【あ行】

アコード（1951 年の）　　　　　 21
アセット・バック証券　→ ABSs
アメリカ銀行協会　→ ABA
アメリカン証券取引所　→ AMEX
委託手数料（コミッション）　192-193, 216,
　218, 228-229, 232-233, 263-264, 266
インターチェンジ（データ交換）　251-255
エンド・ユーザー（金利スワップの）
　　　　　　　 119-120, 123, 129-131
オイル（ガス）ペイメント　　　56-57
オーバーライン（貸付の総量規制）52, 95
オプション取引　　　　　　　　112
オフバランスシート
　　　　　　　4, 6, 9, 11, 192-193, 287
オープン・エンド・クレジット　　76

【か行】

買戻し条件付き証券売買　→レポ取引
貸付　　　　　　　　　　　　50-51
　──業務　　　　　　　　　　　1
　──の総量規制　→オーバーライン
割賦返済　　　　　　　　　　3, 54
加盟銀行　→連邦準備制度加盟銀行
川合一郎　　　　　　　　　 i, 15-16
為替業務　　　　　　　　　　　 1
完全償還請求権　→フル・リコース
機関投資家　　　　　　　　　　262
期限前償還　　　47-48, 80-81, 116-117
　──リスク　　　　　　　89-90, 112
既公開会社株式の引受　179-180, 184-185
期待所得説　　　　　　　　　15-16
キャッシュフロー　　49-50, 56, 58, 83
協調融資　→パーティシペーション
銀行（商業銀行）
　──業務　　　　　　1, 7, 274, 276, 284
　──グループ
　　　　　　　4, 146-157, 185-189, 269-288
　──系カード　　　　　　　253-258

――産業衰退論　　　　　　　9, 192
――中心の金融システム　　　267-280
――のコア業務　　　　　17, 281-284
――の固有業務（日本の）　　　　1
――の証券業務元年　　　　　　169
――法（日本の）　　　　　　　　1
――持株会社法　　　　　　　　　1
――流動性　　　　　　　　　15, 17
金融
――危機　　　　　　　　　96-97, 187
――派生商品　　→ディリバティブ
――保証（民間の）
　　　11, 17, 47, 49-50, 66, 73, 79, 83-85, 133
――持株会社　　　　　　　　268-269
金利
――収入　　　203-205, 214-215, 256-258
――スワップ
　　　　　89-90, 107-108, 117-133, 187-188
　　　――のエンド・ユーザー　→エンド・ユーザー
　　　――ディリバティブ　90, 111, 126-127
　　　――リスク　　　　　89-90, 108-109
グラス・スティーガル法　→ GS 法
グラム・リーチ・ブライリー　→ GLB 法
クレジット
――カード　　　　　　　　　250-260
　　　――ローンの証券化　→ CARDs
――クランチ　　　　　　　　126, 132
――ディリバティブ（クレデリ）
　　　　　89-90, 107-108, 133-140, 187-188
――ライン　　　　　　　　　　　76
決済
――業務　　　　1, 271-272, 279-280
――銀行　　　　　　　　　37, 253-254
――システム　　　　　　19-20, 34-35
――手段　　　　　　　　　　34, 45-46
――（時点ネット）　→ DTNS
――（証券）　→証券決済
――（即時グロス）　→ RTGS
限定償還請求権　→リミテッド・リコース
交互計算　　　　　　　　　　284-285
公的
――振替制度　　　　　　　　　　20
――保険・保証　　11, 17, 47, 49, 65-66

小切手　　　　　　　　　1, 19-20, 254
国債
――の先物取引　　　　　　　109-112
――のストリップ債　　　　　113-116
――振替制度　　　　　　　　　39-45
――流通市場　　　　　　　　　29-30
コミッション　→委託手数料

【さ行】

再証券化　　　　　　208-212, 240-241
再投資リスク　　　　　　　　113-114
財務省短期証券　→ TB
債務担保証券　→ CDOs
先物
――（国債の）　→国債
――（住宅モーゲイジの）　→住宅モーゲイジ
サービシング手数料　213-215, 241-242
サブプライム
――MBS　　　　　　176-177, 206-212
――モーゲイジ・オリジネーター
　　　　　　　　　　　　　　201-203
――レンダー　　　　　　　　175-176
――ローン　　　　　　　　5, 201-203
シカゴ
――商業取引所　→ CME
――商品取引所　→ CBT
――ボード・オプション取引所
　　　　　　　→ CBOE
仕組み金融　→ストラクチャード・ファイナンス
自己
――勘定取引　　　　　　216, 218-220
――資本規制　　　　62, 67, 72, 74-75
　　→バーゼル I, バーゼル 2.5
――流動性　　　　　　　　　　　15
資産
――運用会社　→ SIVs
――管理　　　　　　　　　　　　16
――負債総合管理　→ ALM
時点ネット決済　→ DTNS
自動車
――ローンの証券化　→ CARs

索引 329

シナジー効果　　　　　219, 221, 266-267
資本市場　　　　　　　50, 281, 286-287
　——中心の金融システム
　　　　　　　　　　　267-268, 281, 287
シャドーバンキング　　　　　　280, 288
収益力　　　　　　　　　　　　49, 55-58
住宅モーゲイジ
　——の先物取引　　　　　　　109-110
　——のストリップ債　　　　　116-117
　——ローンの証券化　→RMBSs
準備金　　　　　　　　　　　　　19, 79
奨学金融資金庫　→SLMA
償還請求権　→リコース
　——なし　→ノン・リコース
商業
　——銀行　→銀行
　——モーゲイジ・ローンの証券化
　　→CMBSs
証券
　——決済
　　　　　　17-18, 34-35, 85-87, 262-264, 282
　——子会社　　　　　　　211-212, 286-288
　——（20条）
　　　　　　　　　159-160, 163-167, 272-273
証券化
　——（アメリカ型の）
　　　　　　　51, 61, 65, 89-91, 281-282, 286
　——（クレジットカード・ローンの）
　　→CARDs
　——（再）　→再証券化
　——（自動車ローンの）　→CARs
　——（住宅モーゲイジ・ローンの）
　　→RMBSs
　——（商業モーゲイジ・ローンの）
　　→CMBSs
　——業務　　　　　　　　　　91, 277
　——収入　　　　　　　　238, 257-259
　——（ホーム・エクイティ・ローンの）
　　→HELSs
　——（ユーロ市場における）　　　51
譲渡可能定期預金証書　→CD
新規公開株式発行　→IPO
信用リスク　　　　89-90, 133-137, 139-140
ストラクチャード・ファイナンス（仕組み

　金融）　　　　　　　　　　　　57-59
ストリップ（分割）　　　　　　　99-100
ストリップ債
　——（国債の）　→国債
　——（住宅モーゲイジの）
　　→住宅モーゲイジ
スワップ　→金利スワップ
政府証券
　——清算協定　→GSCA
　——ディーラー　　　　　29-34, 36-38
　——ブローカー　　　　　　　29-30, 33
整理信託公社　→RTC
ゼロ・クーポン債　　　　　　　　　113
想定元本　　　　　　　　　　　　　110
総量規制（貸付の）　→オーバーライン
即時グロス決済　→RTGS
組成
　——分配型モデル　→OTDモデル
　——保有型モデル　→OTHモデル
損益計算書分析　→PL分析

【た行】

退役軍人庁　→VA
貸借
　——関係の譲渡　　　　　　　　61-62
　——対照表分析　→BS分析
抱き合わせ取引　　　　　　　　　　270
短期金融市場　　　　　　　　　　16, 19
地方銀行　　　　　　　　　　23-26, 139
中央銀行　　　　　　　　　　　34, 254
鷲見誠良　　　　　　　　　　　　　19
ディーラー
　——（金利スワップの）　　　127-130
　——（政府証券）　→政府証券
デリバティブ（金融派生商品）
　　　　　　　　　　89-91, 107-108, 140
手形交換基金　　　　　　　　30-31, 34, 45
転嫁流動性　　　　　　　　　　　15-16
投資
　——銀行業務
　　　　144-146, 270-271, 274-278, 284, 287-288
　——適格債の引受　　　　　　　183-184
特別目的事業体　→SPVs

ドッド=フランク法 238-240
トレーディング
　──業務　3, 144-146, 260-267, 277-280
　──収益　217-221, 227-235
　──目的
　　──の金利スワップ　125-132
　　──のクレジット・ディリバティブ
　　　　135-136, 138-140

【な行】

20条証券子会社　→証券子会社
ニューヨーク市銀行　27-28, 30-32, 35
沼上幹　10
ノン・リコース（償還請求権なし）
　　　11, 17-18, 47-87, 282-283

【は行】

ハイ・イールド債の引受　182, 184
買収・合併　→M&A
パス・スルー証券　64-70, 74, 78-79
バーゼル
　──I　168
　──2.5　241
パーティシペーション（協調融資）
　──（CARsへの）　73
　──（ローン・セールへの）
　　　52-53, 62, 95
引受業務　144-146, 157-189, 217, 219, 221,
　226-229, 247, 261-264, 270-273, 276-277
非金利収入　187, 192, 223-242
ビッド　99-100
フェデラル・ファンズ　→FF
復元プログラム
　──（STRIPSの）　114
負債管理　16
ブック・エントリー・システム　20, 39-45
プライマリー・ディーラー　33
プライム・ローン　162, 203
プリンシパル・インベストメント業務
　　　145, 221-222, 236-238
フル・リコース（完全償還請求権付き）
　　　60

ブローカー
　──（FFの）　→FF
　──（政府証券）　→政府証券
プロジェクト・ファイナンス
　　　49, 58-61, 83-84
プロダクション・ペイメント（産出物による支払い）　49, 55-61, 83-84, 282
分割　→ストリップ
分離型モーゲイジ担保証券　→SMBSs
ホーム・エクイティ
　──担保証券　→HELSs
　──ローン　76
ホールセール　36

【ま行】

マーケット
　──メイカー　128-130, 138, 192-193
　──メイク　144-145, 219, 221, 261
民間の金融保証　→金融保証
モーゲイジ担保証券　→MBSs
モノライン
　──保険会社　69-70, 75, 77-79, 208
　──レンダー
　　　202-203, 207-209, 211-214, 246-247

【や行】

預金
　──業務　1
　──準備規制（レギュレーションD）
　　　62, 66-67, 73
預託信託
　──会社　→DTC
　──清算会社　→DTCC

【ら行】

リコース（償還請求権）
　　　18, 47-48, 51-53, 61
　──（暗黙の）　80-81
　──（ノン）　→ノン・リコース
　──（フル）　→フル・リコース
　──（法的な）　53-54

索 引

―― (リミテッド)
　　→リミテッド・リコース
リスク
　　―― (金利)　→金利リスク
　　―― (信用)　→信用リスク
　　――移転　　4, 6, 12, 91, 133-134, 137
　　――ウェイト　→自己資本規制
　　――の切り出し　108, 140, 188
リセッション　257
リテール　38-39
リボルビング　76, 250
リミテッド・リコース (限定償還請求権)
　　58-61
流通市場
　　―― (国債)　→国債流通市場
流動性
　　―― (銀行)　→銀行流動性
　　―― (自己)　→自己流動性
　　―― (転嫁)　→転嫁流動性
レギュレーションD　→預金準備規制

レポ取引 (買戻し条件付き証券売買)
　　16, 28-32, 211, 286
連邦
　　――住宅局保険　→FHA保険
　　――住宅金融公庫　→FHLMC
　　――準備制度加盟銀行 (加盟銀行)　16
　　――抵当金庫　→FNMA
　　――預金保険公社加入商業銀行
　　　　→FDIC加入商業銀行
ローン
　　――セール
　　　18, 49, 51-53, 59-62, 84-85, 89-91, 93-105
　　――のコルレス銀行　95
　　――へのパーティシペーション
　　　　→パーティシペーション
　　――担保証券　→CLOs

【わ行】

ワンストップ・ショッピング　274

【著者紹介】

掛下達郎（かけした・たつろう）
　1965年　福岡に生まれる
　1989年　九州大学経済学部卒業
　　　　　九州大学経済学部助手をへて
　1999－2000年　ノートルダム大学，マサチューセッツ大学アマースト校経済学部訪問研究員
　現　在　松山大学経済学部教授，証券経済学会常務理事（年報編集担当），日本金融学会理事，公益財団法人 日本証券経済研究所客員研究員，博士（経済学）（九州大学）
　主論文　「アメリカのマネー・センター・バンクの業務展開：ローン・セールとディリバティブ」（『証券経済学会年報』第43号，2008年7月）
　　　　　「サブプライム危機前後におけるアメリカ大手金融機関の収益構造」，（公益財団法人 日本証券経済研究所『証券経済研究』第70号，2010年6月）
　　　　　「サブプライム危機前後における大手金融機関：その業務展開と収益構造」，（渋谷博史編『アメリカ・モデルの企業と金融』シリーズ アメリカ・モデル経済社会 第10巻，昭和堂，2011年3月）
　　　　　「米国大手商業銀行グループの引受業務への進出」（証券経営研究会編『資本市場の変貌と証券ビジネス』公益財団法人 日本証券経済研究所，2015年），など
　訳　書　ディムスキ・エプシュタイン・ポーリン編『アメリカ金融システムの転換：21世紀に公正と効率を求めて』ポスト・ケインジアン叢書30（日本経済評論社，2001年）第11章の訳出担当

アメリカ大手銀行グループの業務展開
―― OTDモデルの形成過程を中心に

2016年3月18日　第1刷発行　　　定価（本体3800円＋税）

著　者　掛　下　達　郎
発行者　栗　原　哲　也
発行所　株式会社　日本経済評論社
〒101-0051　東京都千代田区神田神保町3-2
電話　03-3230-1661　FAX　03-3265-2993
E-mail：info8188@nikkeihyo.co.jp
URL：http://www.nikkeihyo.co.jp/
印刷＊藤原印刷・製本＊誠製本

装幀＊渡辺美知子

乱丁落丁本はお取り替えいたします。　Printed in Japan
© Kakeshita Tatsuro 2016　　　ISBN978-4-8188-2419-5

・本書の複製権・翻訳権・上映権・譲渡権・公衆送信権（送信可能化権を含む）は、㈱日本経済評論社が保有します。
・ JCOPY〈㈳出版者著作権管理機構 委託出版物〉
本書の無断複写は著作権法上での例外を除き禁じられています。複写される場合は、そのつど事前に、㈳出版者著作権管理機構（電話 03-3513-6969、FAX 03-3513-6979、e-mail: info@jcopy.or.jp）の許諾を得てください。

若年者の雇用問題を考える
　——就職支援・政策対応はどうあるべきか——
　　　　樋口美雄・財務省財務総合政策研究所編著　本体4500円

国際比較から見た日本の人材育成
　——グローバル化に対応した高等教育・職業訓練とは——
　　　　樋口美雄・財務省財務総合政策研究所編著　本体4500円

グローバリゼーションと東アジア資本主義
　　　　郭洋春・關智一・立教大学経済学部編　本体5400円

余剰の政治経済学
　　　　　　　　　　　　　　　　沖公祐著　本体3600円

新生活運動と日本の戦後
　——敗戦から1970年代——
　　　　　　　　　　　　　　　　大門正克編著　本体4200円

現代国際通貨体制
　　　　　　　　　　　　　　　　奥田宏司著　本体5400円

EUの規制力
　　　　　　　　　　　　　遠藤乾・鈴木一人編　本体3600円

越境するケア労働
　——日本・アジア・アフリカ——
　　　　　　　　　　　　　　　　佐藤誠編　本体4400円

グローバル資本主義論
　——日本経済の発展と衰退——
　　　　　　　　　　　　　　　　飯田和人著　本体3800円

危機における市場経済
　　　　　　　　　　　　　　　　飯田和人編著　本体4700円

新自由主義と戦後資本主義
　——欧米における歴史的経験——
　　　　　　　　　　　　　　　　権上康男編著　本体5700円

日本経済評論社